21世纪经济管理新形态教材·物流学系列

食品物流管理

傅莉萍 ◎ 编著

清华大学出版社
北京

内 容 简 介

在借鉴与吸收国内外食品物流管理理论和最新研究成果的基础上,本书集理论性、应用性于一身,深入、系统地探讨了食品物流及其管理理论、方法、实务和技能。本书体现了食品物流新的实用知识与操作技术,精练地介绍了食品物流管理概述、食品采购与库存管理、食品保藏、食品包装、食品冷冻与冻结技术、食品流通加工、食品仓储管理、食品冷链运输及食品配送管理。本书系统性强,体系编排新颖、严谨,语言精练,每章后面均附有相关练习和实训项目。

本书共 9 章,内容全面、结构严谨,注重理论与实践的紧密结合。本书适合作为相关专业本科生教材及研究生辅导用书,也适合作为食品物流工作人员培训教材,同时也可作为相关技术人员、管理人员的参考用书,也可供食品加工、经营管理、政府管理人员阅读。

图书在版编目(CIP)数据

食品物流管理/傅莉萍编著. —北京:清华大学出版社,2020.8(2025.9重印)
21 世纪经济管理新形态教材. 物流学系列
ISBN 978-7-302-53985-8

Ⅰ. ①食… Ⅱ. ①傅… Ⅲ. ①食品-物流管理-高等学校-教材 Ⅳ. ①F407.826.5

中国版本图书馆 CIP 数据核字(2019)第 230717 号

责任编辑:陆浥晨
封面设计:李伯骥
责任校对:宋玉莲
责任印制:沈 露

出版发行:清华大学出版社
    网 址:https://www.tup.com.cn, https://www.wqxuetang.com
    地 址:北京清华大学学研大厦 A 座   邮 编:100084
    社 总 机:010-83470000   邮 购:010-62786544
    投稿与读者服务:010-62776969, c-service@tup.tsinghua.edu.cn
    质 量 反 馈:010-62772015, zhiliang@tup.tsinghua.edu.cn
    课 件 下 载:https://www.tup.com.cn, 010-83470158
印 装 者:三河市君旺印务有限公司
经 销:全国新华书店
开 本:185mm×260mm   印 张:21   字 数:418 千字
版 次:2020 年 8 月第 1 版   印 次:2025 年 9 月第 2 次印刷
定 价:49.00 元

产品编号:081876-01

前 言

随着经济的发展、生活水平的提高，人们的食品消费观念从传统的单一化向现代的多样、快捷化方向变化，消费结构向多元化方向发展。为了跟上市场的脚步，食品物流行业必须不断改进服务质量、降低生产成本、缩短交货周期，从而满足消费者对食品行业提出的"更好的质量、更大的柔性、更多的选择、更高的价值和更低价格的服务"等要求。

由于食品的特殊性，食品物流显得尤其重要。然而，目前我国的食品物流现状不容乐观，低效率的食品物流系统已经不能适应快速发展的食品加工业。我国每年约有总值750亿元人民币的食品在存储和运输过程中腐败变质，食品物流成本居高不下，这些问题阻碍着我国食品业的发展。

基于我国食品物流面临的新环境，要解决与食品物流密切相关的食品多样快捷化、食品安全控制、食品规模效益等问题，就要引进先进的食品物流系统管理思想，缓解食品物流行业的压力，由传统的基础物流向食品供应链物流转变，从全局化的角度寻找最优的方案；要建立食品物流全面质量管理体系，打造中国食品行业"健康、绿色"的新形象，培养更符合现代食品物流管理需求的综合性管理人才。

食品物流管理是应用型本科物流专业教育的一门专业课。通过学习本课程，学生能够认识和掌握系统的食品物流管理知识与技能，并且能应用所学知识解决食品物流管理中的实际问题。要成为当今食品物流管理的综合性人才，必须掌握必要的食品物流管理基础知识，具备基本的食品物流应用能力。本书正是为了满足现代食品物流教育的这一需求而编写的。作者在借鉴与吸收国内外食品物流管理理论实务和最新研究成果的基础上，基于食品物流管理方法在实际应用工作过程中的逻辑主线编写了本书。全书共9章，主要内容包括：食品物流管理概述、食品采购与库存管理、食品保藏、食品包装、食品冷却与冻结技术、食品流通加工、食品仓储管理、食品冷链运输、食品配送管理。系统地介绍了食品物流管理的基本概念、基本特点、管理方法以及具体应用。

本书立足企业实际运作模式，基于食品物流业务流程对学习内容进行了重新编排，以工作过程为导向进行内容设计，使食品物流管理的内容更具有完整性、教学组织更贴近实际工作，以达到知识点全面而且精准的效果。

本书的具体特色如下。

（1）强化实践性与应用性。本书不仅在各章开篇安排了导入案例，还在理论讲解过程中穿插了阅读材料供学生研读；每章附有填空题、判断题、选择题、简答题，以及结合实际考查学生观察与思考能力的实训项目，以便学生课后复习。

（2）增加了趣味性。为了便于学生对知识的掌握及扩展，本书通过"小知识""小贴士""难点例释"等形式引入了大量背景资料、常用知识，以丰富学生的知识，并在讲解过程中，通过"知识拓展"的方式来加深知识的理解与掌握。

（3）确保了准确性、系统性和统一性。本书取材翔实，概念定义确切，推理逻辑严密，数据可靠准确；体系清晰，结构严谨，层次分明，条理清楚，规范统一；全书名词、术语前后统一，数字、符号、图、表、公式书写统一。

为了便于教师安排教学进度，本书给出了专业必修课与相关专业选修课的课时建议，见下表。

章　节	必修课		选修课	
	理论课时	实验课时	理论课时	实验课时
第1章　食品物流管理概述	2		2	
第2章　食品采购与库存管理	4	2	4	2
第3章　食品保藏	4	2	4	2
第4章　食品包装	4	2	4	2
第5章　食品冷却与冻结技术	6	4	4	2
第6章　食品流通加工	4	2	4	2
第7章　食品仓储管理	4	2	4	2
第8章　食品冷链运输	4	2	4	2
第9章　食品配送管理	4	2	4	
合　计	36	18	34	14
	54		48	

本书吸收了国内外食品物流管理理论和技术的新成果，可作为普通高等院校物流管理、工商管理、物流工程、交通运输管理、市场营销、食品加工以及相关专业的教材，也可作为企业管理人员及从事食品物流管理工作专业人员的参考用书。

本书由广东培正学院傅莉萍主编，冷汗青、丘惠翠、赵永斌、宁鹏飞参编。本书在编写过程中参阅了国内外许多同行的学术研究成果，作者尽可能详尽地在参考文献中列出，谨向这些文献的编著者、专家、学者致以诚挚感谢！对可能由于工作疏忽或转载原因没有列出的，在此也表示万分歉意。由于时间紧迫、编写力量有限，加之食品物流科学、食品物流技术日新月异，本书难免有不足，恳请同行、读者给予批评和指正，以便再版时改正。

傅莉萍

目 录

第 1 章

食品物流管理概述

【学习目标】

通过本章的学习熟悉食品物流及分类，食品物流特征与价值，食品物流安全与质量要求，掌握食品物流的概念、食品物流管理的方法。

【关键术语】

食品物流，食品安全与质量，食品物流管理

引导案例

甘肃蔬菜大县大量尾菜腐烂发臭引起的思考

甘肃榆中县地处西北黄土高原内陆腹地，由于海拔高、光照好、昼夜温差大，成为高原夏菜主产区。经过几年发展，榆中县已认定无公害蔬菜生产基地65万亩（1亩=666.67平方米），认定无公害品种48个。作为甘肃省"北菜南运，西菜东调"的产地型蔬菜集散中心，榆中县年外销蔬菜10亿多吨。"高原夏菜"让当地农民致了富，然而快速发展的蔬菜产业带来了大量废菜烂叶，"尾菜之困"成为这个蔬菜大县当前面临的苦恼之一。据当地农业部门介绍，部分蔬菜外销1吨，会产生1吨废菜烂叶。

目前中国大约85%的肉类、77%的水产品、95%的蔬菜水果是常温运输，每年仅果品腐烂就接近1 200万吨，蔬菜腐烂1.3亿吨。

资料来源：甘肃蔬菜大县大量尾菜腐烂发臭[EB/OL]. http://www.agronet.com.cn.

思考：

1. 为什么甘肃蔬菜大县出现了大量尾菜腐烂发臭？

2. 应采取什么措施解决"尾菜之困"问题？

3. 根据以上现象，思考果蔬物流发展的重要性。

1.1 食品物流概述

1.1.1 食品物流的概念及分类

随着人们对利润、效益、效率的追求，社会分工也越来越细，食品因其独特的性质而从物流中分离出来，成为独立的食品物流。食品物流在食品工业中的影响日益明显，引起了各方面的重视。

1. 食品物流的概念

"物流"这个词，大约 20 世纪 30 年代起源于美国，原意为物资分配（physical distribution，PD）。20 世纪 50 年代中期，日本通产省派代表团赴美国考察，在回国后的考察报告中直接引用了 PD，日文译为"物的流通"。后来"物流"一词逐渐替代"物的流通"。欧盟物流协会对物流进行了界定：物流是为了满足消费者需要而进行的从起点到终点的原材料、中间过程库存、最终产品和相关信息有效流动和储存计划、实现和控制管理的过程。由此可知，物流既存在于流通领域，又存在于生产领域。目前存在许多物流的定义，其中一个简单的定义是用 7 个"恰当"，把物流定义为：保证恰当的产品，以恰当的数量和恰当的质量，在恰当的地点、恰当的时间，以恰当的成本送到恰当的顾客手中。根据《中华人民共和国国家标准〈物流术语〉》的定义：物流是指物品从供应地向接收地的实体流动过程。根据实际需要，将运输、储存、装卸、搬运、包装、流通加工、配送、信息处理等基本功能实现有机结合。

食品物流，目前业界尚无统一定义，有一种理解是：食品物流是对食品、相关服务及相关信息从田头到餐桌的有效率、有效益的流动和储存，进行计划的执行和控制，以满足客户需求的供应链过程的一部分。根据国家标准，笔者将食品物流定义为：食品从供应地向接收地的实体流动过程，即根据实际需要，将食品运输、储存、装卸、搬运、包装、流通加工、配送、信息处理等基本功能实现有机结合的过程。

2. 食品物流的分类

食品种类繁多，限于篇幅关系，本书主要介绍与我们生活密切相关的生鲜食品类物流和加工食品类物流。

（1）生鲜食品类物流：粮食类、果蔬类、乳制品类、蛋类及水产品类。

（2）加工食品类物流：粮食加工食品、果蔬加工食品、肉类加工食品、水产加工食品、油脂食品、茶叶及其他加工食品。

1.1.2　食品物流的六要素

1. 食品流体

食品流体即食品实体，具有自然属性和社会属性。自然属性是指食品流体的物理、化学、生物属性。物流管理的任务之一是要保护好流体（食品），使其自然属性不受损坏，因而需要对流体进行检验、养护，在物流过程中需要根据物质实体的自然属性合理安排运输、保管、装卸等物流作业。社会属性是指流体所体现的价值属性，以及生产者、采购者、物流作业者与销售者之间的各种关系。食品流体关系到人民的身体健康甚至生命安全。食品物流的一个重要目的是在物流过程中保证食品以最快的速度从生产地送到消费者手中，减少在物流过程中因变质而遭受的损失。

2. 载体

载体就是流体借以流动的设施和设备，可分成以下两类。

第一类载体是指基础设施，如铁路、公路、水路、港口、车站、机场等基础设施，它们大多是固定的。

第二类载体是指设备，即以第一类载体为基础，直接承载并运送的设备，如车辆、船舶、飞机、装卸搬运设备等，它们大多是可以移动的。

第一类载体即物流基础设施的状况，直接决定物流的质量、效率和效益。食品物流不同于其他物流，第二类载体的状况也起着至关重要的作用，对它的要求更高，一般都有温度要求，而且不同的食品要求也不同。

食品物流学研究载体的结构、规模，尤其要研究物流载体的技术进步、网络结构等，例如，研究物流中心或配送中心网络的选址、载体的定位和跟踪、载体的运行速度的提高、载体的配套等问题。

3. 流向

流向指食品流体从起点到终点，从生产地到消费者的流动方向，分为以下几方面。

（1）自然流向是指根据产销关系所确定的商品的流向，这表明一种客观需要，即商品要从产地流向销地。

（2）计划流向是指根据经营者的商品经营计划而形成的商品流向。

（3）市场流向是指根据市场供求规律由市场确定的商品流向。

（4）实际流向是指在物流过程中实际发生的流向。

对于某种食品而言，以上几种流向可能会同时存在。例如，根据市场供求关系确定的商品流向是市场流向，这种流向反映了产销之间的必然联系，是自然流向。实际发生物流时还需根据具体情况来确定运输路线和调运方案，这才是最终确定的流向，这种流向是实际流向。在确定流向时，理想的状况是商品的自然流向与商品的实际流向一致，如果在计划流向与市场流向同时存在的情况下，由于载体的原因，还会导致商品的实际流向经常偏离自然流向。

食品物流学通过流向研究准确掌握流向的变化规律，达到合理配置物流资源、合理规划物流流向，从而降低物流成本、加快物流速度的目的。

4. 流量

流量即通过载体的流体在一定流向上的表现。流向与流量是不可分割的，每一种流向都有一种流量与之对应。因此，流量的分类参照流向的分类，可以分为四种，即自然流量、计划流量、市场流量和实际流量。但是，对流量的分类也有特殊性，根据流量本身的特点，可以将流量具体分为实际流量与理论流量。实际流量即实际发生的食品物流流量，又可分为五种：一是按照流体统计的流量，二是按照载体统计的流量，三是按照流向统计的流量，四是按照发运人统计的流量，五是按照承运人统计的流量。理论流量是从物流系统合理化角度来看应该发生的物流流量。另外，流量统计的单位也可视具体统计目的确定，如吨、立方米、元等。

从物流管理的角度来看，理想状况的物流应该是所有流向上的流量都均匀分布，这样，物流资源利用率最高，组织管理最容易。但实际上，在一定的统计期间，流向之间、承运人和托运人之间的实际物流流量是不可能出现均衡的。这就需要从宏观物流管理的角度，通过资源的合理配置，采用合理的物流运行机制等手段，消除物流流向和流量上的不均衡。

5. 流程

流程即通过载体的流体在一定的流向上行驶路径的数量表现。流程的分类与上述流向的分类基本相似，可以分为自然流程、计划流程、市场流程与实际流程；也可以像流量的分类那样，分为理论流程与实际流程。理论流程往往是可行路径中的最短路径，路径越长物流运输成本越高。如果要降低运输成本，一般应设法缩短运输流程。

6. 流速

流速即通过载体的流体的速度。流速与流向、流量、流程一起构成了物流向量的四个数量特征，是衡量物流效率和效益的重要指标。一般来说，流速快意味着物流时间的节约，也就意味着物流成本的减少，物流价值的提高，食品的保鲜度提高、安全性得到保障。

食品物流的六要素之间有极强的内在联系，如流体的自然属性决定了载体的类型和规模，流体的社会属性决定了流向和流量，载体对流向、流量及流速有制约作用，载体的状况对流体的自然属性均会产生影响。因此，进行食品物流活动要注意处理好六要素之间的关系，否则就会使物流成本升高、服务恶化、效率下降、效益减少。

食品物流的六要素贯穿整个供应链，存在于原材料采购、制造、销售、消费、废物回收等任何类型的物流环节中，也存在于运输、储存、包装、装卸、流通加工、物流信息等各种物流活动中，存在于公路运输、铁路运输、水路运输、航空运输以及管道运输等各种运输系统中。

　　食品物流除了这六要素外，还有以下要素。①人的要素。提高劳动者素质是建立一个合理化的物流系统并使之有效运转的根本。②组织要素。食品的合理搭配、物流路线的组织都起着重要的作用。③资金要素。交换要以货币为媒介，实现交换的物流过程，实际也是资金运动过程，同时物流服务本身也需要以货币为媒介，物流系统建设是资本投入的一大领域，离开资金这一要素，物流就不可能实现。

1.1.3　食品物流的五大目标

1. 服务目标

　　物流系统是起桥梁、纽带作用的流通系统的一部分，它具体地联结着生产与再生产、生产与消费，因此要求有很强的服务性。这种服务性表现在本身有一定从属性，要以用户为中心，树立用户第一的观念。其利润的本质是让渡性的，不一定是以利润为中心的系统。物流系统采取送货、配送等形式，就是其服务性的体现。在技术方面，近年来出现的准时供货方式、柔性供货方式等，也是其服务性的表现。

2. 快速、及时的目标

　　及时性不但是服务性的延伸，也是流通对物流提出的要求。从社会再生产理论看，整个社会再生产的循环取决于每一个环节，社会再生产不断循环进步推动着社会的进步。因此，效率问题不仅是用户的要求，也是社会发展进步的要求。马克思从资本角度论述了流通的这一目标，指出流通的时间越短，速度越快，资本的职能就越大，并力求用时间去消灭空间，把商品从一个地方转移到另一个地方所花费的时间缩短到最低限度。快速、及时既是一个传统目标，又是一个现代目标。其原因是随着社会大生产的发展，这一要求更加强烈了。在物流领域采取的诸如直达物流、联合一贯运输、高速公路、时间表系统等管理方法和技术，就是为了提高效率。

3. 节约目标

　　节约是经济领域的重要规律，在物流领域中除流通时间的节约外，由于流通过程消耗大且基本上不增加或提高商品使用价值，所以依靠节约来降低投入，是提高相对产出的重要手段。物流过程作为"第三利润源"，这一利润的挖掘主要依靠节约。在物流领域推行集约化方式，提高单位物流的能力，采取的各种节约、省力、降耗措施，也是为了实现节约这一目标。

4. 规模优化目标

物流规模是物流系统追求的目标。生产领域的规模生产是早已为社会所承认的，但在流通领域，似乎不那么明显。实际上，规模效益问题在流通领域也非常突出，只是由于物流系统比生产系统的稳定性差，因而难以形成标准的规模化形式。在物流领域以分散或集中等不同方式建立物流系统。

5. 库存调节目标

库存调节是服务性的延伸，也是宏观调控的要求，当然，也涉及物流系统本身的效益。物流系统是通过本身的库存，对千百家生产企业和消费者的需求起到保证作用。同时，物流系统又是国家进行资源配置的一环，系统的建立必须考虑国家进行资源配置、宏观调控的需要。在物流领域中正确确定库存方式、库存数量、库存结构、库存分布就是这一目标的体现。

1.2　食品物流活动与价值

1.2.1　食品物流活动

食品物流活动是指食品物流所有功能的实施与管理过程，主要包括以下内容。

1. 运输

运输是指使物品发生场所、空间移动的物流活动。运输是由包括车站、码头的运输节点，运输途径，运输机构等在内的硬件要素，以及运输控制和运营等软件要素组成的有机整体，并通过这个有机整体发挥综合效应。

2. 保管

保管具有食品储藏管理的意思，有时间调整和价格调整的功能。通过调整供给和需求之间的时间间隔平衡市场，使食品增值。保管促使经济活动顺利进行。现今，对于食品来说，保管的目的是配合销售，通过短期的保管，有利于食品的分流和配送。保管的主要设施是仓库，在食品出入库信息的基础上进行在库管理，主要是对食品的收进、整理、储存和分发。食品仓库主要有冷冻库、冷藏库，以保持食品的新鲜度和品质特征。

3. 包装

包装即在食品输送或保管过程中，为保证食品的价值和形态而从事的物流活动。在物流过程中的包装是指为保护产品、方便储运、促进销售，按一定技术方法采用容器、材料及辅助物等包封并予以适当的装潢和标志。从功能上看，包装可以分为运输包装和销售包装。

4. 装卸和搬运

装卸和搬运是跨越运输机构与物流设施而进行的。发生在运输、保管、包装前后对食品进行的垂直方向移动为主的物流活动称为装卸，包括食品的装入、卸出分拣、备货等作业行为。对食品进行水平方向移动的物流活动称为搬运。在实际操作中，装卸和搬运是密不可分的，两者是伴随在一起发生的，因此，在物流学中并不过分强调两者的差别而是作为一种活动来对待。

在食品物流过程中，装卸活动是不断出现和反复进行的，它出现的频率高于其他各项物流活动，每次装卸活动都要花费很长时间，所以往往成为决定物流速度的关键。装卸活动所消耗的人力也很多，所以装卸费用在物流成本中所占的比重也较高。

此外，进行装卸操作时往往需要接触货物，因此，这是在物流过程中造成货物破损、散失、损耗等损失的主要环节。

5. 配送

配送是在经济合理的区域范围内，根据客户要求，对物品进行拣选、加工、包装、分割、组配等作业，并按时送到指定地点的物流活动。配送在食品物流中有着重要的作用，合理的配送能提高食品物流的效率和效益。

6. 流通加工

流通加工是食品在从生产地到消费地的过程中，根据需要施加包装、分割、计量、分拣、组装、价格贴付、标签贴付、食品检验等简单作业的总称。现今，流通加工作为提高商品附加值、促进商品差别化的重要手段之一，其作用越来越重要。

7. 信息处理

信息处理是对食品数量、质量、作业管理相关的物流信息，以及与订货、发货和货款支付相关的商流、资金流信息的收集、整理与传递等，使物流活动能有效地进行。

1.2.2　食品物流创造的价值

1. 时间价值

物从供给者到需要者之间有一段时间差，改变这一时间差所创造的价值，称作时间价值。通过物流获得的时间价值有以下几种。

（1）缩短时间创造价值。缩短物流时间，可以获得多方面的好处，如减少物流损失、降低物流消耗、增加物的周转、节约资金等。由于物流周期的结束是资本周转的前提条件，这个时间越短，资本周转越快，资本表现出的增值速度越高。现代物流学着重研究的一个课题，就是如何采取技术的、管理的、系统的方法来尽量缩短物流的时间，从而取得高的时间价值。从全社会物流的总体来看，加快物流速度、缩短物流时间，是物流必须遵循的一条经济规律。物流和一般力学运动的一个重大区别，就是它不是简单地按自然科学规律所发生的运动，而是可以能动地取得时间价值的运动形式。

（2）弥补时间差创造价值。经济社会中，需求和供给之间普遍存在时间性差异。例如，粮食生产有严格的季节性和周期性，尽管创造人工条件使粮食种植不受季节影响，但周期性是改变不了的，这就决定了粮食的集中产出。但是，食品的消费天天都有，因而供给和需求之间出现了时间差。例如，蔬菜、水果、肉品等不可能马上卖掉，说明供给和需求之间存在时间差，可以说这是一种普遍的客观存在。正是因为有了这个时间差，商品才能取得自身最高价值，才能获得十分理想的效益。但是商品本身是不会自动弥补这个时间差的，如果没有有效的方法，集中生产出的粮食除了当时的少量消耗外，就会损坏、腐烂，而在非产出时间，人们就会缺粮；如果没有有效的方法，人们就吃不到新鲜的水果、蔬菜和肉食品。食品物流便是以科学的、系统的方法弥补或改变这种时间差，以实现其时间价值。

2. 场所价值

物在供给者到需要者之间往往处于不同的场所，改变这种场所的差别所创造的价值被称作"场所价值"。物流创造场所价值是由现代社会产业结构、社会分工所决定的，主要原因是供给者和需要者之间存在着空间差，商品在不同的地理位置有不同的价值，通过物流将商品由低价值区转到高价值区，便可以获得价值差，即场所价值。它有以下几种具体形式。

（1）从集中生产场所流入分散需求场所创造价值。现代化大生产的特点之一，往往是通过集中的、大规模的生产提高生产效率、降低成本。在一个小范围内集中生产的产品可以覆盖大面积的需求地区，有时甚至可以覆盖一个国家乃至若干个国家。通过物流将产品从集中生产的低价位区转移到分散于各处的高价位区，有时可以获得很高的利益。

（2）从分散生产场所流入集中需求场所创造价值。与上面一种情况相反的情况在现代社会中也不少见，例如粮食是在每一块地上分散生产出来的，而一座大城市的需求却相对集中；还有水果、蔬菜、肉食品等都是由分散的厂家生产出来的，但人口相对集中的大城市却有大量需求，这些都需要通过物流分散流入需求地区，物流的场所价值也得以体现。

（3）从甲地生产流入乙地创造场所价值。现代社会中供应与需求的空间差十分普遍，除了源于大规模生产之外，有不少是自然地理和社会发展因素决定的。例如，农村生产的粮食、蔬菜在异地城市消费，南方生产的荔枝在各地消费，北方生产的高粱在各地消费，等等。我们每日消费的食品几乎都是在相距一定距离甚至十分遥远的地方生产的，这些复杂交错的供给与需求的空间差都是靠物流来弥补的，物流也从中取得了利益。这就是与一般力学运动十分不同的取得场所价值的运动。

3. 加工附加值

有时，食品物流也可以创造加工附加值。加工是生产领域常用的手段，并不是食品物流的本来职能。但是，现代物流的一个重要特点是根据自己的优势从事具有一定补充性的加工活动。这种加工活动不创造商品主要实体或形成商品主要功能和使用价值，而是带有完善、弥补、增加性质的加工活动，这种活动必然会形成劳动对象的附加价值。虽然在创造加工附加价值方面物流不是主要责任者，其所创造的价值也不能与时间价值和场所价值比拟，但这毕竟是现代物流有别于传统物流的重要方面，更是有别于简单力学运动的重要方面。

1.3　食品物流的安全与质量要求

1.3.1　食品物流的特点

由前面的分类可知，食品物流种类繁多，市场竞争激烈，特别是生鲜类易腐食品物流对产品的保鲜和安全要求高、原材料采购的批量大、生产加工的劳动密集化以及大市场、大流通等特点使食品物流不同于其他行业物流。食品物流具有如下几个特点。

1. 食品物流安全性要求高

为了保证食品的营养成分和安全性，食品物流要求高度清洁卫生，同时对物流设备和工作人员有较高要求。

2. 食品物流时效性强

食品具有特定的保鲜期和保质期，因此产品交货时间即前置期有严格标准。

3. 食品物流有温度和湿度要求

食品物流对外界环境有特殊要求，如适宜的温度和湿度。

4. 食品物流必须有冷链

生鲜食品和冷冻食品在食品消费中占很大比重，所以食品物流必须有合适的冷链。

5. 绿色化要求高

由于绿色食品、绿色消费的日渐盛行，对食品物流绿色化有较高要求。

1.3.2　食品物流的安全要求

食品安全一般指相对安全性，是指一种食物在合理食用方式和正常食用量下不会导致对健康损害的实际确定性。在有效控制食品有害物质或有毒物质含量的前提下，食品是否安全还要取决于食品制作、饮食方式的合理性，以及适当使用的数量以及食用者自身的一些内在条件。

食品物流安全是指食品（食物）的种植、养殖、原材料采购、加工、包装、储藏、运输、销售、消费等活动符合国家强制标准和要求，不存在可能损害或威胁人体健康的有毒有害物质以导致消费者病亡或危及消费者及其后代的隐患。

食品物流安全是个综合概念，包括食品卫生、食品质量、食品营养等相关方面的内容和食品（食物）种植、养殖、加工、包装、储藏、运输、销售、消费等环节。而食品卫生、食品质量、食品营养等均无法涵盖上述全部内容和全部环节。另外，食品物流安全是结果安全和过程安全的完整统一，而食品卫生侧重于过程安全。

大多数食品尤其是生鲜类食品都属于易腐产品，易腐产品的时效性强，对物流要求高。为了保证食品物流安全，要针对不同食品采用不同的物流模式。

1. 易腐食品

中华人民共和国国内贸易行业标准 SB/T 10731—2012《易腐食品冷藏链操作规范（畜禽肉）》把易腐食品定义为容易腐烂变质的食品，包括肉、蛋、奶、水产品、水果、蔬菜及冷饮、豆制品、速冻食品等。

易腐食品在自然温度环境下受温度和湿度的影响，存放时容易发生动物性食物的死亡或变质，植物性食物的腐烂、霉变等异常质量问题。动物性食品包含虾、蟹、沙蚕、活/冻贝、鲜鱼类，畜禽肉类及加工后的食品；植物性食物包含花卉、水果、蔬菜类，菌类及速冻面食、蛋乳制品等。

2. 鲜活易腐物品

鲜活易腐物品是指在一般运输条件下易于死亡或变质腐烂的物品。如虾、蟹、沙蚕、活/冻贝、鲜鱼类，肉类，花卉、水果、蔬菜类，菌类，蚕种，乳制品，冰冻食品。此类物品在运输和保管过程中需采取特别的措施，保持一定湿度、温度等，以保证其鲜活或不变质。

3. 易腐作物

易腐烂变质的农产品称为易腐作物。生鲜农产品都属于易腐产品，商品寿命期短，保鲜困难。

4. 易腐商品

商品经过一段时间后会出现变质或过时的现象，这类商品就是易腐商品。如鲜菜、面包等。

5. 冷藏食品

在物流过程中，中心温度始终维持在 8℃以下、冻结点以上，并最大限度保持原有品质和新鲜度的食品称为冷藏食品。

6. 冷冻食品

冷冻食品指以一种或一种以上的可食用农、畜、禽、水产品等为主要原料，经预处理、速冻、包装等工序，在−18℃以下储运与销售的食品。

1.3.3　食物变质的原因及控制质量的方法

食品物流质量是以生命科学和食品科学为基础，研究食品的原材料采购，食品生产、加工、储藏、运输、流通、配送过程安全与质量控制，通过对食品物流各个环节的管理和控制，保证食品的营养品质和卫生质量，促进人体的健康。

20 世纪 80 年代以来，由于一系列食品原料的化学污染、疯牛病的爆发、口蹄疫疾的出现和自然毒素的影响以及畜牧业中抗生素的应用、基因工程技术的应用，使食品安全成为全世界关注的问题。食品安全问题已经成为 21 世纪消费者面临的首要问题。

为了保证食品质量、减少损耗，要求食品在生产、储藏、运输、销售到消费前的各个环节始终处于食品所必需的低温环境中。食品安全催生了冷链物流，并促进冷链物流发展。在食品物流中应用冷链物流是对食品质量安全最强有力的保证，也是食品物流和其他物流的区别所在。

1. 食品变质的原因

新鲜的食品在储藏一段时间后，会变质、腐烂，以至于不能食用。食品的腐败变质是指食品受到各种内、外因素的影响，其原有的化学性质或物理性质发生变化，降低或失去其营养价值和商品价值的过程。如鱼肉的腐败、油脂的酸败、果蔬的腐烂、粮食的霉变等。

引起食品变质的主要因素有两个方面：一方面是外在因素，如空气和土壤中的微生物、害虫等；另一方面是内在因素，食品自身的酶作用及各种理化作用。

本节将从四大类型因素阐述食品腐败变质的原因：生物学因素，如微生物、害虫、啮齿动物；化学因素，如酶的作用、非酶作用、氧化作用；物理因素，如温度、水分、光等；其他因素，如机械损伤、外源污染物。

1）生物学因素

（1）微生物作用。由于食品中含有大量的水分和多种营养成分，最适于微生物的生长繁殖。微生物在活动过程中，分泌出各种毒性物质和酶类物质，这些物质促使食品发生分解，破坏细胞壁，进入细胞内部，将细胞中的高分子物质分解成低分子物质，所以微生物的存在，特别是腐败微生物的存在，是使食品变质的主要原因。

微生物的生长和繁殖需要一定的条件，如气体、温度、湿度等。温度是影响微生物繁殖的最主要因素之一，适宜的温度可以促进微生物的生长发育，不适宜的温度会减弱微生物的生命活动，甚至引起生理机能异常或促使其死亡。因此，食品要在适当稳定的低温环境下储藏，以保证食品质量。

（2）害虫和啮齿动物。食品被害虫污染，不仅会损耗食品，而且其排泄物、尸体会污染食品，使食品丧失商品价值，害虫主要有甲虫类、蛾类、蟑螂类和螨类。因此在食品储藏时要加强卫生和仓库管理，采用各种物理、化学、生物的方法杀死害虫。

而对食品危害最大的是啮齿动物，如老鼠。老鼠食性杂、食量大、繁殖快、适应性强，有咬啮动物的特性，对食品包括包装食品及其他包装物品有危害；其粪便以及咬食后的残渣也能污染食品和储藏环境；而且鼠类易传播多种疾病。因此，在食品储藏时要采取建筑防鼠法、食物防鼠法、药物和仪器防鼠法、化学灭鼠法、器械灭鼠法等防鼠、灭鼠的方法。

2）化学因素

（1）酶的作用。酶引起的食品变质主要表现在色、香、味、质的变劣等。酶存在于动物性食品和植物性食品中，能脱离活细胞起催化作用，会使食品中的蛋白质、糖、脂肪等营养成分分解，产生硫化氢、氨等各种难闻气体和有毒物质而不能食用。

引起食品变质的酶主要有以下几种：①脂肪酶，引起牛奶、奶油、干果类等脂肪含量高的食品产生酸败臭味以及变色；②氧化酶类，如马铃薯、苹果等果实剥皮或切分后，出现褐变；③果胶酶，引起果实的软化。

酶的活性与pH、温度、水分活度有关。以温度为例，在低温时酶的活性很小，随着温度升高，酶的活性增大，催化的反应速度也随之加快，达到一定的温度，就会遭到破坏而丧失活性。酶与微生物一样，在一定的温度范围内活性最强，如降低温度，就可以降低酶促化学反应的速度。因此，食品保持在适当的低温条件下就可防止由于酶的作用而引起的变质。

（2）非酶作用。非酶作用的主要反应类型有美拉德反应、焦糖化反应、抗坏血酸、褐变反应。美拉德反应是由食品中的还原性单糖以及双糖与氨基酸作用产生的褐变反应。焦糖化反应是食品中的糖在加热或以稀酸处理而发生焦糖化反应并产生黑褐色物质。抗坏血酸会自动氧化，放出二氧化碳，生成羟基糠醛，该反应在柑橘汁储藏中常见。褐变反应一般由于加热以及长期的储藏而发生。各种非酶促化学反应的速度都会因温度下降而降低。

（3）氧化作用。氧化作用是指食品中的化学成分与空气中的氧气氧化而引起化学反应致使食品变质。比如油脂与空气接触时，发生氧化反应，生成乙醛、酮、醇、酸、醚等化合物，使油脂本身黏度增加、密度增大、色泽变劣，脂肪的氧化受温度、光线、金属离子、氧气等影响，即使是低温条件下也难以抑制其反应的进行，对反应速度有一定的影响。

　　3）物理因素

　　物理因素是诱发和促使食品发生化学反应以及微生物活动而引起变质的主要原因，物理因素主要有温度、水分、光等。

　　温度影响食品中发生的化学反应和酶催化的生物化学反应的速度以及微生物的生长发育程度。温度降低，食品发生化学反应的速度也降低，微生物生长发育的速度也降低甚至停止生长，因此食品应在低温的条件下储藏。

　　水分通过影响微生物的生长发育而引起食品的变质。微生物是导致食品腐败变质的主要因素，而微生物的生长繁殖与水分活度有密不可分的关系。

　　光照射可以促进化学反应，如新鲜果蔬经光线照射后，其气孔会开放，从而加速果蔬的水分蒸发和呼吸作用。如果光线长期照射，将使库房温度和食品温度有所升高，会加速食品的变质。因此食品应避光储藏。

　　4）其他因素

　　机械损伤、外源污染物等也是诱发食品变质的原因。

　　机械损伤是指由于食品碰伤、擦伤后发生氧化，导致食品发生变色、变味以至变质。果蔬碰伤或擦伤后，内部组织即暴露在空气中，使其成分发生氧化，而且由于机械损伤造成呼吸作用加强，这种呼吸作用被称为"伤呼吸"。这样的呼吸作用会加速食品的腐败变质。所以，食品在储藏、运输过程中要轻拿轻放，采用一定的包装措施，防止碰伤，减少腐败或变质。

2. 食品质量控制方法

　　1）低温保藏食品法

　　任何微生物都有一定的正常生长和繁殖的温度范围，温度越低，它们的活动能力越弱。降温就能降低微生物生长和繁殖的速度。当温度降到最低生长点的时候，微生物就会停止生长并出现死亡。温度对微生物的影响见表 1-1。

表 1-1　温度对微生物的影响

温　度	温度的作用	温　度	温度的作用
16℃~38℃	大多数微生物生长活跃	0℃	结冰，通常所有微生物停止生长
10℃~16℃	大多数微生物生长迟缓	−18℃	细菌处于潜伏状态
4℃~10℃	低温微生物最适生长，一些食源性病原菌仍能生长	−251℃	多数微生物死亡，但少数细菌没有被杀死

　　2）易腐食品防腐方法

　　防腐法的主要原理是抑制有害微生物的生命活动或使细菌霉菌全部被杀死。一般采用的防腐法有高温处理、干制、熏制、盐渍或糖渍以及冷藏处理等。常见的食品保鲜方式的比较见表 1-2。

表 1-2 常见食品保鲜方式比较

食品保鲜方式	优 点	缺 点
冷藏冷冻	适用于大多数食品、农产品等易腐食品；不额外添加化学成分；可以和其他措施结合使用	物流要求高，全环节不能断链；成本较高
加热灭菌	适合熟食、牛奶等	需要和冷藏、化学防腐等其他保鲜方式结合
高渗透压（盐、糖）	操作相对简单	仅适用于少数几种食品
化学防腐	适用于大多数食品、农产品等易腐食品；多数添加剂成本低	可能存在消费者抵触情绪
辐射保存	快速，灭菌性强，保存食品外观及质地较好	可能存在消费者抵触情绪

1.3.4 食品的冷链物流发展趋势

许多食品特别是易腐食品从生产到消费的过程中要保持高品质就必须采用冷藏链。所谓食品冷藏链，就是指食品在生产、储藏、运输、销售直至消费前的各个环节中始终处于适宜的低温环境中，以保证食品质量、减少食品损耗的一项系统工程。冷藏链是随着制冷技术的发展而建立起来的，它以食品冷冻工艺学为基础，以制冷技术为手段，是一种在低温条件下的物流现象。

1. 国内外食品冷藏链的发展状况及我国食品冷藏链发展的趋势

1）国内外食品冷藏链的发展状况

由于我国的道路建设没有跟上，食品冷藏运输工具和专用冷库严重不足，我国的食品冷藏链还很不完善，加之食品经营管理的各种因素，我国每年约有 3000 万吨水果、蔬菜、乳制品和其他易腐食品有待从变质中拯救出来，易腐食品每年要损失 10 多亿

2）我国食品冷藏链发展的趋势

我国食品冷藏链还处于初期发展阶段，加入 WTO（世界贸易组织）后任务相当艰巨，因此，我们应着眼现状、寻求对策，加快我国冷藏链事业的发展。

特别令人鼓舞的是，中国政府非常重视对农田、饲养场直到餐桌的全程食品安全运输管理，在这一点上比西方发达国家想得还要周到。总之，我国食品从生产企业—零售商店—家庭的冷藏链已经形成，随着人民生活水平的提高，对食品的卫生、营养、新鲜、方便性等方面的要求也日益提高，冷藏链的发展前景将非常广阔。

2. 食品冷藏链的分类

1）按食品从加工到消费所经过的阶段分类。

（1）低温加工：包括肉类、鱼类的冷却与冻结，果蔬的预冷与速冻，各种冷冻食品的加工等。主要涉及冷却与冻结装置。

（2）低温储藏：包括食品的冷藏与冻藏。主要涉及各类冷藏库、冷藏柜、冻结柜及家用冰箱等。

（3）低温运输：包括食品的中、长途运输及短途运输等，主要涉及铁路冷藏车、冷藏汽车、冷藏船、冷藏集装箱等低温运输工具。

（4）低温销售：包括冷藏和冷冻食品的批发和零售等，由生产厂家、批发商和零售商共同完成。超市、商场中的陈列柜兼有冷藏和销售的功能。

（5）低温消费：包括食品在家庭消费和生产企业的工业消费。家用冰箱，冰柜、工厂的冷藏库是消费阶段的主要设备。

2）按冷藏链中各个环节的装置分类。

（1）固定装置：包括冷藏柜、冷藏库、家用冰箱、超市销售陈列柜等。冷藏库主要完成食品的收集、加工、储藏和分配，冷藏柜和陈列柜主要完成零售用，家用冰箱主要是为食品的家庭储藏所用。

（2）流动装置：包括铁路冷藏车、冷藏汽车、冷藏船和冷藏集装箱等。

3. 食品冷藏链的三个阶段

1）生产阶段

食品冷藏链生产阶段指易腐食品收获后的现场冷冻保鲜至低温储藏阶段，它是关系到食品保鲜质量的起点阶段。该阶段的主要冷链设备是肉联厂、水产冷冻厂、外贸冷藏厂的冷冻库及恒温库等。上述设备统称为冷藏库，简称冷库，是食品冷藏链不可缺少的重要环节。

冷库按照温度的不同可分为恒温冷藏库，主要储藏新鲜水果、蔬菜、禽蛋、生鲜肉等，温度维持在 0℃左右；低温冷藏库，主要储藏冻鱼、冻肉、速冻制品、冰淇淋、雪糕等，温度一般维持在-18℃左右；急冻库，主要用于食品、鱼、肉等的快速冻结，温度一般保持在-23℃以下。

2）流通阶段

食品冷藏链流通阶段主要是指流通过程的冷藏运输，包括冷藏火车、冷藏汽车、冷藏船和冷藏集装箱等。

3）消费阶段

食品冷藏链消费阶段的硬件设施从 20 世纪 90 年代初起有了快速发展，我国先后引进国外商业零售环节冷藏设施的先进生产技术和设备，各种用途和各种形式的商用冷柜不断推向市场，商业批发零售基本已配置冷柜或小冷库，这些设施基本满足了冷链消费阶段实际销售环节的需要。冷藏链的最后一环即冰箱及冷柜已进入千家万户。

4. 实现冷藏链的条件

虽然不间断的低温是冷藏链的基础和基本特征，也是保证食品质量的重要条件，但并不是唯一条件。因为影响食品储运质量的因素很多，必须综合考虑、协调配合，才能实现真正有效的冷藏链。归纳起来，实现冷藏链的条件有以下几方面。

（1）3P条件。3P条件即食品原料（products）、处理工艺（processing）、包装（package）。要求原料品质好、处理工艺质量高、包装符合食品特性，这是食品进入冷链的早期质量要求。

（2）3C条件。3C条件即在整个加工与流通过程中，对食品小心（care）、清洁卫生（clean）、低温冷却（chilling），这是保证食品流通质量的基本要求。

（3）3T条件。3T条件即著名的T. T. T.理论，也就是时间（time）、温度（temperature）、耐藏性（tolerance），要点如下。

① 对每种易腐食品而言，在一定的温度下，食品所发生的质量下降与所经历的时间存在确定的关系。

② 冻结食品在储运过程中因时间—温度的经历而引起的品质降低是累积的，也是可逆的，但与经历的顺序无关。例如，把相同的冻结食品分别放在两种场合下进行冻藏：一种开始放在-10℃下储藏1个月，然后放在-30℃下储藏6个月；另一种开始放在-30℃下储藏6个月，然后放在-10℃下储藏1个月，两种方式储藏7个月后的品质下降是相等的。

③ 对大多数冻结食品来说，都符合3T理论，温度越低，品质变化越小，储藏期越长。

（4）3Q条件。3Q条件即冷藏链中设备的数量（quantity）协调、设备的质量（quality）标准一致以及快速（quick）的作业组织。冷藏设备的数量协调就是保证食品总处在低温环境中，因此要求预冷站、各种冷库、冷藏汽车、冷藏船、冷藏列车等都按照食品货源货流的客观需要，相互协调发展。设备的质量标准一致，是指各环节的标准应当统一，包括温度条件、湿度条件、卫生条件以及包装条件。快速的作业组织，是指生产部门的货源组织、车辆准备与途中服务、换装作业的衔接、销售部门的库容准备等应快速组织并协调配合。

5. 食品的冷藏运输

冷藏运输是食品冷藏链中十分重要而又必不可少的一个环节，由冷藏运输设备完成。

对冷藏运输设备的要求如下。

① 产生并维持一定的低温环境，保持食品的低温。

② 隔热性好，尽量减少外界传入的热量。

③ 可根据食品种类或环境的变化调节温度。

④ 制冷装置在设备内所占用的空间尽可能小。

⑤ 制冷装置质量轻，安装稳定，安全可靠，不易出事故。

⑥ 运输成本低。

6. 食品货架期与冷藏链中的温度监控

食品货架期通常是指食品在最恰当的平均温度下能存放的时间，或者是将食品存放在最差条件下的时间极值。由于在整个消费阶段温度的不可预测性，使得对食品预测的货架期与食品真正可流通期限很难达到一致。例如，某食品标定保存温度为 4℃，货架期为 7 天，若食品保存在高于 4℃ 条件下，将会导致食品在货架期未到就腐败变质了；反之，如果存放温度为 0℃，那这类食品储存的时间就会长于 7 天，若仍按其预定的货架期，超过 7 天就认为它已变质而被丢弃，势必会导致优质食品的浪费。由此可见，仅标明食品使用期限很难保证食品品质，从生产到分配、储藏和消费整个过程，食品的品质和它的货架期在很大程度上取决于它的温度历程。

食品一旦离开加工过程，其变质速率是它的微环境的函数，这个微环境包括温度、相对湿度和气体等因素。气体组成和相对湿度通常可以通过适当的包装，达到较好的控制；而食品的温度则取决于储藏条件。对不同的食品有不同的冷链温度要求，国外称之为"不高于规则"（the never warmer than rule），即从生产者到消费者之间各环节的温度都不高于设定温度。温度历程可以用时间—温度指示器来监视。这种指示器既可以放在食品箱和冰箱内，也可以贴于食品或食品包装上，能够指示所监视的食品经历的温度变化过程，进而可根据温度变化过程估计食品的变质范围和剩余货架期。这种指示器能监视在整个食品冷藏链中是否有违规现象的发生，也能提醒工作人员食品是否处于安全状态下，并根据采集的数据，进一步分析食品的新鲜度等。时间—温度指示器能够改善食品品质、减少食品浪费，对提高冷藏链中食品的品质具有深远意义。

1.4　食品物流管理

1.4.1　食品物流管理的概念与内容

1. 食品物流管理的概念

"管理"指为实现一定的目标对管理对象实施一定的管理职能，如计划、组织、指挥、协调和控制、考核等的活动。

食品物流管理就是采用先进的管理技术和方法，以最低的物流成本达到客户满意的服务水平。对食品物流活动进行的计划、组织、协调与控制，包括对食品物流活动诸环节（运输、包装、储存、装卸、流通加工）及食品安全、质量控制的过程管理；对食品物流系统诸要素（人、财、物、设备、方法、信息）的管理；对食品物流活动中具体职能（计划、质量、技术、经济等）的管理。

在社会再生产过程中，要根据食品实体流动的规律，应用管理的基本原理和科学方法，对食品物流活动进行计划、组织、指挥、协调、控制和监督，使各项食品物流活动实现最佳的协调与配合，以降低食品物流成本，提高食品物流效率和经济效益。

2. 食品物流管理的内容

（1）对食品物流活动诸要素的管理包括运输、储存、装卸、配送等环节的管理。

（2）对食品物流系统诸要素的管理即对其中人、财、物、设备、方法和信息六大要素的管理。

（3）对食品物流活动中具体职能的管理主要包括计划、质量、技术、经济等职能的管理。

现代食品物流管理是建立在系统论、信息论和控制论的科学基础上的，从系统论的观点出发，要求食品物流系统能及时地提供完整、准确、必要的信息，通过对这些信息的处理，掌握食品物流状况，采用冷链技术控制食品物流过程质量安全。计算机的应用是现代食品物流系统信息获取、传递和流通的基础。

3. 现代食品物流管理的特点

与传统物流管理相比，现代食品物流管理具有以下四个方面的特点。

1）以实现客户满意为第一目标

现代食品物流是基于企业经营战略，从客户服务目标的设定开始，进而追求客户服务的差别化。它通过配送中心、信息系统、作业系统和组织构成等综合运作，提供客户所期望的服务，在追求客户满意最大化的同时，求得自身的不断发展。

2）以企业整体最优为目的

食品物流既不能单纯追求单个物流功能的最优，也不能片面追求各局部物流的最优，而应实现企业整体最优。

3）以信息为中心

信息技术的发展带来了物流管理的变革，无论是条码、EDI（电子数据交换）、EOS电子订货系统、POS等物流信息技术的运用，都建立在信息基础上，信息成为现代物流管理的中心。

4）重效率，更重效果

传统物流以提高效率、降低成本为重点，而现代食品物流不仅重视效率方面的因素，更强调整个物流过程的效果，即若从成果角度看，有的活动虽然使成本上升，但它能有利于整个企业战略目标的实现，则这种活动仍然可取。

5）对易腐产品采用低温保鲜冷链物流

为满足客户需求，从生产、分配至消费过程中对易腐食品及相关信息和服务的流动与储存进行的有效率和有效果的计划、实施和控制的过程。

易腐食品从采收、屠宰或捕捞开始至消费者消费前的整个过程中，通过一系列相互关联的处理流程，获得对易腐食品温度的无缝优化控制管理的过程。即通过采用冷冻、冷藏、低温储存等方法，使鲜活食品与原料保持新鲜状态，保证食品质量。

6）引入先进信息技术

保鲜是消费者对市场食品的第一要求。即使是已经进入零售店的食品，要维持其新鲜度和安全度也是比较麻烦的事。由于食品品种繁多，需引入先进信息系统对产品货架期和新鲜度进行管理。

下面以日本伊藤洋华堂公司新食品加工系统的新鲜度维持管理系统为例进行介绍，其特征是深入地研究店内物流以减轻店铺的作业负担，对我国食品物流具有借鉴意义。

（1）采用不同货架到货方式，即按货架为单位进行到货的方法。首先，需要对各个店铺的货架与商品的关系进行调查，将商品与其货架的货位输入物流中心的计算机系统中，建立起商品与店铺以及货位的关联，通过计算机系统自动识别各类食品的数量，应该在哪一家店铺的哪一个货位上补充货品。这样就可以在货架上按顺序补充商品，做到效率最大化。这种复杂的区分作业系统的到货精度极高，免去了再验货作业。

（2）鲜度维持管理即采用计算机系统控制食品冷链温度，对不同类别的食品采用与该类食品相适应的温度来维持食品鲜度，设定商品有效期和维持销售期限。在商品入库时输入生产年、月、日，计算机系统就可以自动进行判断各类食品是否可以入库。在库商品严格地按照先进先出进行作业，每日由作业人员检验商品生产日期，为保证不出现超过准许销售期限的商品，对接近准许销售期限的商品提供警告功能，采用双重保险方式。

1.4.2　食品物流安全管理

1. 食品物流安全管理概述

为了跟上市场的脚步，食品行业必须不断改进产品质量、降低生产成本、缩短交货周期，从而满足消费者对食品行业提出的"更好的质量、更大的柔性、更多的选择、更高的价值和更低的价格的服务"的要求。

然而我国的食品行业现状不容乐观，低效率、低质量的食品物流系统已经不能适应快速发展的食品加工业，食品业现有人员对食品物流理论研究及供应链管理认识不足等，阻碍着我国食品物流的发展。

国家"十三五"规划中高度重视物流业，提出加快速度建设我国物流信息平台，无疑给食品行业带来了福音。物流提供了一个整合的服务和理念，它将以往独立的生产和运输过程结合起来，从全局化的角度出发看待问题，为我国食品行业"多品种、大批量"的生产和顾客"多品种、小批量"的需求提供了坚实的物质基础与支持。先进的设备和技术能满足食品行业苛刻的保管条件与保鲜程度的要求，提高了我国食品行业的综合竞争力。将物流引入食品行业，构建中国食品工业的现代化物流平台，完成传统的基础物流向食品供应链物流的转变,是食品产业发展到一定阶段的必然结果。

基于我国食品物流面临的新环境,要解决与食品物流密切相关的食品多样快捷化要求、食品安全控制、食品规模效益等问题,就要求引进先进的物流供应链管理思想,缓解食品行业的压力,将传统的基础物流向食品供应链物流转变,从全局化的角度寻找最优的方案。

2. 建立食品供应链全面质量管理体系

我国作为一个农业大国,食品在国民经济中占重要位置。多年来,我国政府十分重视食品安全工作,制定了一系列的法律法规,采取了多项控制措施,取得了很大进展。2016 年将"食品安全关键技术"列入国家"十三五"攻关重大项目,2017 年上升为国家 12 个重大科技项目之一。"十三五"期间,我国投入经费 18 亿多元开展食品安全技术研究。目前我国已构建了共享的全国食品污染物监测网、进出口食品监测与预警网,制定或修订国家标准 39 项、行业和地方标准 161 项,提出了 595 个食品安全标准限量指标的建议值。同时建立了 219 项实验室食品安全检测方法,研制出 81 个检测技术相关试剂盒和现场快速检测技术以及 25 种相关检测设备,并首次进行了实验室质量控制国际对比试验,有 168 个实验室参与国际有关实验室组织之间的对比试验或获得互认。

但是,我们也应看到,我国食品安全检测技术及控制体系还不够完善,检测和预警体系也处于起步阶段,还没有真正地将危险性分析原则作为决策和管理的基础,先进的食品安全关键控制技术的使用尚未形成规模,对食品生产新技术进行评价和控制的技术能力不足,专业人员和经费短缺仍严重制约着食品卫生监管工作的有效开展。建立食品供应链全面质量管理体系,共同打造中国食品行业"健康、绿色"的新形象,是食品企业面临的另外一个课题。

3. 完善食品物流冷链建设

食品安全与食品物流冷链息息相关。食品冷链,简而言之就是食品从生产到流通整个过程的特殊供应链系统,其中任何一个环节的断裂都会引发食品安全隐患的产生。冷链物流由多个环节组成,从食品原料的种植和采购、加工、流通和配送,直至零售和消费的全过程,是一项复杂的低温系统工程,确保各环节的质量安全是冷链物流的核心。

如何确保食品质量安全问题是冷链物流和传统物流的区别所在。冷链物流的特殊性就在于它的流通配送需要一个系统的、精确的、安全保证的操作,需要一个保持冷度、持续供电、不带菌的环境去保持食物的新鲜、干净。冷链物流和传统物流相比,重在其可追溯性,通过信息系统记录生产、加工、运输、仓储各环节信息,使冷链物流各环节有据可查,一旦发生问题能及时召回问题产品。

食品在产、销、运过程中的安全已成为全国人民关心的重点,生活中 90%的肉类和 80%的豆制品都需要冷链运输，迫切需要建设专门的物流配送中心。人们对于食品安全的日益重视，特别是《中华人民共和国食品安全法》（以下简称《食品安全法》）的实施，将使我国冷链物流水平从多方面加以提升。首先，促进建设独立完整的食品冷链物流体系。为了保证食品质量，减少损耗，要求食品在生产、储藏、运输、销售到消费前的各个环节始终处于食品所必需的低温环境中。其次，冷藏食品的品种很多，每种产品所要求的低温储藏时间与条件等技术指标都不尽相同，食品冷链物流标准也将借此逐步明确。此外，对于加大冷链物流基础设施投入、加强冷库建设等也将起到推动作用。

总之，在食品物流中应用冷链物流是对食品安全的最强有力保证。要保证冷冻食品的质量和安全，最关键的是"冷链"不能断裂，也就是说在食品的制造、储藏、运输配送、零售过程中，应始终处于受控的低温状态。

4. 建立食品物流质量评估体系

为了确保食品原有的营养价值和风味，防止食品安全问题带来的隐患，需要对冷链物流中的食品进行质量评估和检验。

广义的食品检验是指研究和评定食品质量及其变化的一门学科，它依据物理、化学、生物化学的一些基本理论和各种技术，按照制定的技术标准，对原料、辅助材料、成品的质量进行检验。

食品检验的内容十分丰富，包括食品营养成分分析、食品中污染物质分析、食品辅助材料及食品添加剂分析、食品感官鉴定等。狭义的食品检验通常是指食品检验机构依据《食品卫生法》规定的卫生标准，对食品质量所进行的检验，包括对食品的外包装、内包装、标志、唛头和商品体外观的特性、理化指标以及其他一些卫生指标所进行的检验。检验方法主要是感官检验法和理化检验法。

【本章小结】

本章主要介绍了食品物流的一些基础知识，共分为四部分，第一部分介绍食品物流概述，第二部分介绍食品物流活动与价值，第三部分介绍食品物流安全与质量要求，第四部分介绍食品物流管理。

【思考与训练】

一、填空题

1. 目前存在许多物流的定义，其中一个简单的定义是用 7 个 R（7 个 right），把物流定义为保证（　　　　），以（　　　　　）和（　　　　　），在（　　　　）、（　　　　），以（　　　　）送到（　　　　　）。

2. 食品物流的六要素即（　　　　）、（　　　　　）、（　　　　　）、（　　　　），（　　　　　）、（　　　　　）。

3. 食品物流的五大目标是（　　　　　）、（　　　　　）、（　　　　），（　　　　　）、（　　　　　）。

4. 食品的物流活动有（　　　　　）、（　　　　　）、（　　　　　）、（　　　），（　　　　　）、（　　　　　）、（　　　　　）。

5. 食品物流创造的价值是（　　　　　）、（　　　　　）、（　　　　　）。

二、判断题

1. 食品物流学研究流体的结构、规模，尤其要研究物流流体的技术进步、网络结构等。比如研究物流中心或配送中心网络的选址、载体的定位和跟踪、载体的运行速度的提高，载体的配套等问题。（　　　）

2. 载体指食品流体从起点到终点，从生产地到消费者的流动方向。（　　　）

3. 流向即通过载体的流体在一定流向上的表现。（　　　）

4. 流程即通过载体的流体在一定的流向上行驶路径的数量表现。（　　　）

5. 流量即通过载体的流体在一定程度上的速度表现。（　　　）

6. 物流系统是桥梁、纽带作用的流通系统的一部分，它具体地联结着生产与再生产、生产与消费，因此要求有很强的服务性。（　　　）

7. 速度不但是服务性的延伸，也是流通对物流提出的要求。从社会再生产理论看，整个社会再生产的循环，取决于每一个环节，社会再生产不断循环进步推动着社会的进步。因此，速度问题便不仅是用户的要求，而且是社会发展进步的要求。（　　　）

8. 物流过程作为"第三利润源"而言，这一利润的挖掘主要依靠改善服务。（　　　）

9. 存储即使物品发生场所、空间移动的物流活动。（　　　）

10. "物"从供给者到需要者之间有一段空间差异。"物"在供给者到需要者之间往往处于不同的场所，改变这种场所的差别所创造的价值被称作"加工附加值"。（　　　）

三、单项选择题

1. （　　　）是指基础设施。如铁路、公路、水路、港口、车站、机场等基础设施，它们大多是固定的。

A. 第一类载体　　　B. 第二类载体　　　C. 第三类载体　　　D. 第四类载体

2. 食品物流学通过（　　　）研究准确掌握流向的变化规律，达到合理配置物流资源、合理规划物流流向，从而降低物流成本、加快物流速度的目的。

A. 载体　　　　　　B. 流向　　　　　　C. 流量　　　　　　D. 流速

3. 从物流管理角度来看，理想状况的物流应该是在所有流向上的（　　　）都均匀分布，这样，物流资源利用率最高，组织管理最容易。

　　A. 载体　　　　　　B. 流量　　　　　　C. 流程　　　　　　D. 流速

4. （　　　）与流向、流量、流程一起构成了物流向量的四个数量特征，是衡量物流效率和效益的重要指标。

　　A. 载体　　　　　　B. 流量　　　　　　C. 流程　　　　　　D. 流速

5. 在物流领域以分散或集中等不同方式建立物流系统，研究物流集约化的程度，就是（　　　）这一目标的体现。

　　A. 规模优化　　　　B. 服务　　　　　　C. 库存调节　　　　D. 节约

6. （　　　）即在食品输送或保管过程中，为保证食品的价值和形态而从事的物流活动。

　　A. 运输　　　　　　B. 保管　　　　　　C. 包装　　　　　　D. 配送

7. 在食品物流过程中，（　　　）活动是不断出现和反复进行的，它出现的频率高于其他各项物流活动，每次装卸活动都要花费很长时间，所以往往成为决定物流速度的关键。

　　A. 运输　　　　　　B. 保管　　　　　　C. 包装　　　　　　D. 装卸

8. （　　　）是食品在从生产地到消费地的过程中，根据需要施加包装、分割、计量、分拣、组装、价格贴付、标签贴付、食品检验等简单作业的总称。

　　A. 流通加工　　　　B. 保管　　　　　　C. 包装　　　　　　D. 装卸

9. 物从供给者到需要者之间有一段时间差，改变这一时间差所创造的价值，称作（　　　）。

　　A. 加工附加值　　　B. 规模价值　　　　C. 场所价值　　　　D. 时间价值

10. 加工活动不创造商品主要实体或形成商品主要功能和使用价值，而是带有完善、弥补、增加性质的加工活动，这种活动必然会形成劳动对象的（　　　）。

　　A. 加工附加值　　　B. 规模价值　　　　C. 场所价值　　　　D. 时间价值

四、简答题

1. 名词解释

　　（1）食品物流　　　（2）易腐食品

2. 食品物流的特点有哪些？

3. 简述时间价值的含义。

4. 简述食品物流的质量含义。

5. 什么是冷藏食品？什么是冷冻食品？

6. 简述食品变质的原因。

7. 食品质量控制方法有哪些？

8. 什么是食品物流管理?

9. 简述食品物流管理的内容。

10. 食品物流管理的特点有哪些?

五、实训

常见易腐食品储存温度信息调查

1. 实训目的

（1）了解周边地区易腐食品的种类。

（2）掌握食品中心温度计的使用方法。

（3）通过调查周边食品的储存、销售特性了解常见易腐食品的特点。

（4）增加对冷链物流的认识。

2. 实训工具

温度计、常见食品图谱、纸、笔。

3. 操作流程

1）做好调查前的准备工作

（1）了解周边主要农贸市场和超市的分布。

（2）了解市场上主要易腐食品的种类及储存、销售温度。

（3）准备好易腐食品储存销售条件调查表。

（4）与调查单位预约调查时间和地点。

2）进行调查

（1）按预约时间收集农贸市场或超市易腐食品的种类的相关资料。

（2）根据实际情况进行询问调查或直接观察调查。

（3）采用食品中心温度计对食品的储存和销售温度进行测量。

（4）填写调查表。

（5）撰写调查报告。

4. 注意事项

（1）调查者必须明确调查目的，语言表达能力强，具有熟练的温度检测技能及诚恳的态度，在调查过程中要善于沟通，举止文明、大方。

（2）调查时应佩戴或携带有效证件，遵守预约时间并尊重调查单位或对象的规定。

（3）详细询问易腐食品的名称、产地、储存方式、运输方式、保质期、销售温度等信息（见下表），必要时可以用红外线温度计或中心温度计进行测量。

（4）易腐食品的名称要准确，避免使用地方名称，可以用食品图谱进行校准。

（5）访谈调查要控制时间，以准确、有效完成信息调查为依据，时间一般控制在 1 小时内，必要时可以收集采购信息表、出货或发货单等进行完善。

常见易腐食品储存销售条件调查表

地点：_____　　调查人：_____　　调查时间：_____　　备注：_____

序号	食品名称	产地	储存方式	销售方式	运输方式	储存温度	销售温度	生产日期	保质期

易腐食品储存销售条件调查报告参考格式如下。

××××学院周边地区易腐食品储存、销售温度情况调查

（宋体，三号，加粗）

引言

（以简单扼要的文字对本次调查的起因、意义或报告的主要内容进行说明）

（宋体：小四号，行距：1.5 倍行间距）

调查的主要内容

调查时间：

调查地点：

调查对象：

调查方法：

调查人员或小组：

调查分工：

（格式同上）

调查正文

1. 前言

2. 主题

3. 结尾

（格式同上）

附件

易腐食品储存销售条件调查表

第 **2** 章

食品采购与库存管理

【学习目标】

　　通过本章的学习了解食品采购、库存管理的概念，熟悉食品采购业务流程，熟悉入库与理货业务，熟悉食品冷库要求，熟悉食品出库业务，掌握食品出库单证的制作及管理。

【关键术语】

　　食品采购管理，食品库存管理，食品冷库，食品出库

引 导 案 例

杭州联合肉类集团冷藏分公司的冷库管理

　　杭州联合肉类集团冷藏分公司副总经理在作"加强冷库科学管理，延长冷库使用寿命"报告时指出：科学地使用和管理冷库，不仅能节省运行成本、创造良好的经济效益，还能保障冷库设施的良好，延长冷库的使用寿命。

　　杭州联合肉类集团冷藏分公司对冷库科学管理十分重视。在冷库管理工作中要求做到以下几方面。

　　（1）建立科学的管理体制，培养和造就一支高素质的制冷工队伍。

　　（2）制定岗位责任制，各部门工作条理化、规范化。

　　（3）加强设备保养，保证安全生产。

　　（4）开源节流，调整冷库功能结构，适应市场需要，使冷库科学管理在思想上有位置、组织上有班子、工作上一丝不苟、经济上舍得花钱，用于设备的更新、改造。

　　在全省冷库大检查中，要求做到：机房无氨味、无积尘；库房及时冲霜，无"冰天雪地"现象；货物堆垛整齐，无"顶天立地"现象；充分利用峰谷电差，把好"冰、霜、水、门、灯"关，实现有效节电。

　　杭州联合肉类集团冷藏分公司以经营冷库代客储藏业务，同时以冷库为依托，开办冷冻食品交易市场，吸纳全国各地的食品企业进场设点交易。目前市场设点经营户260家，经营商品种类涉及肉食、水产、腌腊及南北干货等，市场以撒为主，商品辐

射杭州地区及邻近市县，年交易额 16 亿元，公司所属的 4 座冷库总容量为 4 万吨，常年保持 75%以上的利用率。年商品吞吐量达 50 万吨，企业经济效益连年增长，2013 年利润达 10 500 万元。

资料来源：http://www.cnstorage.com/storage/huojia.

思考：

1. 杭州联合肉类集团冷藏分公司在对冷库进行管理时遵循什么原则？

2. 冷库代客储藏业务指什么？在实际操作中有什么意义？

2.1　食品采购管理

2.1.1　食品采购的概念及特点

1. 采购

采购是企业向供应商获取商品或服务的一种商业行为，企业生产经营活动需要的物资绝大部分是通过采购获得的，采购是企业物流管理的起始点。采购管理的目标就是以正确的价格，在正确的时间，从正确的供应商处购买到正确数量和质量的商品或服务。

2. 食品采购

食品采购，对于食品生产企业而言，是指加工食品所需要的原材料、辅助配料、包装物等物资的采购、供应活动所产生的物流；对于经营食品的商业企业而言，是指食品交易活动中从买方角度出发的交易行为中所发生的食品采购物流。无论是食品生产企业还是经营食品的商业企业，其流动资金的大部分是被购入的食品原料、半成品、成品等所占用。所以，食品及食品原料采购的严格管理及库存的合理控制对于食品生产企业的成本有重要影响。

与一般商品相比，食品具有以下特点。

1）食品保质期短

食品保质期短，易变质、易腐败，其损耗大大高于一般商品。10%的食品价格相对变化很大，批零差价大。很多食品价格变动幅度全年能达到 10%以上，大多数生鲜食品是一天一个价。

2）食品季节性强

许多食品的品种季节性很强，如在短短的一个时期集中上市，在生产、销售和价格上都表现出明显的季节性的变动趋势。

3）食品原料大多为初级农副产品

食品原料大多为初级农副产品，其质量目前还主要沿用感官鉴定，缺乏统一的质量标准，造成食品原料在质量分级定价上标准制定困难等。

3. 食品采购的特点

正是由于食品与一般商品相比存在以上特点，因此食品及食品原材料的采购也具有自己的一些特点，以经营食品的零售店及超市为例，食品的采购具有以下特点。

1）复杂性

由于食品价格变动较大，造成了采购人员市场采购的困难，同时也增加了对采购人员控制的难度；由于食品质量难以标准化，造成了采购部门对厂家的质量比对和控制的困难，同样也给采购人员降低质量以谋取个人私利留下了空间；由于季度性很强，再加上农业产品靠天吃饭所造成的产量不确定性，造成了对食品采购的品种和数量的预测困难。正是由于以上三个问题，造成食品采购的不确定性、复杂性加大。

2）风险性

由于食品，特别是生鲜食品，经营成本、损耗大，操作复杂，如果采购管理不慎，就有可能使零售店或超市因经营食品而出现亏损或加大亏损，难以为继。

3）规模性降低

由于食品保质期短，有的生鲜食品仅 1~2 天，再加上许多零售店及超市未形成规模经营，这使得食品的采购半径较短，许多零售店及超市，特别是跨地区经营的超市门店自行采购食品，降低了连锁经营在统一集中采购上所能获得的规模效益。这也是目前我国在洋超市的紧逼下，许多本土超市仍有生存空间的原因。

2.1.2 食品采购的模式

1. 按采购的集中程度分类

1）分散采购

分散采购是指企业将采购权分散到各个分支机构（包括分公司、分厂、零售分店等），由各分支机构在核定的资金定额范围内，直接向供应商采购食品。如经营生鲜食品的零售分店，就是由各分店商品部自行采购生鲜食品。

分散采购的优势主要有：分散采购具有相当的弹性，较具市场针对性；价格由分店自定，机动性强，有较好的经营主导权；较能符合消费者需求。缺点是较难发挥大量采购、以量制价的功能；利润很难控制；无法塑造集团连锁经营的统一形象。

由零售分店自行分散采购的模式，多适用于门店之间分布较广的连锁企业，并且适于保质期相对较短的生鲜食品。

2）集中采购

集中采购是指企业设专门的采购机构和专职采购人员统一负责企业的食品采购工作，企业所属各分支机构只负责食品的销售。

　　集中采购比较适合物流一体化的建设。集中统一的食品采购是实现规范化经营的前提和关键。只有实行统一采购，才能真正做到统一陈列、统一配送、统一促销策划、统一核算，才能真正发挥企业的整体效益，尤其是经营食品的连锁超市的优势。

　　集中采购的优势是非常明显的。首先，集中采购有利于提高企业与供应商谈判的议价能力。企业实行集中采购模式，大批量进货，就能充分享受采购食品数量折扣的价格优惠，保证了企业在价格竞争中的优势地位。

　　其次，集中采购有利于降低食品采购成本。大批量集中进货，可大幅度减少进货费用，再辅以配套的统一配送模式，就能有效控制连锁销售企业的采购总成本。这对于企业的经济效益来说是非常重要的。

　　最后，集中采购有利于规范企业的采购行为。在分散采购模式中，由于食品采购的决定权下放到各分店，对采购行为很难实施有效的约束，所以采购员的种种不规范行为屡禁不止。而集中采购模式则有利于规范企业的采购行为，对采购员的一切问题都可以比较方便地进行监督。

2. 按采购的渠道分类

1）当地采购

　　当地采购的食品主要是不适于远途运输的生鲜食品，采购渠道又可分为农产品批发市场和城市周围农产品生产基地。生鲜食品的品类包括蔬菜，按照政府规定必须从当地肉联厂采购的鲜肉类产品、淡水养殖的鲜活水产品、部分副食产品（豆腐和豆制品，以及当地制作的新鲜糕点和熟食制品等）、各种半成品凉菜和切配菜等。

2）跨地区产地采购

　　跨地区产地采购的食品主要是可以在一定时间和距离内远途调运的粮食、酒类、糖类等干杂食品，经过保鲜加工处理的生鲜食品，部分果实类水果（柑橘、苹果、香蕉和箱装水果等），冷冻水产品，干鲜产品和保鲜封装的加工制成品等。

　　目前，零售店及超市经营的食品品种很大程度上依靠当地的采购货源渠道，其主要原因：一是大量非标准化的生鲜食品因保鲜问题，不适于远途贩运；二是零售店及超市的销售流量无法支撑批量采购，因此同一地区的零售店及超市的食品经营经常会出现商品雷同化的现象，零售店及超市食品经营的特色未能得到发挥。

　　然而真正能形成品种、价格和新鲜度等渠道优势的还是产地采购，包括城市周围农产品生产基地和跨地区的产地采购，这种渠道优势的发挥会使零售店及超市的食品经营更加生动、运作空间更加宽阔，例如，联华超市的跨地区采购战略就使其差异化经营策略得以充分展示。但食品采购渠道优势的发挥程度是与零售店及连锁超市食品经营规模（销售量）和食品供应链中配送体系的完善程度密切相关的，随着农产品保鲜运输问题的逐步解决和零售店及超市区域性连锁规模的扩大，跨地区采购的品种和数量都会不断增加，零售店及超市的食品经营也会越来越丰富多彩。

3. 按采购的方法分类

按采购的方法，采购可以分成传统采购和科学采购两大类。科学采购又包括订货点采购、准时制采购、供应链采购和电子商务采购。

1）传统采购

传统采购的一般模式是，每个月末，企业各分支机构报下个月的采购申请单，报下个月需要采购的食品品种和数量，然后采购部把这些表汇总，制订统一的食品采购计划，并于下个月实施采购。采购回来的食品存放于企业的仓库中，满足下个月对各个分支机构的食品供应。

这种采购模式以各个分支机构的采购申请单为依据，以填充库存为目的，管理比较简单、粗糙，有市场响应不灵敏、库存量大、资金积压多、库存风险大的缺陷。

2）订货点采购

订货点采购则是紧密根据食品市场需求的变化和订货提前期的大小，精确确定订货点、订货批量或订货周期、最高库存水准等，建立起连续的订货启动、操作机制和库存控制机制，达到既满足需求又使得库存总成本最小的目的。

这种采购模式以需求分析为依据，以填充库存为目的，采用科学的方法，兼顾满足需求和库存成本控制，其原理科学，操作简单。但是，由于食品市场的随机因素多，使得该方法同样具有库存量大、市场响应不灵敏的缺陷。

3）准时制采购

准时制采购也称 JIT（just in time）采购，是一种完全以满足需求为依据的采购方法。根据 JIT 采购原理，要求供应商在需要的时候才把需要的品种以合适的数量送到客户需要的地点。这种做法使 JIT 采购成为一种省事而又有效率的采购模式。

JIT 采购模式的特点是：合理选择供应商，并与之建立战略合作伙伴关系，要求供应商介入食品企业的生产过程；小批量采购；实现零库存或少库存；交货准时，包装标准；信息共享；重视教育与培训；严格的质量控制，产品国际认证。

实施 JIT 采购具有如下优点。

（1）可以大幅度地减少食品库存。食品生产企业库存的降低有利于减少流动资金的占用，加速流动资金的周转，同时也有利于降低库存食品占用的空间，从而降低库存成本。

（2）提高采购食品的质量。据估计，推行 JIT 采购策略可使质量成本减少 26%~63%。

（3）降低食品原料的采购价格。由于供应商和生产企业的密切合作以及内部规模效益与长期订货，再加上消除了采购过程中的一些浪费（如订货手续、装卸环节、检验手续等），就使得购买原料的价格得以降低。

（4）推行 JIT 采购策略不仅节约了采购过程所需的资源，而且增强了企业的适应能力。

4）供应链采购

供应链采购是一种食品供应链机制下的采购模式。在供应链机制下，食品采购不再由采购者操作，而是由供应商操作。采购者只需要把自己的需求规律信息即食品库存信息向供应商连续及时地传递，供应商根据产品的消耗情况不断、及时、连续、小批量地补充库存，保证采购者既满足需要又使总库存量最小。供应链采购对信息系统、供应商操作要求都较高。它也是一种科学的、理想的食品采购模式。

5）电子商务采购

电子商务采购，也就是网上采购，是在电子商务环境下的食品采购模式。由于来自消费者和降低成本的压力越来越大，食品采购商开始频繁利用互联网进行采购，而这种趋势随着全球互联网技术的发展和普及，拥有了更广阔的市场空间。

电子商务采购模式的基本特点是：买家通过电子商务服务平台寻找新的食品供货商，或者是特定的某一类产品；食品供货商则通过平台展示企业和产品的信息。双方通过平台建立联系，通过电子邮件进行充分的沟通，最终促成交易的完成。对采购者而言，能够在网上迅速找到食品供货商和它们的产品，发出询盘，然后收到食品供货商提供的一份详细报价和产品规格描述，双方的工作效率和准确性都能得到较大的提高。

这种采购模式扩大了食品采购市场的范围、缩短了供需距离、简化了采购手续、减少了采购时间、降低了采购成本、提高了工作效率，是一种很有前途的食品采购模式，但是要依赖于电子商务的发展和食品物流水平的提高。

2.1.3　食品采购的流程

食品采购管理要实现科学化，首先需要规范采购作业的行为模式。如果按照采购员个人的工作习惯随意操作，则食品采购的质量难以保证。所以需要规定食品采购的一般流程，消除采购中的"三不"现象（不管是否为企业所需、不做市场调查和咨询、不问价格高低质量好坏），以保证工作质量，堵住资金流失的漏洞。

食品采购流程通常由以下七个步骤组成。

1. 接受采购申请

采购要求包括采购品种、数量、质量要求及到货期限。在食品生产企业中，采购申请必须严格根据生产部门的需要以及现有库存量及安全库存量做科学的计算后才能提出，并且要有审核制度。通过采购申请环节的控制，可以防止随意和盲目采购。对于食品批发和零售企业来说，决定采购什么与决定销售什么相一致，采购策略和市场策略紧密联系。

2. 选择供应商

一个好的供应商是确保食品及原料的质量、价格和交货期的关键。因此，在食品采购管理中，供应商的选择和如何保持与供应商的关系是一个主要问题。在采购流程中，这一步骤包括调查供应商提供所需品种的能力，汇总该供应商所能提供的食品种类，并就这些食品的供货要求进行商谈，评价多个可候选供应商（使用定性、定量多个标准），最后确定供应商。

在买方市场中，由于供大于求，市场上往往有众多供应商可供选择，此时买方处于有利地位，可以货比多家。应尽可能地列出所有的供应商清单，采用科学的方法挑选合适的供应商。例如，下面是我国连锁经营企业选择供应商的工作经验。

1）确定接待日

由于各生产厂家都必须为自己的产品寻找销路，每天都会有供应商到超级市场来推销它们的商品，为了提高超级市场采购工作的效率，有必要建立一种与供应商接洽的制度，规定与供应商接洽的具体时间。这样就可以将采购人员从大量的接待活动中解放出来，使他们有一定的时间进行商品价格比较和商品适销分析。

2）分类接洽供应商

要根据商品的不同类别将供应商进行分类，不同的采购人员接待不同类别的供应商，以提高洽谈效率。同时，查证供应商的相关证件，了解其经营意图，并把供应商分为厂商和代理经销商两大类，填写供应商资料登记卡。

3）明确规定供应商应提交的有关资料

供应商应提交营业执照复印件，税务登记证复印件，食品生产许可证、食品卫生质量的有关证明文件等，还要提交供应商法定代表签字（并加盖公司印章）发给供应商谈判人员的授权书原件。如果供应商是代理经销商，还应提交供应商和生产厂家之间签订的代理合同或其他证明的复印件。进口商品应提交进口许可证、进出口卫生免疫证、进出口单据和其他有关文件的复印件。此外，供应商还应出具商标注册证明、条码证明、专利证明等其他相关证件。

4）要求供应商提供样品

在与供应商洽谈时，可以要求供应商提供商品的实物样品，以便采购人员检查和判断。

3. 价格谈判

价格一直是食品采购中的敏感问题，买方希望压低价格，而卖方又总想方设法提高价格，所以价格谈判就成为采购过程中的一项重要工作。第一，采购人员在收到供应商的商品报价以后，要到市场上了解同类商品的价格，与供应商的报价进行比较，来确定取舍。采购人员在了解价格时，一定要注意了解的商品要与供应商的商品是相同类型、相同品项的，否则就没有可比性。第二，采购人员在了解价格以后，要与供应商面对面地商定供应商品的价格。在商议之前，采购人员要做一定的准备工作，要通过各种途径了解供应商给其他商家的实际供货价，再具体分析本企业的优势和劣势，以增加自己在价格谈判中的砝码，为本企业争取到最优的供应价格。第三，采购人员事先应该确定一个可接受的最高价格，超过这个价格就应该果断地放弃，再寻求其他供应商。

价格问题对谈判双方来说是一种零和对策，一方所失就是另一方所得，但从长远来看，任何一方的暂时所得未必是好事。企业间需要竞争，而合作可能对双方更加有利。需要指出的是：第一，食品价格由市场供需矛盾决定，任何一方都不可能随意要价；第二，食品采购不仅仅是单一的价格问题，还有食品质量问题，交货时间与批量问题，食品包装、运输方式与运输条件问题等。因此需要权衡利弊，绝不能为在价格上占点小便宜，而在其他方面造成不必要的损失。

4. 签发采购订单

食品采购订单相当于合同文本，具有法律效力。签发食品采购订单必须十分仔细，每项条款都要认真填写，关键处的用词须反复推敲，表达要简洁，含义要明确。现在，信息技术使得企业可以和供应商用计算机连接，不需要任何纸质媒介就可简洁、迅速地完成食品采购订单。

食品采购订单的内容除了食品的品种、数量外，还应对以下问题进行规定。

（1）配送问题的规定。食品主要是供给日常生活所需，要求周转很快。此时如欲保证充分供应，就必须依靠供应商准时配送食品。因此，在配送方式、配送时间、配送地点、配送次数等方面，通常在食品采购时就要和供应商在合同中予以规定，并要清楚规定供应商若违反了规定必须承担的责任。

（2）缺货问题的规定。对于供应商的供货，若出现缺货的现象，必然会影响企业的经营活动。因此应规定一个比例，明确供应商缺货时应承担的责任，以保证供应商能准时供货。例如，某连锁超市允许供应商的欠品率为 3%，超过 3%时，每月要付 1 万元罚金等。

（3）食品品质的规定。进行食品采购时，采购人员应了解食品的成分及品质等是否符合政府卫生部门或工商行政部门的规定。因为采购人员的能力并不足以判断各种食品的成分，因此在采购时，必须要求供应商在合同中作出保证符合政府法律规定的承诺，并提供政府核发的合法营业证明，以确保在食品销售中不会出现问题。

（4）价格变动的规定。食品价格变动较大，在签订食品永续订单时，要对未来价格变动的处理作出规定。如在价格上涨时，要在调整生效前通知企业并经企业同意方为有效等。

（5）付款的规定。食品采购时，支付货款的日期是一种采购条件，但在合同中须对付款方式有所规定。例如，对账日定在每月的哪一天、付款日定在哪一天、付款时是人员领款方式还是转账方式等均要有准则，并请供应商遵守。

（6）退货的规定。最令食品经销企业头痛的问题便是退货，供应商送货很快，但退货却不积极。但若不退货，食品经销企业的利益就会受损，因此必须制定退货规定。比如，规定出现哪几种情况可退货、费用如何分摊等。

5. 跟踪订单

食品采购订单签发后并不是食品采购工作的结束，必须对订单的执行情况进行跟踪，防止对方违约，保证订单顺利执行、食品按时进库。对订单实施跟踪还可以使企业随时掌握食品的动向，万一发生意外事件，可及时采取措施，避免不必要的损失或将损失降到最低。

严格说来，订单跟踪是一种被动式管理，这样问题的来源往往在于供应商自身的经营管理以及与供应商的关系处理。如果在供应商选择上能够严格把关并恰当地处理与供应商的关系，给予必要的合作，这种问题将会大大减少。

6. 到货验收入库

食品运到仓库后必须马上组织人员对食品进行验收。验收是按订单上的条款进行的，应该逐条进行，仔细查对。此外，还要查对货损情况，确定货损是否超标。对发现的问题，要查明原因、分清责任，为提出索赔提供证据。食品验收完毕才能签字入库。

7. 支付货款

最后一步是支付货款，支付以前必须查对支付发票与验收的食品清单是否一致，确认没有差错以后才能签字付款。

一般说来，企业按照上述的步骤采购食品不会发生大的失误。当然，要提高食品采购水平与质量，使企业的食品采购环节挖掘更大的利润源泉，还有许多事情要做，如供应商的管理和食品采购量的控制就是非常重要的工作。

2.1.4 食品供应商的管理

传统上，采购管理注重采购行为本身，考虑如何选择供应商、决定采购数量、确定合适的价格、签订采购合同，以及如何谈判，使企业在采购行为中获利。而现代采购物流管理则更加强调企业与供应商之间的关系管理，建立起一种互利双赢的合作关系，更有利于双方的长远发展。

1. 整理食品供应商资料

1）供应商的分类与编号

食品的范围比较广泛，故应对供应商进行分类管理。例如，在一个经销生鲜食品的商店，可将供应商分成果蔬类的供应商、日配类的供应商，再依各类别来编号，给予每一个厂商一个编号。这种编号大概 4 位就可以了。例如，某公司是果蔬的厂商，而果蔬类的部门分类码为 3，则可以将公司编成 3001 来标识管理。当然也可以用更细的分类码来给予标识。但总的来说，应对供应商进行分类管理并给予每一厂商一个代码，以便于计算机管理。

2）供应商档案的建立

将每个供应商的基本资料归档，包括公司名称、电子邮箱地址、电话、负责人、资本额、营业证、营业额等，做成基本资料卡，由计算机存档并管理，以便随时查阅。

3）供应商商品台账的建立

对每一个厂商所供应的食品建立台账，包括商品序号、商品代码、商品名称、规格、单位、进货量（不同时期的进货量及累计进货量）、售价、进价、毛利率、销售额（不同时期的销售额及累计销售额）、供货厂商代码等。

4）销售状况统计分析

对于每家供应商的食品进货情况、销售量及销售额按一定时期（如 1 个月）进行统计，并可列出厂商销售数量排列表，对顾客投诉也必须予以统计，作为议价谈判的重要依据。

2. 评价食品供应商

在食品供应链管理环境下，由于企业对短期成本最小化的需要，食品供应链合作关系的运作需要尽量减少食品供应源的数量。另外，由于紧密合作的需要，上下游相关的连接变得更专有，而且企业可以在全球市场范围内寻找最优的供应商。因此，对供应商作出系统、全面的评价，就必须有一套完整、科学、全面的综合评价指标体系。

1）建立有效的供应商综合评估指标体系

建立供应商综合评估指标体系的好处是可以避免企业在供应商评估工作中存在个人权力太大、主观成分过多、一人说了算的现象。对供应商进行综合评估的最基本指标应该包括以下几项。

（1）技术水平。供应商供应食品的技术参数能否达到要求，是否具有技术队伍和能力去生产或供应所需的食品，是否具有产品开发和改进的能力，这些问题都很重要。选择具有高技术水准的供应商，对企业的长远发展有好处。

（2）食品质量。供应商的食品必须能够持续稳定地达到食品规定的要求。供应商必须有一个良好的食品质量控制体系，在原材料、半成品、成品加工及储存过程中进行质量管理和质量控制。

（3）供应能力。企业需要确定食品供应能力即供应商的食品生产能力。确定供应商是否具备相当的生产规模与发展潜力，这意味着供应商的生产设备必须能够在数量上达到一定的规模，能够保证供应所需数量的食品。

（4）价格。供应商应该提供有竞争力的价格，但并不意味着必须是最低的价格。这个价格是在综合考虑了要求供应商按照所需的时间，所需的数量、质量和服务后确定的。供应商还应该有能力向企业提供改进食品成本的方案。

（5）地理位置。供应商的地理位置对食品库存量有相当大的影响。如果食品单价较高、需求量又大，距离近的供应商有利于管理。企业总是希望供应商离自己近一些，或至少要求供应商在当地设立库存。地理位置近、送货时间短，意味着缺货时可以快速送到。

（6）可靠性。可靠性是供应商的信誉。在选择供应商时，应该选择有较高声誉的、经营稳定的以及财务状况良好的供应商。同时，双方应该相互信任，讲究信誉，并能把这种关系保持下去。

除此之外，有时还有一些其他因素，如售后服务、提前期、交货准确率等需要考虑。

2）评估与选择方法

供应商的评估与选择是一个多对象、多因素的综合评价问题，解决此类问题的基本思路归纳如下。

（1）对各个评估指标确定权重，权重可用数字 1~10 之间的某个数值表示，并且规定全部的权重之和为 1。

（2）对每个评估指标打分，也可用 1~10 之间的一个数表示（或 0~1 的一个数值）。

（3）对每个分数乘以该指标权重，进行综合处理后得到一个总分。

（4）根据每个供应商的总分进行排序、比较和选择。

例如，某种食品有三家供应商，表 2-1 给出了全部的评估数值和供应商总得分。

表 2-1　供应商评估表

评估指标（1）	指标权重（2）	评估数值（3）		
		A 供应商	B 供应商	C 供应商
技术水平	8	7	8	5
食品质量	9	8	9	7
供应能力	7	10	7	8
价格	7	7	6	8
地理位置	2	3	6	9
可靠性	6	4	7	8
提前期	3	4	6	7
综合得分（2）×（3）后累加		289	308	302

以上例子虽然非常简单，但如果企业在食品采购前适当地考虑这些问题，就可以大大降低选择供应商的失误率。由于各项指标的重要程度是不同的，所以需要确定权重，这是一项既需要经验又需要技术的工作。

3）保持动态平衡

在实施食品供应链合作关系管理的过程中，食品市场需求和供应都在不断变化，必须在供应商相对稳定的条件下，根据实际情况及时修改供应商评估指标，或开始新的供应商评估。合格的供应商队伍不应该是静态的，而应该是动态的，这样才能引入竞争机制。

3. 与供应商建立合作伙伴关系

对食品经销企业而言，盈利能力与食品采购物流和信息流的流动速度有关，企业为获取尽可能多的利润，就会想方设法加快食品和信息的流动。由于占总成本一半以上的食品及相关信息都与供应商有关，所以充分发挥供应商的作用就显得尤其重要。食品采购策略的一个重要方面就是逐步建立与食品供应商的合作关系，其作用体现在如下方面。

（1）提高供应商的可靠性和灵活性，可以极大地加强企业的食品采购物流能力，增强对食品市场需求的应变力。例如，尽早地通过采购让供应商以合作伙伴的身份参与到企业自身的食品开发过程中来，不仅可以充分利用供应商的专业优势缩短食品开发时间、降低研制成本，还可以更好地满足顾客对食品的要求，提高企业的竞争力。

（2）对供应商的管理从采购食品的分类开始。按照食品的价值及重要性确定不同的采购策略，并进行食品供应市场的研究与风险分析；对供应商进行分类管理，通常将其划分为合作伙伴型、优先供应型和普通商业型。针对不同类型的供应商采取不同的策略进行管理和改进，以质量、交货期、价格和服务等项目为指标对供应商进行评估。

（3）提高供应商质量，改善供应水平，控制和减少所有与食品采购相关的成本，包括直接采购成本和间接采购成本，这是食品采购管理的重要内容。直接采购成本的控制与降低，可采取提高工作效率、定期谈判、优化供应商、实施本地化、与供应商共同改进食品物流成本等多种途径。间接采购成本的控制与降低包括缩短食品供应周期、增加送货频次、减少食品库存、实施进货免检、循环使用食品包装物等。此外，为优化供应配套体系，亦可减少供应商的数量，使采购活动尽量集中。与供应商发展伙伴型的合作关系，同时也要避免依赖独家供应商，防止垄断食品供应风险的产生。

2.1.5　食品采购的控制

1. 食品的订货与补货

许多食品的产量和品种受季节、天气与产地的影响较大，因此订货作业是较难把握的工作。订货要货品齐全，不能缺货，又要质量好，鲜度足。必须掌握食品的生产季节、产地、各种保鲜方法、鲜度判断方法、市场价格变化等因素，这是订货管理中必须做好的工作。

1）食品的订货原则

（1）考虑当日库存数量、库存天数及保鲜要求，以及当日库存量的大小、可售卖天数；另外，如需冷藏库保鲜，则要考虑库房的容积是否能承受。

（2）依据天气、节庆、假日等各种"旺日"下单，参考第二天的天气状况对人流量的影响，是否是假日人流高峰日（可参考以往假日销售量），是否是某一节庆高峰日，并有特殊品项需求（如腊八增订杂粮），等等。

（3）参考日均销售量及商品周转率。要有以往销量的记录，如月销售量、商品周转率作为订货参考值。

（4）根据季节变化，鲜活食品的季节性最强，从夏至秋都有当年应季品项上市，考虑增大陈列面积、陈列量，加大订货量。

（5）参考商品的基本陈列面乘以补货次数。简单地说，某品项一个排面的陈列量乘以一天补货的次数，即是大致订货量。

（6）考虑促销期及折扣期。

（7）依据往年的销售记录及顾客消费习惯订货。特别是在春节等重大节日及销售旺季，保留以往的销售记录作为参考，并把握当地顾客的消费习惯。

（8）品质是食品的关键。订货的前提是健康的、安全的、卫生的，符合验收品质标准的商品。

（9）参考市场流行趋势。参考当地是否有新品种上市、市场的价格波动变动，等等。

（10）依据食品当季的商品组合建立永续订单，以永续订单为订货下单的依据。

2）食品的补货原则

补货的顺序：店内促销品—大宗商品（敏感商品）—正常 A、B 类商品—其他。

补货时应注意如下事项。

（1）保证先进先出。

（2）整理排面比补货优先，不可因补货不及时而忽略排面。

（3）堆积在库房外的货品先补，再补库房内的货品。

（4）整理时将不可贩卖的商品收回——已变质、受损、破包、过期或接近过期、条码错误、受污等。

（5）补货前后都要做好陈列架、冷藏柜的清洁工作，保持良好的商品"卖相"。

（6）利用地车、周转箱、周转筐等工具补货。

（7）货品码放在栈板上时，重的、体积大的放在下层，体积小、易碎的放在上层，交叠码齐。

（8）补货时纸箱、周转箱均不落地。

（9）补货时，货品应尽可能靠近陈列架，以免影响顾客购物，补货完毕迅速将地车、栈板、纸箱、剩余商品归回定位。

（10）补货中注意是否与价格牌、价签对应。

（11）鲜活食品补货时务必轻拿轻放，不可重摔、碰撞。

2. 食品订货量的控制

食品按保质期的长短可分为两类：一类保质期较长的，可库存的食品，如干杂食品、冷冻食品等；另一类是保质期较短，不能库存的食品，需当日购进当日销售，如各种鲜活食品。对待上述两类食品，在订货量的控制上应采取不同的方式。下面是我国许多食品经销企业常用的食品订货量控制方法。

1）可库存食品订货量的控制

这类食品订货量的控制关键在于最小库存量和最大库存量的确定。

（1）最小库存量可以根据计算机存储的资料中滚动的 N 天的销售量计算出某一食品的日平均销售量，再根据食品到货和加工配送的周期来确定最小的库存天数。

如果一张订单发下去，3 天内能到货，再加上加工配送的时间 2 天，则库存时间为 5 天。其计算公式为

最小库存量 = 某类食品日平均销售量 × （厂家将食品送达配送中心的天数 + 配送中心进行加工的天数 + 配送中心将货送达门店的天数 + 商店陈列量可销售的天数）

对一些没有组建食品配送中心的连锁企业，其计算公式为

最小库存量 = 某类食品的日平均销售量 × （厂家将食品送达门店的天数 + 门店进行食品加工的天数 + 商店陈列量可销售的天数）

这是最小库存食品量，如果实际库存低于这个数，可能会造成食品脱销。在实际操作中可在计算机管理软件开发时，在程序中设置预警措施，一旦实际库存量临近或低于最低库存量，计算机系统可自动进行预警报告。

（2）最大库存量。最大库存量的确定要综合考虑以下三方面因素。

① 根据库存容量来确定。根据当前仓库的容量来计算库存量，如果一个仓库可存放 10 吨食品，分摊给每种食品的库存容量是多少即可算出，这就是最大库存量。

② 根据保质期来确定。其计算公式为

最大库存量 = （保质期 - 厂家将商品送达门店天数 - 门店进行加工的天数）× 日平均销售量

③ 根据最大订货资金预算量来确定。其计算公式为

最大库存量 = 预算资金 ÷ 商品单价

食品经销企业可根据供应商发货的批量大小以及相应的价格折扣、运输费用来确定一个合理的量值作为每次订货的批量值。

2）鲜活食品的订货控制

鲜活食品不能压库，没有最大、最小库存量的限制，必须力争当天购进当天售出。理论订货量等于日平均销售量。但是实际运作中可能会有一些商品无法当日全部售出，因此，其计算公式为

订货量＝某日销售预测值－前日商品库存值

鲜活食品一般采用签订永续订单的形式，签订一张合同，可以分多次交货。对于由总部（或配送中心）集中进货的，总部有了永续订单后，分店可以根据这张订单来填写补货申请单并实时传到总部，总部经过审核后，将各个分店所需的食品的品种、数量汇总，然后发送给各个供应商。对于由分店自行订货的，程序也大致相同，只是由分店直接向供应商订货，中间少了总部汇总审核这一环节。

2.2 食品入库业务

2.2.1 食品入库概述

1. 食品入库的概念

食品入库是指接到食品入库通知单后，接运提货、装卸搬运、检查验收、办理入库手续等一系列工作过程。食品入库的依据是仓库同货主企业签订的仓储合同、仓库的上级管理部门下达的入库通知或物资入库计划。仓库工作人员应根据接运员或送货员递交的运单，对照实物，核对品种、数量、规格等，检查包装、食品残损，无误后签字接收。接收与验收一并进行时，不仅要有运单，还须具备验收的各种依据。

2. 食品入库的准备

根据食品入库凭证，在接收入库食品前要进行卸货、查点、验收、办理入库手续等。按照作业流程要求，根据货物的属性要求，设计货位，准备相应的入库设备以及相关单证。

仓库应根据仓储合同或入库单、入库计划，及时地进行库场准备，以便货物能按时入库，保证入库过程顺利进行。仓库的入库准备需要由仓库的业务部门、管理部门、设备作业部门分工合作，共同做好以下工作。

1）熟悉入库食品种类

仓库业务、管理人员应认真查阅入库货物资料，必要时向存货人询问，掌握入库食品的品种、规格、数量、包装状态、单件体积、到库确切时间、货物存期、货物的理化特性、保管的要求等，据以精确和妥善地进行库场安排、准备。

2）掌握仓库库场情况

了解在食品货物入库期间、保管期间仓库的库容、设备、人员的变动情况，以便安排工作。必要时对仓库进行清查，清理归位，以便腾出仓容。对于必须使用重型设备操作的货物，一定要确保可使用设备的货位。

3）制订仓储计划

仓库业务部门根据货物情况、仓库情况、设备情况，制订仓储计划，并将任务下达到各相应的作业单位、管理部门。

4）仓库妥善安排货位

仓库部门根据入库货物的性能、数量、类别，结合仓库分区分类保管的要求，核算货位大小，根据货位使用原则，妥善安排货位、验收场地，确定堆垛方法、苫垫方案等准备工作。

5）做好货位准备

仓库员要及时进行货位准备，彻底清洁货位，清除残留物，清理排水管道（沟），必要时安排消毒除虫、铺地。详细检查照明、通风等设备，发现损坏及时通知修理。

6）准备苫垫材料、作业用具

在食品货物入库前，根据所确定的苫垫方案，准备相应的材料，并组织衬垫铺设作业。对作业所需的用具，准备妥当，以便能及时使用。

7）验收准备

仓库理货人员根据食品情况和仓库管理制度确定验收方法。准备验收所需的点数、称量、测试、开箱装箱、丈量、移动照明等工具。

8）装卸搬运工艺设定

根据食品类型、货位、设备条件、人员等情况，合理科学地制定卸车搬运工艺，保证作业效率。

9）文件单证准备

仓库员对货物入库所需的各种报表、单证、记录簿等，如入库记录、理货检验单、料卡、残损单等预填妥善，以备使用。

10）核对凭证

核对凭证，也就是对各种相关凭证进行全面整理核对。凭证包括：①入库通知单和订货合同副本，这是仓库接收货物的凭证；②供货单位提供的材质证明书、装箱单、磅码单、发货明细表等；③货物承运单位提供的运单，若货物在入库前发现残损情况，还要有承运部门提供的货运记录或普通记录，作为向责任方交涉的依据。

11）货物接运

做好食品接运业务管理的主要意义在于，防止把在运输过程中或运输之前已经发生的食品损害和各种差错带入仓库，减少或避免经济损失，为验收和保管创造良好的

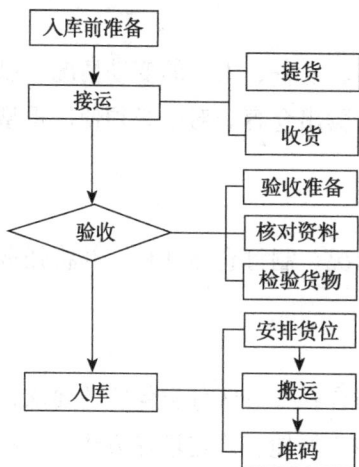

图 2-1　货物入库流程

条件。接运方式大致有四种：车站、码头接货，专用线接，仓库自行接货，库内接货。

12）货物入库流程

货物入库流程如图 2-1 所示。

2.2.2　食品入库业务

1. 食品接运的方式

食品的接运是食品入库业务流程的第一道作业环节，也是食品仓库直接与外部发生的经济联系。接运工作是仓库业务活动的开始，是食品入库和保管的前提，所以接运工作的好坏直接影响食品的验收和入库后的保管保养。食品到达仓库的形式不同，对于仓库方而言，接运食品入库的方式也不同。

1）供货业务单位送货或需货单位自提

供货业务单位送货主要指当地或生产地点较近的货物，由供货业务单位持送货凭证，自备运输工具，把货物送到仓库。存货单位或供货单位将食品直接运到仓库储存时，应由保管员或验收人员直接与送货人员办理交接手续，当面验收并做好记录。若有差错，应填写记录，由送货人员签字证明，据此向有关部门提出索赔。这种入库形式的特点是：单货同行、随到随收、仓库交接。

自提是指企业根据订货合同的规定，按供货计划、日期和提货通知，自备运输工具，到生产厂提货。仓库应根据提货通知，了解所提货物的性能、规格、数量，准备好提货所需的机械、工具、人员，配备保管员和供方当场检验质量、清点数量，并做好验收记录，接货与验收合并一次完成。

2）外地到货

外地到货是指通过铁路、水路等运输方式到达的外地或进口的货物，由运输人员接运并组织运输工具从车站、码头或专用线直接下站入库，它的主要任务是及时和准确地从交通运输部门提取入库食品，要求手续清楚、责任分明，并取得必要的证件，防止把在运输过程中或运输之前已经发生的食品损害和各种差错带入仓库，减少或避免经济损失，为验收和保管保养创造良好的条件。这种入库形式的特点是：先与运输人员凭运单交接件数，待正式入库凭证到库后，经过验收，再办理正式入库手续。

由于接运工作直接与交通运输部门接触，所以做好接运工作还需要熟悉交通运输部门的要求和制度。例如，发货人与运输部门的交接关系和责任的划分，铁路或航运等运输部门在运输中应负的责任，收货人的责任，铁路或其他运输部门编制普通记录和商务记录的范围，向交通运输部门索赔的手续和必要的证件，等等。

现将各种接运方式的注意事项分别叙述如下。

（1）站、码头。

① 提货人员应了解所提取食品的品名、型号、特性和一般保管知识、装卸搬运事项等。在提货前应做好接运货物的准备工作，如装卸运输工具、腾出存入食品的场地等。提货人员在到货前，应主动了解到货时间和交货情况，根据到货的多少，组织相应的装卸人员、机具和车辆，按时前往提货。

② 提货时应根据运单以及有关资料详细核对品名、规格、数量，并要注意食品外观，查看包装、封印是否完好，有无玷污、受潮、水渍、油渍等异状。若有疑点或不符，应当场要求运输部门检查。对于短缺和损坏情况，凡属铁路方面的责任，应做出商务记录，属于其他方面的责任需要铁路部门证明的，应做出普通记录，由铁路运输员签字，并注意记录内容应与实际情况相符。

③ 在短途运输中，要做到不混不乱，避免碰坏损失。危险品应按照危险品搬运规定操作。

④ 食品到库后，提货员应与保管员密切配合，尽量做到提货、运输、验收、入库、堆码一条龙作业，从而缩短入库验收时间，并办理内部交接手续。

（2）专用线接车。

① 接到专用线到货通知后，应立即确定卸货货位，力求缩短场内搬运距离；组织好卸车所需的机械、人员以及有关资料，做好卸车准备。

② 车皮到达后，引导对位，进行检查，看车皮封闭情况是否良好（车厢、车窗、铅封、苦布等有无异状）；根据运单和有关资料核对到货品名、规格、标志和清点件数；检查包装是否有损坏或有无散包；检查是否有进水、受潮或其他损坏现象。如果在检查中发现异常情况，应请铁路部门派人员复查，做出普通或商务记录，记录内容应与实际情况相符，以便交涉。

③ 卸车时要注意为食品验收和入库保管提供便利条件，分清车号、品名、规格，不混不乱；保证包装完好，不碰坏、不压伤，更不得自行打开包装。应根据食品的性质合理堆放，以免混淆，卸车后在食品上标明车号和卸车日期。

④ 编制卸车记录，记明卸车货位规格、数量，连同有关证件和资料，尽快向保管员交代清楚，办好内部交接手续。

3）过户

过户是指货物已存入仓库，通过销售业务，使货物所有权发生转移，但仍要求在原处储存。这种入库形式的特点是单据交割、更换户名。

4）移仓

移仓又称转库，是指由于某种原因，需改变储存地点，虽未销售，但必须通过正式入库手续，组织运力把货物从甲库运到乙库。这种入库形式的特点同样是单货同行，随到随收，仓库交接。

2. 食品入库交接的程序

食品入库交接的程序是：订购单—送货单—点收检查—办理入库手续—物品放置到指定货位—物品标识卡加以标识。

（1）采购部门根据货源的情况，及时填写订购单，送部门经理批准，并送一份给仓库作为核对货物以及单价的依据。订购单须注明品名、规格、数量、单价以及供应商名称。

（2）供应商须凭送货单将货物送至指定地点，送货单亦须注明供应商的名称、品名、数量、规格、单价、金额。

（3）仓库确认订购单、送货单无误后，将货物点收入库，如果是货运公司送货，须将送货单随货同行，并在货运单上注明货单在哪个箱中。

（4）仓库填写入库单，送财务经理批准并分单。

（5）仓库将货物放置到规定的货架上并填写物品标识卡加以标识。

2.2.3　食品的入库验收

食品验收是按照验收业务作业流程，核对凭证等规定的程序和手续，对入库食品进行数量和质量检验的经济技术活动的总称。凡食品进入仓库储存，必须经过检查验收，只有验收合格的食品，方可入库保管。

1. 验收的作用

所有到库的食品必须在入库前进行验收，只有在验收合格后方能正式入库。这样做的必要性在于：一方面，各种到库食品来源复杂、渠道繁多、种类和性质各异，从其生产加工结束到进入仓库前，要经过装载、运输、周转、卸载等一系列储运环节，受储运环境条件和其他各种外界因素的影响，质量和数量可能会发生某种程度的变化；另一方面，各类食品虽然在出厂时都经过了检验，但有时也会出现失误，造成错检或漏检，使一些不合格食品按合格食品交付。食品验收的作用主要表现在以下几方面。

1）验收是做好食品保藏的基础

食品的验收工作是做好食品保藏的基础。食品经过长途运输、装卸搬运后，包装容易损坏、散失，没有包装或包装达不到储运条件要求的食品更容易发生质量变化。这些情况都将影响到食品的保藏。所以在食品入库时，必须明确食品的实际情况，判明食品的品种、规格、质量等是否符合国家标准或供货合同规定的技术条件，数量上是否与供货单位附来的凭证相符，这样才能分类分区按品种、规格分别进行堆码存放，针对食品的实际情况，采取相应的措施对食品进行保管保养。

2）验收记录是仓库退货、换货和索赔的依据

食品验收过程中，若发现食品数量不足，或规格不符、质量不合格时，仓库检验人员会做详细的验收记录，据此由业务主管部门向供货单位提出退货、换货或向承运责任方提出索赔等要求。倘若食品入库时未进行严格的验收，或没有做详细的验收记录，而在保管过程中，甚至在发货时才发现问题，就会造成责任不分，从而丧失理赔权，带来不必要的经济损失。所以，食品只有经过严格的检验，在分清了食品入库前供货单位以及各个流转环节的责任后，才能将符合合同规定、符合企业生产需要的食品入库。

3）验收是避免食品积压、减少经济损失的重要手段

保管不合格食品，是一种无效的劳动。对于一批不合格食品，如果不经过检查验收就按合格食品入库，必然造成损失；对于计重食品，如果不进行检斤验数就按有关单据的供货数量付款，若实际数量不足，也会造成经济损失。

4）验收有利于维护货主的利益

改革开放使我国经济与世界经济的联系日益紧密，进口食品的数量和品种不断增加。对于进口食品，国别、产地和厂家等情况更为复杂，必须依据进口食品验收工作的程序与制度，严格认真地做好验收工作。否则，数量与质量方面的问题就不能得到及时发现，若超过索赔期，即使发现问题，也难以交涉，会给货主造成重大的经济损失。

2. 验收的作业流程及其内容

食品入库验收必须以入库通知单、订货合同、调拨单或采购计划为据。入库验收是货物入库操作的第一道程序。这道操作程序主要包括验收准备、核对凭证和实物检验三个作业环节。

1）验收准备

仓库接到到货通知后，应根据食品的性质和批量提前做好验收前的准备工作，大致包括以下内容。

（1）人员准备。安排好负责质量验收的技术人员或用料单位的专业技术人员，以及配合质量验收的装卸搬运人员。

（2）资料准备。收集并熟悉待验食品的有关文件，如技术标准、订货合同等。

（3）器具准备。准备好验收用的检验工具并检验其准确性，如衡器、量具等。

（4）货位准备。确定验收入库时存放的货位，计算和准备堆码苫垫材料。

（5）设备准备。大批量食品的数量验收，必须有装卸搬运机械的配合，因此应做好设备的申请调用准备。

2）核对凭证

核对凭证就是根据入库通知单、订货合同、调拨单或采购计划所列项目，与外包装标志进行核对，认真核对货物的品名、数量、规格、等级、厂牌、日期等是否相符。核对时，应严格执行"以单为主，以单核货，逐项对列，件件过目"的操作规则，以确保单货相符。

入库食品必须具备下列凭证。

（1）入库通知单和订货合同副本，这是仓库接受食品的凭证。

（2）供货单位提供的材质证明书、装箱单、磅码单、发货明细表等。

（3）食品承运单位提供的运单，若食品在入库前发现残损情况，还要有承运部门提供的货运记录或普通记录，作为向责任方交涉的依据。

（4）核对凭证，也就是将上述凭证加以整理全面核对。入库通知单、订货合同要与供货单位提供的所有凭证逐一核对，相符后才可进行下一步的实物检验。

3）实物检验

实物检验就是根据入库单和有关技术资料对实物进行数量与质量的检验。

（1）数量检验。入库货物的数量溢缺在日常收货业务中是经常发生的，其原因出于多方面。例如，生产厂出厂数量的交接制度不健全；送货点数不准或分类不清；运输过程中，特别是外地到货因周转环节较多而发生错装、漏装和丢失等。此外，发货单位的开单工作也时有差错。准确掌握入库货物的数量是仓储部门的基本任务之一，是保证物资数量准确不可缺少的重要步骤。一般在质量检验之前，由仓库保管职能机构组织进行数量检验。按照食品性质和包装情况，数量检验分为三种形式：计件、检斤、检尺求积。

① 计件。计件是按件数供货或以件数为计量单位的食品，做数量验收时的清点件数。一般情况下，计件食品应全部逐一点清，固定包装物的小件食品，如果包装完好，打开包装会对保管不利。国内货物只检查外包装，不拆包检查。进口食品按合同条款进行数量验收。

② 检斤。检斤是按重量供货或以重量为计量单位的食品，做数量验收时的称重。金属材料、化工产品多数是检斤验收。

③ 检尺求积。检尺求积是对以体积为计量单位的食品，先检尺、后求体积所做的数量验收。凡是经过数量检验的食品，都应该填写磅码单。

在做数量验收之前，还应根据食品的来源、包装的好坏或有关部门的规定，确定对到库食品是采取抽验还是全验的方式。一般情况下，数量检验应全验，即按件数全部进行点数。按重量供货的全部检斤，按理论重量供货的全部检尺，然后换算为重量，以实际检验结果的数量作为实收数。但如果食品管理机构有统一规定，则可按规定办理。

（2）质量检验。一般商品的质量检验包括外观检验、尺寸精度检验、机械物理性能检验和化学成分检验等。仓库一般只做外观检验和尺寸精度检验，后两种检验如果有必要，则由仓库技术管理职能机构取样，委托专门检验机构检验。对于食品而言，食品的品质包括食品的色、香味，营养价值，应具有的形态、质量及应达到的卫生指标。食品从原料加工到消费的整个流通环节是复杂多变的，它会受到生物性和化学性的侵染，受到流通过程中出现的如光、氧、水分、温度、微生物等各种环境因素的影响。到货食品品质情况如何，对确定与合理采用保藏方式、技术条件和控制、保藏时间等具有重大意义。因此，食品的内在质量检验和外观质量检验同样重要，入库检验时不可偏颇。

① 外观检验。在仓库中，质量验收主要指食品外观检验，由仓库保管职能机构组织进行。外观检验是指通过人的感觉器官，检验食品的包装外形或装饰有无缺陷；检查食品包装的牢固程度；检查食品有无损伤，如撞击、变形、破碎等；检查食品是否被雨、雪、油污等污染，有无潮湿、霉腐、生虫等。外观有缺陷的食品，有时可能影响其质量，所以，对外观有严重缺陷的食品，要单独存放，防止混杂，等待处理。凡经过外观检验的食品，都应填写"检验记录单"。食品的外观检验大大简化了仓库的质量验收工作，避免了各个部门反复进行复杂的质量检验，从而节省了大量的人力、物力和时间。

② 尺寸精度检验。由仓库的技术管理职能机构组织进行。尺寸精度检验是一项技术性强、很费时间的工作，全部检验工作量大，并且有些产品的特性只有通过破坏性的检验才能测定，所以一般采用抽验的方式进行。

（3）理化检验。理化检验是对食品内在质量和物理、化学性质所进行的检验，主要针对进口食品。

对食品内在质量的检验要求一定的技术知识和检验手段，目前大多数仓库不具备这些条件，所以一般由专门的技术检验部门进行。技术检验部门可以根据国家标准、国际标准和客户指定的方法对样品进行检测。通常将食品的检测项目划分为一般营养成分类、微量元素类、农药残留和抗生素类、微生物类等类别，检测项目和内容具体如下。

① 一般营养成分：水分、灰分、干燥失重、灼烧残渣、蛋白质、脂肪、还原糖、蔗糖、总糖、粗多糖、淀粉、碳水化合物、热量等。

② 微量元素：钾、钙、钠、镁、铜、锌、铁、锰、镉、铬、硒、锡、镍、铅、砷、汞、锗、硼、铝、锑、氟、碘、重金属总量（以 Pb 计）等。

③ 抗生素残留：土霉素、四环素、金霉素、氯霉素、呋喃唑酮、磺胺类等。

④ 农药残留：六六六、滴滴涕、五氯硝基苯、艾氏剂、有机磷类农药、氨基甲酸

酯类农药、拟除虫菊酯类农药等。

⑤ 微生物：菌落总数、大肠菌群、沙门氏菌、霉菌和酵母菌、金黄色葡萄球菌、其他致病菌等。

⑥ 一般理化指标：pH、酸价、总酸、酸度、碘价、熔点、黏度、皂苷、皂化价、过氧化值、游离脂肪酸、脂肪酸、氨基酸、氯化钠、粗纤维、不溶性膳食纤维、胡萝卜素、维生素 A、维生素 E、维生素 B_1、维生素 B_2、维生素 B_6、维生素 B_{12}、维生素 C、维生素 D_3、泛酸、烟酸、生物素、胆固醇、总黄酮、吊白块、残留甲醛、残留氨、亚硝酸盐、氰化物、黄曲霉毒素等。

⑦ 食品添加剂：甜味剂，如糖精钠、环己基氨基磺酸钠（甜蜜素）、天冬酰苯丙氨酸甲酯（甜味素）、乙酰磺胺酸钾（安赛蜜）、木糖醇、麦芽糖醇、山梨糖醇等；防腐剂，如苯甲酸、山梨酸、对羟基苯甲酸乙酯、对羟基苯甲酸丙酯、脱氢乙酸、丙酸钠、丙酸钙等；抗氧化剂，如叔丁基羟基茴香醚（BHA）、二叔丁基对甲酚（BHT）、没食子酸丙酯等；漂白剂，如亚硫酸盐、二氧化硫等；发色剂等。

⑧ 生物酶指标：糖化酶、淀粉酶、脂肪酶、酸性蛋白酶、中性蛋白酶、碱性蛋白酶等。

以上的质量检验是在食品交货时或入库前的验收。在某些特殊情况下，还有完工时期的验收和制造时期的验收，即在供货单位完工和制造过程中，由需方派人员到供货单位检验。

食品验收方式分为全验和抽验。在进行数量和外观验收时一般要求全验。在进行质量验收时，若食品批量小、规格复杂、包装整齐或要求严格验收，通常采用全验的方式。全验需要大量的人力、物力和时间，但是可以保证验收的质量。在批量大、规格简单、包装整齐、供货单位的信誉较好、人工验收条件有限的情况下，通常采用抽验的方式。食品质量和储运管理水平的提高以及数理统计方法的应用，为抽验方式提供了物质条件和理论依据。

食品验收方式和有关程序应由供货方与保管方共同协商，并通过协议在合同中加以明确规定。

2.2.4　食品入库中的问题处理

食品验收过程中，可能会发现诸如证件不全、数量短缺、质量不符合要求等问题，应针对不同情况及时处理。

（1）验收中发现问题需等待处理的食品，应单独存放、妥善保管，防止混杂、丢失、损坏。

（2）在磅差规定范围内数量短缺的，可按原数入账；超过磅差规定范围的，应查对核实，做好验收记录和磅码单交主管部门，会同货主向供货单位办理交涉。凡实际数量多于原发料量的，可由主管部门向供货单位退回多发数，或补发货款。在食品入库验收过程中发生数量不符的情况，其原因可能是发货方在发货过程中出现了差错，误发了食品，或者是在运输过程中漏装或丢失了食品。

（3）质量不符合规定时，应及时向供货单位办理退、换货，或在不影响使用的前提下降价处理。食品规格不符或错发时，应先将规格对的予以入库，规格不对的做成验收记录交给主管部门办理换货。

（4）证件未到或不齐时，应及时向供货单位索取，到库食品应作为待检验食品堆放在待验区，待证件到齐后再进行验收。证件到齐之前，不能验收、不能入库，更不能发料。

（5）属承运部门造成的食品数量短少或外观包装严重残损等，应凭接运提货时索取的"货运记录"向承运部门索赔。超过索赔期限，责任部门对形成的损失将不予负责。

（6）如果价格不符，供方多收部分应拒付，少收部分经过检查核对后，应主动联系，及时更正。

（7）"入库通知单"或其他证件已到，在规定的时间内未见食品到库时，应及时向有关部门反映，以便查询处理。

2.2.5　食品入库及食品入库单证的流转

1. 办理入库手续

验收合格的食品，应及时办理入库手续，建立各种资料及给送货人签验收单。

1）立卡

"卡"是指商品验收明细卡，是直接反映该垛商品品名、型号、规格、数量、单位及进出动态和积存数的保管卡片（表 2-2）。卡片应按入库通知单所列内容逐项填写。商品入库堆码完毕，应直接建立卡片，一垛一卡，拴放在货垛上。填写卡片时要准确齐全。填写错误时，要用画红线更正法更正，不得涂改、乱擦。

表 2-2　商品验收明细卡

存放位置	库	商品名称： 型号规格： 生产单位：		类别	
	排			单位	
	架			单价	
	层			出厂日期	
	位			入库日期	
时间	编号	摘要	收入	发出	结存	备注

2）登账

为了准确地反映商品的进出库情况，应建立实物保管明细账。实物保管明细账按商品的品名、型号、规格、单价、用途等分别建立账户（表2-3）。此账采用活页式，按商品的种类和编号顺序排列。在账页上要注明货位号和档案号，以便查对。账页记完后，应将结存数结转新账页，旧账页应保存备查。登账凭证要妥善保管，装订成册，不得遗失。实物保管要经常核对，保证账、卡、物相符。

表 2-3   实物保管明细账

货物入库明细账卡				卡号				
				货主名称				
				货位				
品名		规格型号						
计量单位		供应商名称						
应收数量		送货单位名称						
实收数量		包装情况						
单价		用途						
年				入库数量		出库数量		结存数量		备注
月	日	收发凭证号	摘要	件数	质量	件数	质量	件数	质量	

3）建档

食品验收入库后，应建立食品储存档案。食品储存档案是按照食品的品名、型号、规格、单价、批次分别立卷归档集中保存，记录食品储存的数量、质量及证件和凭证等资料。

建档工作要做到如下几点。

（1）一物一档。建立食品储存档案应该是一物（一票）一档。建档时，应将入库前的运输资料及其他凭证，出厂时的各种凭证及技术资料，入库验收记录、磅码单、技术检验证件；储存保管期间的检查、维护保养、溢短损坏等记录及其他有关资料收集归档。

（2）统一编号。食品档案应进行统一编号，并在档案上注明货位号。同时，在实物保管明细账上注明档案号，以便查阅。

（3）妥善保管。食品档案应存放在专用的柜子里，由专人负责保管。当食品整进整出时，有关技术证件应随食品转给收货单位或收货人；食品整进零出时，其质量保证书可复制加盖公章代用。食品档案应妥善长期保存。

4）签单

食品验收入库后，应及时做好验收记录（表 2-4）。验收记录要求签回单据。签单有两个作用：一是向供货单位和超市总部表明收到食品的情况；二是如有短少等情况，可作为货主向供货方交涉的依据。所以签单必须准确无误。

表 2-4 验 收 记 录

供货单位		合同编号		运号		车号	
发货日期		到货日期		验收日期		入库单号	

品名	型号规格	应收数量		实收数量	
		件数	重量	件数	重量
验收情况					
处理意见					

2. 食品入库单证的流转

食品入库单证的流转如图 2-2 所示。

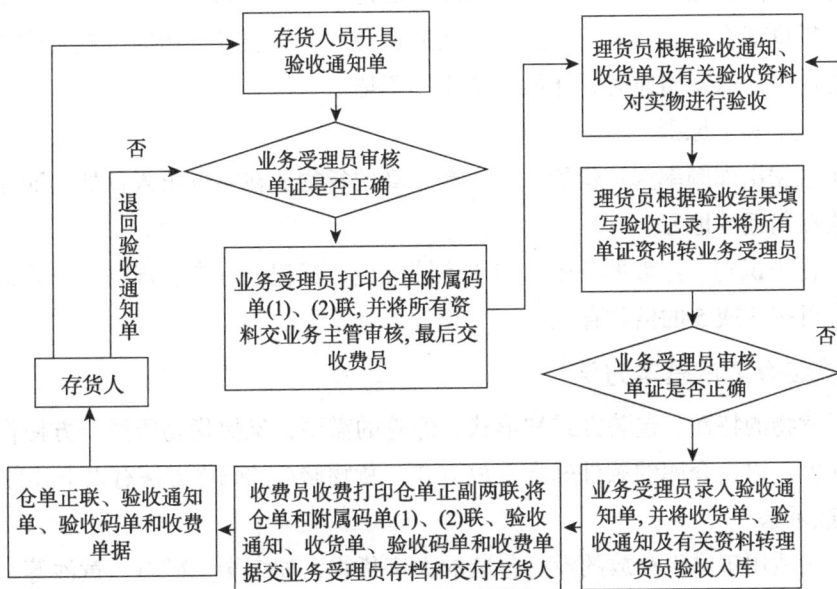

图 2-2 食品入库单证的流转

2.3 食品在库管理

2.3.1 货物存放的基本原则与方法

1. 货物存放的基本原则

（1）分类存放。分类存放是仓库保管的基本要求，是保证货物质量的重要手段。其包括不同类别的货物分类存放，甚至需要分库存放；不同规格、不同批次的货物也要分位、分堆存放；残损货物要与原货分开。对于需要分拣的货物，在分拣之后，应分位存放，以免又混合。它还包括不同流向货物、不同经营方式货物的分类分存。

（2）便于搬运、摆放整齐。为了减少作业时间、次数，提高仓库周转速度，根据货物作业的要求，对搬运活性高的入库存放货物，也应注意摆放整齐，以免堵塞通道，浪费仓容。

（3）尽可能码高、货垛稳固。为了充分利用仓容，存放的货物要尽可能码高，使货物占用地面最少面积。尽可能码高包括采用码垛码高和使用货架在高处存放，充分利用空间。货物堆垛必须稳固，避免倒垛、散垛，要求叠垛整齐、放位准确，必要时采用稳固方法，如垛边、垛头采用纵横交叉叠垛，使用固定物料加固等。只有在货垛稳固的情况下才能码高。

（4）面向通道、不围不堵。面向通道包括两方面意思。一是垛码，存放的货物的正面尽可能面向通道，以便查看。货物的正面是指标注主标志的一面。二是所有货物的货垛、货位都有一面与通道相连，处在通道旁，以便能对货物进行直接作业。只有在所有货位都与通道相通时，才能保证不围不堵。

（5）重下轻上原则。

（6）根据出库频率选定位置。进出频率高的货物放在靠近出入口处，而流动性差的货物放在稍远的地方。

（7）便于识别、点数的原则。对于不同颜色、标记、分类、规格、样式的商品，每垛商品可按 5 或 5 的倍数存放。

2. 货物存放的基本方法

根据货物的特性、包装方式和形状、保管的需要，确保货物质量、方便作业和充分利用仓容，以及仓库的条件确定存放方式。货物储存的码垛方法有以下几种。

1）散堆法

散堆法适用于露天存放的没有包装的大宗货物，如煤炭、矿石、黄沙等，也适用于库内少量存放的谷物、碎料等散装货物。散堆法是直接用堆扬机或铲车在确定的货位后端直接将货物堆高，在达到预定的货垛高度时，逐步后退堆货，后端先形成立体梯形，最后成垛，整个垛形呈立体梯形状。由于散货具有流动、散落性，堆货时不能堆到太近垛位四边，以免散落使货物超出预定的货位。散堆法绝不能采用先堆高后平垛的方法堆垛，以免堆超高压坏场地地面。

2）货架存放

货架存放适用于小件、品种规格复杂且数量较少，包装简易或脆弱、易损害的货物，特别是价值较高且需要经常查数的货物。货架存放需要使用专用的货架设备。常用的货架有：橱柜架、悬臂架、U 形架、板材架、栅格架、钢瓶架、多层平面货架、托盘货架、多层立体货架等。

3）堆垛法存货

对于有包装（如箱、桶、袋、箩筐、捆、扎等包装）的货物，包括裸装的计件货物，宜采取堆垛的方式储存。堆垛法储存能充分利用仓容，做到仓库内整齐、方便作业和保管。

（1）重叠式。重叠式也称直堆法，逐件、逐层向上重叠堆码，一件压一件的堆码方式。

为了保证货垛稳定，在一定层数后（如 10 层）改变方向继续向上，或者长宽各减少一件继续向上堆放（俗称四面收半件）。该方法较方便作业、计数，但稳定性较差。适用于袋装货物、箱装、箩筐装货物，以及平板、片式货物等。

（2）纵横交错式。每层货物都改变方向向上堆放，适用于管材、捆装、长箱装货物等货物。该方法较为稳定，但操作不便。

（3）仰伏相间式。适用于上下两面有大小差别或凹凸的货物，如槽钢、钢轨、箩筐等，将货物仰放一层，再反一面伏放一层，仰伏相间相扣。堆垛极为稳定，但操作不便。

（4）压缝式。将底层并排摆放，上层放在下层的两件货物之间。如果每层货物都不改变方向，则形成梯形形状；如果每层都改变方向，则类似于纵横交错式。因上下层件数的关系分为 2 顶 1，3 顶 2，4 顶 1，5 顶 3 等（图 2-3）。

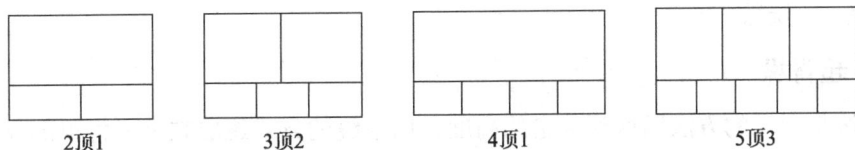

图 2-3 压缝式垛码

（5）通风式。货物在堆码时，每件相邻的货物之间都留有空隙，以便通风。层与层之间采用压缝式或纵横交叉式。此法适用于需要通风量较大的货物堆垛。

（6）栽柱式。码放货物前在货垛两侧栽上木桩或钢棒（如 U 形货架），然后将货物平码在桩柱之间，几层后用铁丝将相对两边的柱拴联，再往上摆放货物。此法适用于棒材、管材长条状货物。

（7）衬垫式。码垛时，隔层或隔几层铺放衬垫物，衬垫物平整牢靠后，再往上码。此法适合不规则且较重的货物，如无包装电动机、水泵等。

（8）直立式。货物保持垂直方向码放的方法。此法适用于不能侧压的货物，如玻璃、油毡、油桶、塑料桶等。

2.3.2　堆码货垛参数计算

1. 垛形

垛形是指货物在库场码放的形状，垛形的确定根据货物的特性、保管的需要，能实现作业方便、迅速和充分利用仓容。

2. 货垛参数

货垛参数是指货垛的长、宽、高，即货垛的外形尺寸。

3. 平台垛

平台垛是先在底层以同一个方向平铺摆放一层货物，然后垂直继续向上堆积，每层货物的件数、方向相同，垛顶呈平面，垛形呈长方体。平台垛具有整齐、便于清点、占地面积小、堆垛作业方便的优点。但该垛形的稳定性较差，特别是小包装、硬包装的货物有货垛端头倒塌的危险，所以在必要时（如太高、长期堆存、端头位于主要通道等）要在两端采取稳定的加固措施。

平台垛的货物件数：$A=L \cdot B \cdot h$

式中：A——总件数；

　　　L——长度方向件数；

　　　B——宽度方向件数；

　　　h——层数。

4. 起脊垛

先按平台垛的方法码垛到一定的高度，以卡缝的方式逐层收小，将顶部收尖成屋脊形。起脊垛是平台垛为了遮盖、排水需要的变形，具有平台垛操作方便、占地面积小的优点，适用于平台垛的货物都可以采用起脊垛堆垛。但是起脊垛由于顶部压缝收小、形状不规则，无法在货垛上清点货物，顶部货物的清点需要在堆垛前以其他方式进行。另外，由于起脊的高度使货垛中间的压力大于两边，因而采用起脊垛时库场使用定额要以脊顶的高度来确定，以免中间底层货物或库场被压损坏。

起脊垛的货物件数：$A = L \cdot B \cdot h +$ 起脊件数

式中：A——总件数；

　　　L——长度方向件数；

　　　B——宽度方向件数；

　　　h——未起脊层数。

5. 立体梯形垛

立体梯形垛是在最底层以同一方向排放货物的基础上，向上逐层同方向减数压缝堆垛，垛顶呈平面，整个货垛呈下大上小的立体梯形形状。立体梯形垛用于包装松软的袋装货物和上层面非平面而无法垂直叠码的货物的堆码，如横放的桶装、卷形、捆包货物。立体梯形垛极为稳固，可以堆放得较高，仓容利用率较高。露天堆放的货物常采用立体梯形垛，为了排水需要也可以在顶部起脊。

立体梯形垛的货物件数：$A = (2L - h + 1) \cdot h \cdot B / 2$

式中：A——总件数；

　　　L——长度方向件数；

　　　B——宽度方向件数；

　　　h——层数。

6. 行列垛

行列垛是将每票货物按件排成行或列，每行或列一层或数层高，垛形呈长条形。行列垛用于存放货物批量较小的库场码垛使用，如零担货物。为了避免混货，每批独立开堆存放。长条形的货垛使每个货垛的端头都延伸到通道边，可以直接作业而不受其他货物阻挡。但每垛货量较少时，垛与垛之间都需留空，垛基小而不能堆高，使得行列垛占用库场面积大，库场利用率较低，如图 2-4 所示。

7. 井形垛

井形垛用于长形的钢材、钢管及木方的堆码。它是在以一个方向铺放一层货物后，再以垂直的方向铺放第二层货物，货物横竖隔层交错逐层堆放。垛顶呈平面。井形垛垛形稳固，但层边货物容易滚落，需要捆绑或收进。井形垛的作业较为不便，需要不断改变作业方向，如图 2-5 所示。

井形垛的货物件数：$A = (L + B) \cdot h / 2$

式中：A——总件数；

　　　L——纵向方向件数；

　　　B——横向方向件数；

h——层数。

8. 梅花垛

对于需要立直存放的大桶装货物，先按行列垛的方式排好第一行货物（其个数就是宽度方向的个数）；第二行的每件靠在第一行的两件之间卡位；第三行同第一行一样，然后每行依次卡缝排放，形成梅花形垛（行数就是长度方向的个数）。梅花形垛货物摆放紧凑，充分利用了货件之间的空隙，节约库场面积的使用，如图2-6所示。

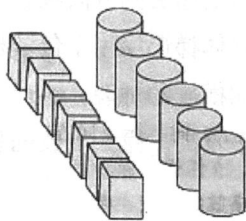　　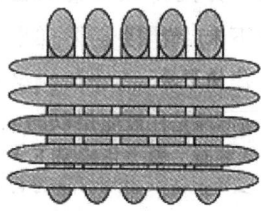　　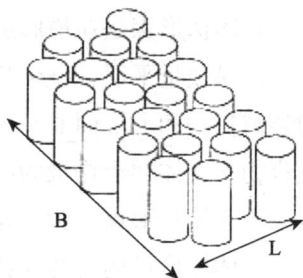

图2-4　行列垛　　　　　　　图2-5　井形垛　　　　　　图2-6　梅花形垛

对于能够多层堆码的桶装货物，在堆放第二层以上时，将每件货物压放在下层的三件货物之间，四边各收半件，形成立体梅花形垛。

单层梅花垛的货物件数：$A=（2B-1）\cdot L/2$

式中：A——总件数；

　　　L——长度方向件数；

　　　B——宽度方向件数。

2.3.3　苫垫与垫垛技术

1. 苫盖技术

1）苫垫

苫垫是指为了防止自然环境影响储存货物的质量而进行的仓储作业，采用专用苫盖材料对货垛进行遮盖。为了防止商品直接受到风吹、雨打、日晒、冰冻的侵蚀，通常使用塑料布、席子、油毡纸、铁皮、苫布等，也可以利用一些货物的旧包装材料等对存放在露天货场的商品进行苫垫。

2）苫盖的基本要求

（1）苫盖材料要防火、无害，不会对货物产生不利影响；成本低廉，不易损坏，能重复使用；没有破损和霉烂。

（2）苫盖牢固。每张苫盖材料都需要牢固固定，必要时在苫盖物外用绳索、绳网绑扎或采用重物镇压，确保刮风揭不开。

（3）苫盖接口要紧密。苫盖的接口要有一定深度的互相叠盖，不能迎风叠口或留空隙，苫盖必须拉挺、平整，不得有折叠和凹陷，防止积水。

（4）苫盖的底部与垫垛齐平。不腾空或拖地，并牢固地绑扎在垫垛外侧或地面的绳桩上，衬垫材料不露出垛外，以防雨水顺延渗入垛内。

（5）使用时，垛顶或风口需要加层苫盖，确保雨淋不透。

（6）为了防止货垛倒塌，对某些稳定性较差的货垛，应进行必要的加固。加固是为了增加货垛的整体性和稳定性。货垛加固常用的方法有周围立挡柱、层间加垫板、使用 U 形架、使用钢丝拉连等。

2. 垫垛技术

1）垫垛

垫垛是指在货物码垛前，在预定的货位地面位置，使用衬垫材料进行铺垫。垫垛就是在商品堆垛前，根据货垛的形状、底面积大小、商品保管养护的需要、负载重量等要求，预先铺好垫垛物的作业，如图 2-7 所示。

2）垫垛材料

一般采用专门制作的水泥礅或石礅、枕木、木板及防潮纸。由于垫垛是一项重复而又繁重的劳动，所以现正逐步推行固定式的垛基，如用水泥预制件代替枕木，可以不移动地重复使用，节省劳动力，提高作业效率。

3）垫垛的目的

使地面平整。使堆垛货物与地面隔开，防止地面潮气和积水浸湿货物。通过强度较大的衬垫物使重物的压

图 2-7　物品垫垛

力分散，避免损害地坪。使地面杂物、尘土与货物隔开。形成垛底通风层，有利于货垛通风排湿。使货物的泄漏物留存在衬垫之内，防止流动扩散，以便于收集和处理。

4）垫垛的基本要求

所使用的衬垫物与拟存货物不会发生不良影响，并具有足够的抗压强度。地面要平整坚实、衬垫物要摆放平整，并保持同一方向。衬垫物间距适当，直接接触货物的衬垫面积与货垛底面积相同，衬垫物不伸出货要有足够的高度，露天堆场要达到 0.3~0.5 米，库房内 0.2 米即可。

3. 温度控制

除了冷库外，仓库的温度直接受天气温度的影响，库存货物的温度也会随天气温

度同步变化。货物温度高时，会发生融化、膨化、软化，容易腐烂变质、挥发、老化、自燃甚至爆炸。温度太低，会变脆、冻裂、液体结冻膨胀。一般来说，绝大多数货物在常温下都能保持正常。

普通仓库的温度控制主要是避免阳光直接照射货物。仓库遮阳采用仓库建筑物遮阳和苫盖遮阳。对怕热货物应存放在仓库内阳光不能直接照射的货位。

对温度较敏感的货物，在气温高时可采用洒水降温的办法，包括直接对货物洒水，对怕水货物可以对苫盖、仓库屋顶洒水降温。在日晒降低的傍晚或夜间，将堆场货物的苫盖适当揭开通风，也是对露天货场货物降温保管的有效方法。货物自热是货物升温损坏的一个重要原因，对容易自热的货物，应经常检查货物温度，当发现升温时，可采取加大通风、洒水等方式降温或翻动货物散热降温，必要时可以在货垛内存放冰块、释放干冰等来降温。

在严寒季节，气温极低时，可以采用加温设备对货物加温防冻。如有寒潮时可以在寒潮到达前对货物进行苫盖保温，也具有短期保暖效果。

4. 湿度控制

湿度分为货物湿度和空气湿度。笼统地说，湿度表示含水量的多少，但在不同场合又有不同的表示方式。空气湿度又分为绝对湿度和相对湿度。

货物湿度指货物的含水量，用百分比表示。货物的含水量对货物有直接影响，含水量高，则容易发生霉变、锈蚀、溶解、发热甚至化学变化；含水量低，则容易干裂、干涸、挥发、燃烧等。控制货物的含水量是货物保管的重要工作。

空气绝对湿度是指空气中含水气量的绝对数，用帕（Pa）或克/立方米（g/m³）表示。如空气最高绝对湿度（也称饱和湿度）为 31.7×10^2Pa 或 22.8g/m³。相对湿度则是空气中的含水气量与相同温度空气能容纳下的最大水气量的百分比，最大为100%。相对湿度越大，表明空气中的水气量距离饱和状态越接近，表示空气越潮湿；相反，相对湿度越小，表明空气越干燥。湿度控制可以采取以下措施。

（1）湿度监测。仓库应经常进行湿度监测，包括空气湿度和仓内湿度监测。一般每天早晚各一次，并做好记录。

（2）空气湿度太低时，应减少仓内空气流通，采取洒水、喷水雾等方式增加仓内空气湿度，或对货物采取加湿处理，直接在货物表面洒水。

（3）空气湿度太高时，可以封闭仓库或密封货垛，避免空气流入仓库或货垛；或者在有条件的仓库采用干燥式通风、制冷除湿；在仓库或货垛内摆放吸湿材料，如生石灰、氯化钙、木炭、硅胶等；特殊货仓可采取升温措施。

（4）特殊情况下的保管。为了保证保管质量，除了温度、湿度、通风控制外，仓库应根据货物的特性采取相应的保管措施。如对货物进行油漆、涂刷保护涂料、除锈、加固、封包、密封等，发现虫害及时杀虫，防霉药剂等针对性保护措施。必要时采取转仓处理，将货物转入具有特殊保护条件的仓库。

2.3.4 常见的物料堆放方法

1. 五五堆放法

根据各种物料的特性和形状、码成以五个为一单位的货物堆放。做到"五五成行，五五成方，五五成串，五五成堆，五五成层"使物料叠放整齐，便于点数、盘点和取送。此法适用于外形较大、外形规则的企业。

2. 六号定位法

按"库号、仓位号、货架号、层号、订单号、物料编号"六号，对物料进行归类叠放，登记造册，并填制物料储位图，便于迅速查找物料的调仓。此法适用于体积较小、用规则容器盛装、产品品种较少的企业。

3. 托盘化管理法

将物料码放在托盘上、卡板上或托箱中，便于成盘、成板、成箱地叠放和运输，有利于叉车将物料整体移动以提高物料保管的搬运效率。此法适用于机械化仓库作业的企业。

4. 分类管理法

将品种繁多的物料，按其重要程度、进出仓率、价值大小、资金占用情况进行分类，并置放在不同类别的仓区，然后采用不同的管理规定，做到重点管理、兼顾一般。

5. 货垛牌

为了在保管中及时掌握货物资料，需要在货垛上张挂有关该垛货物的资料标签。该记载货物资料的标签称为货垛牌或货物标签、料卡等。货物码垛完毕，仓库管理人员就需要根据入库货物资料、接收货物情况制作货垛牌，并排放或拴挂在货垛正面明显的位置，或者货架上。货垛牌的主要内容有：货位号、货物名称、规格、批号、来源、进货日期、存货人、该垛数量、接货人（制单人）等。此外，根据不同货物的特点也可以相应增减项目。

2.4 食品出库业务

2.4.1 食品出库的依据、要求和形式

出库业务是仓库根据业务部或存货单位开出的食品出库凭证（提货单、调拨单）按其所列食品编号、名称、规格、型号、数量等项目，组织食品出库一系列工作的总

称。出库发放的主要任务是：所出库的食品必须准确、及时、保质保量地发给收货单位，包装必须完整、牢固、标记正确清楚，核对必须仔细。

1. 食品出库的依据

食品出库必须依据货主开的调拨通知单。任何情况下，仓库都不得擅自动用、变相动用或外借货主的库存食品。调拨通知单的格式不尽相同，不论采用何种形式，都必须是符合财务制度要求的、有法律效力的凭证。坚决杜绝凭信誉或无正式手续的发货。

2. 食品出库的要求和形式

1）食品出库的要求

应做到"三不、三核、五检查"。"三不"，即未接单据不登账、未经审单不备货、未经复核不出库；"三核"，即在发货时，要核实凭证、核对账卡、核对实物；"五检查"，即对单据和实物要进行品名检查、规格检查、包装检查、件数检查、重量检查。具体地说，食品出库要求严格执行各项规章制度，提高服务质量，使用户满意，包括对储存食品的品种、规格等方面的要求。积极与货主联系业务，为用户提货创造各种便利条件，杜绝差错事故。

2）食品出库的形式

（1）送货。仓库根据货主单位预先送来的食品调拨通知单，通过发货作业，把应发食品交由运输部门送达收货单位，这种发货形式就是通常所说的送货。仓库实行送货，要划清交接责任。仓储部门与运输部门的交接手续应在仓库现场办理完毕。运输部门与收货单位的交接手续是根据货主单位与收货单位签订的协议，一般在收货单位指定的到货目的地办理。

送货具有"预先付货、按车排货、发货等车"的特点。仓库实行送货具有多方面的好处：仓库可预先安排作业，缩短发货时间；收货单位可避免因人力、车辆等不便而发生的取货困难；在运输上，可合理使用运输工具，减少运费。仓储部门实行送货业务，应考虑货主单位不同的经营方式和供应地区的远近，既可向外地送货，也可向本地送货。

（2）自提。由收货人或其代理人持食品调拨通知单直接到库提取，仓库凭单发货，这种发货形式就是通常所说的自提。它具有"提单到库、随到随发、自提自运"的特点。为划清交接责任，仓库发货人与提货人应在仓库现场，对出库食品当面交接清楚并办理签收手续。

（3）过户。过户是一种就地划拨的形式，食品虽未出库，但是所有权已从原存货户转移到新存货户。仓库必须根据原存货单位开出的正式过户凭证予以办理过户手续。

（4）取样。货主单位出于对食品质量检验、样品陈列等的需要，到仓库提取货样称为取样。仓库必须根据正式取样凭证才能发给样品，并做好账务记载。

（5）转仓。货主单位为了业务方便或改变储存条件，需要将某批库存食品自甲库转移到乙库，这就是转仓的发货形式。仓库必须根据货主单位开出的正式转仓单，才能予以办理转仓手续。

2.4.2　食品出库的程序

1. 货物出库的流程

（1）内部流程。领料人填写领料单—主管签字—凭单领料—核对品名、规格、数量并发料。

（2）外部流程。商务代表填写出库单—用户确认—收银—出库单送到装机处—装机人员领料—仓库发料装机人员核对规格、数量并签字。

（3）无须装机的流程。商务代表填写出库单—用户确认—收银—仓库发料商务代表确认规格、数量无误后在领料人处签字。如果内部领料使用，由各部门开列领料单，经主管签字，凭三联单到仓库领料。

如果出售物品领料，商务代表将配置单送仓库，确认货物无误后，开列出库单并将收银后的出库单送装机人员；装机人员凭出库单到仓库领料，核对货物无误后，仓管和装机人员同时签字。

如有赠品，需在出库单上注明名称、规格、数量。

2. 货物出库的方式

货物出库的方式主要有三种：客户自提、委托发货、仓储企业派自己的货车给客户送货。提货的车到达仓库后，出示出库单据，在库房人员协调下，按规定做好数量记录，检斤人员按货位、品种、数量搬运货物装到车上。保管人员做好出库质量管理，严防散漏、破损；做好数量、重量记录，制作出库检斤表，由复核人员核实品种、数量和提单，制作仓库出门条。出库时交出库门卫，核实后放行。不同仓库在食品出库的操作程序上会有所不同，操作人员的分工也有粗有细，但就整个发货作业的过程而言，一般都是跟随着食品在库内的流向或出库单的流转而构成各种衔接。

3. 货物出库的程序

货物出库的程序包括：核单备料—复核—包装—点交—登账—现场和档案的清理。出库采用何种方式，主要取决于收货人。

（1）核单备料。发货食品必须有正式的出库凭证，严禁无单或白条发货。保管员接到出库凭证后，应仔细核对，这就是出库业务的核单（验单）工作。首先要审核出库凭证的真实性，其次核对食品的品名、型号、规格、单价、数量、收货单位、到站、银行账号，最后审核出库凭证的有效期等。如果属于自提食品，还需要检查有无财务部门准许发货的签单。

在对食品调拨通知单所列项目进行审查之后，才能开始备料工作。出库食品应附有质量证书或抄件、磅码单、装箱单等，机电设备等配件产品，其说明书及合格证应随货同到。备料时应本着"先进先出、易霉易坏先出、接近失效期先出"的原则，根据领料数量下堆备料或整堆发料。备料的计量实行"以收代发"，即利用入库检查时的一次清点数，不再重新过磅。备料后要及时变动料卡余额数量，填写实发数量和日期等。

（2）复核。为防止差错，备料后应立即进行复核。出库的复核形式主要有专职复核、交叉复核和环环复核三种。除此之外，在发货作业的各道环节上，都贯穿着复核工作。例如，理货员核对单货、门卫凭票放行、保管会计核对账单（票）等。这些分散的复核形式，起到分头把关的作用，都有助于提高仓库发货业务的工作质量。复核的主要内容包括：品种数量是否准确、食品质量是否完好、配套是否齐全、技术证书是否齐备、外观质量和包装是否完好等。复核后保管员和复核员应在食品调拨通知单上签字。

（3）包装。出库的货物如果没有符合运输方式所要求的包装，应进行包装。根据食品外形特点，选用适宜的包装材料，其重量和尺寸应便于装卸与搬运。出库食品的包装，要求干燥、牢固，如有破损、潮湿、捆扎松散等不能保障食品在运输途中安全的，应负责加固整理，做到破包破箱不出门。此外，若包装容器的外包装上有水湿、油迹、污损，均不许出门。另外在包装中，严禁将互相影响或性能互相抵触的食品混合包装。包装后，要写明收货单位、到站、发货号、本批总件数、发货单位等。

（4）点交。食品经复核后，如果是本单位内部领料，则将食品和单据当面点交给提货人，办清交接手续；如系送料或将食品调出本单位办理托运的，则与送料人员或运输部门办理交接手续，当面将食品交点清楚。交清后，提货人员应在出库凭证上签字并盖章。

（5）登账。点交后，保管员应在出库单上填写实发数、发货日期等内容，并签名。然后将出库单连同有关证件资料，及时交给货主，以便货主办理费款结算。保管员把留存的一联出库凭证交给实物明细账登记人员做账。

（6）现场和档案的清理。现场清理包括清理库存食品、库房、场地、设备和工具等。档案清理是指对收发、保养、盈亏数量和垛位安排等情况进行分析。

在整个出库业务过程中，复核和点交是两个最为关键的环节。复核是防止差错的重要和必不可少的措施，而点交则是划清仓库和提货方两者责任的必要手段。

4. 食品出库中的问题处理

食品出库过程中出现的问题，应分不同情况区别对待。

1）出库凭证（提货单）上的问题

（1）凡出库凭证超过提货期限，用户前来提货时，必须先办理手续，按规定缴足逾期仓储保管费，然后方可发货。任何白条，都不能作为发货凭证。提货时，如果用户发现规格开错，保管员不得自行调换规格发货，必须通过制票员重新开票方可发货。

（2）凡发现出库凭证有疑点，或者情况不清楚，以及出库凭证有假冒、复制、涂改等情况时，应及时与仓库保卫部门以及出具出库单的单位或部门联系，妥善处理。

（3）属于食品已进库但未验收，或者期货食品尚未进库的出库凭证，一般暂缓发货，并通知货主，待货到并验收后再发货，其提货期顺延，保管员不得代发代验。

（4）客户如因各种原因将出库凭证遗失，应及时与仓库发货员和账务人员联系挂失；如果挂失时货已被提走，保管人员不承担责任，但要协助货主单位找回食品；如果货还没有被提走，经保管人员和账务人员查实后，做好挂失登记，将原凭证作废，缓期发货。

2）提货数与实存数不符

若出现提货数量与食品实存数不符的情况，一般是实存数小于提货数。造成这种问题的原因主要有如下方面。

（1）食品入库时由于验收问题，增大了实收食品的签收数量，从而造成账面数大于实存数。

（2）仓库保管人员和发货人员在以前的发货过程中，因错发、串发等差错造成的实际货物库存量小于账面数。

（3）货主单位没有及时核减开出的提货数，造成库存账面数大于实存数，从而开出的提货单提货数量过大。

（4）仓储过程中造成的货物毁损。

当遇到提货数量大于实际货物库存数量时，无论是何种原因造成的，都需要和仓库主管部门以及货主单位及时取得联系后再做处理。如属于入库时错账，则可以采用报出报入的方法进行调整，即先按库存账面数开具货物出库单销账，然后再按实际库存数量重新入库登账，并在入库单上签明情况。如果属于仓库保管员串发、错发而引起的问题，应由仓库方面负责解决库存数与提单数间的差数。属于货主单位漏记账而多开出库数，应由货主单位出具新的提货单，重新组织提货和发货。如果是仓储过程中的损耗，需要考虑该损耗数量是否在合理范围内，并与货主单位协商解决。合理范围内的损耗，应由货主单位自行承担，而超过合理范围的损耗，则应由仓储部门负责赔偿。

3）串发和错发货

所谓串发和错发货，主要是指发货人员在对食品种类、规格不很熟悉的情况下，或者由于工作中的疏漏，把规格、数量错误的食品发出库的情况。如提货单开具某种货物的甲规格出库，而在发货时错把该种货物的乙规格发出，造成甲规格账面数小于实存数，乙规格账面数大于实存数。在这种情况下，如果食品尚未离库，应立即组织人力，重新发货。如果食品已经提出仓库，保管人员要根据实际库存情况，如实向本库主管部门和货主单位讲明串发、错发货物的品名、规格、数量、提货单位等情况，并会同货主单位和运输单位共同协商解决。一般在无直接经济损失的情况下，由货主单位重新按实际发货数冲单解决。如果形成直接经济损失，应按赔偿损失单据冲转调整保管账。

4）包装破漏

包装破漏是指在发货过程中，因食品外包装破散、沙眼等现象引起的食品渗漏、裸露等问题。这些问题主要是在储存过程中因堆垛挤压、发货装卸操作不慎等情况引起的。发货时应经过整理或更换包装，方可出库，否则造成的损失应由仓储部门承担。

5）漏记和错记账

漏记账是指在食品出库作业中，由于没有及时核销食品明细账而造成账面数量大于或小于实存数量的现象。错记账是指在食品出库后核销明细账时，没有按实际发货出库的食品名称、数量等登记，从而造成账实不符的情况。无论是漏记账还是错记账，一经发现，除及时向有关领导如实汇报情况外，同时还应根据原出库凭证查明原因调整保管账，使之与实际库存保持一致。如果由于漏记和错记账给货主单位、运输单位和仓储部门造成了损失，应予赔偿，同时应追究相关人员的责任。

2.4.3 食品出库单证及食品出库单证的流转

1. 食品出库单证

食品出库单证包括领料单和出库单，见表2-5、表2-6。

表 2-5 领 料 单

领料日期：　　年　月　日　　发料日期：　　年　月　　日
领用单位：　　　　领料单号：

编号	材料名称	规格	单位	领料数量	实发数量	备注

批准人：　　　发料人：　　　领料人：

注：此领料单一式四联，一般只填写一种物料，以便分类和统计。

表 2-6　出　库　单

客户名称：　　　　　　　　　　　　　储存凭证号码：

发货仓库：　　　　　　　　　　　　　仓库地址：

发货日期：

货号、品名、规格、牌号	国别及产地	包装及件数	单位	数量	单价	总价	实发数
危险品标志章及备注	运费		包装押金		总金额		
	人民币（大写）						

审核：　　　　　　　　　　　　　制单：

2. 食品出库单证的流转

食品出库单证的流转如图 2-8 所示。

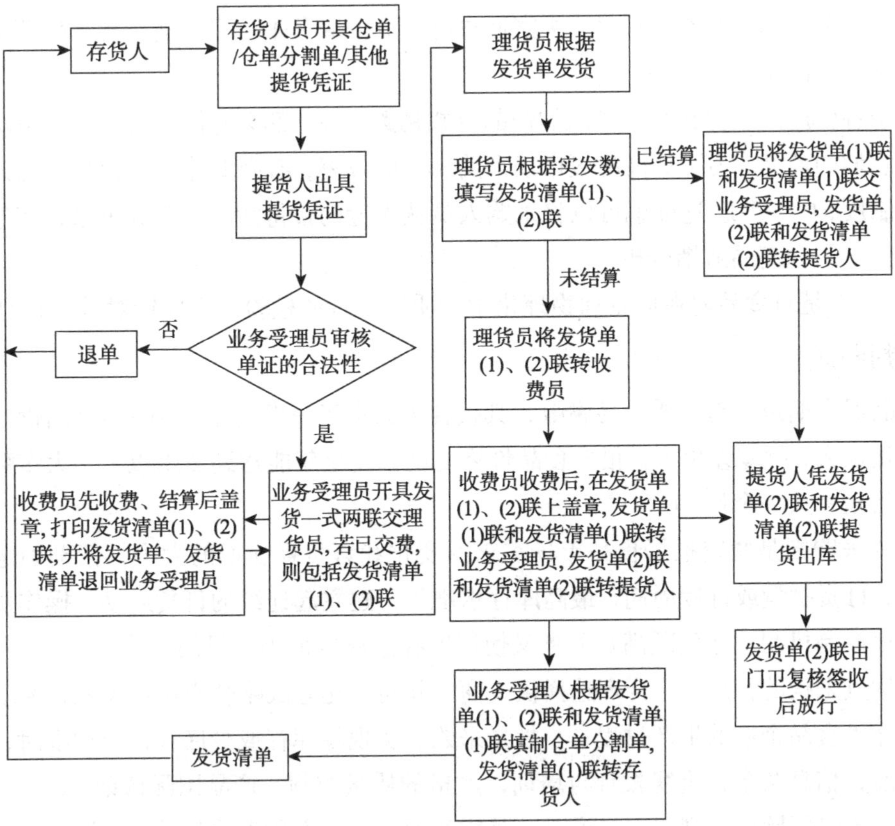

图 2-8　食品出库单证的流转

【本章小结】

本章主要介绍了食品采购管理、食品入库业务、食品在库管理及食品出库业务。对食品采购进行控制和管理，可以降低成本，扩大利润空间。食品库存管理的目的是在满足顾客服务要求的基础上，通过对食品库存水平进行控制，力求尽可能降低库存，提高食品物流的效率，以最大限度地保持食品原有质量，调节淡旺季节、保障市场供应。

【思考与训练】

一、填空题

1. 分散采购的优势主要有：（   ）；价格由分店自定，机动性强，有较好的经营主导权；（   ）。

2. 企业实行了（   ），就能充分享受采购食品数量折扣的价格优惠，保证了企业在价格竞争中的优势地位。

3. 电子商务采购的基本特点是：买家通过电子商务服务平台寻找新的食品供货商，或者是特定的某一类产品；（   ）。

4. 由于各生产厂家都必须为自己的产品寻找销路，每天都会有供应商到超级市场来推销它们的商品，为了提高超级市场采购工作的效率，有必要建立一种与供应商接洽的制度，（   ）。这样就可以将采购人员从大量的接待活动中解放出来，使他们有（   ）和商品适销分析。

5. （   ）是对食品内在质量和物理化学性质所进行的检验，主要针对进口食品。

二、判断题

1. 食品保质期短，易变质、易腐败，其损耗大大高于一般商品。20%的食品价格相对变化很大，批零差价大。很多食品价格变动幅度全年能达到20%以上，大多数生鲜食品是一天一个价。（   ）

2. 传统采购则是紧密根据食品市场需求的变化和订货提前期的大小，精确确定订货点、订货批量或订货周期、最高库存水准等，建立起连续的订货启动、操作机制和库存控制机制，达到既满足需求又使得库存总成本最小的目的。（   ）

3. 订货点采购的特点是：合理选择供应商，并与之建立战略合作伙伴关系，要求供应商介入食品企业的生产过程；小批量采购；实现零库存或少库存；交货准时，包装标准；信息共享；重视教育与培训；严格的质量控制，产品国际认证。（   ）

4. 由于质量问题对谈判双方来说是一种零和对策，一方所失就是另一方所得，但从长远来看，任何一方的暂时所得未必是好事。（   ）

5. 传统上，采购管理注重采购行为本身，考虑如何选择供应商、决定采购数量、确定合适的价格、签订采购合同，以及如何谈判，使企业在采购行为中获利。而现代采购物流管理则更加强调企业与供应商之间的关系管理，建立起一种"互利双赢"的合作关系，则更有利于双方的长远发展。（   ）

6. 供应商应该提供有竞争力的价格，但并不意味着必须是最低的价格。这个价格是考虑了要求供应商按照所需的时间，所需的数量、质量和服务后确定的。（　　）

7. 可以根据计算机存储的资料中滚动的 N 天的销售量计算出某一食品的日平均销售量，再根据食品到货和加工配送的周期来确定库存天数。（　　）

8. 对运来的温度不合要求的冷却或冻结食品，允许少量进入冷藏间储藏，但应保持库内正常储藏温度。如温度高于−1℃，应当在冻结间中进行再冻后方能进入冷库储藏。（　　）

9. 食品进行冷加工，可以改善和提高食品的质量，仅是通过低温处理，抑制微生物的活动，达到较长时间保藏的目的。（　　）

10. 库房在消毒粉刷前，应将库内食品全部撤出，并清除地坪、墙和顶棚上的污秽，发现有霉菌的地方，应仔细用刮刀或刷子清除。（　　）

三、单项选择题

1. （　　）是指企业设专门的采购机构和专职采购人员统一负责企业的食品采购工作，企业所属各分支机构只负责食品的销售。

    A. 集中采购　　　　B. 分散采购　　　　C. 跨区采购　　　　D. 当地采购

2. （　　）的食品主要是保鲜原因不适于远途运输的生鲜食品，采购渠道又可分为农产品批发市场和城市周围农产品生产基地。

    A. 集中采购　　　　B. 分散采购　　　　C. 跨区采购　　　　D. 当地采购

3. 在（　　）中，由于供大于求，市场上往往有众多供应商可供选择，此时买方处于有利地位，可以货比多家。应尽可能地列出所有的供应商清单，采用科学的方法挑选合适的供应商。

    A. 卖方市场　　　　B. 买方市场　　　　C. 需大于供　　　　D. 供大于需

4. （　　）是指企业需要确定食品供应能力即供应商的食品生产能力。确定供应商是否具备相当的生产规模与发展潜力，这意味着供应商的生产设备必须能够在数量上达到一定的规模，能够保证供应所需数量的食品。

    A. 供应商数量　　　B. 食品质量　　　　C. 供应能力　　　　D. 可靠性

5. （　　）是供应商的信誉。在选择供应商时，应该选择一家有较高声誉的、经营稳定的以及财务状况良好的供应商。同时，双方应该相互信任，讲究信誉，并能把这种关系保持下去。

    A. 供应商数量　　　B. 食品质量　　　　C. 供应能力　　　　D. 可靠性

6. （　　）食品不能压库，没有最大、最小库存量的限制，必须力争当天购进当天售出。

    A. 鲜活　　　　　　B. 肉类　　　　　　C. 蛋类　　　　　　D. 粮食类

7. 食品入库，仓库应建立详细反映食品仓储的明细账，登记食品入库、出库、结存的详细情况，用以记录库存食品动态和入出库过程。这一过程称为（　　）。

    A. 立卡　　　　　　B. 登账　　　　　　C. 交接手续　　　　D. 签署文件

8. 食品出库必须依据货主开的（　　）。任何情况下，仓库都不得擅自动用、变相动用或外借货主的库存食品。

    A. 调拨通知单　　　B. 出库单　　　　　C. 订单　　　　　　D. 入库单

9. 货物出库的程序包括：（　　）—复核—包装—点交—登账—现场和档案的清理。出库采用何种方式，主要取决于收货人。

    A. 验收　　　　　　B. 核单备料　　　　C. 计量　　　　　　D. 称重

10. 现场清理包括清理库存食品、库房、场地、设备和工具等。档案清理是指对收发、保养、盈亏数量和（　　）等情况进行分析。

    A. 入库数量　　　　B. 核单储存　　　　C. 出库数量　　　　D. 垛位安排

四、简答题

1. 什么是采购、库存、冷库？

2. 食品采购有何特点？

3. 简述食品采购的流程。

4. 食品订货的原则有哪些？

5. 简述食品入库交接的程序。

6. 食品入库中的问题处理应注意哪些事项？

7. 简述食品出库的程序。

8. 货物出库的方式有哪些？

9. 提货数与实存数不符的原因有哪些？

10. 简述包装破损的处理方法。

五、实训

食品低温存储

1. 实训目的

（1）了解食品在不同低温处理条件下的保存期，验证低温保藏效果。

（2）熟悉常规低温保存操作。

（3）掌握常规低温保存条件。

（4）理论与实践相结合，提高学生的动手能力。

2. 实训原理

通过低温处理食品，抑制微生物和酶的活性，从而延长食品的保存期。

3. 仪器、设备和材料

仪器、设备：低温冰箱；不锈钢盆、切肉刀、切肉板。

材料：梨、香蕉或猪肉等。

4. 实训内容

1）实训操作

（1）鲜梨——洗净——用聚乙烯塑料袋包裹好（塑料袋内放标签：写明实验班组、实验条件、时间等）——放入冷藏室冷藏（先调节好设置温度）（5 个）。

（2）鲜梨——洗净——用聚乙烯塑料袋包裹好（塑料袋内放标签：写明实验班组、实验条件、时间等）——放在室温下保藏（作为对照）（2 个）。

2）实训观察

每隔一天观察一次，观察不同条件下低温保藏梨的变化。

5. 实训要求

通过实训比较不同条件下梨的保存期以及梨的色泽、质地的变化，比较不同低温保藏条件的优劣。

第 **3** 章

食 品 保 藏

【学习目标】

　　通过本章的学习熟悉食品保藏的含义和功能，熟悉食品的化学成分，了解环境因素对食品保藏的影响、掌握食品保藏环境控制方法，掌握食品在流通过程中的质量控制。

【关键术语】

　　食品保藏，保藏环境控制，食品流通质量控制

引 导 案 例

哈 喇 味

　　哈喇味人们很熟悉，家里的油、点心等食物放时间久了，就会产生一股又苦又麻、刺鼻难闻的味道，老百姓俗称"哈喇味"。虽然有些难闻，但因食物表面没有变质的迹象，大部分人还是选择继续食用这些食物。但事实上，有哈喇味的食物暗藏隐患，危害不小。含油脂较多的油类、糕点、鱼肉类的干腌制品、核桃、花生、瓜子等食物都很容易产生哈喇味。这是因为哈喇味是由油脂变质产生的。含油脂的食物若储存时间太长，在日光、空气、水及温度的作用下，就会被氧化分解、酸败，从而产生异味。

　　据日本媒体报道，一家快餐店曾出现过集体中毒事件，原因就是人们吃了有哈喇味的油炸食物。吃了有哈喇味的食品，可能引起恶心、呕吐、腹痛、腹泻等消化系统症状，长期食用还可能诱发消化道溃疡、脂肪肝等病。此外，油脂变质时产生的过氧化脂自由基还会破坏人体内的酶类，使人体的新陈代谢发生紊乱，表现为食欲不振、失眠健忘等。

　　近来有科学研究发现，食用有哈喇味的食物还可以诱发癌症。美国研究人员曾用出现酸败的食用油喂养动物，结果这些动物不仅出现了消化道肿瘤，还产生了严重的肝脏病变。分析发现，酸败的食物中会产生一种叫丙二醛的致癌物质，该物质会破坏

正常细胞，使之衰老、癌变。有哈喇味的食物，不论直接吃还是烹调再加工后吃，都有可能引起食物中毒或损害食用者的健康。因此，平时要避免油炸食品和含油多的食品存放时间过长，最好密封低温保存。

资料来源：https://wenku.baidu.com/view/8c36dcf6dc36a32d7375a417866fb84ae55-cc331.html.

思考：

什么原因诱发食品产生了哈喇味？如何避免或减少食品出现哈喇味？

3.1　食品保藏概述

3.1.1　食品保藏的基础知识

1. 食品保藏的含义

食品保藏对于满足消费者需要具有十分重要的意义，了解食品成分，是进行食品保藏管理的基础。物流中的"食品保藏"是一个非常广泛的概念，它包括储备、库存在内的广义的概念。和运输的概念相对应，食品保藏是以改变物的时间状态为目的的活动，从而在克服产需之间的时间差异中获得更好的效用。

先进的保藏技术和食品保藏管理手段可以在很大程度上促进食品保藏合理化，对于降低食品物流总费用、提高物流效率具有较大影响。由于食品种类繁多、性质不同，为了更好地进行食品保藏管理，必须了解食品的化学成分，以便有针对性地采取保藏措施。

2. 食品保藏的功能

1）调整供应时间

调整供应时间是食品保藏的一项重要功能，它改变了物的时间状态。一般情况下，生产与消费之间均有时间差，有些产品的生产是季节性的、非连续性的，而消费是常年的、连续的；有些产品的生产是常年的、连续的，而消费却是季节性的、间断的。例如，我们吃的大米是在秋天收获的，但要在全年食用。生产和消费之间时间的背离，使物资储备成为可能与必然。所以，食品保藏的主要功能之一就是在供应和需求之间进行时间调整。

2）保持生产运作正常化

食品保藏作为社会再生产各环节中以及社会再生产各环节之间的物的停滞，构成了上一步活动和下一步活动衔接的必要条件。例如，在生产过程中，上一道工序生产与下一道工序生产之间，免不了有一定间隔。上一道工序的半成品，总是要到达一定批量之后，才能经济合理地送给下一道工序，而下一道工序为了保持连续生产，也总是要有一些储备保证。因此，食品保藏是使生产各环节连续化、正常化的必要条件。

3）创造时间效用

时间效用的含义是同种"物"由于时间状态不同，其使用价值的实现程度也会不同。通过食品保藏，改变了"物"的时间状态，使"物"在效用最高的时间发挥作用，就能充分发挥"物"的潜力，解决了供需时间上的矛盾，实现了时间上的优化配置，提高了"物"的使用价值，从而创造了时间效用。

4）调节物资运输

在物流运输活动中，运输能力的大小因运输工具的不同而千差万别。由于运输工具运量的不同，给物资运输的衔接造成一定困难。这种由于运输能力的差异而造成的运输矛盾，可用物资的保藏来解决，这便是食品保藏调节运输的功能。例如，万吨巨轮载有几万吨的物资到港靠岸后，在较短的停泊期内，用火车和汽车直接将物资运离港口较困难，在港口货场或仓库暂存待运，则可以解决压港问题。

5）物资配送

现代物流的仓库已由原来的储存型转变为流通型，库存也由储藏库存变为流通库存。仓库除了完成物资储存的基本功能外，还要完成物资的分拣、配套、捆装、流通加工、冷链等新的作业要求。这一变化使食品保藏的功能发展为既要完成基本保管任务，又要具有冷链物资配送的功能。食品保藏活动也因此从静态管理转向动态管理。可以说"仓库"现在已演变为流动仓库了。

3.1.2　食品的化学成分

食品中的化学成分极其复杂，在食品储藏过程中，食品的化学成分会发生化学变化，以致影响食品的食用价值和营养价值，甚至发生腐败变质。而温度是影响食品发生化学反应速度的主要影响因素。如低温可以降低脂类氧化酸败的速度，可以降低酶的活性，因此控制储藏温度，可以降低食品腐败变质的速度。

食品中有些成分是动、植物体内原有的，有些是在加工过程、储藏期间新产生的，有些是人为添加的，有些是原料生产、加工或储藏期间污染产生的，还有的是包装材料带来的。食品的化学成分主要有糖类、脂类、维生素、矿物质、水等，如图 3-1 所示。这些化学成分大部分是人体所需的营养成分。

1. 水分

在人体中，水的比重占 70%，大脑组织中水的比重也达 80%，而血液里的水则高达 90%，就连骨骼里也有 15%左右的水。水是人体内液的主要来源，它有平衡体温、保证代谢正常进行的重大功能。

```
                                             ┌ 水分
                                  ┌ 无机成分 ┤
                                  │          └ 矿物质
                                  │          ┌ 糖类
                        ┌ 天然成分 ┤          │ 酯类
                        │         │ 有机成分 ┤ 蛋白质
                        │         └          │ 维生素
食品的化学成分 ┤                             └ 其他
                        │         ┌ 食品添加剂
                        └ 非天然成分┤          ┌ 加工中不可避免的污染
                                   └ 污染物质 ┤
                                              └ 环境污染
```

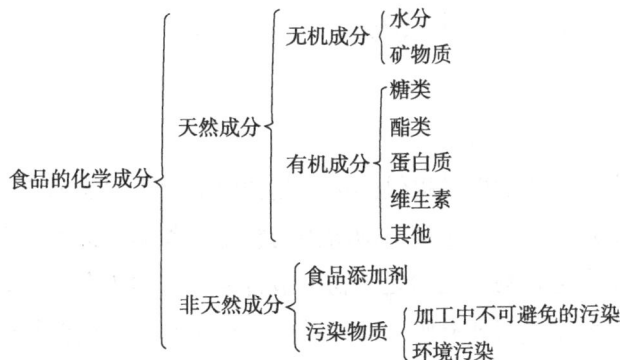

图 3-1　食品的化学成分

1）水在食品中的含量

水是食品中非常重要的成分，也是构成大多数食品最主要的成分。水对食品的结构、外观、质地、风味以及腐败敏感性有着很大的影响。含水量的多少是许多食品原料及其成品鲜嫩程度的重要标志，各种食品都有显示其品质的特征含水量。如果蔬的特征含水量是 75%~95%，肉类为 50%~80%，面包为 30%~45%，谷物为 10%~15%，鱼类为 70%~80%。

2）食品中水的状态

食品中的水分有两种存在形式，部分水分与食品中的蛋白质、淀粉、果胶等物质结合在一起，称为结合水。结合水不能溶解溶质，0℃也不能结冰。食品中没有被束缚的水分，称为自由水或游离水，自由水的性质与普通水相同。

3）水分活度与食品的腐败变质

水分活度是指食品中水的蒸汽压与同一温度下纯水的饱和蒸汽压的比值，用以表达食品中水分可以被微生物利用的程度。对纯水而言，其水分活度为 1，食品的水分活度均小于 1。

（1）水分活度与微生物生长繁殖的关系。各类微生物生长都需要一定的水分活度，只有食物的水分活度大于某一临界值时，特定的微生物才能生长。一般来说，细菌水分活度>0.9，酵母水分活度>0.87，霉菌水分活度>0.8。一些耐渗透压微生物除外。

（2）水分活度与酶反应的关系。水分活度对酶促反应的影响是两个方面的综合：一方面影响酶促反应的底物的可移动性，另一方面影响酶的构象。食品体系中大多数的酶类物质在水分活度小于 0.85 时，活性大幅度降低，如淀粉酶、酚氧化酶和多酚氧化酶等。但也有一些酶例外，如酯酶在水分活度为 0.3 甚至 0.1 时也能引起脂肪的水解。

（3）水分活度与非酶反应的关系。以脂类氧化作用为例，水分活度在 0~0.35 范围内，随着水分活度的升高，反应速度降低；水分活度在 0.35~0.8 范围内，随着水分活度的升高，反应速度升高；水分活度大于 0.8 时，由于催化剂和反应物被稀释，反应速度增加缓慢。

2. 糖类

糖类在人体中的主要功能是提供热量，糖类经消化水解成单糖被人体吸收，单糖再经完全水解放出热量，提供生命活动所需的能量。谷类、蔬菜、水果和可供食用的其他植物都含有糖类化合物，淀粉是植物中最普通的糖类化合物，动物产品所含的糖类化合物较少，主要是肌肉和肝脏中的糖原，其结构和支链淀粉相似，代谢方式与淀粉代谢相同。

1）糖类的概念与组成

糖类是由碳、氢、氧三种元素组成的，这个比数与水相同，因此又叫作碳水化合物。糖是多羟基醛或多羟基酮及其缩合物、聚合物以及某些衍生物的总称。低分子糖类有甜味。

2）糖的分类

（1）单糖。不能被水解成更小分子的糖，是碳水化合物的基本单位。如核糖、脱氧核糖、葡萄糖、果糖、半乳糖。

（2）寡糖。由 2~10 个单糖分子缩合而成，水解后生成单糖。以双糖存在最为广泛，蔗糖、麦芽糖和乳糖是其主要代表。

（3）多糖。由许多单糖分子缩合而成。以淀粉、糖原、纤维素为主要代表。

（4）结合糖。指糖与非糖物质的结合物，也叫复合糖或糖的衍生物。常见的有糖胺、糖酸、糖脂、糖蛋白等。

3）糖类在储藏中的变化

糖类在储藏过程中的变化主要是淀粉的老化。老化的淀粉食味及消化功能显著变劣。但是淀粉老化是常温保存时必然存在的现象。日常生活中的馒头、米饭放置一段时间后会变得硬和干缩，凉粉变得硬而不透明，年糕等糯米制品黏糯性变差，这些都是淀粉的老化所致。

（1）淀粉老化的原理。含淀粉的粮食经加工成熟，是将淀粉糊化，而糊化了的淀粉在室温或低于室温的条件下慢慢冷却，经过一段时间，变得不透明，甚至凝结沉淀，这种现象称为淀粉的老化，俗称淀粉的返生。老化是糊化的逆过程，老化过程的实质是在糊化过程中，已经溶解膨胀的淀粉分子重新排列组合，形成一种类似天然淀粉结构的物质。值得注意的是，淀粉老化的过程是不可逆的。老化后的淀粉，不仅口感变差，消化吸收率也随之降低。例如，米煮成熟饭后，不可能再恢复成原来的生米。

（2）影响淀粉老化的因素。淀粉的老化首先与淀粉的组成密切相关，含直链淀粉多的淀粉易老化，不易糊化；含支链淀粉多的淀粉易糊化，不易老化。玉米淀粉、小麦淀粉易老化，糯米淀粉老化速度缓慢。

食物中淀粉含水量为 30%~60%时易老化，含水量小于 10%时不易老化。面包含水 30%~40%、馒头含水 44%、米饭含水 60%~70%，它们的含水量都在淀粉易发生老化反应的范围内，冷却后容易发生返生现象。食物的储存温度也与淀粉老化的速度有关，一般淀粉变性老化最适宜的温度是 2℃~10℃，储存温度高于 60℃或低于−20℃都不会发生淀粉的老化现象。

3. 蛋白质

蛋白质是生命的物质基础，它存在于一切活细胞中，是细胞里最复杂、变化最大的一类分子。一切重要的生命现象和生理机能，都是由组成生物体的无数蛋白质分子活动来体现的，我们日常饮食中摄入的蛋白质主要用来制造细胞和维持细胞的运作。因此，了解蛋白质的结构和性质在保藏过程中的变化有着重要的意义。

1）蛋白质的组成

蛋白质是一类含氮有机化合物，除含有碳、氢、氧外，还有氮和少量的硫。某些蛋白质还含有其他一些元素，主要是磷、铁、碘、锌和铜等。正常人体所含蛋白质为 16%~19%，并处在不断分解和不断合成的动态平衡中。

蛋白质的基本组成单位是氨基酸，在人体和食物中共存 20 余种。按照是否能在体内合成，分为必需氨基酸和非必需氨基酸。其中必需氨基酸不能在体内合成或合成量很少，必须由食物蛋白质供给，它们包括甲硫氨酸、色氨酸、赖氨酸、缬氨酸、异亮氨酸、亮氨酸、苯丙氨酸、苏氨酸 8 种，婴儿的必需氨基酸再加上组氨酸，共 9 种。

2）蛋白质的分类

（1）依据蛋白质的形状和溶解度，可分为球状蛋白质、纤维状蛋白质和膜蛋白。

① 球状蛋白质：分子外形接近球形或椭圆形。

② 纤维状蛋白质：分子外形类似纤维或细棒。又可分为可溶性纤维状蛋白质和不溶性纤维状蛋白质。

③ 膜蛋白：与细胞的各种膜系统结合存在。

（2）依据蛋白质的组成，可以分为简单蛋白质和结合蛋白质。

① 简单蛋白质，只由氨基酸构成。简单蛋白质根据溶解度又分为清蛋白、球蛋白、醇溶蛋白、谷蛋白、精蛋白、组蛋白和硬蛋白。

② 结合蛋白质，除含氨基酸外还含其他物质，这些非蛋白部分叫辅基或配体。结合蛋白又根据非蛋白组分分为核蛋白、糖蛋白、脂蛋白、磷蛋白、金属蛋白、血红素蛋白和黄素蛋白。

（3）依据蛋白质的功能，可分为酶蛋白、调节蛋白、转运蛋白、储存蛋白、收缩蛋白、防御蛋白、毒蛋白、膜蛋白、胶原蛋白、角蛋白、弹性蛋白、丝心蛋白等。

3）蛋白质在加工储藏过程中的变化

（1）蛋白质的变性。

蛋白质的变性是指当天然蛋白质受到物理或化学因素的影响时，蛋白质分子内部的二、三、四级结构发生异常变化，从而导致生物功能丧失或物理化学性质改变的现象。引起蛋白质变性的常见因素有：物理因素（热作用、高压、剧烈震荡、辐射等）、化学因素（酸、碱、重金属离子、高浓度盐、有机溶剂等）。变性对蛋白质功能性质的影响有以下几方面。

① 失去生物活性，如酶、免疫球蛋白等。

② 理化性质改变，如不能结晶、溶解度降低、特性黏度增大、旋光值改变等。

③ 生物化学性质改变。

④ 构象发生改变。

（2）加工对蛋白质营养价值的影响。

① 热变性虽然会导致蛋白质生物活性的丧失，但经热变性后的蛋白质更易于消化吸收。

② 热烫或蒸煮可以使对食品保藏不利的酶失活，如脂酶、脂肪氧化酶、多酚氧化酶，从而可以防止食品在储藏过程中发生变色、风味变差、维生素损失等现象。

③ 热变性可使一些具有毒性的蛋白质和抗营养因子失活，如肉毒杆菌毒素在 $100\,℃$ 时失活，而金黄色葡萄球菌毒素在 $100\,℃$ 时仍然不失活，等等。

4．脂类

1）脂类的概念

脂是生物体中所有能够溶于有机溶剂而通常不溶于水的多种化合物的总称。通常，呈固态的称为脂，呈液态的称为油。

2）脂类的分类

根据分子组成和结构特点，脂类可以分为单纯脂类、复合脂类和衍生脂类。

（1）单纯脂类。单纯脂类指仅由脂肪酸和醇所形成的酯，又称简单脂类，主要包括油脂和蜡。

（2）复合脂类。复合脂类指由简单脂类成分和非脂性成分组成的脂类化合物，主要包括磷脂和糖脂。

（3）衍生脂类。衍生脂类主要包括简单脂和复合脂以外的脂类，主要有胡萝卜素类物质和固醇类物质、脂溶性维生素。

3）油脂的来源

油脂就是由脂肪酸和甘油所形成的酯。植物组织中，油脂主要存在于种子或果仁中，根、茎、叶中含量较少，如芝麻油、花生油、可可脂等；在动物体主要存在于皮下组织、腹腔、肝和肌肉内的结缔组织中，如鱼油、猪油等。

4）油脂在加工储藏期间的变化——油脂的酸败

（1）油脂的酸败。

油脂在食品加工和储存期间，因空气中的氧气、光照、微生物、酶的作用，产生令人不愉快的气味、苦涩味和一些有毒性化合物的现象，统称为油脂的酸败。氧化导致含脂食品产生的不良风味，称为哈喇味，有些氧化产物是潜在的有毒物质；但是有时在食品加工中为产生油炸食品的香味，反而希望脂类发生轻度氧化。

油脂的氧化酸败，是食品变质的原因之一。主要分为三种类型的氧化反应：自动氧化、光敏氧化和酶促氧化。

（2）影响油脂酸败的因素。

① 脂肪酸的组成。油脂的酸败，与自身脂肪酸的组成有关，不饱和脂肪酸的氧化反应速度大于饱和脂肪酸；双键含量多的不饱和脂肪酸的氧化速度大于双键含量少的不饱和脂肪酸。

② 温度。温度升高，加速油脂的氧化反应，加速脂肪酸的氧化分解、酸败变质。如起酥油在 21℃~63℃内，每升高 16℃，氧化反应的速度增加两倍，因此在储藏过程中，应该降低温度来延缓油脂酸败的过程。

③ 光和射线。日光中的紫外线，具有较高的能量，有利于氧的活化，能促进油脂氧化酸败变质。因此，油脂食品应该避光保存。

④ 氧气。空气中的氧是引起油脂发生自动氧化的主要因素。油脂氧化的速度与接触空气表面积的大小、时间的长短有密切关系。通常接触表面积大、时间长，就容易氧化酸败；反之，装入密闭容器或储存在惰性气体中的油脂，则能提高储藏稳定性。

5）水分

油脂中水分含量增加，不仅会使油脂的水解作用加强，还会增加酶的活性，有利于微生物生长繁殖。一般认为，油脂含水量超过 0.2%，水解作用就会增强，游离脂肪酸也会增多。含水量越高，水解速度就越快，油脂就会迅速腐败变质，失去食用价值。因此，油脂的含水量是安全储藏的重要条件。

5. 维生素

维生素的含量是评价食品营养价值的重要指标之一，可分为两大类：水溶性维生素和脂溶性维生素。如果维生素供给量不足，就会出现营养缺乏的症状或患某些疾病。食品加工储藏过程中，维生素含量会大大降低，所以常常用合成的维生素去补偿食物中原有维生素的含量。

1）常见维生素简介

常见维生素的名称、生理功能以及主要来源见表 3-1、表 3-2。

表 3-1　水溶性维生素的功能及主要来源

名称	俗名	生理功能	主要来源
维生素 B_1	硫胺素、抗神经类维生素	抗神经炎、预防脚气病	酵母、谷类种子的外皮和胚芽
维生素 B_2	核黄素	预防唇、舌发炎	酵母、动物肝脏、小麦、青菜、蛋黄
泛酸	遍多酸	帮助伤口愈合制造抗体，抵抗传染病	动植物细胞中
烟酸	尼克酸、抗癞炎	预防癞炎病，形成辅酶Ⅰ、Ⅱ的成分	酵母、谷物、动物肝脏、花生
维生素 B_6	吡咯醇、抗皮炎维生素	与氨基酸代谢有关	酵母、谷物、动物肝脏、蛋黄
维生素 B_{11}	叶酸	预防恶性贫血	动物肝脏、植物的叶、酵母
维生素 B_{12}	钴胺素	预防恶性贫血	动物肝脏、肉、鱼
维生素 H	生物素	预防皮肤病，促进脂类代谢	动物组织
维生素 C	抗坏血酸	预防及治疗坏血病，促进细胞间质生长	新鲜水果、蔬菜

表 3-2　脂溶性维生素的功能及主要来源

名称	俗名	生理功能	主要来源
维生素 A	抗干眼病醇、抗干眼病维生素、视黄醇	合成视紫红质，预防表皮细胞角化，促进生长，防治干眼病	鱼肝油、绿色蔬菜、胡萝卜、动物肝脏、蛋黄、玉米
维生素 D	骨化醇、抗佝偻维生素	调节钙、磷代谢，预防佝偻病和软骨病	鱼肝油、奶、蛋黄、动物肝脏
维生素 E	生育酚、生育维生素	预防不育症	谷类的胚芽及其中的油脂
维生素 K	凝血维生素	促进血液凝固	菠菜、油脂

2）食品中维生素损失的常见原因

（1）果蔬和动物肌肉中留存的酶导致了维生素含量的变化。

（2）预加工导致的维生素损失。

（3）热烫与热处理导致的维生素损失。

（4）加工中使用的化学物质和食品其他组分对维生素的影响。

6. 无机物质

人体是由多种元素组成的，除碳、氢、氧、氮构成蛋白质、脂类、糖类等有机物以及水之外，其余元素称为无机物质。

3.2　环境因素对食品保藏的影响

环境对食品质量变化的影响，主要是环境温度、相对湿度、气体成分、光线和异臭等因素的影响。

3.2.1 环境温度对食品保藏的影响

温度影响着食品在流通中所有的质量变化速度。一般地说，温度升高，微生物的繁殖速度加快，一切变化速度也都加快，导致食品质量下降速度加快。环境温度每升高 10℃，食品质量的下降速度大约增快 1 倍，或者说，环境温度每降低 1℃，食品质量下降速度大约减慢 10%。因此，食品在流通中保持低温状态是食品保鲜普遍采用的方法。温度主要通过下列因素影响食品质量。

1. 生物引起的变质

1）微生物

几乎所有的微生物都在常温下生长，在 10℃ 以下的低温或 50℃ 以上的高温下其生命活动减慢甚至基本停止。如霉菌的最高生长温度为 40℃，最适温度为 20℃~35℃，最低温度在 0℃ 左右，但青霉和毛霉的某些菌株在 0℃ 以下也能缓慢生长。酵母菌的最高生育温度是 40℃，最适温度为 25℃~32℃，最低温度是 5℃，但串酵母的酵母菌有的在 5℃ 以下也能增殖。细菌生育的最适温度随菌的种类不同而显著不同，因此，细菌分为高温细菌、中温细菌和低温细菌。高温细菌或称作嗜热细菌，在普通细菌（中温细菌）无法生存的高温（75℃）下也能发育，55℃~60℃ 是最适生长温度，生长最低温度是 40℃ 左右，在常温下几乎不生长；中温细菌在 20℃~40℃ 生长，最适温度为 37℃ 左右，在 0℃ 以下，55℃ 以上都不会生长繁殖；低温细菌即使在 0℃，两周内也会增殖。

2）虫害

谷类及其加工制品容易受到害虫的侵害，不仅会造成重量损失，而且异物污染会对商品价值产生决定性的损害。

食品害虫的种类很多，其生育的温度也不同，多数虫子的最适温度在 25℃~30℃。一般认为，害虫的致死温度受其种类、生育年龄的影响较小。图 3-2 表示了处理平赤拟谷盗成虫的温度、时间与其死亡率之间的关系。从图中可清楚地看出，吹 55℃ 以上的热风，数分钟就可得到较好的杀虫效果。例如，小麦粉在气力输送过程中利用热风杀死赤拟谷盗虫。又如，在日本大酱、酱油的酿造过程中，利用热蒸汽驱除果螨。另外，低温冷冻、冷藏也是防止和清除虫害的重要方法。

在冷冻温度下消灭虫害。在–15℃ 下一天就可以杀死害虫，所以，死虫以异物的形式存在。冷冻能消灭害虫，可以防止虫害程度扩大，如表 3-3 所示。

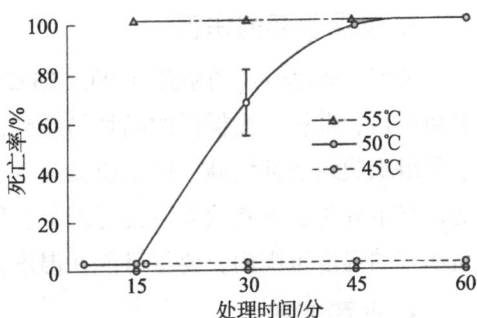

图 3-2 处理平赤拟谷盗成虫的温度、时间与其死亡率之间的关系

表3-3　不同温度下安全致死储藏食品中害虫的时间　　　　　单位：天

害虫种类	−15℃	−12℃	−7℃	−4℃	−1℃
赤拟谷盗	1	1	1	5	8
杂拟谷盗	1	1	1	5	12
长角扁谷盗	1	1	3	6	8
锈赤扁谷盗	1	1	1	7	13
锯谷盗	1	3	7	10	16
谷象	1	1	2	5	9
米象	1	1	2	5	8
四纹豆象	1	1	3	7	10

2. 生物化学反应引起的变质

果蔬变色（酶分解色素、褐变）、软化、产生异臭等品质下降等不少是酶作用的结果。苹果切口的褐变是因为酚类受到了多酚氧化酶的作用而氧化形成醌类物质，柿子的软化是因为果胶分解酶起的作用。

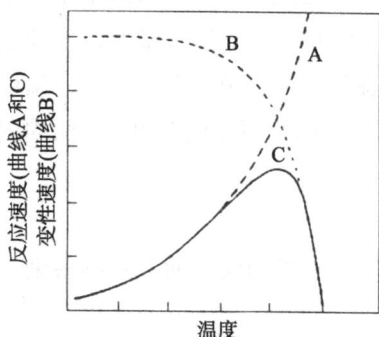

图3-3　温度对酶反应速度的影响

酶与底物结合，在反应中形成必要的酶与底物复合体，其形成的机会随温度的上升而增加。温度上升，酶反应速度加快，如图3-3中的曲线A所示。但是温度上升引起蛋白质的热变性，如图3-3中的曲线B所示。当超过某种温度时酶热失活，随着温度上升酶活性下降，其结果对酶反应的温度曲线如图3-3中的曲线C所示。

酶反应存在最适反应温度，酶在最适反应温度条件下会使食品很快变质。因此，通过加热使酶失活或将食品置于能使酶反应速度下降的低温环境下，可以防止由酶作用而引起的变质现象。

3. 低温引起的伤害

热带、亚热带产的果蔬在0℃~15℃低温时会受到伤害。从植物学的观点来看，属于葫芦科、茄科、柑橘科的品种易受到低温伤害。果蔬受到低温伤害时，会产生呼吸量和组织膜通透性增高、原生质流动性下降、氧化型物质增加等现象，出现小孔、褐变，产生异臭、催熟效果不良等现象。因此，低温耐性弱的果蔬在流通时，在不受低温伤害的温度范围内，要尽可能在温度低的条件下流通。

4. 非酶变质

酶不耐热，如生鲜食品可以采用烫漂等热处理方法较简单地抑制酶变质。另外，像油脂类的酸败、美拉德反应（羰氨反应）的褐变等非酶变质，一般加热能促进其反应加速。例如蜂蜜中褐变物质的中间体羟甲基糠醛的含量，在 80℃时几小时就增加 2~3 倍，在食品加热杀菌和加热浓缩等热处理工序，以及在流通、储藏中温度管理不当的情况下，极易产生非酶变质。

3.2.2　环境湿度对食品保藏的影响

湿度是影响食品流通中稳定性最重要的因素，它不仅影响食品中发生的化学变化和酶促反应，以及由此引起的鲜活食品的呼吸作用和后熟、生鲜食品的僵直过程和软化过程，它还影响着与食品质量关系密切的微生物的生长繁殖过程，影响着食品中水分的变化及其他物理变化过程。

1. 湿度影响食品发生化学变化和酶促反应

1）湿度对食品质量变化速度的影响

环境相对湿度对食品质量变化速度有影响，是因为它直接影响食品的水分含量和水分活度。当环境相对湿度小于食品的水分活度时，食品的水分就逐渐逸出，水分活度下降直至与相对湿度相等为止；当相对湿度大于食品的水分活度时，环境的水蒸气就转入食品，使食品的水分活度增大，最后两者达到相等为止。

2）湿度对食品腐败的影响

食品腐败变质与环境中的湿度条件有很大关系，食品流通中要求保持适宜的湿度条件。当流通环境中的空气湿度在 80%~95%时，对大多数食品的储藏和运输是适宜的，如芹菜等鲜嫩蔬菜所需的相对湿度为 90%~95%，洋葱、大蒜要求为 65%~75%，瓜类为 70%~85%。一些散装食品、干燥或焙烤食品的运输则需要非常干燥的环境，如果湿度过大，则食品吸湿性增强，使包装内水分活性增加，质构发生改变，有利于细菌、霉菌等微生物的繁殖。例如乳粉、蛋粉及豆乳粉等干燥和粒状产品在冷藏温度下的储藏期较长，但相对湿度高于 50%时，如果包装的阻湿性不好，会导致成团或结块现象，使产品质量下降。对于此类产品应采用阻湿性较好的包装材料，并要求运输时对环境进行适当干燥。

3）采用适当的包装材料保湿

对于果蔬来说，新鲜度和品质的保持需要较高的湿度条件。如果产品在流通过程中储藏条件好，产品堆码高度密集，运输过程中车厢密封性能好，新鲜果蔬装入普通纸箱，在 1 天以内，箱内空气的相对湿度可达到 95%~100%，运输中仍然会保持在这个水平。在运输时间相对较短的前提下，这样的湿度不至于影响果蔬的品质和腐烂率。但若采用纸箱进行包装，则易吸潮而使外包装抗压强度下降，使食品受伤。如采用隔水纸箱（在纸板上涂以石蜡和以石蜡树脂为主要成分的防水剂）或在纸箱中用聚乙烯薄膜铺垫，则可有效防止纸箱吸潮；用塑料箱等包装材料运输时，可在箱外罩以塑料薄膜以防止产品失水。

2. 湿度可以促使食品霉菌滋生

食品在储藏和运输等流通环节中采用冷藏手段时，合适的空气循环有助于食品表面的热量移向冷却盘管和冷却板，但是循环的空气不得过干或过湿。高湿空气会使水分凝结在食品表面，在一般储藏和运输温度下霉菌就会在食品表面生长；如果空气过干，则会导致食品过度脱水。产品储藏时可以通过码垛方式来控制湿度，如注意不要堆积过密，不要损坏食品包装，以保持食品包装内的湿度。

3.2.3 气体对食品保藏的影响

在气体成分中，氧气（O_2）对食品质量变化具有重要的影响。正常空气中含有21%的氧气，它具有很强的反应能力，会使食品的许多成分发生氧化反应，导致食品的质量发生劣变。如食品中脂肪的氧化酸败、水果和蔬菜中酚类物质的酶促褐变、蛋白质还原性基团和某些维生素（如维生素C、维生素A和维生素E等）的氧化都是由于氧气作用的结果。非常微量的气味成分是左右食品嗜好性的重要因素。

1. 气体环境对食品腐败的速度影响

气体环境对食品腐败的速度和腐败程度产生很大的影响。由好氧性细菌、霉菌等微生物引起的腐败，以及有氧呼吸作用、脂肪氧化、色素褪色、非酶褐变等化学变化引起的食品变质，都会受到食品所处环境氧浓度的影响。另外，二氧化碳（CO_2）是果品、蔬菜和微生物等呼吸生成的低活性的气体，如果在储运食品时，适当降低 O_2 的浓度（2%~5%），提高 CO_2 的浓度（5%~10%），可以大幅度降低果蔬及微生物的呼吸作用，抑制催熟激素乙烯的生成，减少病害的发生，延缓果蔬的衰老。

2. 调节食品所处环境的气体组分保鲜食品

对于其他一些加工食品，在包装中抽真空或充入 CO_2 或氮气（N_2），可以延长保质期。所以可以采用调节气体包装、低氧包装、加脱氧剂包装、真空包装、充氮包装或充 CO_2 包装等形式来调节食品所处环境的气体组分，可达到安全防护的目的。另外，还可以用乙烯气体处理香蕉、柑橘等果实以达到催熟目的。

运输中空气成分变化不大，但运输工具和包装不同，也会产生一定的差异。密闭性好的设备使 CO_2 浓度增高，振动使乙烯和 CO_2 浓度增高，所以要加强运输过程中的通风和换气，勿使有害气体积累产生伤害作用；另外在运输过程中要轻装轻卸，防止食品的包装破损破坏包装物内的气体组分，从而引起食品的腐败变质。

3.2.4　光线对食品保藏的影响

光线对产品质量也会造成一定的影响，如紫外线可以诱发化学反应，由于能量高，能破坏各种物质的化学结构，是油脂氧化、色素变色、产生异臭等品质劣变的原因。

1. 光对食品中各种成分的破坏

1）光线对油脂的光氧化

油脂是众多食品的重要组成成分，也是形成食物的口感和风味的重要物质。由于油脂中常常含有许多不饱和脂肪酸，这些脂肪酸易与空气中的氧气发生氧化作用产生过氧化物，引起油脂的酸败和食品的变质。发生光氧化反应必须有光敏剂的存在，油脂中常见的光敏剂有叶绿素和脱镁叶绿素，此外还有酸性红、甲基蓝、核黄素和卟啉等。即使油脂在得到较好的精炼以后仍然有少量的光敏物质存在（如叶绿素等），这些物质不仅会引起光氧化反应，还会引起油脂的自动氧化。

2）光线对蛋白质的作用

光线对蛋白质的作用主要分为两种情况：一是光线直接对蛋白质造成破坏；二是由于食品中光敏剂的存在，由光氧化造成蛋白质的破坏。蛋白质中的芳香族氨基酸、色氨酸、酪氨酸和苯基丙氨酸等在波长小于 310 纳米的紫外线照射下，可能会吸收紫外光的能量，引起一些肽链的断裂，使蛋白质发生变性。肽链断裂还可能产生一些有异味的物质或色素。波长大于 310 纳米的光一般在光敏剂存在时，会发生光氧化作用来破坏食品中的蛋白质。Jung 等人（1998）报道，牛奶在光的照射下，其中的光敏剂核黄素吸收波长在 400~550 纳米的光的能量，产生单线态氧 IO_2。IO_2 将蛋氨酸氧化成硫醇、硫化物、二甲基二硫化物等，其中，二甲基二硫化物是牛奶中导致异味的重要物质。

3）光线对维生素 C 的破坏

食品中含有的各种维生素在光敏剂存在时，在光的照射下也会发生光敏氧化。IO_2 作用于维生素分子上的 $-C=C-$ 引起氧化破坏，使食品的营养价值降低。Satter 和 Deman（1997）发现，将牛奶暴露在阳光下仅仅 1 小时就会损失 80%~100% 的维生素 C。牛奶中 80%~90% 的维生素 C 在 400~550 纳米的荧光下照射 24 小时会全部损失掉，这是因为光敏剂核黄素对这个波长段的光有最大吸光率（450 纳米时吸光率最大）。Jung 等人（1998）发现，在有光线的条件下，牛奶中核黄素的含量越多，维生素 C 损失的速度就越快。当牛奶中的核黄素含量达到 6 毫克/千克时，暴露在光线下 12 分钟维生素 C 就全部被破坏掉了，而没有核黄素的牛奶维生素 C 只破坏了 2%。Jung 等人的研究结果显示，牛奶中维生素 C 的损失主要是因为核黄素产生的单线态氧 IO_2。

4）光线对维生素 D 的破坏

维生素 D 对骨骼生长具有十分重要的作用。当牛奶暴露在阳光下时，牛奶中的维生素 D 会很快被破坏。Rinken 和 Watherson（1993）研究发现，当处在没有核黄素的环境中，光照时维生素 D 并没有被破坏，而含有核黄素的脱脂牛奶中的维生素 D 在光照下却很快被破坏。King 和 Min（1998）报道，在没有核黄素存在或没有光线的环境中，维生素 D 不会被氧化破坏。对此的解释是核黄素吸光激发产生单线态氧 IO_2，IO_2 将维生素 D 氧化破坏。

5）光线对维生素 B_2 的破坏

食品中的维生素 B_2 在烹饪或储藏在黑暗的地方时是相当稳定的，但是维生素 B_2 即核黄素是很好的光敏剂。Wishner（1964）发现，牛奶中的维生素 B_2 在光照下 30 分钟会损失掉 30%，而煮相同时间的牛奶维生素 B_2 只损失了 12%。所以在光照条件下维生素 B_2 损失得相当快，尤其是当光的波长在 450 纳米的时候维生素 B_2 损失得最快，因为它在这个波长下对光的吸收率最大。Satter 和 Deman（1997）发现，包装材料不同，维生素 B_2 损失也不同，当包装材料的透光率越小的时候损失越少。

6）光线造成色素的破坏

食品的色泽是通过它们对可见光的选择吸收及反射而产生的。食品中能够吸收和反射可见光波进而使食品呈现各种颜色的物质被统称为食品色素，食品中的色素包括天然含有的色素和加工过程中由原料成分转化的有色物质和外加的食品着色剂。食品中的色素都是有机物，具有发色团和助色团结构，常见的发色团是由多个–C≡C–双键构成的共轭体系，其中还可能有几个–C≡O、–N≡O 和–C≡S 等杂原子的双键。很多色素自身就是很好的光敏剂（如叶绿素），它们吸收一定的光能产生单线态氧，单线态氧与发色集团上的双键作用，使色素颜色改变。例如，与光和氧气作用就会导致叶绿素不可逆地褪色。单线态氧和羟基自由基是反应活性中间体，它们在有氧光照下生成，一旦生成就与叶绿素和吡咯链作用，进一步生成过氧基和其他自由基，最终造成吡咯环与吡咯链分解和颜色褪去。可见光还能使火腿、香肠等肉类腌制品发生褐变。这些腌制品中添加了硝酸盐或亚硝酸盐作为发色剂，使原来肉中的色素肌红蛋白、高铁肌红蛋白和肌色原转变成氧化氮肌红蛋白、氧化氮高铁肌红蛋白和氧化氮肌色原，所以腌制品的颜色更鲜艳诱人。可见光可以促使腌制品中的色素重新转变成肌红蛋白和肌色原，而肌红蛋白和肌色原被氧化后转变成高铁肌红蛋白和高铁肌色原，于是这些腌制品发生了褐变。食品中的叶绿素、叶黄素、血红素、花色苷、甜菜红素、红曲色素及一些类黄酮色素在光照条件下很容易被氧化褪色，因此食品的避光保存十分重要。

2. 影响光氧化的因素

光氧化的主要对象是油脂中的多不饱和脂肪酸：油酸、亚油酸、亚麻酸和花生四烯酸等。IO_2 作用于这些不饱和脂肪酸的双键上，双键发生移位形成过氧化物。但是这些过氧化物非常不稳定，容易分解，尤其是当有金属离子存在时分解得更快。最终的分解产物是许多挥发或不挥发的物质，包括醛、酮、酒精、酸、碳水化合物、内酯、呋喃和酯。产生不良气味的大多数都是羰基化合物。脂肪族醛是过氧化物分解产物中最重要的一种产物，因为它们是导致食品不良气味的主要因素。

影响光氧化的因素有很多，如光照时间和强度、光的波长范围、包装中的残氧量及包装材料等。增加光对食品的照射时间会增加光对食品的破坏作用，因此在食品的生产、流通和销售过程中应尽量减少与光的接触时间。不同的食品成分（主要是光敏剂）对不同波长的光的敏感程度不同，如核黄素对波长为 450 纳米的光有最大吸收峰，叶绿素对波长为 408 纳米的光有最大敏感性。包装食品中的残氧量来源主要有：包装时抽真空不够、包装袋透气、食品中溶解的氧气释放出来。当残氧量达到一定值，在光的照射下就会发生光氧化反应。

包装材料对光具有遮挡、反射和散射作用，对食品具有一定的保护作用。根据 Lambert-Beer 定律可知，包装材料的厚度会影响透光性，越厚越不易透光。不同颜色的包装材料对光的防护能力不同，其防护能力为：黑色>棕色>绿色>蓝色>红色>黄色>无色。

3.3 食品保藏环境控制

前面分析了环境对食品质量变化的影响，主要是温度、湿度、气体、光线和异臭。要使食品在保藏过程中不变质，必须采取必要的防护措施。

3.3.1 食品常规保藏环境的温、湿度控制

常规储藏是指主要通过外界温、湿度的变化来调节和维持一定的储藏温、湿度的一类常温储藏方式。这种储藏方式历史悠久，储藏场所形式多样，一般不需要特殊的建筑材料和设备，结构简单，充分利用气候条件，因地制宜。例如，粮食、果蔬等农产品常常采用的沟藏、窖藏、地下储藏、通风储藏等方式，都比较典型。由于常规储藏主要依靠自然气候条件的调节作用来维持一定的储藏环境，会随外界环境温、湿度的变化而发生一定的波动，使用上受到一定程度的限制。

1. 温、湿度控制的意义

各种食品按其内在特性，有其适当的温、湿度范围。如果仓库内的温、湿度长期超过这个范围，就会引起或加速食品的质量变化而降低食品的使用价值。

为了创造适宜食品储存的环境，应采取各种措施控制库内温、湿度的变化，对不适宜的温、湿度及时进行调节。当库内温、湿度适宜食品储存时，就要防止库外气候对库内的不利影响；当库内温、湿度不适宜食品储存时，就要及时利用气候有利因素

或其他办法来调节库内的温、湿度。

2. 温、湿度控制的方法

1）密封

密封是库内温、湿度控制和调节的基础措施，没有密封措施，就无法运用通风、吸潮、降温、升温等方法调节温、湿度。对仓库进行密封就能保持库内温、湿度处于相对稳定状态。密封储存不仅能够达到防潮、防热、防干裂、防冻等目的，还可以收到防霉、防虫、防锈蚀、防老化等多方面的效果。

2）通风

通风就是根据空气流动的规律，有计划地使库内外的空气交换，以达到调节库内温、湿度的目的。这种方法是调节库内温、湿度简便易行的有效方法。要正确通风，不是随便开启门窗，让库内外空气自由交换就行的事，而是要掌握库内外空气自然流动的规律，根据食品性质的要求，对比库内外温、湿度的实际情况和变化趋势而有计划地进行。例如，在秋、冬季库外温度寒冷，空气干燥，可以进行机械或自然通风；当库内温、湿度大于库外温、湿度时，可以开启门窗进行通风，保持库内对食品适宜的温、湿度，以保证食品储存的稳定性。

3）吸潮

在梅雨季节或阴天，当库内温度过高，不适宜食品储存，而库外湿度长期过大，不适合进行通风散湿时，可以暂时采用密封仓库的办法，减少外界温、湿度对库内食品的影响。如果库内湿度过大，比较好的办法是使用空气除湿机。

此外，还可以用吸湿剂吸潮，吸湿剂具有较强的吸湿性，能迅速吸收库内空气中的水分，从而降低仓库内空气中的相对湿度。可作为吸湿剂的物质很多，现把仓库经常使用的几种吸湿剂分述如下。

（1）生石灰。生石灰又名氧化钙，是一种易于获得、价格便宜、使用方便的吸湿剂。其吸湿性较强，在潮湿空气中能渐渐吸收水蒸气变成消石灰。库内湿度越大，生石灰吸湿速度越快。这种吸湿剂只能使用一次，不能恢复原来状态，同时，吸湿的同时放出大量的热量，提高库温。在有食品的仓库中较少使用，只用于空库吸湿和窖仓吸湿。

使用生石灰吸湿时应注意：将生石灰捣成拳头大小的块，装于木箱或竹篓内。由于其吸湿后会膨胀粉化，所以容器不能装得过满。把容器放置垛底，沿墙四周或靠近库门处。

生石灰为碱性物质，且有一定腐蚀性，耐碱能力弱的食品不宜使用。

生石灰从水中吸收水分，同时放出二氧化碳，因此吸湿后应及时更换。

（2）氯化钙。一般使用工业无水氯化钙，为白色多孔无定形晶体，呈粒状或块状，吸水力很强，每千克无水氯化钙可吸收 1.0~1.2 千克水。氯化钙吸湿后，即溶化为液体，可将吸湿后溶化的氯化钙溶液放在铁锅内熬煮，当溶液水分蒸发浓缩结晶、冷却凝固后仍可继续使用。

氯化钙的吸湿效果虽好，但吸湿后溶化的溶液因有腐蚀性，不能接触食品或包装。从理论上描述可以还原，但实际工作中比较麻烦，在没有还原条件的单位，不宜推广使用。

（3）硅胶。硅胶可分为原色硅胶和变色硅胶两种。一般仓库使用变色硅胶。经氯化钴、溴化铜等处理后成为蓝绿色、深蓝色等。吸潮时会逐渐改变颜色，以指示吸潮程度。如深蓝色硅胶吸湿后会逐渐变为浅蓝色，最后吸湿饱和时会变为粉红色。

每千克硅胶可吸收 0.4~0.5 千克水，硅胶吸潮后，仍为固体，不溶化、不污染，没有腐蚀性。硅胶吸潮后在 130℃~150℃下烘干至恒重时，在干燥器内冷却至室温，仍可继续使用。

使用硅胶吸潮时，可用纱布或纸包成小包放在食品的包装内，吸收包装内部的水分，或在密封货架、柜内或包装物中使用。硅胶价格比较高，但性能稳定，可长期反复使用，适用于保管贵重食品。

对于粮仓内的吸湿，可用异种粮装袋压盖法。具体操作是将吸湿性较强的粮种，如甘薯干装入面袋中，压盖于受潮的粮面上，当薯干变软后，证明吸湿即将饱和，把薯干袋移出库外，在日光下晒干，再放回仓库内，这样反复几次，可大大降低库内湿度。

此外，分子筛也是新型高效的吸潮剂，适用于贵重食品的包装内使用。

3. 低温储藏环境控制

低温储藏是将仓房内和食品体堆内的空气进行各种冷却处理,使之保持低温状态,以达到食品安全储存的目的。

1）低温储藏的意义

一般 4℃~8℃是害虫停止发育和活动的低温区，其出现冷麻痹，处于休眠状态，–4℃以下为致死低温区；一般微生物在 5℃~10℃时，可以很大程度上被抑制生长，其生命活动随温度的降低而逐渐减弱。所以，利用低温抑制它们的繁育和危害是行之有效的。低温储藏是抑制食品、粮食和其他有机体的呼吸作用，延缓食品陈化与老化，保持营养成分和使用品质的有效途径；特别有利于大米、面粉、油脂的安全度夏和某些水果、食品的长期储存等。低温储藏食品可以不用或少用化学药剂熏蒸处理，有利于防止污染，对保持食品卫生具有重要意义。

我国规定低温仓可控温度在15℃以下，准低温仓可控温度为16℃~20℃。

2）低温储藏的方法

根据技术措施的不同，低温储藏可分为自然低温储藏、机械制冷低温储藏和地下仓低温储藏。

（1）自然低温储藏。自然低温储藏主要是利用低温季节的干冷空气，使食品温度降至低温或准低温标准。采用隔热保冷措施，尽可能延长低温时间，争取安全度夏。

① 自然通风冷却。在低温季节，将仓库门窗打开，引进室外的干冷空气逐渐冷却食品。为了加强冷却效果，应改进堆垛方式，以利冷风流通，扩大接触冷气的面积。对于局部高温区点，应采取扒堆、转垛等方法，促进高温散发。

② 转仓或出仓冷却。我国除华南湿热区外，广大地区都具有自然低温储藏条件。如东北和西北地区，平均气温在0℃以下达120多天；华北平原0℃以下也多达40多天；长江流域5℃以下也在40天以上，这都是开展自然冷却的良好时机。这时可把食品转置到已冷冻一段时间的空仓里或把食品搬至干燥的晒场或空地上，经过充分冷冻达到低温标准后，再搬入仓内储藏。

③ 隔热保冷。自然冷却的粮食或其他食品，要达到长期低温储藏的目的，必须使仓房具有隔热保冷功能。对仓库进行保冷改造，一般用聚苯乙烯泡沫塑料进行吊顶，上铺膨胀珍珠岩或干燥的稻壳（麦糠也可）作为隔热材料，使外热不易通过仓顶传入仓内。对于四周仓墙的改造，一般在仓内加筑一层内墙（12厘米），内外墙之间填塞稻壳，内墙上以膨胀珍珠岩粉刷，最后以石灰刷白，以起到隔离外热的作用。

库外墙粉白、将低温食品进行压盖或用塑料薄膜五面或六面覆盖，其保冷防潮的效果会更好。

（2）机械制冷低温储藏。机械制冷低温储藏是低温储藏的另一种形式，它是利用制冷设备产生的冷气，送入仓房，使食品处于冷藏状态的一种方法。实践证明，该方法能使食品、粮食、水果等的品质变化缓慢，色、香、味等均比其他储藏方式好。但机械制冷的投资较大、费用较高，只能逐步发展。

机械制冷的效果主要取决于仓库的隔热保冷材料和制冷设备。

① 隔热材料。外热通过仓库屋顶和墙壁进入食品堆垛而使之温度上升，所以在制冷储藏中，隔热保冷十分重要。目前使用的隔热材料有稻壳、膨胀珍珠岩、煤渣三合土及聚苯乙烯泡沫塑料等。

有的仓库的做法是，在原墙外面加砌一道12.5厘米厚的外墙，两墙间距37厘米，中间灌满干稻壳，外墙外面用石灰浆抹面，里面刷水柏油一层；另一种做法是在仓内墙面上铺一层10厘米的膨胀珍珠岩，不另砌墙。仓顶则用10厘米的聚苯乙烯泡沫钉一层平顶，或在天花板上铺30~50厘米的干稻壳。

食品进入冷藏库后，不用的门窗全部砌实，进出的门改为双道门，门内吊挂棉帘，以防冷气散出。

② 制冷设备。目前我国使用的制冷机械多是以氟利昂为制冷剂的活塞式压缩机制冷系统，仓内空气通过管道进入制冷系统冷却后，经吸湿处理，再用风机送入仓内，如此循环冷却，仓内温度便可逐渐下降。

（3）地下仓低温储藏。地下仓低温储藏就是用地下仓进行隔热改造，结合密闭管理，降低仓温和食品温度，使食品处于低温储藏环境中，延缓食品储藏期间品质下降，延长储藏时间，达到绿色储藏的目的。

3.3.2　食品气调储藏环境控制

气调储藏是通过控制食品堆垛中的气体成分而进行储藏的方法。在良好的密封条件下，利用堆垛中有机体的不断呼吸，逐渐消耗堆垛中的氧，增加二氧化碳，从而抑制虫霉的活动及危害，保持食品品质，达到安全储藏的目的。

1. 气调储藏的作用

1）气调储藏防治害虫的作用

当氧浓度含量在 2% 左右，或二氧化碳含量增高到 40%~50% 时，都能将绝大多数的仓库害虫杀死。杀虫情况取决于环境温度，温度越高，达到 95% 杀虫率所需的时间则越短，所以高温可以增加气调的效果。同时，在比较低的湿度下，害虫死亡率会明显增加。

在低氧气体中添加二氧化碳，对成虫的死亡率有增效作用。气调除虫还具有亚致死效应，如减少增殖率、扰乱变态、降低生育能力和部分麻痹等。目前国内外的学者一致认为，用气调方法防治仓库害虫是一种特殊灭虫方法，以气调防治代替化学防治是完全必要的。

2）气调储藏抑菌防霉的作用

微生物中危害食品最严重的是霉菌，而霉菌都是好氧菌，当氧浓度在 2% 以下时，对大多数好氧菌具有一定的抑制作用。0.2%~0.5% 的氧浓度抑菌作用显著，即使对少数耐低氧的微生物，如米根霉，也能抑制其生长。即使米根霉生长，但发育不良，仅生长白色菌丝，而不能长成子实体。

厌氧菌（细菌）和兼性厌氧菌（酵母菌）在储藏食品上的数量与作用较小，但在气调储藏中却因在高湿缺氧的环境中会活动起来，导致食品发热而变质。这在气调储藏中应引起重视。

另外，高浓度的二氧化碳（浓度增加到 60%~90%）能防止黄曲霉的生长和黄曲霉素的形成。

3）气调储藏降低生物体的呼吸强度

在缺氧的环境中，食品中有机体的呼吸强度显著地降低，如储存的粳米，当气温在 26℃~30℃ 的情况下，其呼吸强度仅为在空气中的 1/4 左右。对于干燥的食品，低氧储藏可以较好地保持品质和增加储藏稳定性。但对高水分的食品或粮食，就不宜较长时间采用低氧储藏，以免因缺氧呼吸引起大量的酒精积累而影响品质。对于种子类食品来说，水分愈高、含氧量愈低、储存时间愈长，种子的发芽率愈低。

2. 密封降氧的方法

密封是气调储藏的关键，只有在密封条件下，才能形成和保持良好的缺氧状态。

我国目前均采用塑料薄膜密封堆垛，常用的有聚氯乙烯和聚乙烯。密封成品粮、食品时则要用聚乙烯，密封其他食品或原粮时宜用聚氯乙烯。应用生物降氧方法密封堆垛时宜用 0.14~0.20 毫米厚度的薄膜；应用人工气调时，则必须采用能耐压、抗拉力较强、厚度较大的塑料薄膜。

塑料薄膜也像金属一样可以焊接，用高频热合机或电烙铁加热焊接都很方便。根据堆垛大小和密封形式计算薄膜用料，进行剪裁。下料标准是，其长、宽和高应比实际堆垛长 20~50 厘米，并在预定部位开洞，焊上测温、测气、检查的管孔和塑料袋，以备日常检查和测报之用。

根据仓库及堆垛的条件，目前应用的密封方式有一面密闭、五面密闭、六面密闭和塑料袋密封四种形式。

（1）一面密闭。一面密闭也叫一面封顶，这种密封方式是用塑料薄膜密封全仓垛顶面，它适用于仓房结构好、密封性能高、墙壁和地坪防潮性能好的仓房，进行生物降氧之用。以密封粮食为例，将面层 15 厘米深的粮食全部罩住，所以塑料薄膜埋入仓库四周 15 厘米深处，并将整个粮面全部密封。另外，仓房门窗及仓内的柱子都要用薄膜密闭，只留一门进出检查。

（2）五面密闭。此法适用于地坪干燥的仓库。具体操作是根据仓房或堆垛大小，热合两块塑料薄膜，一块是仓房（堆垛）四周的薄膜，另一块是顶面薄膜。将前者沿仓壁四周吊挂起来，下端延长 30~40 厘米，用砂压盖与地面结合，待食品装满后，平整顶面，顶面薄膜与四周薄膜热合起来，并引出测温、测气及检查的管孔。这样一来，堆垛的四周和面层都被薄膜包裹，所以叫五面密闭。

（3）六面密闭。此法适用于地坪不够干燥或成品粮堆垛储藏。具体做法只比五面密闭多一个薄膜底层，其余相同。将五面薄膜罩上堆垛，再将罩与底层薄膜热合或黏合即成。

（4）塑料袋密封。此法是将食品装入塑料袋内，用热合机封口。装入的粮食、食品或其他有机体食品，由于生物的呼吸作用，使袋内的氧逐渐减少，二氧化碳含量不断增加，可以达到较短时间的缺氧密封。有的袋子可装 30~50 千克，有的可装 1~2 千克（小包装），适用于远途运输与零售。

各种密封方法可以单独使用，也可以结合使用。总之，要根据食品养护储存的需要，结合气候情况和储存条件，因地制宜、就地取材、灵活运用，以达到食品安全储存的目的，取得良好的效果。

3.3.3　食品保藏环境光线控制

光对食品的营养、外观、风味都会造成一定的不良影响，因此，在食品工业中降低光对食品质量的影响非常重要。现在食品工业中避免光对食品品质破坏的措施主要从以下三个方面着手。

1. 避光食品生产、存储和流通

避光食品在生产、存储和流通过程中应尽量减少与光接触的时间与强度，这对避免食品光氧化有很好的作用。在大量的研究中都发现，食品如果存放在黑暗条件下，几乎不会发生光氧化反应。

2. 采用避光材料包装

包装食品吸收光能量的多少用光密度表示，光密度越高光能量越大，对食品的破坏作用就越强。食品中各个组分吸收光的波长是有一定选择性的，不同组分吸收的光波长不同，未被吸收的光波对食品质量不会造成影响。因此可以通过包装直接将光线遮挡、吸收或反射回去，减少光线直接照射食品，同时还能防止某些有利于光氧化反应的因素如水分和氧气透过包装材料。

3. 添加抗氧化剂

添加抗氧化剂能够猝灭单线态氧 IO_2，能抑制自由基反应的物质都可以抑制光敏氧化反应。现在的一些研究发现类，胡萝卜素、维生素 E、迷迭香等能有效地抑制油脂的光敏氧化。

光对食品的营养价值、外观和风味会造成一定的不良影响，使食品的营养价值和经济价值都大大降低。但是由于食品中成分的不同，光对不同食品的影响也有所不同。由于食品的种类繁多，现在关于光对具体食品影响的研究还非常有限，在这方面还需要做大量的基础研究工作。只有了解光对各种食品的破坏作用，我们才能够选择最合适的包装材料、包装方式及通过添加抗氧化剂等手段来减少光对食品的影响。

通过研究光对食品品质的影响可找出最佳的包装储运方式。如包装体系内热隔断，减少氧气量；双屏障薄膜真空包装、气体置换包装、加入脱氧剂包装等；减少催化化学反应的金属离子，以及卟啉、核黄素等光敏感物质的含量；添加天然或合成的抗氧化物质。在受光线影响大的食品中，为保持其质量常常采用蔽光的方法。在蔽光的方法中，有用金属罐、铝箔复合薄膜、纸等不透光的包装材料包装的；用着色的包装材料包装的；用全印刷的包装材料包装的；在需要透明的场合，为防止对食品品质影响较大的紫外线透过，采用掺入紫外线防止剂以及采用不透紫外线的特殊材料等。

3.3.4　食品化学储藏环境控制

储藏的食品或包装一旦发生虫害，由于存在着合适的生长条件、充裕的食物、适宜的温湿度，因此危害往往发展得很快。为了尽快地杀灭害虫，防止蔓延和危害，化学储藏是一个行之有效的方法。

1. 化学储藏的原理和特定条件

化学储藏的基本原理是用化学药剂抑制食品体和微生物的生命活动，消灭害虫，从而防止食品的发热霉变，免受仓库害虫的危害。但一般只用于特定条件下的短期储藏。

2. 化学药剂的毒理

（1）杀虫剂的毒理。杀虫剂的毒理是指杀虫剂对于害虫有机体的毒杀作用，大致分为两部分，即杀虫药剂进入害虫有机体的穿透性和杀虫药剂对虫害的毒杀作用。

杀虫药剂的穿透性可分为四类：由表皮接触进入虫体，如触杀剂；由气管接触进入虫体，如熏蒸剂；由口服进入虫体，如胃毒剂；由气门进入虫体，如触杀剂、油剂。有时一种杀虫药剂具备几种穿透方式，但其中有一种是主要的。

当杀虫药剂施用后，害虫已接触或吞食了药剂，或通过呼吸器官而吸进药剂的气体，经过一定时间，产生一系列的中毒症状，如兴奋、不正常爬行、痉挛、呕吐、腹泻、麻痹，直至死亡。

（2）化学保藏剂的作用机制。保藏剂就是阻止或延缓食品发生化学和生物学劣变的物质，当达到一定浓度后才能抑菌和杀菌。其作用机理如下。

① 作用于细胞膜，导致细胞膜的通透性增加，细胞内物质外流，从而使细胞失去活力，如苯甲酸和酚类物质。

② 使细胞活动必需的酶失活，很多抗菌剂的作用就是通过抑制细胞中酶的活性或酶的合成来实现，如蛋白质或核酸合成的酶类。

③ 破坏细胞质内的遗传物质或使其失去功能。

3. 施药方法

1）减压熏蒸

应用熏蒸剂处理食品中的害虫，必须在仓房密闭条件下进行。减压熏蒸要求在施药以前用抽气装置将密闭仓房中的大部分空气抽出来，使空气量减少、压力降低。在降低压力的情况下施药，毒气分子易于扩散，促使被熏蒸食品及仓壁等吸附力达到饱和，毒气能迅速地渗入食品孔隙中，形成有效浓度，可大大缩短熏蒸时间。实践证明，减压熏蒸一般在 1.5~4.0 小时内即可完成毒杀害虫任务，比常压熏蒸快得多。此外，在减压状态下，氧含量减少，能促使害虫呼吸加速，吸进毒气量就多，迅速达到致死浓度，就能起到提高毒效的作用。这种方法的缺点是消耗药剂量较多，而且磷化氢不能在减压下使用，因为它在减压条件下性能不稳定。

2）循环熏蒸

在仓房密闭性能良好和有通风条件的单位，可应用机械通风来加速循环流动，促使毒气与空气的混合气体通过堆垛，有利于毒气在堆垛中均匀分布，并缩短熏蒸时间。一般只要 12~24 小时就可结束熏蒸，然后即可散气，这不仅可以提高毒效，而且能减少用药量。但产生磷化氢气体的熏蒸剂都不能采用循环熏蒸或机械通风方法处理。

（3）混合熏蒸

有时为了改善熏蒸剂的性能和克服某些缺点，或者要求提高杀虫毒效及扩大应用范围，常采用两种以上药剂按一定比例混合熏蒸，其方法和要求如下。

（1）为防止某些熏蒸的易燃现象，可加入一定比例的二氧化碳进行混合熏蒸。这样既能防止熏蒸剂的燃烧，还因二氧化碳本身具有刺激害虫呼吸的作用，可加速害虫对毒气的吸入量，从而提高杀虫效果。

（2）为毒杀食品堆垛中不同深度和部位的害虫，可选用具有不同熏蒸扩散速度的药剂，按合理比例混合熏蒸，以便将不同深度和部位的害虫杀死。如磷化铝与敌敌畏、二硫化碳与四氯化碳的混合熏蒸。

（3）当食品堆垛中混杂多种害虫，它们对不同药剂具有不同的忍耐力，为达到良好的杀虫效果，应选用具有不同特性的药剂，互相配合，发挥多效能的威力，将害虫全部杀死。如氯化钴与溴甲烷、磷化铝与溴甲烷混合熏蒸。

3.3.5　食品保藏仓库虫害控制

仓库虫害的防治应贯彻以防为主，防治结合的原则，要求做到食品进库无虫、仓内无虫。食品中发生害虫，如不及时采取措施进行杀灭，常会造成严重损失。具体防治方法如下。

（1）杜绝仓库害虫来源。通过清洁卫生杜绝仓库害虫的来源和传播，必须做好以下几点。①食品原材料的杀虫、防虫处理。②入库食品的虫害检查和处理。③仓库的环境卫生及各种用具的卫生、消毒。要求库内经常保持清洁，洞、孔、缝隙要进行密封，堵塞鼠洞。库外要做到不留垃圾、杂草和污水，杜绝虫害的滋生条件。

（2）物理机械防治法。高温杀虫法，主要是日光暴晒、烘烤、热蒸和远红外线照射等。低温杀虫，利用天然条件进行仓库通风，使库内食品的温度降低到仓虫致死的温度范围，将仓虫冻死。对鼠害的防治可采用捕鼠机械、库内设挡门板等方法。

（3）药物防治法。使用各种化学杀虫剂，通过喂毒、触杀或熏蒸等作用杀灭害虫，是当前防治仓库害虫的主要措施。常用的防虫、杀虫剂包括驱避剂、杀虫剂和熏蒸剂等。

3.4　食品在流通过程中的质量控制

食品流通领域包括运输、储藏等环节，食品特别是蔬菜、水果、茶叶、畜产品、水产品等鲜活产品由于是自然、人工养殖形成的，具有品种复杂、易腐败变质、保鲜难的自然属性，同时生产规模小而疏散，主要分布在城郊及农村，而消费市场集中在城市。流通渠道多，流通规模小，流通路线有长有短，参加的人员复杂，有公司，也有私营，流通市场有批发市场、代销点等。因此食品在流通过程中的质量控制非常重要。

食品质量主要包括营养质量、卫生质量和感官质量（食品的色、香、味、形、质）。

3.4.1　食品运输中的质量控制

1. 食品在流通中质量的变化趋势

食品的原料主要来源于生物界，当这些生物体被采收或屠宰之后，它们就不能再从外界获得物质来合成自身的成分。虽然同化作用已告结束，但是异化作用并没有停止。如蔬菜、水果和鲜蛋等鲜活食品的呼吸作用与其他生理活动仍在进行，体内的营养成分不断地被消耗；畜、禽、鱼肉等生鲜食品虽然不像蔬菜、水果那样进行呼吸，但体内的酶仍然在活动，一系列生化反应在悄悄地进行，较为稳定的大分子有机物逐渐降解为稳定性较差的小分子物质；食品内部各种各样的化学变化和物理变化都以不同的速度在进行着，引起蛋白质变性、淀粉老化、脂肪酸败、维生素氧化、色素分解，有的变化还产生有毒物质等，新鲜食品的水分散失或干燥食品吸附水分也会导致食品质量的下降；含有丰富水分和营养物质的食品是微生物生长活动良好的培养基，当其他环境条件适宜时，微生物就会迅速生长繁殖，把食品中的大分子物质降解为小分子物质，引起食品腐败、霉变和发酵等各种劣变现象，从而使食品的质量急速下降。

2. 运输前的预冷

预冷主要指运输前将易腐食品，如肉及肉制品、鱼及鱼制品、乳及乳制品，特别是果品、蔬菜等的品温降到适宜的运输温度。这样可以降低食品内部的各种生理生化反应，减少养分消耗和腐烂损失，尤其对果蔬来说可以尽快除去田间热和呼吸热，抑制生理代谢，最大限度地保持食品原来的新鲜品质。例如，刚挤出的牛乳温度是37℃，很容易受到微生物的污染，而将其快速降到4℃以下，微生物的生长和繁殖就会非常缓慢，28小时内微生物保持初始水平，而在15℃以上，微生物总数会快速增加。

在低温运输系统中，运输工具所提供的制冷能力有限，不能用来降低产品的温度，只能维持产品的温度不超过所要求保持的最高温度。所以一般食品不放在冷藏运输工具上预冷，而是在运输前采用专门的冷却或冷冻设备，将食品的温度降低到最佳储运温度，这样可减少运输工具的冷负荷，并保证冷藏设备的温度波动不至于过大，更有利于保持储运食品的质量。经过彻底预冷的果蔬，用普通保温车运输，就能够达到低温运输的效果。不经过预冷将不能发挥冷藏车的效能，例如，未经预冷的广东香蕉装入火车冷藏箱中，果箱内温度为 27℃~28℃，火车运行 5 天后，车厢内温度为 11℃~12℃，而果箱内温度尚为 14℃；而经过预冷的香蕉在入箱 14 小时后就可以将品温降到 12℃。

因此，如果低温储藏或长距离大量运输，预冷是必不可少的一项措施。食品的预冷方法主要有真空预冷、空气预冷和水预冷三种。考虑到我国目前食品的产销实际状况和预冷效果，预冷设备和方式可结合现有的冷库采用强制冷风预冷方式，也可采用差压冷风预冷方式。

3. 装载与堆码

食品在运输车内正确地堆码和装载，对于保持食品在流通中的质量有很大作用。易腐食品在冷藏车中低温运输时应当合理堆放，让冷却空气能够合理流动，使货物间温度均匀，防止因局部温度升高而导致腐败变质。食品的装载首先必须保证食品运输的质量，同时兼顾车辆载重力和容积的充分利用。因此必须保证如下方面。

（1）在车厢底板与货物之间，空气能沿着车厢中心到端壁的方向自由流通。

（2）在各个货件之间空气能同样沿着车厢中心到端壁方向自由流通，最好也能保证各货件之间的空气能顺着由车厢上部到下部的方向自由流通，这点在冬季加温运输时尤为重要。

（3）在堆放的货物与车壁之间，空气能顺着车厢中心到端壁和由车厢上部至下部的方向自由流通。

（4）食品在堆码时，每件货物都不应直接接触车底板和车壁板，在货件与车底板和车壁板之间留有间隙，以免通过车壁和底板进入车内的热量直接传给货物，而使品温上升。

（5）在装载对低温较敏感的水果蔬菜时，货件不能紧靠机械冷藏车的出风口或加冰冷藏车的冰箱挡板，以免导致低温伤害。必要时，可在上述部位的货件上面遮盖草席或草袋，使低温空气不直接与货件接触。

4. 食品运输中的卫生要求

食品运输污染历来在食品污染中占较大比例，尤其是近年来，由于物流频繁，运输过程中因车体装运不当和站场存放造成食品污染现象突出。为了保证食品卫生质量，在运输中要注意遵守以下安全和卫生要求。

1）运输工具的卫生要求

（1）储存、运输和装卸食品的包装容器、工具、设备等必须安全、无害、保持清洁，防止食品污染。

（2）一般应装备专用食品运输工具，用非专用食品运输工具运送食品时，应对运输工具彻底清洗或消毒后才能装运；装运直接食用食品的运输工具每次用前必须消毒。

（3）专用仓储货位要防雨、防霉、防毒，逐步实现专车、专箱、专位，谨防货位污染。尽量做到专车专用，特别是车、船长途运输粮、菜、鱼等食品时更是如此。

2）运输过程的卫生要求

（1）食品、毒品分开，严禁混装混放，严格按照危险货物装配表装配。

（2）在食品的装运上，应注意不要将生熟食品、食品与非食品、易于吸收气味的食品与有特殊气味的食品同车装运，更不能将农药、化肥等物资与食品同车装运，以免造成食品污染。

（3）改进包装方法和材料，提高包装质量，轻拿轻放、轻装轻卸，减少因包装不善造成的食品污染。

（4）坚持作业标准，杜绝违章操作，认真执行《道路货物运输及站场管理规定》。

（5）长途运输要具备防蝇、防鼠、防蟑螂和防尘措施。

（6）运输活畜、活禽时要防止拥挤，途中应供给足够的饮水和饲料。

3.4.2　食品销售中的质量控制

食品在运输到销售地点后，不可能马上就出售，有时需要在销售场所临时储藏一段时间，这些销售场所包括一级、二级或三级批发市场、仓储市场、超级市场、零售商场、零售商店等。在销售过程中，为了保证食品的质量，必须像前面所讲的那样，把食品放在一个温度、湿度、气体等环境条件适宜的储藏场所，大中型商场、正规水产和果蔬批发市场的冰箱、冰柜或冷藏库一般都可以保证食品适宜的温湿度条件，而普通零售商店则可能没有这些保障措施。为了保持食品质量，向消费者提供色、香、味、形俱佳的食品，应注意加强对食品在销售中的保护。

1. 食品销售部门必须具备一定的储藏条件

在销售环节，食品由于温度波动次数多、幅度大，被污染的机会也多，食品的质量往往得不到保证。为保持食品的安全性和应有品质，要求在销售过程中实施低温控制。这就要求食品销售部门在进行销售时具有储藏食品的条件，如冷藏食品需具有恒温冷藏设备，冷冻食品需具有低温冷藏设备。目前主要的设备是销售陈列柜，销售陈列柜是食品零售部门展示、销售商品所必需的设备。

1）对食品销售陈列柜的要求

具有制冷设备，有隔热处理，能保证冷冻和冷藏食品处于适宜的温度下；能很好地展示食品的外观，便于顾客选购；具有一定的储藏容积；日常运转与维修方便；安全、卫生、无噪声；动力消耗小。

2）食品销售陈列柜的种类

（1）根据销售陈列食品的种类，可分为冷冻式陈列柜和冷藏式陈列柜。

（2）根据销售陈列柜的结构形式，可分为敞开式和封闭式，而敞开式又包括卧式敞开式和立式多层敞开式，封闭式又包括卧式封闭式和立式多层封闭式。

3）食品销售陈列柜的结构与特性

（1）卧式敞开式陈列柜。这种陈列柜上部敞开，开口处有循环冷空气形成的空气幕，防止外界热量侵入柜内。通过结构侵入的热量也被循环的冷风吸收，不影响食品的质量。对食品质量影响较大的是由开口部侵入的热空气及热辐射，当外界湿空气侵入陈列柜时，遇到蒸发器就会结霜，随着霜层的增厚，冷却能力降低，因此必须在 24 小时内至少进行一次自动除霜。

（2）立式多层敞开陈列柜。与卧式相比，立式多层敞开陈列柜单位占地面积的容积大，商品放置高度与人体高度相近，展示效果好，也便于顾客购物。但这种陈列柜内部的冷空气更易逸出柜外，外界侵入的空气量也多。为了防止冷空气与外界空气混合，在冷风幕的外侧，再设置一层或两层非冷空气构成的空气幕，同时，配置了较大的制冷能力和冷风量。由于立式陈列柜的风幕是垂直的，外界空气侵入柜内的数量受空气流速的影响更大。

（3）卧式封闭陈列柜。卧式封闭陈列柜的结构和敞开式的相似，它在开口处设有 2~3 层玻璃构成的滑动盖，玻璃夹层中的空气起到隔热作用。另外，冷空气风幕也由埋在柜壁上的冷却排管代替，通过外壁面传入的热量被冷却排管吸收。为了提高保冷性能，在陈列柜后部的上方装置冷却器，让冷空气像水平盖子那样强制循环。缺点是商品装载量少，销售效率低。

（4）立式封闭式陈列柜。立式封闭式的柜体后壁上有冷空气循环通道，冷空气在风机作用下强制地在柜内循环。柜门为 2 层或 3 层玻璃，玻璃夹层中的空气具有隔热作用，由于玻璃对红外线的透过率低，虽然柜门很大，但传入的辐射热并不多。

2. 食品销售过程中的质量控制

（1）进货要有质量确认制度。食品在进货时要有质量确认制度，主要是温度确认。对于生鲜易腐食品要确认其在运输和储藏过程中始终保持在 0℃~4℃环境中，速冻食品在–18℃以下。如果进货时食品已经在不适温度下存放了较长时间，食品升温较高，冷冻食品是已经解冻过的质量低下的产品，那么势必会影响食品质量，难以保证销售过程中的食品安全。

（2）适宜的温度下销售。为保证食品的安全性和食品出厂时的品质，要求销售过程必须在较低的温度下进行，经营销售冷藏和冷冻食品的商店与超市、食品专营店必须具备冷藏和冷冻设备，使冷藏食品中心温度控制在 0℃~4℃，冷冻食品的中心温度控制在-18℃以下。冷藏柜要置放在市场或商店中间部位，尽量能吸引顾客，可使顾客在冷藏柜周围选购食品。敞开式冷藏柜由于冷气强制循环，在开启处形成一种气幕，取货、进货都很方便。

（3）销售柜中的食品周转要快。冷藏产品一旦被运送到零售商店，在被放到零售冷藏柜之前往往要先在普通仓库进行短暂的储存周转，陈列的商品要经过事先预冷。冷冻和冷藏食品在销售商店滞留的时间越短越好，陈列柜内的食品周转要快，绝不能将销售柜当作冷藏或冷冻库使用，否则升温过高和温度波动频繁会严重影响食品质量。一般说来速冻食品可在柜中储藏15天左右。

（4）防止温度波动。产品从冷藏库转移堆放到陈列柜时，于室温下停放的时间不能太长。产品在陈列柜中的存放位置对温度也有重要影响，位置之间的温度差异可达5℃左右，最靠近冷却盘管和远离柜门的地方温度最低。零售陈列柜的另一个主要目的是给消费者提供可见和易取的方便性，故陈列柜大部分时间都是敞开的，其冷量会不断损失，另外柜中的照明设备也需要消耗额外的冷量。因此制冷系统必须满足冷量的损失和照明所消耗掉的冷量，对陈列商品的灯光照明要适宜，不宜过强，尽量防止温度的波动。

（5）保证销售出去的食品具有一定时间的保质期。要注意食品的保质期，一方面不要销售超过保质期的食品；另一方面销售出去的食品应具有一定时间的保质期，以免消费者购回食品后因不能及时食用而造成损失。储存在冷藏柜中的食品要经常轮换，要实行食品先进先出的原则，让较早放入的食品首先被消费者买走，这样确保食品在冷藏柜中的存放时间不超过最佳保质期。

（6）注意食品销售过程中的卫生管理，防止商品污染食品。从业人员的健康直接关系到广大消费者的健康，所以必须按规定加强食品从业人员的健康管理。食品从业人员不仅要从思想上牢固地树立卫生观念，而且要在操作中保持双手的清洁卫生，这是防止食品受到污染的重要防护手段之一。

（7）加强对销售陈列柜的管理。食品展卖区要按散装熟食品区、散装粮食区、定型包装食品区、蔬菜水果区、速冻食品区和生鲜动物性食品区等分区布置，防止生、熟食品，干、湿食品间的污染。从业人员应当按规范操作，销售过程中应该轻拿轻放，不要损坏食品的销售包装；冷藏柜不能装得太满；结霜不能太厚，定期除霜；要定期检查柜内的湿度；及时清扫货柜；把温度计放在比较醒目的位置，让消费者容易看到陈列柜中的温度显示。速冻陈列柜一般标有堆装线以保持品质，不要让食品超过堆装线。

3.4.3　食品消费中的质量控制

一般来说，消费者一旦从市场购买了食品，那么食品流通就已经进入消费阶段，在消费阶段，食品的保护也非常重要，如果操作不当，那么前面各个环节所做的努力就会前功尽弃。要进行消费中的保护，首先要保证选购食品的质量，如果食品本身的质量不好，已经过了保质期，那么无论采取何种先进有效的保鲜措施或保护措施，都不能够保证其质量。所以消费者要学会正确地消费，保证食用营养、安全、健康的食品。

1. 购买新鲜优质的食品

在购买食品后，即使有适宜的储藏场所，如冰箱、冰柜或小型储藏库，也只能保持原有质量，并不能改善其质量，因此为了保证食品的质量，必须在购买时对食品品质有所要求。挑选有如下方法。

（1）由于温度是保持食品品质的关键，因此购买时要仔细观察存放食品的货柜温度是否在适宜的温度范围内。

（2）要选择形状完整、包装完好、新鲜的食品，对速冻制品要选择速冻坚硬、包装纸（袋）不破损，包装袋内侧冰、霜少的食品，千万不能买解冻后的食品。

（3）要看清食品的生产日期，生产日期不宜距离购买日期过长，另外还应验看产品检验合格证。

（4）速冻陈列柜一般标有堆装线以保持品质，故不要购买超过堆装线的速冻食品。

2. 保证食品消费中质量的控制措施

1）把食品放在适宜的温度条件下

食品购买后也应将其放在适宜的环境条件下，特别是冷藏或冷冻食品必须将它们分开并快速放入冰箱或冰柜中，产品被带回家的运输过程及将产品放入冰箱、冰柜之前存放的时间较长，会在很大程度上影响产品的货架期。冰箱中的温度一般都在0℃~5℃，不过通过隔离设计可以形成不同的储存区，而保持不一样的温度。

目前在消费阶段保持低温的设备主要是家用冰箱和冰柜等。家用冰箱在我国大城市日趋普及，为食品消费中的保护和完善冷藏链提供了条件，因此食品的家庭消费实际上就是消费者从市场买回食品后放入冰箱、冰柜中短暂储藏维持其品质及合理食用的过程。

冰箱的温度管理对于维持食品质量有着重要的作用，但即使−18℃的低温下冻结储藏的食品，不同的种类其储藏期也各不相同，而且随着储藏时间的延长，食品的品质也会发生变化。要加强对冰箱的温度管理，尽量减少冰箱门开启的次数，防止温度的过大波动。

2）勿让食品超过保质期

在食品消费阶段，因为冰箱本身温度不很均匀，所以只是作为临时储藏，不做长期储藏。冰箱中的食品要分类，要先进先出，一次进入冰箱、冰柜的食品不要太多，如果发现有超过保质期的食品千万不要食用，冰箱中超过保质期的鲜奶、酸奶、开盖后冷藏超过 7 天的果汁饮料等都不能食用。

对于食品的储藏期，不能看得太机械。因为储藏期的长短不但受食品本身的品质、种类的限制，也受冰箱诸因素的限制，如冰箱的制冷能力、冻结室温度、箱内食品的堆装方式、箱内温度的变动状况、冰箱门的密封性能等都会对食品储藏期的长短产生影响。所以，为了使冰箱中储藏的食品能有好的风味和营养成分，储存时要记住食品的储藏期限，尽早在储藏期内食用，脂肪多的食品最好在一周内食用，维生素 C 含量高的食品宜在两周内食用。

3）一次未消费完的食品的再储藏

食品尽量一次消费完，如果消费不完，如番茄酱、大桶装饮料、茶叶等，最好还是保持原有包装，放到适宜的储藏条件下以保持其原有品质。对于易变质的乳粉等散装食品，在开袋或开罐消费过程中，要注意对开封的食品进行适当的密封，以防止在空气中的氧化变质，储存温度最好在 25℃以下，相对湿度 75%以下。

4）经常消毒杀菌以保证冰箱、冰柜内清洁卫生

家用冰箱、冰柜由于放置的食品种类很多，所以常常会带入很多微生物和病菌，因而我们要定时清洗和消毒，以防止相互间的交叉污染。没有包装的散装食品一定要给予适当的裹包，比如没有包装的各种蔬菜或肉品等，以防止串味和相互之间产生不良的影响。

5）勿损坏食品的包装

食品在购买之后、消费之前尽量不要损坏食品原有包装，以防止食品遭受微生物的污染，腐败变质。鲜切食品、方便菜肴等易腐食品大都采用了贴体保鲜包装，购买后尽量尽快食用，食用前请勿损伤包装以免加快其腐烂变质。

【本章小结】

本章主要介绍了食品保藏的基础知识，共分为四部分。第一部分介绍食品保藏的含义、功能，以及食品的化学成分；第二部分介绍温度、湿度、气体、光线、异臭及虫害对食品保藏质量的影响；第三部分介绍食品保藏环境控制以及防护措施；第四部分介绍食品在流通过程中的质量控制。

【思考与训练】

一、填空题

1. 物流中的"食品保藏"是一个非常广泛的概念，它是包括（　　　）、（　　　）在

内的广义的概念。和运输的概念相对应，食品保藏是以改变"物"的（ ） 为目的的活动，从而在克服产需之间的时间差异中获得更好的效用。

2. 时间效用的含义是，（ ），其使用价值的实现程度也会 不同，因使用时间改变而使"物"的使用价值发挥到最佳水平，最大限度地提高了 产出投入比。

3. 由于（ ）的不同，给物资运输的衔接造成一定困难。这种由于运 输能力的差异而造成的运输矛盾，可用（ ）来解决，这便是食品保 藏调节运输的作用。

4. 食品中的化学成分极其复杂，主要的成分包括（ ），以及 有机成分（ ）、（ ）、（ ）、（ ）等，这些成分大都是人体所需的营养 成分。

5. 含水量的多少是许多食品原料及其成品鲜嫩程度的重要标志，各种食品都有显示其 品质的特征含水量。如果蔬的特征含水量是（ ）；（ ）； （ ）；（ ）；（ ）。

二、判断题

1. 通过食品保藏，改变了"物"的时间状态，使"物"在效用最高的时间发挥作用， 就能充分发挥"物"的潜力，解决了供需时间上的矛盾，实现了时间上的优化配置， 提高了"物"的使用价值，从而创造了"时间效用"。（ ）

2. 水分活度是指食品中水的蒸汽压与同一温度下纯水的饱和蒸汽压的比值，用以表达 食品中水分可以被微生物利用的程度。对纯水而言，其水分活度为 1，食品的水分 活度均大于 1。（ ）

3. 食品体系中大多数的酶类物质在水分活度大于 0.85 时，活性大幅度降低，如淀粉酶、 酚氧化酶和多酚氧化酶等。（ ）

4. 多糖由 2~10 个单糖分子缩合而成，水解后生成单糖。以双糖存在最为广泛，蔗糖、 麦芽糖和乳糖是其重要代表。（ ）

5. 温度影响着食品在流通中所有的质量变化速度。（ ）

6. 果蔬变色（酶分解色素、褐变）、软化、产生异臭等品质下降不少是温度变化作用 的结果。（ ）

7. 果蔬受到低温伤害时，会产生呼吸量和组织膜通透性增高、原生质流动性下降、氧 化型物质增加等现象，出现小孔、褐变，产生异臭、催熟效果不良等现象。（ ）

8. 温度是影响食品在流通中稳定性最重要的因素，它不仅影响食品中发生的化学变化 和酶促反应，以及由此引起的鲜活食品的呼吸作用和后熟、生鲜食品的僵直过程和 软化过程，它还影响着与食品质量关系密切的微生物的生长繁殖过程、影响着食品 中水分的变化及其他物理变化过程。（ ）

9. 环境相对湿度对食品质量变化速度有影响，是因为它直接影响食品的水分含量和水分活度。（   ）

10. 食品腐败变质与环境中的湿度条件有很大关系，食品流通中要求保持适宜的湿度条件。当流通环境中的空气湿度在 80%~95% 时，对大多数食品的储藏和运输是适宜的，如芹菜等鲜嫩蔬菜所需的相对湿度为 90%~95%，洋葱、大蒜要求为 65%~75%，瓜类为 70%~85%。（   ）

三、单项选择题

1. 由于食品种类繁多、性质不同，为了更好地进行食品保藏管理，必须了解食品（   ），以便有针对性地采取保藏措施。

    A. 物理成分　　　　B. 化学成分　　　　C. 自然属性　　　　D. 水分含量

2. 食品保藏作为社会再生产各环节中以及社会再生产各环节之间的"（   ）"的停滞，构成了上一步活动和下一步活动衔接的必要条件。

    A. 物　　　　　　　B. 流向　　　　　　C. 流量　　　　　　D. 流通

3. 食品的化学成分主要有（   ）、脂类、维生素、矿物质、水等。

    A. 酶　　　　　　　B. 蛋白质　　　　　C. 糖类　　　　　　D. 氨基酸

4. 食品中的水分有两种存在形式，部分水分与食品中的（   ）、淀粉、果胶等物质结合在一起，称为结合水。

    A. 酶　　　　　　　B. 蛋白质　　　　　C. 糖类　　　　　　D. 氨基酸

5. 含淀粉的粮食经加工成熟，是将淀粉糊化，而糊化了的淀粉在（   ）的条件下慢慢地冷却，经过一段时间，变得不透明，甚至凝结沉淀，这种现象被称为淀粉的老化，俗称"淀粉的返生"。

    A. 室温或低于室温　　B. 室温或高于室温　　C. 室温　　　D. 低于室温

6. （   ）是生物体中所有能够溶于有机溶剂而通常不溶于水的多种化合物的总称。

    A. 酶　　　　　　　B. 糖　　　　　　　C. 淀粉　　　　　　D. 脂

7. 氧化导致含脂食品产生的不良风味，称为（   ），有些氧化产物是潜在的有毒物质；但是有时在食品加工中为产生油炸食品的香味，反而希望脂类发生轻度氧化。

    A. 哈喇味　　　　　B. 腐败味　　　　　C. 酸臭味　　　　　D. 苦涩味

8. 食品在储藏和运输等流通环节中采用冷藏手段时，合适的（   ）有助于使食品表面的热量移向冷却盘管和冷却板，但是循环的空气不得过干或过湿。

    A. 温度　　　　　　B. 湿度　　　　　　C. 空气循环　　　　D. 加水

9. （   ）在食品流通过程中对产品质量也会造成一定的影响，如紫外线可以诱发化学反应，由于能量高，能破坏各种物质的化学结构，在食品中是使油脂氧化、色素变色、产生异臭等品质劣变的原因。

    A. 光线　　　　　　B. 气体　　　　　　C. 空气　　　　　　D. 温、湿度

10.（　　）主要指运输前将易腐食品，如肉及肉制品、鱼及鱼制品、乳及乳制品，特别是果品、蔬菜等的品温降到适宜的运输温度。

　　A. 制冷　　　　　　B. 预冷　　　　　　C. 速冻　　　　　　D. 冷却

四、简答题

1. 什么是食品保藏？食品保藏的功能有哪些？

2. 食品的化学成分有哪些？

3. 简述环境温度对食品保藏的影响。

4. 简述环境湿度对食品保藏的影响。

5. 光线对食品保藏有哪些影响？

6. 简述气调储藏的作用。

7. 简述食品化学储藏环境控制。

8. 食品保藏仓库的虫害控制方法有哪些？

9. 简述食品运输中的卫生要求。

10. 简述食品销售过程中的质量控制。

五、实训

食品种类及保藏方法调查

1. 实训目的

（1）了解食品的种类、分类方法。

（2）掌握食品的保藏方法及销售形式。

（3）了解冷藏对食品品质的保护作用。

2. 实训方式

1）案例分析

新疆水果甘美、天然，但劣势同样明显，如远离国内主要市场、运输途中损失大等，这无疑增加了"疆果东送"的成本。因此，搭建适合水果的全程冷链运输体系，成为香梨能否成功进京的关键。

每年 9 月收获的库尔勒香梨，在中秋节之前只销售 20%左右，春节期间销售 50%左右，剩下的 30%在春节后销售。可以这么说，产于秋季的库尔勒香梨，大约有 80%出现在冬春市场进行反季节销售。销售周期之所以这么长，主要得益于库尔勒香梨成熟的冷链系统。

20 世纪 90 年代后期，随着种植规模的不断扩大，尤其是盛果期梨树的逐年增多，库尔勒香梨的年产量猛增到几十万吨（2012 年产量达 50 万吨左右）。由于上市过于集中，每千克香梨的产地售价一度跌至四五角钱，个别种植户的香梨甚至无人收购。

2015 年，库尔勒当地一位干练的果品经销商楚元新，凭借自己从事果品销售 20年的丰富经验，决定成立专营水果冷链业的新疆拓普农产品有限公司。楚元新投入近

4000 万元，建造了当时全国最大、储量达 7600 吨的果品保鲜库，专门储存库尔勒出产的香梨，把香梨的销售周期从 2 个月延长到 12 个月以上。

分析：

（1）根据在课堂所学的食品保藏相关知识，了解和掌握库尔勒香梨的品质特性及储存特性，影响库尔勒香梨保质期的因素，如何通过冷链增加库尔勒香梨的保质期及商品价值。

（2）列举常见食品的种类及保藏方法并进行讨论，了解延长食品保质期的主要措施。

2）课外调研

要求：能够准确调查各食品货物的特性（产地、营养特点、价格、储存方式、运输方式、销售方式等），能够认识易腐食品不同储存方式对货架期（保质期）的影响，能够说明各类易腐食品的运输形式和设备，能够通过各种手段收集相关资料，语言表达清晰准确，有较好的团队精神。

3. 实训方法流程

通过查阅文献资料或实地调研，了解食品保藏过程中对环境的要求，熟悉温度、湿度、光线、气体及异臭对食品保藏环境的影响，了解常用食品保藏方法及冷藏、气调、光线控制方法要点、冷冻运输及配送、冷冻销售四个主要环节的功能及其在冷链供应链过程中的地位等。

分析步骤：

（1）食品保藏现状分析。

（2）对食品保藏问题的识别与整理。

（3）提出对食品保藏问题的解决方案。

（4）食品保藏措施的实施及控制。

（5）撰写分析报告。

4. 实训要求

通过收集的资料信息，总结分析，完成实训报告，语言精练，不超过 100 个字。

第 **4** 章

食品包装

【学习目标】

　　通过本章的学习熟悉食品包装的概念和作用；熟悉包装的功能；了解包装的种类，能够针对不同食品选择合适的包装材料、机械、工艺和技术；掌握食品包装的技术方法；掌握食品在包装合理化及过程中的管理。

【关键术语】

　　食品包装，包装材料，包装合理化

引 导 案 例

我国乳品包装加工机械行业存在的矛盾

　　在中国乳业蓬勃发展的大环境下，大家都在围绕奶源与市场和产业进行各种争论，却忽视了包装加工机械技术是这个产业链中不可或缺的一环。目前，我国乳品包装加工机械行业的发展存在的矛盾是初级产品的低水平与终端产品的高安全性要求的矛盾。

　　牛奶是一种高时效性食品，在加工包装过程中必须保证终端产品各项微生物指标达到食品安全性的要求。我国生鲜牛奶的微生物指标较发达国家的指标存在着很大的差距。这就需要在牛乳加工过程中，所使用的加工包装装备的技术性能指标在保障终端产品的安全性方面有着更高的要求。即从加工包装流程的每道工序上，从装备优良的技术状态上都要加以保证，将可能由工艺装备技术造成的影响降低到最低限度。然而各乳品企业为了做出自身产品的差异性优势而争夺市场，对原料奶进行人为的增稠、调香处理，改变了原料原有的加工工艺性，从而更加重了相关加工包装装备的技术责任。

　　酸奶对包装的要求是耐低温、阻隔性好、饮用方便、有饮用附件等。由于酸奶本身 pH 为 3.5~5，不利于细菌生长，与鲜乳相比，同样包装更易保质。常见的酸奶包装形式及材料有以下几种。

　　（1）联杯包装。有四联杯、六联杯、十二联杯等，包括杯身和标签，杯身材料为 PS 片材吸塑成型，盖膜材料为铝塑复合膜，环标签有纸张膜内贴标签和收缩膜标签。

在灌装过程中，PS片材塑杯成型、贴标、灌装、压盖膜和打印日期一次完成。为了适应市场发展，也采取了一些别具一格的包装形式，如子母型双杯、儿童型联杯、多风味联杯包装、联杯加分层灌装及儿童棒装包装。

（2）塑料瓶包装。一是BOPP包装，BOPP瓶具有优异的耐高温性，耐热温度超过100℃，可经受超高温瞬时杀菌，也可以进行二次高温灭菌，瓶子不变形，不易破碎，且其质轻、高透明，耐低温性也好，适合北方低温气候环境下使用。二是HDPE瓶包装，相对成本较低，塑瓶包装采用收缩标签或贴标来装潢。

由于资金有限等原因，企业要想改变技术条件有限的乳制品发展的"瓶颈"，就需要选择性价比优良、运营成本合理的乳品加工包装机械，由于国外产品价格昂贵，它们就把更多的希望寄托在价格相对便宜的国产乳品加工包装机械上。目前国产乳品包装加工机械虽然在共性技术和常规装备方面已形成较为完善的产品体系，但在关键设备和关键技术上仍不尽如人意。

资料来源：中国食品机械设备网. 乳业包装加工机械面对三大矛盾如何寻求突破. 2014-08-14. http://www.foodjx.com/.

思考：

1. 物流包装起什么作用？
2. 乳制品物流中运用了哪些包装技术？

4.1 食品包装概述

4.1.1 食品包装的概念与功能

食品包装在现代食品流通过程中起着越来越重要的作用。那么如何根据实际需要进行恰当的包装，如何使包装适应生产流通的需要是当今研究的课题，本节着重介绍有关食品包装的基本概念、基本理论。

1. 食品包装的概念

食品包装是指采用适当的包装材料、容器和包装技术，把食品包裹起来，以使食品在运输和储藏过程中保持其价值与原有的状态。

2. 食品包装的功能

现代食品社会中，包装对食品流通起着极其重要的作用。包装的科学合理性会影响食品的质量可靠性，以及能否以完美的状态送到消费者手中。包装的设计和装潢水平直接影响食品本身的市场竞争力乃至品牌、企业形象。现代包装的功能有以下四个方面。

1）保护食品

包装最重要的作用就是保护食品。食品在储运、销售、消费过程中常会受到各种不利条件及环境因素的破坏和影响，采用科学合理的包装可使食品免受或减少这些破坏和影响，以期达到保护食品的目的。

对食品产生破坏的因素大致有两类：一类是自然因素，包括光线、氧气、水及水蒸气、高低温、微生物、昆虫、尘埃等，可引起食品变色、氧化、变味、腐败和污染；另一类是人为因素，包括冲击、震动、跌落、承压载荷等，可引起内装物变形、破损和变质等。

不同的食品、不同的流通环境，对包装保护功能的要求不同。例如，饼干易碎、易吸潮，其包装应耐压防潮；油炸豌豆极易氧化变质，要求其包装能阻氧避光照；而生鲜食品为维持其生鲜状，要求包装具有一定的氧气、二氧化碳和水蒸气的透过率。因此，包装工作者应首先根据包装产品的定位，分析产品的特性及其在流通过程中可能发生的质变及其影响因素，选择适当的包装材料、容器及技术方法对产品进行适当的包装，保证产品在一定保质期内的质量。

2）方便物流过程

包装能为生产、流通、消费等环节提供诸多方便：能方便厂家及物流部门搬运装卸、仓储部门堆放保管、食品陈列销售，也方便消费者的携带、取用和消费。现代包装还注重包装形态的展示方便、自动售货方便及销售时的开启和定量取用的方便。一般来说，产品没有包装就不能储运和销售。

3）促进销售

包装是提高食品竞争能力、促进销售的重要手段。精美的包装能在心理上征服购买者，增加其购买欲望。在超级市场中，包装更是充当着无声销售员的角色。随着市场竞争由食品内在质量、价格、成本竞争转向更高层次的品牌形象竞争，包装形象将直接反映一个品牌和一个企业的形象。

现代包装设计已成为企业销售战略的重要组成部分。企业竞争的最终目的是使自己的产品为广大消费者所接受，而产品的包装包含企业名称、企业标志、商标、品牌特色以及产品性能、成分容量等食品说明信息，因而包装形象比其他广告宣传媒体更直接、更生动、更广泛地面对消费者。消费者会从产品包装上得到更直观精确的品牌和企业形象。食品所具有的普遍和日常消费性特点，使得其通过包装来传达和树立企业品牌形象更显重要。

4）提高食品价值

包装是食品生产的延续，产品通过包装才能免受各种损坏，避免降低或失去其原有的价值。因此，投入包装的价值不仅能在食品出售时得到补偿，而且能给食品增加价值。

包装的增值作用不仅体现在包装直接给食品增加价值——这种增值方式是直接的，更体现在通过包装塑造品牌所体现的品牌价值这种无形而巨大的增值方式。当代市场经济倡导品牌战略，品牌本身不具有食品属性，但可以被拍卖，会给企业带来巨大的直接或潜在的经济效益。适当运用包装增值策略，可取得事半功倍的效果。

4.1.2 食品包装的种类

现代食品的品种繁多，性能和用途也是多种多样。为了充分发挥食品包装的功能，必须对食品包装进行科学的分类。

食品包装的分类就是把食品包装作为一定范围的集合总体，按照一定的分类标准或特征，将其划分为不同的类别。

1. 按包装在物流中发挥的作用分类

按包装在物流中发挥的不同作用，可以将食品包装分为商业包装和工业包装。

1）商业包装

商业包装又称消费者包装或内包装或销售包装。在企业对客户（B2C）这种商业模式中，商业包装应该是最重要的。它不仅具有对食品的保护作用，还更注重包装的促销和增值功能，通过包装装潢设计手段来树立食品和企业形象，吸引消费者、提高食品竞争力。瓶、罐、盒、袋及其组合包装一般属于此类。

2）工业包装

工业包装又称运输包装或外包装。在企业对企业（B2B）商业模式中，工业包装是最重要的。它应具有很好的保护功能以及方便储运和装卸功能，其外表面对储运注意事项应有明显的文字说明或图示，如"防雨""易燃""不可倒置"等。瓦楞纸箱、木箱、金属大桶、各种托盘、集装箱等都属工业包装。

2. 按包装在流通中的作用分类

包装按其在流通过程中的作用可以分为单个包装、内包装和外包装。

1）单个包装

单个包装也称为小包装，是物品送到消费者手中的最小单位，用袋或其他容器将物品一部分或全部包装起来，并且印有商品的标志或说明等信息资料。这种包装一般属于商业包装，应注意美观，以起到促进销售的作用。小包装主要发挥促进销售、便于使用的作用。

2）内包装

内包装是物品或单个包装，或整个规整包装，或置于中间容器中，目的是对物品或单个包装起保护作用。

3）外包装

外包装基于物品输送的目的，要起到保护作用并考虑输送搬运作业的方便，一般置入箱袋中，根据需要对容器有缓冲防震、固定、防温、防水的技术措施要求。外包装一般有密封、增强的功能,并且有相应的标志说明。常见的外包装有集装袋、集装包、托盘和集装箱。

内包装和外包装属于工业包装,更着重对物品的保护,其包装作业过程可认为是物流领域内的活动。

3. 按其他标志分类

前面的分类,是以包装在物流中发挥的作用不同为指标,关于其他包装方法见表 4-1。

表 4-1 包装的其他分类方法

分类方法	类型
产品经营方式	有内销产品包装、出口产品包装和特殊产品包装等
包装使用次数	有一次用包装,多次用包装和周转用包装等
包装容器抗变能力	有硬包装和软包装等
包装容器结构形式	有固定式包装和可拆卸折叠式包装等
产品种类	有农产品包装、药品包装和乳制品包装等
包装技术方法	有防震包装、防湿包装、防锈包装和防霉包装等
包装适用范围	有通用包装和专用包装等

资料来源:姚刚. 冷链物流管理[M]. 北京:中央广播电视大学出版社,2013.

4. 按包装材料和容器类型的分类

包装按包装材料和容器类型的分类,见表 4-2。

表 4-2 包装按包装材料和容器类型的分类

包装材料	包装容器类型
纸与纸板	纸盒、纸箱、纸袋、纸罐、纸杯、纸质托盘、纸浆模塑制品等
塑料	塑料薄膜袋、中空包装容器、编织袋、周转箱、片材热成型容器、热收缩膜包装、软塑箱、钙塑箱等
金属	马口铁、无锡钢板等制成的金属罐、桶等,铝、铝箔制成的罐、软包装袋等
复合材料	纸、塑料薄膜、铝箔等组合而成的复合软包装材料制成的包装袋等
玻璃、陶瓷	瓶、罐、坛、缸等
木材	木箱、板条箱、胶合板箱、花格木箱等
其他	麻袋、布袋、草或竹制包装容器等

4.1.3 纸制品包装材料

1. 纸制品包装材料的优点

纸和纸板原料在包装材料中起着主导作用,占所有包装材料的 40%~50%。作为包装材料,纸制品与其他材料相比有以下优点。

（1）原料来源广泛，价格一般较低。

（2）纸容器具有一定的刚度和强度，又具有良好的弹性和韧性，因此对内装物有良好的保护作用，并适于机械化包装。

（3）纸和纸板具有优良的印刷适应性，印刷字迹及图案清晰、美观、牢固。

（4）纸容器质量轻、可折叠，因此节约储存空间、降低运输费用。

（5）纸和纸板无毒、无味、安全、卫生，并具有较好的耐热性，可以进行高温高压灭菌处理。

（6）现代造纸技术通过浸渍、涂布、层合和真空镀膜等方法对原纸进行加工，得到的加工纸具有比原纸更好的防潮、隔气、遮光、耐油、保香等保护性能，并可进行热封合。

（7）纸容器可回收利用，降低了成本。作为废弃物，其处理方法也非常容易，不产生污染。

2. 纸与纸板的性能及指标

纸和纸板由于用途不同，其质量指标也不同。包装所用纸和纸板的质量要求主要包括外观、物理性质、机械力学性质、光学性质、化学性质等方面。

1）外观

纸的外观质量要求是根据纸的不同用途，对各种外观纸病加以限制或不允许其存在。外观纸病可用感官鉴别。外观纸病产生的原因很多，如原料处理不当、操作欠佳、生产规程不严、包装运输疏忽等。

常见的外观纸病有以下几种。

（1）尘埃，是指用肉眼可见的与纸张表面颜色有显著差别的细小脏点。

（2）透光点和透帘。把纸张迎光照看时，见到纤维层较纸张其他部分薄一些，而又没有穿破迹象，小的叫透光点，大的叫透帘。

（3）孔眼和破洞。纸张上完全穿通的窟窿，小的叫孔眼，大的叫破洞。孔眼多的纸影响防潮性，不适宜用作包装。

（4）折子。纸张本身折叠产生的条痕，能伸展开的（仍有折痕）叫活折子，不能伸展开的叫死折子。

（5）皱纹。纸面出现凹凸不平的曲皱，破坏纸张的平滑匀称，妨碍印刷。

此外，还有斑点、裂口、硬纸块、有无光泽等。根据等级不同分别规定其不允许存在或对其加以限制。

2）物理性质

（1）定量。定量指每平方米纸的质量，单位为克/平方米（g/m^2）。

（2）厚度。厚度指纸样在两测量板之间，在一定压力下直接测出来的厚度，单位为纳米（nm）。

（3）紧度。紧度是纸的单位体积质量，反映纸的结实与松弛程度，单位为克/立方厘米（g/cm³）。

（4）成纸方向。包括纵向和横向。纵向是与造纸机运行方向平行的方向，横向是与造纸机运行方向垂直的方向。纸与纸板的许多性能都有显著的方向性，如抗拉强度和耐折度，纵向大于横向，撕裂度则横向大于纵向。

（5）纸面。包括纸的正面和反面。纸的正面是指抄纸时与毛毯接触的一面，也称毯面；纸的反面是指抄纸时贴向抄纸网的一面，也称网面。纸张的反面有网纹而比较粗糙、疏松，正面则比较平滑、紧密。

（6）水分，指单位质量的试样在 100℃~105℃温度烘干至质量不变时所减少的质量与试样原质量的百分比，用%表示。

（7）平滑度，指在规定的真空度下，使定量容器的空气透过纸样与玻璃面之间的缝隙所用的时间，单位为秒（s）。

（8）施胶度，指用标准墨画线后不发生扩散和渗透的线条的最大宽度，它反映加入胶料的程度，单位为毫米（mm）。

（9）吸水性，指单位面积的试样在规定的温度条件下，浸水 60 秒后吸收的实际水分，单位为克/平方米·小时 $g/(m^2 \cdot h)$。

3）机械力学性质

（1）拉伸强度，指纸或纸板抵抗平行施加的拉力的能力，即拉伸之前所承受的最大拉力。有三种表示方法，即拉张力（N）、断裂长（m）以及单位横截面的抗张力（N）。

（2）伸长率，指纸或纸板受到拉力直到拉断，长度增加与原试样长度之比，用%表示。

（3）破裂强度，又称耐破度，指单位面积纸或纸板所能承受的均匀增大的垂直最大压力，单位为千帕（kPa）。这是一个综合性能指标，对包装用纸具有特别意义。

（4）撕裂度，表明纸的抗撕破能力。采用预切口将纸两边往相反方向撕裂至一定长度所需的力，单位为毫牛（mN）。它是包装纸、箱板纸的重要质量指标。

（5）耐折度，指在一定张力下将纸或纸板往返折叠，直至折缝断裂为止的双折次数，分为纵向和横向两项，单位为折叠次数。

（6）戳穿强度，指在流通过程中，突然受到外部冲击时所能承受的冲击力的强度，用冲击能表示，单位为焦耳（J）。

（7）环压强度，在一定加压速度下，使环行试样平均受压、压溃时所能承受的最大力。

（8）边压强度，指在一定加压速度下，使矩形试样的瓦楞垂直于压板，平均受压时所能承受的最大力。

4）光学性质

（1）白度，指白或近白的纸对蓝光的反射率所显示的白净程度，用标准白度计对照测量，用反射百分率表示。

（2）透明度，指可见光透过纸的程度，以清楚地看到底样字迹或线条的试样层数来表示。

5）化学性质

（1）灰分。灰分指纸灼烧后残渣的质量与试样质量之比，用百分率表示。测定纸的灰分主要是为了检验纸中填料的含量是否适合纸的使用性能。如印刷用纸则根据性能要求 10%以下的灰分。

（2）酸碱度。纸在制造过程中，由于方法不同，使纸呈酸性或碱性。酸碱性大都能使纸的质量显著降低，必须严格控制。对于直接接触食品的包装用纸，还要考虑是否对食品有影响。测定方法有两种：利用水的抽出物，采用 pH 计测量或中和滴定法进行测定。

3. 包装纸的选用

包装用纸品种很多，食品包装必须选择适宜的包装用纸，使其质量指标符合保护包装食品质量完好的要求。常用的食品包装用纸有以下几种。

（1）牛皮纸，是用硫酸盐木浆抄制的高级包装用纸，具有高施胶度，因其坚韧结实似牛皮而得名，定量一般在 30~100 克/平方米，其中以 40~80 克/平方米居多。牛皮纸机械强度高，并富有弹性、抗水性、防潮性和良好的印刷性，大量用于食品的销售包装和运输包装。如包装点心、粉末等食品，多采用强度不太大、表面涂树脂等材料的牛皮纸。

（2）羊皮纸，又称植物羊皮纸或硫酸纸。它是用未施胶的高质量化学纸浆，在15℃~17℃浸入 72%硫酸中处理，待表面纤维胶化，即羊皮化，经洗涤并用 0.1%~0.4%碳酸钠碱液中和残酸，再用甘油浸渍塑化，形成质量紧密坚韧的半透性乳白色双面平滑纸浆。由于采用硫酸处理而羊皮化，因此也称硫酸纸。羊皮纸也可以认为是一种加工纸，具有良好的防潮性、气密性、耐油性和机械力学性能，适于油性食品、冷冻食品、防氧化食品的防护要求，可以用于乳制品、油脂、鱼肉、糖果点心、茶叶等食品的包装。食品包装用羊皮纸定量为 45 克/平方米或 60 克/平方米，但应注意羊皮纸的酸性对金属制品的腐蚀作用。

（3）鸡皮纸，是一种单面光的平板薄型包装纸，定量为 40 克/平方米，不如牛皮纸强韧，故戏称"鸡皮纸"。鸡皮纸纸质坚韧，有较高的耐破度、耐折度和耐水性，有良好的光泽，可供包装食品、日用百货等，也可印刷商标。根据订货要求可生产各种颜色的鸡皮纸。

（4）食品包装纸，食品包装纸（QB1014—1991）标准中分为如下三种类型。I 型为糖果包装原纸，适用于经印刷、上蜡加工后供糖果包装商标用纸，分 A、B、C 三等，A 和 B 等供机械包糖用，C 等供手工包糖用。糖果包装原纸为卷筒纸，可按订货合同生产平板纸。II 型为冰棍包装原纸，分 B、C 两个等级，B 等级供机械包装冰棍和雪糕用；C 等级供手工包装用，有平板纸和卷筒纸。III 型为普通食品包装纸，有双面光和单面光两种，分 B、C、D 三个等级，可根据订货合同规定白度或其他色泽进行生产。食品包装纸因直接与食品接触，故不得采用废旧纸和社会回收废纸做原料，不得使用荧光增白剂或对人体有影响的化学助剂；纸张纤维组织应均匀，不允许有明显的云彩花，纸面应平整，不允许有折子、皱纹、破损、裂口等纸病。

（5）半透明纸，是一种柔软的薄型纸，定量为 31 克/平方米，是用漂白硫酸盐木浆，经长时间的高黏度打浆及特殊压光处理而制成的双面光纸，质地紧密坚韧，具有半透明、防油、防水、防潮等性能，且有一定的机械强度。半透明纸可用于马铃薯片、糕点等脱水食品的包装，也可用于乳制品、糖果等油脂食品的包装。

（6）玻璃纸，又称赛璐玢，是一种天然再生纤维素透明薄膜，它是用高级漂白亚硫酸木浆经过一系列化学处理制成黏胶液，再成型为薄膜而成。透明性极好，质地柔软，厚薄均匀，有优良的光泽度、印刷性、阻气性、耐油性、耐热性，且不带静电；但它的防潮性差，撕裂强度小，干燥后发脆，不能热封。玻璃纸是一种透明性最好的高级包装材料，可见光透过率达 100%，多用于中、高档食品包装，主要用于糖果、糕点等食品美化包装，也可用于纸盒的开窗包装。

（7）茶叶袋滤纸，是一种低定量专用包装纸，用于袋泡茶的包装，要求纤维组织均匀，无折痕、皱纹，无异味，具有较大的湿强度和一定的过滤速度，耐沸水冲泡，同时应有适应袋泡茶自动包装机包装的强度和弹性。

（8）涂布纸，主要是在纸表面涂布沥青 LDPE 或 PVDC 乳液、改性蜡（热熔胶黏剂和热封蜡）等，使纸的性能得到改善。如 PVDC 涂布纸面非常光滑，无臭无味，可用于极易受水蒸气损害，特别是需要隔绝氧气的食品外包装。此外，还可以涂布防锈剂、防霉剂、防虫剂等制成防锈纸、防霉纸、防虫纸等。

（9）复合纸，是另一类加工纸，是将纸与其他挠性包装材料相贴合而制成的一种高性能包装纸。常用的复合材料有塑料及塑料薄膜（如 PE、PP、PET、PVDC 等）、金属箔（如铝箔）等。复合方法有涂布、层合等方法。复合加工纸具有许多优异的综合包装性能，从而改善了纸的单一性能，使纸基复合材料大量用于食品等包装场合。

4. 常见包装用纸板的性能

（1）白纸板，是一种具有 2~3 层结构的白色挂面纸板，是一种比较高级的包装用纸板，主要用于销售包装，经彩色印刷后制成各种类型的纸盒、箱，起着保护食品、装潢美化食品的销售作用，也可用于制作品牌、衬板和吸塑包装的底板。白纸板有单面和双面两种，其结构由面层、芯层、底层组成。单面白纸板面层通常是用漂白的化学木浆制成，表面平整、洁白、光亮，芯层和底层常用半化学木浆、精选废纸浆、化学草浆等低级原料制成。双面白纸板底层原料与面层相同，仅芯层原料较差。

白纸板作为一种重要的包装材料，已有百年生产历史。随着食品经济的发展，包装行业对白纸板的需求量越来越大，因为白纸板与其他包装材料相比有以下优点。①具有一定的挺度和良好印刷性。②缓冲性能好，制成纸盒后能够有效地保护食品。③具有优良的成型性与折叠性，适于多种加工方法，机械加工能够实现高速连续生产。④废旧纸板可以再生利用，自然条件下能够被微生物降解，不污染环境。⑤白纸板作为基材，可与其他材料复合，制成包装性能优良的复合包装材料。

白纸板作为重要的高级销售包装材料应该具备三大功能，即印刷功能、加工功能和包装功能。产品按质量水平分为A、B、C三个等级。纸板底面颜色可按订货合同确定。白纸板有平板纸和卷筒纸两种产品类型。

（2）标准纸板，是一种经压光处理，适用于制作精确特殊模压制品以及重要制品的包装纸板，颜色为纤维本色。

（3）箱纸板，是以化学草浆或废纸浆为主的纸板，以本色居多，表面平整、光滑、纤维紧密、纸质坚韧，具有较好的耐压、抗拉、耐戳穿、耐折叠和耐水性能，印刷性能好。箱纸板按质量分为A、B、C、D、E五个等级，其中A、B、C为挂面纸板。A级适宜制造精细、贵重和冷藏物品包装用的出口瓦楞纸板，B级适宜制造出口物品包装用的瓦楞纸板，C级适宜制造较大型物品包装用的瓦楞纸板，D级适宜制造一般包装用的瓦楞纸板，E级适宜制造轻载瓦楞纸板。

（4）瓦楞原纸。经轧制成瓦楞纸后，用胶黏剂与箱纸板黏合成瓦楞纸板，可供制造纸盒、纸箱和作衬垫用。瓦楞纸在瓦楞纸板中起支撑和骨架作用。因此，提高瓦楞原纸的质量，是提高纸箱抗压强度的一个重要方面。

（5）加工纸板，是为了改善原有纸板的包装性能，对纸板进行再加工的一类纸板。如在纸板表面涂蜡、聚乙烯或聚乙烯醇等，处理后纸板的防潮、强度等综合包装性能大大提高。

4.1.4 塑料制品包装

塑料是一种以高分子聚合物——树脂为基本成分，再加入一些用来改善其性能的各种添加剂制成的高分子材料。塑料用作包装材料是现代包装技术发展的重要标志，因其原材料来源丰富、成本低廉、性能优良，成为改革开放近40年来世界上发展最快、用量巨大的包装材料。塑料包装材料广泛应用于食品包装，逐步取代了玻璃、金属、纸类等传统包装材料，使食品包装的面貌发生了巨大的改变，体现了现代食品包装形式丰富多样、流通使用方便的特点，成为食品销售包装中最主要的包装材料。塑料包装材料用于食品包装中的缺点是：某些品种还存在着卫生安全方面的问题，以及包装废弃物的回收处理对环境的污染等问题。

1. 塑料的组成和分类

1）塑料的组成

塑料中聚合物树脂占 40%~100%，塑料的性能主要取决于树脂的种类、性质及在塑料中所占的比例，各类添加剂也能改变塑料的性质，但所有树脂种类仍是决定塑料性能和用途的根本因素。目前生产上常用的树脂有两大类：一类是加聚树脂，如聚乙烯、聚丙烯、聚氯乙烯、聚乙烯醇、聚苯乙烯等，这是构成食品包装用树脂的主体；另一类是缩聚树脂，如酚醛、环氧、氨基酸酯等，在食品包装上应用较少。

常用的添加剂有如下几种。

（1）增塑剂。是一类提高树脂可塑性和柔软性的添加剂，通常是一些有机低分子物质。聚合物分子间夹有低分子物质后，加大了分子间距，降低其分子间作用力，从而增强了大分子的柔顺性和相对滑移流动能力。

（2）稳定剂。它的功能是防止或延缓高分子材料的老化变质。

（3）填充剂。它的功能是弥补树脂的某些不足性能，改善塑料的使用性能，如提高制品的尺寸稳定性、耐热性、硬度、耐气候性等，同时可降低塑料成本。常用的填充剂有：碳酸钙、陶土、滑石粉、石棉、硫酸钙等，其用量一般为 20%~50%。

（4）着色剂，用于改变塑料等合成材料固有的颜色，有无机颜料、有机颜料和其他染料。塑料着色可使制品美观，提高被包装食品的价值，用作包装材料还可起到屏蔽紫外线和保护内容物的作用。

（5）其他添加剂。根据其功能和使用要求，在塑料中还可加入润滑剂、固化剂、发泡剂、抗静电剂和阻燃剂等。

塑料所用各种添加剂与树脂应具有很好的相容性、稳定性、不相互影响其作用等特性，对用于食品包装的塑料，特别要求添加剂具有无味、无臭、无毒、不溶出的性质，以免影响包装食品的品质、风味和卫生安全性。

2）塑料的分类

塑料的品种很多，分类方法也很多，通常按在加热、冷却时呈现的性质不同，把塑料分为热塑性塑料和热固性塑料两类。

（1）热塑性塑料。主要以加成聚合树脂为基料，加入适量添加剂而制成。在特定温度范围没能反复受热软化流动和冷却硬化成型，其树脂化学组分及基本性能不发生变化。这类塑料成型加工简单，包装性能良好，可反复成型，但刚度、硬度低，耐热性不高。包装上常用的塑料品种有：聚乙烯、聚丙烯、聚氯乙烯、聚乙烯醇、聚酰胺、聚碳酸酯、聚偏二氯乙烯等。

（2）热固性塑料。主要以缩聚树脂为基料，加入填充剂、固化剂及其他适量添加剂而制成。在一定温度下经一定时间固化后再次受热，只能分解，不能软化，因此不能反复塑制成型。这类塑料具有耐热性好、刚硬、不熔等特点，但较脆且不能反复成型。包装上常用的塑料品种有氨基塑料、酚醛塑料。

2. 塑料材料的主要包装性能指标

1）保护性能指标

保护性能指标指的是能保护内容物，防止其质变、被破坏，保证其内容物质量的性能。

（1）阻透性，包括对水分、水蒸气、气体、光线等的阻隔的性能。

（2）机械性能，指在外力作用下材料表现出的抵抗外力作用而不发生变形和破坏的性能。主要有硬度，抗张、抗压、抗弯强度，爆破强度，撕裂强度，戳刺强度几项指标。

（3）稳定性，指材料抵抗环境因素（温度、介质、光等）的影响而保持其原有性能的能力，包括耐高低温性、耐油、耐老化性等。

2）卫生安全性能

食品用塑料包装材料的卫生性能非常重要，主要包括：无毒性、耐腐蚀性、防有害物质渗透性、防生物侵入性等。

3. 食品包装常用的塑料树脂

（1）聚乙烯，简称 PE，是由乙烯单体经加成聚合而成的高分子化合物，为无臭、无毒、乳白色的蜡状固体。它的阻水阻湿性好，但阻气和阻有机蒸气的性能差；具有良好的化学稳定性，常温下一般酸碱不起作用，但耐油性稍差；有一定的机械抗拉和抗撕裂强度，柔韧性好；耐低温性很好，能适应食品的冷冻处理，但耐高温性能差，一般不能用于高温杀菌食品的包装；光泽度、透明度不高，印刷性能差，用作外包装需经电晕处理和表面化学处理改善印刷性能；加工成型方便，制品灵活多样，且热封性能很好；PE 树脂本身无毒，添加剂量极少，因此被认为是一种卫生、安全性能好的包装材料。

（2）聚丙烯，简称 PP，聚丙烯塑料的主要成分是聚丙烯树脂，为线形结构，大分子侧基-CH3 无极性，但在主链上的有规则或无规则的分布将影响分子的结晶性，密度为 0.90~0.91 克/立方厘米，是目前最轻的食品包装用塑料材料。它的阻隔性优于 PE，但阻气性较差；机械力学性能较好，其强度、硬度、刚性都高于 PE，尤其是具有良好的抗弯强度；化学稳定性良好，在一定温度范围内，对酸碱盐及许多溶剂等有稳定性；耐高温性优良，可在 100℃~120℃范围内长期使用，无负荷时可在 150℃使用；光泽度高、透明性好、印刷性差，印刷前表面需要经一定处理，但表面装潢印刷效果好；卫生安全性高于 PE。它适于包装含油食品，可替代玻璃纸包装点心、面包等，也可用作点心的扭结包装。

（3）聚苯乙烯，简称 PS，是由苯乙烯单体加聚合成，因大分子主链上带有苯环侧基，大分子结构不规整、不易结晶，柔顺性很低，因此，PS 是无定型、弱极性高分子化合物。它的机械性能好，具有较好的刚硬性，但脆性大，耐冲击性能很差；能耐一般酸、碱、盐、有机酸、低级醇，其耐水性能良好，但易受到有机溶剂如烃类、酯类等的侵蚀软化甚至溶解；透明度好，高达 88%~92%，有良好的光泽性；耐热性差，连续使用温度为 60℃~80℃，耐低温性良好；成型加工性好，易着色和表面印刷，制品装饰效果很好；无毒无味，卫生安全性好，但 PS 树脂中残留单体苯乙烯及其他一些挥发性物质有低毒，对人体最大无害剂量为 133 毫米/千克，因此，塑料制品中单体残留量应限制在 1%以下。它在包装上主要制成透明食品盒、水果盘、小餐具等，色泽艳丽，形状各异，包装效果好。发泡聚苯乙烯 EPS 可用作保温及缓冲包装材料。

（4）聚氯乙烯，简称 PVC，是以聚氯乙烯树脂为主体，加入增塑剂、稳定剂等添加剂混合组成，大分子中 C-Cl 键有较强极性，大分子间结合力强，柔顺性差且不易结晶。PVC 的阻气阻油性优于 PE 塑料，硬质 PVC 的阻气性优于软质的，阻湿性比 PE 差；化学稳定性优良，透明度、光泽性比 PE 优良；机械力学性能好，硬质 PVC 有很好的抗拉强度和刚性，软质 PVC 相对较差，但柔韧性和抗撕裂强度较 PE 高；耐高低温性差，一般使用温度为–15℃~55℃，有低温脆性；加工性能因加入增塑剂和稳定剂而得到改善，加工温度在 140℃~180℃范围；着色性、印刷性和热封性较好。软质 PVC 增塑剂含量大、卫生安全性差，一般不用于直接接触食品的包装，可利用其柔软性、加工性好的特点制作弹性拉伸膜和热收缩膜，又因其价廉、透明性、光泽度优于 PE 且有一定透气性而常用于生鲜果蔬的包装。硬质 PVC 中不含或含微量增塑剂，安全性好，可直接用于食品包装。

（5）聚偏二氯乙烯，简称 PVDC，是由 PVDC 树脂和少量增塑剂与稳定剂制成。它阻隔性很高，受环境温度的影响较小，耐高低温性良好，适用于高温杀菌和低温冷藏；化学稳定性很好，不易受酸、碱和普通有机溶剂的侵蚀；透明性、光泽性良好，制成收缩薄膜后的收缩率可达 30%~60%，适用于畜肉制品的灌肠包装，但因其热封性较差，膜封口强度低，一般需采用高频或脉冲热封合，也可采用铝丝结扎封口。目前它除单独用于食品包装外，大量用于与其他材料复合制成高性能复合包装材料，用于长期保存的食品包装。

此外，聚酰胺、聚乙烯醇、聚酯聚碳酸酯、乙烯–醋酸乙烯共聚物、乙烯和乙烯醇共聚物等也是常用的塑料，这里不作详细介绍。

4.1.5　金属容器包装

金属容器广泛应用于食品工业，是罐头、饮料、糖果、饼干、茶叶等的包装容器。常用的材料主要有：马口铁皮、薄钢板、镀锌薄钢板、铝箔及铝合金板等。

1. 金属容器的特点和种类

1）金属容器的特点

金属容器的优点有：①对内装物有良好的保护性能，遮光和隔绝水、气的能力强；②尺寸精确、形式多样，可高速加工制造；③具有较高的机械强度，能耐受运输、堆码、振动；④热传导性能好，用于罐头食品高温杀菌，可延长食品保存期；⑤卫生无毒，符合食品包装卫生和安全要求。

但金属容器与塑料及纸容器相比，成本较高、自重较大，有时易与内装物起化学反应，这是它的缺点。

2）金属容器的种类

包装用金属容器品种繁多，主要有罐、桶、箱、盒等类型。罐类按容器外形分为圆形罐和异形罐，按结构和加工工艺分为三片罐和两片罐，按开启方法分为罐盖切开罐、罐盖易开罐、罐盖卷开罐。其他类金属容器分为金属桶、集装箱、铝箔容器、金属软管、18 升罐等。

2. 金属包装容器常用的材料

金属包装容器常用的材料主要有马口铁皮、薄钢板、镀锌薄钢板、铝箔及铝合金箔等。

1）马口铁皮

马口铁皮又称镀锡铁皮，是在薄钢板上镀上一层耐腐蚀的锡层，主要采用酸性电镀工艺，也有采用热镀锡工艺的。钢板经镀锡后呈银白色，这种锡镀层较薄、空隙很多、抗腐蚀性能差。马口铁皮的力学性能由钢基材的化学成分、轧制工艺和热处理工艺决定。生产拉深罐时，要求用软性铁皮。这种铁皮通常具有比较高的伸长率，伸长率达到极限时就会断裂。但在受拉时，抗拉强度较低。

2）薄钢板

制作包装容器的薄钢板，是采用平炉或转炉生产的镀锌原板或酸洗薄钢板，常用厚度 0.25~20 毫米。钢板四角应切成直角，切斜和镰刀弯应不超出钢板宽度和长度的允许偏差。酸洗薄钢板应经过矫平、退火和酸洗，剪切整齐，呈矩形，表面平整、光滑，不得有氧化铁皮和泥土痕迹，并按表面质量分成两组。

3）镀锌薄钢板

镀锌薄钢板又叫白铁皮，它是酸洗薄钢板经过热镀锌处理，表面镀上一层厚度 0.02毫米以上的锌保护层，大大提高了钢板的耐腐蚀性，用它制成容器，不必再进行表面防腐处理。因此，镀锌薄钢板广泛用来制作金属包装容器。用它制作的容器，强度高、密封性能好。

4）铝箔

铝箔：通常是指纯度在 99.5% 以上，厚度在 0.2 毫米以下的铝材，也有铝合金箔。铝箔具有防潮性、保香性及防异味性等重要性能。复合铝箔多用于食品包装、香烟包装、药品包装。真空镀铝多用在口香糖、冷餐纸盒等包装上。

4.1.6 玻璃容器包装

玻璃包装容器具有质地晶莹透明、清洁美观、密封性良好、化学稳定性卓越等优点，是食品中常用的包装容器。

1. 玻璃容器的特点

1）透明及各向同性

玻璃容器是透明的，可以清晰地看到内装物。玻璃在任何方向具有相同的性质，如折射率、硬度、弹性系数等。

2）耐化学性

玻璃容器对于大气中的水汽、水和弱酸等具有稳定性，不溶解也不生锈，适合于包装各种液体食品。

3）不透过性

不透过性指气体和液体都不能透过玻璃容器。

4）易成型性

易成型性指玻璃容器造型花样多，易于宣传和美化食品。

5）易加工性

易加工性指玻璃容器可以进行研磨、弯曲、磨刻及熔封等加工。

6）廉价性

廉价性指原材料来源丰富、价格便宜。

7）不可变性

玻璃容器坚硬而不变形，加热至数十度也不变化，长期不变质。

8）易碎性

玻璃容器性脆、易破碎、机械强度低。

玻璃容器除了上述特点外，还具有耐内压、无污染、易回收再生利用、密度大、制造时耗用燃料能源较多等特点。

2. 玻璃容器的基本类型

玻璃容器的基本类型主要有细口瓶、大口瓶、罐头玻璃瓶、日用包装玻璃瓶、大型瓶、异形瓶等。

4.2　食品包装技术

4.2.1　防潮包装技术

1. 防潮包装概述

在食品流通过程中，食品不可避免地要受到环境中潮气的侵袭，严重的还会导致内装物变质。防潮包装是为防止物品吸收湿气造成质量下降而采取的防护包装措施和方法。通常首先采用防湿材料将物品密封起来，以隔绝外界湿气的侵入，再在包装容器中加入干燥剂，将内部残存的湿气和透过防湿材料进入的湿气驱除，使包装内部环境的相对湿度符合内装物的要求，从而起到保护作用。适度的防潮包装方法要根据内装物的物性和形态、物流环境的气候条件、物流周期的长短来确定。国家标准（GB/T 5048—1999）对防潮包装做出分级，见表4-3。

表4-3　防潮包装等级与储运条件

等级	包装与储运条件		
	储运期限	气候特征	内装物性质
I	1年以上2年以下	A（高温高湿）	贵重、精密、对湿度敏感、易长霉、易生锈的产品
II	半年以上1年以下	B（中等温湿度）	较贵重、较精密、对湿度轻度敏感的产品
III	半年以下	C（常温常湿）	对湿度不甚敏感的产品

2. 防潮包装类型

根据表4-3的三种防潮包装等级，有许多不同类型的防潮包装方法可供选用。针对某种内装物具体的防潮包装，还要基于产品性质、封合技术、机械设备、经济成本等多种因素，作出最终选择。可以选择的防潮包装类型见表4-4。

表4-4　防潮包装类型

类型序号	名　称	实　施　方　法
1.	刚性容器密封包装	采用透湿性为零的金属或非金属刚性容器，将干燥的内装物置于其中，焊接或加盖密封
1.1	加干燥剂密封包装	将干燥的内装物与适量干燥剂同置于刚性容器内，焊接或加盖密封
1.1.1	不加干燥剂真空包装	将干燥的内装物装入气密性刚性容器，抽出残存潮气再密封
1.1.2	不加干燥剂充气包装	将干燥的内装物装入气密性刚性容器，抽出残留潮气，再充入干燥清洁的空气或惰性气体，再密封
2.	柔性材料加干燥剂密封包装	用低透湿度的柔性材料制造容器，将干燥的内装物与适量干燥剂同置于容器内，然后密封，让干燥剂吸收残留潮气
2.1	单层薄膜加干燥剂密封包装	采用低透湿度的单层薄膜包装，加适量干燥剂，然后密封

续表

类型序号	名　称	实 施 方 法
2.2	复合薄膜加干燥剂密封包装	采用低透湿度的复合薄膜包装，加适量干燥剂，然后密封
2.3	多层密封包装	用塑料薄膜加适量干燥剂包装后，再用蜡纸包装，然后密封
3.	复合薄膜真空包装	将干燥的产品装入防潮、防透气性较好的复合薄膜容器中，抽出容器内的空气再密封
4.	复合薄膜充气包装	将干燥的产品装入防潮、防透气性较好的复合薄膜软容器中，抽出容器内的空气，置换入等量干燥清洁的空气、氮气或二氧化碳，再密封
5.	热收缩薄膜包装	采用热收缩薄膜将干燥的产品包装，热空气加热，使薄膜收缩

4.2.2　防霉腐、防虫包装方法

1. 防霉腐包装方法

在储运过程中，食品表面可能生长霉菌。在流通过程中，如遇潮湿霉菌会从食品中吸收营养物质，会极快地生长繁殖，并产生霉物，使食品腐烂、变质。防霉包装就是为了防止内装物霉烂造成变质而采用的一系列防护措施和方法。

对于各种食品可以有多样的防霉方法，或者选用耐霉材料、防霉剂进行防霉，或者通过改变产品结构达到表面隔离而防霉，也可以通过包装结构和工艺的设计达到防霉目的，还可以考虑控制包装件储运物流小环境来防霉。目前的防霉包装技术大致可以分为两大类：一类为密封包装，另一类为非密封包装。

一般对于外观及性能要求高的产品可选用密封包装来防止其在运输、仓储、销售过程中霉变。例如，采用真空和充气包装、干燥封存包装以控制包装容器内的相对湿度等。而对经过有效防霉处理的产品或对长霉敏感性较低的产品可以采用非密封包装。

2. 防虫包装方法

食品在流通过程中，仓储环节的主要危害之一是仓库害虫对内装物的损害。防虫包装就是为保护内装物免受虫类侵害采取一定防护措施的包装，目的就是要破坏害虫的正常生活条件，扼杀和抑制其生长繁殖，以防止害虫蛀食食品，并防止其新陈代谢中排泄的污物玷污食品。

食品包装通常采用调节温度、电离辐射、微波、远红外线、真空包装、充气包装、脱氧包装等技术，使害虫无生存环境，从而防止虫害。

4.2.3　保鲜保质包装方法

保鲜保质包装方法是在物流过程中，为了保证内装食品有足够长的货架寿命，必须采取的一系列保护措施和方法。

1. 充气包装

充气包装是采用二氧化碳或氮气等气体置换包装容器中的空气的一种包装技术，也称为气体置换包装。这种包装方法是基于好氧性微生物需氧代谢的特性，在密封的包装容器中改变气体的组成成分，降低氧气的浓度，抑制微生物的生理活动、酶的活动和鲜活食品的呼吸强度，达到防霉、防腐和保鲜的目的，见表 4-5。

表 4-5 生鲜食品和加工食品的充气包装

类别	食品名称	气体种类	充气目的
生肉	零售用肉	O_2+CO_2	肉色素发色、抑制微生物繁殖
鲜鱼	鱼肉	N_2+CO_2	抑制微生物繁殖等
肉加工品	火腿片	N_2+CO_2	防止脂肪和肉色素氧化，抑制微生物繁殖
乳制品	奶粉	N_2	防止氧化
茶、咖啡	红茶、咖啡	N_2	防止香气逸散
糕点	蛋糕	N_2+CO_2	防止霉菌繁殖
干果	花生、杏仁	N_2+CO_2	防止脂肪氧化
粉末饮料	粉末橘子汁	N_2	防止维生素损失，防止香气逸散
果蔬	水果、蔬菜	$N_2+O_2+CO_2$	防止枯萎，保质保鲜

2. 真空包装

真空包装是将食品装入气密性容器后，在容器封口之前抽成真空，使密封后的容器内基本没有空气的一种包装方法。一般的肉类食品、谷物加工食品以及某些容易氧化变质的食品可以采用真空包装。

3. 收缩包装

收缩包装是用收缩薄膜裹包内装物，然后对薄膜进行适当加热处理，使薄膜收缩而紧贴内装物的包装技术方法。收缩薄膜是一种经过特殊拉伸和冷却处理的聚乙烯薄膜，由于薄膜在定向拉伸时产生残余收缩应力，这种应力受到一定热量后便会消除，从而使其横向和纵向均发生急剧收缩，同时使薄膜的厚度增加。收缩率通常为30%~70%，收缩力在冷却阶段达到最大值，并能长期保持。

4. 拉伸包装

拉伸包装是由收缩包装发展而来的，是依靠机械装置在高温下将被包装件用弹性薄膜围绕拉伸、紧裹，并在其末端进行封合的一种包装方法。由于拉伸包装不需要进行加热，所以消耗的能源只有收缩包装的 1/20。拉伸包装既可以捆包单件食品，也可用于托盘包装之类的集合包装。

5. 脱氧包装

脱氧包装是继真空包装和充气包装之后出现的一种新型除氧包装方法，是在密封的包装容器中，使用能与氧气起化学作用的脱氧剂与之反应，从而除去包装容器中的氧气，以达到保护内装物的目的。脱氧包装方法适用于某些对氧化特别敏感的物品，以及那些即使有微量氧气也会促使品质变坏的食品。

6. 泡罩包装

泡罩包装与贴体包装同属于塑料薄片热成型充填包装，一般都有一张大卡片作为衬底，因此亦称之为卡片包装。

这类包装是利用透明的泡罩、空穴、盘等塑料罩或塑料膜覆罩食品，可在运输与销售中避免尘埃，阻气、防潮，起到保护食品及延长保存期的作用，又有利于消费者直接观察内装物。泡罩包装与贴体包装方法极具特色，用途相当广泛。

4.3 食品包装设计

产品被包装后就进入了供应链。从包装到用户购买和消费，供应链中存在着多个环节，这些环节对包装的要求是各种各样的。在食品包装设计的时候，需要考虑包装应该满足基本和特殊的要求，以保证食品在供应链中能够安全顺畅地流通，并保持高质量的状态送达最终消费者。

4.3.1 食品包装设计考虑的因素

食品包装作为食品电子商务物流的起点，对整个物流的过程起着重要的作用。因而，在设计食品包装的时候，必须进行认真的考虑，以实现食品包装的合理化。食品包装的设计必须基于物流环境条件特性，有针对性地采取某种技术手段，来实现物流的包装功能。它必须同食品的流通环境条件、材料、结构、测试、市场、环保等要素联系起来，作为一个系统问题加以考虑。现代包装设计包括包装材料、机械、技术、贸易、工艺美术及步骤方式等多个方面，如何设计包装，应综合考虑以下几个因素。

1. 被包装物的性质

由于被包装物的性质千差万别，在选择包装方式、技术等之前，应充分认识包装物品的各种物流、化学和生物性质，从而更好地选择合适的包装。

2. 流通过程的环境条件

对被包装物在流通过程中的环境条件，如运输配送工具、装卸搬运条件、储存保管设施等进行全面的调查研究，根据不同的流通环境来确定合理的包装。

3. 包装材料、容器的选择

包装材料、容器种类很多，性能也差异很大，选择包装材料、容器时应根据包装物品的特性和流通条件，做到既增强包装强度，又不浪费。另外，应考虑包装材料废弃后便于处理，不污染或少污染环境，对环境和人体健康无害。

4. 包装费用

包装费用是商品生产成本的一部分，包装费用过高，就提高了商品的生产成本，售价随之提高，这既影响了产品的销售，又损害了消费者的利益。因此，选择包装应认真全面核算包装成本，既要达到包装效果，又要使包装成本最低，以降低产品售价，减轻消费者负担。

5. 标准和法规

包装的选择必须遵守有关标准（国家、地方、行业或企业标准），出口商品应遵照国际标准。

根据如上原则，下面介绍肉制品、生鲜果蔬和乳制品这类易腐产品的包装设计。

4.3.2　肉制品的包装设计

肉类是我们生活当中不可缺少的副食品，需求量大。然而，要使肉类在流通过程中始终保证质量，必须在其物流过程采用特殊的工艺包装，例如，真空包装、气调包装和活性包装等方式。为了防止肉中水分的过度散失，应使储运环境的相对湿度保持在 85%~95%，这就要求使用透湿率低的包装材料，降低组织包装内部与外部的气体交换和水分的损失。所以，对于肉类食品，一般通过包装和冷藏相结合的方法达到保鲜抑菌的作用。

1. 真空包装

肉制品属于易腐产品，宜采用真空包装，通过抽真空形式，使包装紧贴肉品，抑制肉品中的水分渗出，同时阻隔氧气，抑制细菌繁殖，提高肉品的安全性。真空包装由于除去了使脂肪酸败及微生物赖以生存的氧气，可使肉保存相当长的时间。由于真空包装肉制品时，肉类基本上处于无氧环境中，肉类的颜色会变浅或发白，这种颜色不利于肉类的销售。

如果在保证真空包装的储存效果时，使真空包装的颜色变好，则真空包装非常适合于销售包装。因此，可以考虑使真空包装的透气率在不同的流通阶段发生变化，一是储存时保持较低的透气率，保证肉类不因氧气过多使微生物大量繁殖而导致腐败；二是销售时保持较高的透气率，使鲜肉快速与氧气反应呈现鲜红色，促进销售。

利用薄膜进行真空包装过程为：先将肉类放于具有较强吸水性的纸托盘上，防止肉汁渗出，然后用具有较高透气率的薄膜进行拉伸裹包或袋装，再用阻气性很好的薄膜进行套装并抽真空、封口。利用该方式包装后，由于鲜肉在储存时处于真空环境中，所以在很长的储存期内不会发生腐败现象，此时肉制品呈浅红色或粉红色。当肉制品在柜台出售时，销售人员将外层薄膜打开，此时外界的氧气会很快地穿过里层薄膜与肉制品发生反应，肉制品吸氧后变为鲜红的颜色，从而促进肉制品的销售。

以上介绍的真空包装法也称为减压包装法或排气包装法，可阻挡外界水汽进入包装容器内，也可防止在密闭的防潮包装内部存有潮湿空气，在气温下降时结露。一般肉类商品都可以采用真空包装。真空包装不但可以避免或减少脂肪氧化，而且抑制了某些霉菌和细菌的生长。同时在对其进行加热杀菌时，由于容器内部气体已排除，因此加速了热量的传导，提高了高温杀菌效率，也避免了加热杀菌时气体膨胀而使包装容器破裂。

2. 气调包装

气调包装也称充气包装，就是将包装袋内的空气抽去后再充入一定比例的氮气、二氧化碳和氧气，使氧气的渗入可能性降至最低限度，以抑制微生物的生长繁殖，进而延长产品的保鲜期。

肉类气调包装可分为两类：一类是猪、牛、羊肉，肉呈红色又称为红肉包装，要求既保持鲜肉红色色泽又能防腐保鲜；另一类是鸡鸭等家禽肉，可称为白肉包装，只要求防腐保鲜。目前国际上认为最有效的鲜肉保鲜技术是用高二氧化碳充气包装的MAP 系统（表 4-6）。

表 4-6　充气包装中各种气体的最适比例

肉的品种	混合比例	国家/地区
新鲜肉（5~12 天）	70%O_2+20%CO_2+10%N_2 或 75%O_2+25%CO_2	欧洲
鲜碎肉制品和香肠	33.3%O_2+33.3%CO_2+33.3%N_2	瑞士
新鲜斩拌肉馅	70%O_2 +30%CO_2	英国
熏制香肠	75%CO_2+25%N_2	德国及北欧国家
香肠及熟肉（4~8 周）	75%CO_2+25%N_2	德国及北欧国家
家禽（6~14 天）	50%O_2+25%CO_2+25%N_2	德国及北欧国家

资料来源：郑克俊. 仓储与配送管理[M]. 北京：科学出版社，2014.

在欧美国家，超市中包装的肉制品基本上都是混合气体充气包装。目前这种方式在我国也开始应用。在充气包装中，二氧化碳具有良好的抑菌作用，氧气为保持肉品鲜红性所必需，而氮气则主要起调节及缓冲作用。

3. 活性包装

活性包装主要应用在食品包装上，相对于过去的用物理方法阻隔气体、水蒸气和光等来说，它在延长食品货架期方面起着积极、主动的作用，能提供更好的保护。因此，活性包装作为一种智能型技术正得到广泛的开发应用。

1）吸收氧气系统

肉制品包装中存在的氧气会加速许多肉制品的腐败和变质。氧气会引起许多肉制品产生异味、颜色变化和营养价值的流失，并能加速细菌的繁殖。因而，放入包装中的装有脱氧剂的独立小袋已获得了商业应用，小袋中的脱氧剂通常是研磨得很细的氧化铁。同时，还可以将脱氧剂设计成直接与包装材料结合。

2）二氧化碳清除剂和发生剂

在某些肉制品包装中需要有高含量的二氧化碳，因为它们能抑制肉制品表面的细菌繁殖和降低呼吸速率，在调节包装中需要产生各种浓度的二氧化碳来适应特定食品的要求。

3）灭菌剂的释放系统

某些防腐剂可以用作活性物质，将它们加入聚合物包装材料中或附在包装材料上，能达到灭菌效果。可以用作灭菌剂的活性物质包括乙醇和其他醇类、山梨酸盐、苯甲酸盐、丙酸盐、杆菌素和硫黄等。

4.3.3　生鲜果蔬的包装设计

对生鲜果蔬进行合理包装是保证安全运输和储藏的重要措施，一般会选择标准化包装容器。包装容器一般是指在商品流通过程中，为了保护商品、方便储存、利于运输、促进销售、防止环境污染和预防安全事故，在包装设计时要按一定技术规范而用的包装器具、材料及其他辅助物的总体名称。包装容器包括包装袋、包装盒、包装瓶、包装罐和包装箱等。列入现代物流包装行列的包装箱主要有瓦楞纸箱、木箱、托盘集合包装、集装箱和塑料周转箱，它们在满足商品运输包装功能方面各具特点，必须根据实际需要合理地加以选择和使用。

1. 包装容器的要求

1）能保持水分

因脱水而枯萎干燥的产品很难在市场上被消费者接受。即便水果和蔬菜表面并没有呈现枯萎状态，由于失水造成的重量减少也会造成不可忽略的经济损失。脱水在产品的表面蒸汽压力大于周围环境蒸汽压力的时候发生，由于水蒸气的扩散，使得水分从产品扩散到周围环境中。为了较好地保持产品中的水分，良好的包装需要能够将产品周围的环境保持在较高的湿度水平上。包裹纸和塑料薄膜常常用来保持水果的水分，因为包装物阻碍了湿气的流通，不会轻易让水分离开被包裹的产品。

2）具有通透性

对一些食品来说，通过包装表面的气流即可满足保鲜的要求，而有些则需要在箱子内部放置强制通风风扇，并增加通风区域面积以加速热交换。此时包装箱表面需要增加通风口，使得冷空气能够进入包装箱。需要注意的是，为了保持箱子的强度，通风口与边缘的距离至少要超过 5 厘米，以免包装箱强度减弱，对产品造成破坏。

一些特定的水果在到达零售市场前，还在持续着成熟发育的过程。为了保证这个成熟过程，需要将它们放置在一定的合适温度中，有些时候还需要用乙烯气体对它们进行处理。一个好的包装，既能适应通风的需求，也能满足水果成熟的加热和气体处理要求。

3）具有防潮性

许多生鲜果蔬产品包装必须能够忍耐高湿度环境。储藏设施通常具有高达85%~90%的相对湿度，而产品产生的水分则往往能够在包装内制造接近 100%的湿度环境。当包装从冷藏车辆中，或者冷藏库里取出来的时候，湿气可能会在包装的表面结露。一些果蔬产品使用冷水，或者为了保证低温运输箱内放有冰块，这个时候同样也很容易发生结露。因此包装箱必须能够直接与水接触。塑料或者木质包装一般能够承受高湿度环境，也可以与水直接接触。纸箱可以通过在表面涂覆蜡、聚乙烯、树脂和其他一些塑料的混合物来提高耐湿能力。

4）具有保护性

消费者通常会拒绝购买具有明显损伤的产品，具有明显损伤的产品往往只能打折出售。果蔬在采收后的处理中，一个最基本的要求就是防止损伤。生长过程和采收过程中出现损伤的产品可以在采收后的分类过程中分离。而剩下的产品在进入市场流通前，需要利用良好的包装来避免搬运、运输等一些不平稳操作对产品带来的物理损伤。

5）方便储运

许多箱子在市场供应链中需要人工搬运，所以包装的重量需要有一定的限制。而一些产品的包装设计仅仅允许机械搬运，这些常常是一些体积庞大、人工无法搬运的包装箱。比如，用托盘运输的待处理的莴苣等。包装的结构需要适应各种搬运过程，包括机械搬运和人工搬运。有一些瓦楞纸箱在两侧开口，使得搬运人员能够双手伸入并抬起。没有开孔的纸箱，可以利用绳子等捆带捆绑纸箱，并将把手固定在捆带上面，使得搬运人员可以单手提起箱子。这种纸箱往往较轻，以避免搬运人员受伤。

2. 包装的种类和规格

生鲜果蔬产品在生产发育过程中，由于受多种因素的影响，其大小、形状、色泽、成熟度、病虫伤害、机械损伤等状况差异甚大，即使同一植株的个体，甚至同枝条的果实商品性状也不可能完全一样，而从若干果园收集的果品，必然大小不一、良莠不齐。按商品不同性状分类才有利于包装。包装容器的种类、材料及使用范围见表 4-7。

表 4-7 包装容器的种类、材料及使用范围

种 类	材 料	使用范围
塑料箱	高密度聚乙烯/聚苯乙烯	任何果蔬及高档果蔬
纸箱	板纸	果蔬
钙塑箱	聚乙烯/碳酸钙	果蔬
板条箱	木板条	果蔬
筐	竹子、荆条	任何果蔬
加固竹筐	筐体竹皮/筐盖木板	任何果蔬
网袋	天然纤维或合成纤维	不易擦伤、含水量少的果蔬

3. 常用支撑物或衬垫物

果蔬通过合理包装可以改善商品外观，提高商品价值，减少表面的病原微生物，减少水分蒸腾，保持产品的新鲜度，抑制呼吸代谢，延缓衰老。同时，果蔬包装后仍进行一系列的生理生化活动，因而需要在整体包装中加入一些支撑物或衬垫物，减少腐烂等的发生。果蔬包装常用各种支撑物或衬垫物的种类及作用见表 4-8。

表 4-8 果蔬包装常用各种支撑物或衬垫物的种类及作用

种 类	作 用	举例
纸	衬垫、包装及化学药剂的载体、缓冲挤压	鸭梨
托盘（纸或塑料）	分离产品及衬垫，减少碰撞	蔬菜
瓦楞插板	分离产品及衬垫，增大支撑强度	苹果
泡沫塑料	衬垫，减少碰撞，缓冲震荡，保温	荔枝
塑料薄膜袋	保护产品，控制失水和呼吸	柑橘

适宜的温度、湿度和气体组合是果蔬包装的三大要素，也是通常果蔬储运最基本的控制条件。同时，由于低温、低氧气、高湿的特殊环境，果蔬的生理代谢将降至最低程度，营养物质和能力消耗最少，抗病能力较强，从而推迟果蔬的后熟和衰老，保鲜期大大延长。

基于环境保护和可持续发展的理念，在选择冷链物流包装方式时，应遵循绿色化原则，通过减少包装材料、重复使用、循环使用、回收使用材料等包装措施以及生物降解、分解等来推行绿色包装，以避免资源的浪费。

4.3.4 乳制品的包装设计

乳制品的储藏、运输、销售都需要冷链，为了确保新鲜乳制品从生产源头安全地送达消费者的手中，冷链物流在整个链条中扮演着重要的角色。如果这些产品在分销渠道中没有严格的冷链环境，流通环节产生了断链，将会导致产品在冷链物流环节产

生较大损失。

无论是液态奶还是固态乳制品，其包装形式中最常见的是软包装，以往简单的单层塑料袋充斥了整个软包装市场；现今单层塑料袋已逐渐淡出乳品软包装市场，各种新材料、新技术使乳品软包装市场焕然一新。适合于各种鲜奶的复合包装材料（黑白膜、纸/塑复合等），造型新颖、成本不高的包装形式（百利包、康美包等），功能先进、生产效率高的印刷复合设备（凹凸机、柔印机、干式复合机等），使乳品软包装市场呈现繁荣景象。

造成乳制品变质、变味的原因很多，从包装上来分析，很重要的原因是用于乳制品包装的塑料复合膜、袋，其阻氧性能不符合要求。下面介绍几种乳制品的包装设计。

1. 利乐无菌砖、利乐枕类包装

利乐无菌砖、利乐枕是瑞典利乐公司的专利产品，从 20 世纪 80 年代进入我国市场以来，一直处于行业领先的垄断地位，占据国内市场 90% 以上的份额。现在，山东泉林包装有限公司也开发了相同类型的包装材料——泉林包，并在乳品和饮料包装领域逐渐成长起来，市场发展前景较好。

采用该类包装的乳品保质期长，适合远距离运输，有利于扩大产品的销售范围，是超高温瞬间灭菌奶高档包装的主要形式之一。

2. 屋顶包

屋顶包是美国国际纸业引入我国的一种包装概念，目前除国际纸业以外，一些国内包装企业也开发出了不同材料的屋顶形包装，包括纸塑复合材料和纸铝塑复合材料的包装。

目前，国内使用的屋顶包中较为典型的一种结构为印刷层/纸//PE，其中，PE 层主要通过挤出涂布方式进行复合，复合用纸是经过特殊处理的专用纸，印刷采用高氏或施密特公司的醇溶性油墨。屋顶包乳品的保质期因材料结构不同，差别较大，一般保质期为 45 天左右的屋顶包主要用于乳品生产基地周边的鲜奶销售包装。由于这种包装的阻隔性能较差，因此在运输和销售过程中需要利用冷链储运，其消费群主要集中在长江以南地区。

3. 复合塑料软包装

在我国的乳品包装中，塑料软包装凭着成本低、生产效率高、印刷精美等特点，在液态奶包装市场中占有相当大的比例，是长江以北地区液态奶的主要包装形式，也是一种经济适用的包装，发展前景广阔。据统计，全国液态奶市场上超高温灭菌奶所用的塑料软包装的用量为每年 12 万吨左右。

复合包装膜所用的薄膜材料主要为聚乙烯（PE）共挤膜，其层数不同、原料配比不同，应用领域也不同。

乳制品中导致腐败的菌是低温腐败菌。低温腐败菌是乳制品保藏过程中常见的污染菌。有些腐败菌具有很强的分解脂肪和蛋白质的能力，在低温下可将乳蛋白分解成蛋白胨或将脂肪分解产生脂肪腐败味，导致冷藏乳制品腐败。乳制品的包装技术对乳制品原有的口味、微量元素含量及营养等方面有着非常重要的影响。

包装材料、形式、机械及技术等多个元素的不断变化推动了乳制品包装的不断提高，时至今日，乳制品包装经过时间的历练，已经进入多元化时代。2010—2050 年，将会是一个以环保、经济为主导的外壳包装和塑料包装的新时代。

4.4　食品包装的合理化和标准化

在整个食品物流及供应链管理系统中，包装既是食品生产的终点，又是物流的起点，包装是否合理，影响到产品后续环节。产品能否经历漫长的流通环节，经过各种不同的环境条件，最终安全无损地送达客户手中，是每个客户最关注的问题。一个好的包装能够保证产品在进入市场前的安全性，同时能够决定产品效益。影响食品包装的因素有：①被包装食品本身的体积、质量以及它在物理和化学方面的特性；②被包装食品在流通过程中需要哪些方面的保护，或者称食品包装的保护性；③消费者的易用性；④食品包装的经济性。

4.4.1　不合理的食品物流包装

所谓不合理包装是在现有条件下可以达到的包装水平但未达标，从而造成了包装不足、包装过剩、包装污染等问题。目前一般存在的不合理包装形式有以下几种。

1. 包装不足

包装不足可以造成在流通过程中的损失及降低物流效率，包装不足主要表现为：一是包装强度不足，导致包装防护性不足，造成包装物的损失；二是包装材料水平不足，由于包装材料选择不当，材料不能很好地承担运输防护及促进销售的作用；三是包装容器的层次及容积不足，缺少必要层次与所需体积不足造成损失；四是包装成本过低，不能进行有效的包装。

2. 包装过剩

包装过剩最终会导致包装成本的提高，造成企业成本损失。包装过剩主要包括：一是包装物强度设计过高，如包装材料截面过大、包装方式大大超过强度要求等，使包装防护性过高；二是包装材料选择过高，如可以用纸板而采用镀锌、镀锡材料等；三是包装技术过高，如包装层次过多、包装体积过大；四是包装成本过高，大大超过减少损失可能获得的利益，同时包装成本在商品成本中比重过高，损害了消费者利益。

3. 包装污染

包装污染主要包括两个方面：一是包装材料中大量使用的纸箱、木箱、塑料容器等，要消耗大量的自然资源；二是商品包装的一次性、豪华性，甚至采用不可降解的包装材料，严重污染环境。

4.4.2　合理的食品物流包装

所谓食品包装的合理化是指食品物流适应和克服流通过程中的各种障碍，适应物流发展而不断优化，取得最佳的经济和社会效益，充分发挥包装实体有用功能的包装。在食品物流活动过程中，包装合理化朝着智能化、标准化、绿色化、单位大型化、作业机械化、成本低廉化方向不断发展。

1. 智能化

物流信息化发展和管理的一个基础是包装智能化，包装上的信息量不足或错误会直接影响冷链物流各个活动的进行。随着物流信息化程度的提高，包装上除了表明内装物的数量、重量、品名、生产厂家、保质期及搬运储存所需条件等信息外，还应粘贴商品条形码、流通条码等，以实现包装智能化。

2. 标准化

包装标准是针对包装质量的各个方面，由一定的权威机构所发布的统一的规定。包装标准化可以大大减少包装的规格型号，提高包装的生产效率，便于被包装物品的识别和计量，它包括包装规格尺寸标准化、包装工业产品标准化和包装强度标准化三个方面。

3. 绿色化

基于环境保护和可持续发展的理念，在选择冷链物流包装方式时，应遵循绿色化原则，通过减少包装材料、重复使用、循环使用、回收使用材料等措施，以及生物降解、分解等来推行绿色包装，以避免资源的浪费。

4. 单位大型化

随着交易单位的增加和物流过程中的装卸机械化，包装大型化趋势也在增加。大型化包装有利于使用机械、提高物流活动效率。

5. 作业机械化

包装作业机械化从逐个包装机械化开始，直到装箱、封口、捆扎等外包装作业完成。同时，还有使用托盘堆码机进行的自动单元化包装等。包装作业机械化是提高包装作业效率、减轻人工包装作业强度、实现省力的基础。

6. 成本低廉化

在冷链物流过程中，包装成本中占比例最大的是包装材料费用。因此，降低包装成本首先应该从降低包装材料费用开始，在保证包装功能的前提下，尽量降低材料的档次，节约材料费用支出。

4.4.3 食品包装标准化的意义及表现

1. 食品包装标准化的意义

食品包装的标准化就是要制定、贯彻和修改食品包装标准。食品包装标准化对于现代企业具有重要的意义。

（1）通过食品包装的标准化，可以大大减少包装的规格型号，从而提高包装的生产效率，便于食品的识别和计量。

（2）通过食品包装的标准化，可以提高包装的质量，节省包装的材料、流通的费用，而且也便于专用运输设备的应用。

（3）通过食品包装的标准化，可以从法律的高度促进可回收型包装的使用，促进食品包装的回收利用，从而节省社会资源，产生较大的社会和经济效益。

2. 包装尺寸系列标准化的具体表现

（1）包装基础模数尺寸。包装模数是包装尺寸标准化、系列化的基础。包装模数标准一般为 600 毫米×400 毫米。有了包装模数尺寸，进入流通领域的产品必须按照模数规定的尺寸包装，这有利于各种包装物品的组合、有利于小包装集合包装、有利于集装运输、有利于储存保管、有利于整个物流过程的合理化。

（2）单元货物最大底平面尺寸。单元货物是指通过一种或多种手段将一组货物或包装件固定在一起，使其形成一个整体单元，以利于装卸、运输、堆码和储存。单元货物底平面最大尺寸标注中规定有三个：1200 毫米×1000 毫米、1200 毫米×800 毫米、1140 毫米×1140 毫米。

（3）硬质直方体运输包装尺寸系列。硬质直方体运输包装件的平面尺寸由模式尺寸计算出来，共 25 个，其高度尺寸可以自由选定。

（4）圆柱体运输包装尺寸系列。圆柱体运输包装尺寸根据包装单元货物平面尺寸1200 毫米×1000 毫米、1200 毫米×800 毫米、1140 毫米×1140 毫米确定，其高度尺寸按产品特点和有关标准确定。

（5）袋类运输包装尺寸系列。袋类运输包装扁平尺寸经过装载形成满载尺寸过程中受多种因素影响，如内装物种类、填装方法、缝口形成以及装满后的堆码方法等。

（6）集装袋运输包装尺寸系列。集装袋满装高度尺寸可根据内装物的特性及运载工具的具体情况自行选定。

（7）包装运输件尺寸界限。在设计包装运输件和装载运输时，应考虑运输方式及运载工具，根据运载工具载货空间的大小来确定运输包装件的尺寸。

4.4.4　食品物流包装标志

包装标志是指在包装件外部用文字、图形、数字制作的特定记号和说明事项。包装标志主要有运输标志、指示性标志和警告性标志。

1. 运输标志

运输标志是按运输规定，由托运人在货件上制作的表示货件与运单主要内容相一致的标记。其作用主要是便于识别货物，便于收货人收货，有利于运输、仓储、检验等。运输标志的主要内容有：商品分类图示标志、供货号、货号、品名规格、数量、毛重、净重、生产日期、生产工厂、体积、有效期限、收货地点和单位、发货单位、运输号码、发运件数等。

2. 指示性标志

根据商品的性能、特点，用简单醒目的图案和文字对一些容易破碎、残损、变质的商品，在包装的一定位置上做出指示性标志，以便在装卸搬运操作和储存保管时适当注意，如此端向上、怕湿、小心轻放、由此吊起、禁止滚翻、重心点、禁用手钩、远离放射源及热源、堆码重量极限、堆码层数极限等。

3. 警告性标志

警告性标志主要是针对危险品，按规定的标志在危险货物运输包装上以不同的种类、名称、尺寸、颜色及图案标示不同类别和性质的危险品的标志。其可以提醒人们在运输、储存、保管等活动中注意保护物资和人身的安全。凡包装内装有爆炸品、有毒品、腐蚀性物品、氧化剂和放射性物品等危险品的，应在运输包装上刷写清楚明显的危险品警告标志。

4.4.5　食品包装合理化测试

包装合理化测试主要检验产品包装是否合适，包装设计与包装材料是否能在包装物在食品物流流通中起到保护作用。如果产品不妥善包装，难免会受损，并产生产品质量和安全问题。因此，通过对产品进行运输包装的测试，可以尽早发现问题，以免利益和名誉受损。其测试包括多个方面，针对包装运输测试（ISTA）、箱体结构、纸质、环境保护（有害物质、循环利用）等多个方面，国际上有不同的管理机构和法规标准。目前，通用的包装测试标准为 ISTA 包装测试标准。

【本章小结】

本章主要介绍了食品包装的概念、食品包装的技术、食品包装的设计、食品包装的合理化和标准化。所谓食品物流包装，泛指食品在生产、储藏运输、销售到消费者面前的各个环节中，通过合理的包装方式保证食品质量，减少食品损耗的一项系统解决方案。

在食品物流中，包装既是生产的终点，又是物流的起点。一个好的包装能够保证产品在进入市场前的安全性，同时能够决定产品效益，因此绝不能忽略包装测试的重要性。

【思考与训练】

一、填空题

1. 对食品产生破坏的因素大致有两类：一类是自然因素，包括光线、氧气、水及水蒸气、高低温、微生物、昆虫、尘埃等，可引起食品（   ）、（   ）、（   ）、（   ）；另一类是人为因素，包括冲击、震动、跌落、承压载荷等，可引起内装物（   ）、（   ）等。

2. （   ）又称消费者包装或内包装或销售包装。（ ）又称运输包装或外包装。

3. 纸和纸板由于用途不同，其质量指标也不同。包装所用纸和纸板的质量要求主要包括（   ）、（   ）、（   ）、（   ）、（   ）等。

4. （   ）是用硫酸盐木浆抄制的高级包装用纸，具有高施胶度，因其坚韧结实似牛皮而得名，定量一般在（   ）之间，其中以（   ）居多。

5. 目前生产上常用的树脂有两大类：一类是加聚树脂，如（   ）、（   ）、（   ）、（   ）、（   ）等，这是构成食品包装用树脂的主体；另一类是缩聚树脂，如（   ）、（   ）、（   ）等，在食品包装上应用较少。

二、判断题

1. 肉类食品极易氧化变质，要求其包装能阻氧避光照；而生鲜食品为维持其生鲜状，要求包装具有一定的氧气、二氧化碳和水蒸气的透过率。（   ）

2. 食品所具有的普遍和日常消费性特点，不需要通过包装来传达和树立企业品牌形象。（   ）

3. 品牌本身不具有食品属性，但可以被拍卖，会给企业带来巨大的直接或潜在的经济

效益。（　　　）

4. 内包装也称为小包装，是物品送到消费者手中的最小单位，用袋或其他容器将物品一部分或全部包装起来，并且印有商品的标志或说明等信息资料。（　　　）

5. 内包装和外包装属于商业包装，更注重对物品的保护，其包装作业过程可以认为是物流领域内的活动。（　　　）

6. 现代造纸技术通过浸渍、涂布、层合和真空镀膜等方法对原纸进行加工，得到的加工纸具有比原纸更好的防潮、隔气、遮光、耐油、保香等保护性能，并可进行热封合。（　　　）

7. 吸水性指单位质量的试样在 100℃~105℃ 温度烘干至质量不变时所减少的质量与试样原质量的百分比，用%表示。（　　　）

8. 鸡皮纸也可以认为是一种加工纸，具有良好的防潮性、气密性、耐油性和机械力学性能，适于油性食品、冷冻食品、防氧化食品的防护要求，可以用于乳制品、油脂、鱼肉、糖果点心、茶叶等食品的包装。（　　　）

9. 纸板是一种以高分子聚合物——树脂为基本成分，再加入一些用来改善其性能的各种添加剂制成的高分子材料。（　　　）

10. 活性包装主要应用在食品包装上，相对于过去的用物理方法阻隔气体、水蒸气和光等来说，它在延长食品货架期方面起着积极、主动的作用，能提供更好的保护。（　　　）

三、单项选择题

1. （　　　）又称赛璐玢，是一种天然再生纤维素透明薄膜，它是用高级漂白亚硫酸木浆经过一系列化学处理制成黏胶液，再成型为薄膜而成。

   A. 玻璃纸　　　　　B. 鸡皮纸　　　　　C. 羊皮纸　　　　　D. 半透明纸

2. （　　　）主要是在纸表面涂布沥青 LDPE 或 PVDC 乳液、改性蜡（热熔胶黏剂和热封蜡）等，使纸的性能得到改善。

   A. 玻璃纸　　　　　B. 涂布纸　　　　　C. 复合纸　　　　　D. 包装纸

3. （　　　）是以化学草浆或废纸浆为主的纸板，以本色居多，表面平整、光滑、纤维紧密、纸质坚韧，具有较好的耐压、抗拉、耐戳穿、耐折叠和耐水性能，印刷性能好。

   A. 箱纸板　　　　　B. 白板纸　　　　　C. 瓦楞原纸　　　　D. 标准纸板

4. （　　　）是一类提高树脂可塑性和柔软性的添加剂，通常是一些有机低分子物质。

   A. 稳定剂　　　　　B. 着色剂　　　　　C. 增塑剂　　　　　D. 填充剂

5. （　　　）简称 PE，是由乙烯单体经加成聚合而成的高分子化合物，为无臭、无毒、乳白色的蜡状固体。

   A. 聚苯乙烯　　　　B. 聚乙烯　　　　　C. 聚丙烯　　　　　D. 聚氯乙烯

6. （　　）简称 PS，是由苯乙烯单体加聚合成，因大分子主链上带有苯环侧基，大分子结构不规整、不易结晶，柔顺性很低，因此，PS 是无定型、弱极性高分子化合物。

   A. 聚苯乙烯　　　　B. 聚乙烯　　　　C. 聚丙烯　　　　D. 聚氯乙烯

7. （　　）又称镀锡铁皮，是在薄钢板上镀上一层耐腐蚀的锡层，主要采用酸性电镀工艺，也有采用热镀锡工艺的。

   A. 薄钢板　　　　B. 镀锌薄钢板　　　C. 铝箔　　　　D. 马口铁皮

8. （　　）是采用二氧化碳或氮气等气体置换包装容器中空气的一种包装技术，也称为气体置换包装。

   A. 真空包装　　　B. 脱氧包装　　　C. 充气包装　　　D. 泡罩包装

9. （　　）也称充气包装，就是将包装袋内的空气抽去后再充入一定比例的氮气、二氧化碳和氧气，使氧气的渗入可能性降至最低限度，以抑制微生物的生长繁殖，进而延长产品的保鲜期。

   A. 气调包装　　　B. 活性包装　　　C. 充气包装　　　D. 真空包装

10. 包装模数标准一般为（　　），有了包装模数尺寸，进入流通领域的产品必须按照模数规定的尺寸包装，这有利于各种包装物品的组合、有利于小包装集合包装、有利于集装运输、有利于储存保管、有利于整个物流过程的合理化。

   A. 500 毫米×400 毫米　　　　B. 600 毫米×400 毫米
   C. 700 毫米×400 毫米　　　　D. 600 毫米×500 毫米

四、简答题

1. 什么是食品包装、活性包装、真空包装、气调包装？
2. 简述食品包装的功能。
3. 纸制品包装材料的优点有哪些？
4. 简述塑料材料的主要包装性能指标。
5. 什么是防霉包装？
6. 食品包装设计需考虑哪些因素？
7. 包装容器的要求有哪些？
8. 影响食品包装的因素有哪些？
9. 简述食品包装标准化的意义。
10. 包装测试的步骤都有哪些方面？

五、实训

销售冷藏柜的保养

1. 实训目的

销售冷藏柜是食品物流产品直接面向消费者的环节，冷藏柜的保养若不合理不仅会影响使用寿命、增加能耗，而且会导致物流产品品质变差甚至发生腐败现象。通过冷藏柜的保养操作可以掌握销售端产品质量的保证，延长冷藏柜的寿命。

2. 操作工具

长的软管（能从各个水龙头接到陈列柜的长度）。

推车、铅桶、抹布、刷子、小铲子、手套、清洁剂。

垃圾箱与塑料垃圾袋。

3. 实训步骤

1）陈列柜柜内配件的清洁

先将陈列柜上的商品移到冷藏库或冷冻库中。

关上冷冻机、陈列柜的风扇马达、防露加热器和照明的开关或断路器。

将陈列柜最下层的陈列板和回风口格栅全部拆下，清洗脏处。

注：陈列板和回风口格栅装上推车运到清洗房，用刷子等洗净；

陈列板的反面也要用水洗净；

陈列板和回风口格栅靠在墙壁上待水沥完后，用干布擦干。

2）陈列柜底部的清洁

将充气室和风扇马达叶片的脏痕擦去：用湿布擦去充气室的脏痕。请不要直接浇水或用水冲洗风扇马达、电容器等，否则会引起短路、触电。用湿布擦去风扇叶片上的脏痕。将充气室抬起，用上面的挂钩挂在内壁的插孔上。打开后，用湿布擦去充气室背面的垃圾，用水冲洗前把能用手捡的标签和商品的碎片等垃圾全部捡掉，扔进准备好的垃圾箱。

先不拆下排水滤网，用水冲洗：先不拆下排水滤网，将水龙头关小后冲洗；再清除陈列柜的底面脏痕，对难去掉的脏痕（充气室容易积垢）可用刷子清扫；用手捡去聚集在排水滤网周围的垃圾（用水冲洗底面后，垃圾自然而然地聚集在排水滤网的周围）。将排水滤网拆下，用水洗干净，用水冲洗排水口，用刷子仔细地洗净排水口。然后，将软管插进排水口，加大水的压力充分用水冲洗。用水充分冲洗后，将洗净的排水滤网准确地装上。将充气室放下，把拆下的回风口格栅和陈列板安装回原处。

注：充气室放下时，与底面留有空隙的话会引起冷却不良，请将充气室紧贴底面。

3）陈列柜清洁结束后的工作

打开冷冻机、陈列柜的风扇马达、防露加热器和照明的开关或断路器。

整个柜内冷却下来需要一小时左右，请确定柜内温度情况（适温）后，再陈列商品。

4）蜂窝状出风口的清洁

蜂窝状出风口起着对在柜内循环的冷气进行整流，即形成风幕的作用。如果灰尘等堵住蜂窝状出风口，出风风力会减弱，制冷能力下降，同时还会增加用电量。此外，还会使得陈列柜的顶板上容易形成水滴，而影响陈列柜商品的包装。定期清洁蜂窝状出风口，一年可节约 5%~10%的电费。

在商品上盖上挡灰的布等，双手抓住夹子，将蜂窝拉出。

去除灰尘等杂物，用水洗净蜂窝。

将洗净的蜂窝轻轻地拍打，去除水分后装回原处。蜂窝安装有前后之分，请按正确的图示安装。

4. 讨论

（1）哪些陈列柜是清洁重点？

陈列酱菜、有叶蔬菜、豆制品和乳制品的陈列柜请重点清洁。

（2）陈列柜内积水时，该怎么办？

不随便用水冲，请先将污物刮去后再用水清洗，否则会使得排水存水弯堵塞。

（3）蒸发器上结霜后，怎么办才好？

用热水或水耐心地浇，使其融化。千万不要使用锤子或螺丝刀、小刀等。如果弄破盘管，会引起冷媒气体泄漏。

第 5 章

食品冷却与冻结技术

【学习目标】

　　通过本章的学习，熟悉食品冷却、冻结、预冷、烫漂及回热的概念；熟悉流通加工作用、形式和方法；熟悉食品预冷、冷却、冻结、烫漂的技术；掌握食品流通加工的方法与技术；掌握食品流通加工过程中的管理。

【关键术语】

　　食品冷却，冷冻加工，预冷，烫漂，回热

引 导 案 例

西兰花引起的"中毒"

　　装有西兰花的卡车到达分销中心，两名工人从卡车内的货物中拿出温度数据记录仪，却当即失去知觉。医生初步怀疑西兰花被杀虫剂污染导致工人中毒。随后的检测发现西兰花没有被杀虫剂污染。

　　通过调查发现，卡车的 GPS（全球定位系统）跟踪和温度记录显示西兰花受闷温度升高，呼吸速率加快，引发环境温度升高，高呼吸速率导致车厢内 CO_2 浓度升高，工人失去知觉的原因是进入卡车时暴露在高浓度的 CO_2 中。

　　资料来源：http://www.cnstorage.com/storage/huojia.

　　思考：

　　根据以上内容分析为什么两名工人会失去知觉？如果在运输之初进行预冷处理，是否还会出现以上现象？

5.1　食品冷却加工技术

5.1.1　食品冷却的概念及方法

1. 食品冷却的概念

冷却是指将食品的温度降低到接近食品的冰点但不冻结的一种冷加工方法。一般冷却食品的温度为-4℃~4℃。在这样的温度下，可以抑制食品中微生物的活动和繁殖，抑制食品中酶的分解作用，既能延长食品的保藏期限，又能最大限度地保持食品的新鲜。

2. 食品冷却的方法

常用的冷却食品的方法有冷风冷却、冷水冷却、碎冰冷却和真空冷却等，在使用中根据食品的种类及冷却要求的不同选择不同的冷却方式，见表5-1。本节主要就食品冷却加工技术中的常用方法即冷风冷却法进行介绍。

表 5-1　食品冷却的方法及适用范围

冷却方法	肉	禽	蛋	鱼	水果	蔬菜	烹调食品
冷风冷却	√	√	√		√	√	√
冷水冷却		√		√	√	√	
碎冰冷却		√		√	√	√	
真空冷却						√	

1）冷风冷却法

冷风冷却是利用被风机强制流动的冷空气使被冷却食品的温度下降的一种冷却方法。它是一种使用范围较为广泛的冷却方法。

冷风冷却法多应用于冷却水果、蔬菜，冷风机将冷空气从风道中吹出，冷空气流经库房内的水果、蔬菜表面并吸收热量，然后回到冷风机的蒸发器中，将热量传给蒸发器，空气自身温度降低后又被风机吹出。如此循环往复，不断地吸收水果、蔬菜的热量从而维持其低温状态。冷却时通常把被冷却食品放在金属传送带上，可连续作业。冷风的温度可以根据选择的储藏温度进行调节和控制。

近年来由于冷却销售量扩大，肉类的冷风冷却装置使用普遍。冷风冷却装置中的主要设备是冷风机。随着制冷技术的不断发展，冷风机的开发制造工作也迅速发展。

冷风冷却法还可以用来冷却禽、蛋、调理食品等。

2）冷风冷却的形式

冷风冷却常见有横向吹风和纵向吹风两种形式。传统冷库一般选择纵向吹风方式，如白条肉冷库的制冷设备是落地式冷风机。白条肉挂在吊轨上，在白条肉冻结间中装有假天花板，以形成满堂风道。在与吊轨相对的假天花板上开有送风条缝，从条缝中吹出的冷风正对白条肉的大腿部位。这种假天花板结构需要大量的木材，成本较高。加之气流是自上而下吹送，不适合冻结分层放置的盘装食品。近年来新设计的白条肉冻结间均取消了假天花板。在冷却冻结间中，冷风机顺着房间的长度方向布置，使冷风形成横向循环。因为距离短，比纵向循环效果好，可以缩短冷冻时间。这种结构的冻结间，既可冻结白条肉，也可以冻结用吊笼、货架分层放设的盘装食品。空气在冷风机管束间的速度一般可达 7~10 米/秒，在食品表面的循环速度一般为 3~5 米/秒，冷风机盘为翅片的传热系数一般为 15~19W/（m² · ℃），而食品的冻结时间根据种类而异，一般为 8~24 小时。

冷风冷却法可以广泛地用于不能被水冷却的食品上，其缺点是当室内相对湿度低时，被冷却食品的干耗较大。

5.1.2　果蔬的冷风冷却

1. 果蔬的冷风冷却概述

果蔬的成熟和采摘期多在高温的夏、秋季节进行，采摘的果蔬蓄存有大量的田间热量，这些田间热量促进呼吸作用的增强，消耗大量有机物质，同时放出热量，加剧了微生物的繁殖和营养成分的消耗破坏，导致果蔬的衰老与死亡，降低了经济价值。因此，在果蔬采摘后，需要尽快冷却来消除田间热量和控制呼吸强度，这也是果蔬保鲜的关键环节。长期储藏的果蔬实践表明，果蔬在采集后冷却得越快，则其后熟作用及病害发展过程越慢。例如，采集后 24 小时内冷却的梨，在 0℃下储藏 5 个星期不腐烂，但是采集后经过 96 小时才冷却的梨，在 0℃下储藏 5 个星期就有 30% 腐烂。苹果在 10 月采集后还没有完全成熟，入库苹果不冷却，在 20℃温度下，每天重量损失达10%，苹果生命力最高为 10 天；若在 4.4℃下，每天重量损耗为 1%，这样，苹果生命力达 100 天。这说明采集后若不迅速冷却，因果蔬的品温较高，其呼吸作用较强，营养物质减少，品质风味变差，抗病性及耐藏性都大为减弱。可见，将采集的果蔬迅速冷却，能延长它们的储藏期。在我国北方地区，昼夜温差大，可以采取自然方法冷却，即将采集后的果蔬堆放在田间、树下或者棚内，利用夜间冷空气冷却降温。

目前，果蔬大都不在产地冷却，而是将其包装后直接运往冷库进行冷却和冷藏。这就要求在果蔬入库前要进行抽验整理工作，剔除那些不能长期储藏的果蔬，比如在运输中造成机械损伤或者已经腐烂的果蔬。一般将运到的果蔬按 1%~2% 抽样检验，查明烂耗比例和成熟情况。若烂耗很少，可不必重选处理。若发现包装容器损坏，应当加以修补，对于破损严重的包装则需更换。在搬运装卸时，尽量做到轻拿轻放，减少果蔬摔碰磕压等机械伤。另外，在储藏前应对库房和垫板、工具等进行消毒，库房要通风，并保持合适的库温。

2. 果蔬的采集、分级和包装

1）采集

果蔬采集工作做得如何，直接影响原料的品质和运输、储藏等环节。为了保证冷加工产品的质量，果蔬要达到最适宜的成熟度才可以采集。

果实的成熟过程大体可分为绿熟、坚熟、软熟和过熟四个过程。绿熟期果实已充分长成，但还未显出色彩，仍有绿色（本身为绿色果蔬除外）。这时果实肉硬，缺乏香气和风味，但是适于储藏和长途运输。坚熟期果实已经充分长成，适当地表现出应有的色彩香气和风味，肉质结实但不软，适于储藏短途运输和加工。果实到软熟期，色、香、味已充分表现，肉质变软，适于食用和加工，但已不适于储藏和运输。过熟的果实，组织细胞解体，失去食用和加工价值。

蔬菜一般以幼嫩为好，果菜类一般宜在坚熟和软熟期采摘，而马铃薯和洋葱则宜在充分长成后再采集。有后熟能力的果蔬，如苹果、梨、柑橘、番茄等可在成熟度达七八成时采集，香蕉要更早一点。

2）分级

果蔬在生长过程中，由于发生病虫害，产生携带病菌和虫卵的果蔬。采集不当会造成机械损伤。另外，果蔬在大小、成熟度和色泽上也不一致，所以在采集后应当进行挑选分级，剔除畸形的以及坏、伤、烂、残的果蔬，使产品均一，以便包装、运输和储藏。果蔬有的按照产品品质分级，有的按照产品大小进行分级。

3）包装

为了便于运输和久存，保证果蔬的质量，要将分级后的果蔬加以包装。

包装容器有盛装和保护两重作用，因而要求其材料质轻而坚固，可耐重压，没有异味，价廉易得。包装容器的大小要适宜，以便搬运和堆放。常用的有木箱和纸箱，这类容器比较坚固耐压，容量固定，适于长途运输。木桶、竹篓、筐、草包等应用也很普遍，成本较低。

所有包装容器内最好有衬纸，以减少果蔬的擦伤。有些质量好能长期储藏的水果，可以逐个用纸包裹后再装入容器。包装纸可以减少水果的水分蒸发，而且纸张还有隔热功能，能阻止温度骤变。另外，包装纸可以减少腐烂的蔓延，减少机械损伤以及降低水果的呼吸强度。包装用的纸不宜过硬过薄，要有足够的大小，要使果品完全被包住。为了减少果品的腐烂和防止霉菌的繁殖，可以采用经化学药品处理过的包装纸，如浸过硫酸铜或者碳酸铜溶液的包装纸，对防止青霉菌的活动有一定效用。用浸过碘液的纸包水果，效果会更好，如用浸过联苯的纸包柑橘，可减少腐果率。用蜡纸或者经矿物油处理过的纸包苹果，不仅可减少水分损失，还可预防一种生理病——烫伤病的发生。

果实装入容器时要仔细排列，使其互相紧挨着，不晃动也不挤压。为了避免在搬运时或者在运输途中摇动和摩擦，减少摔碰磕破的损耗，可以在果实周围的空隙中添加填充物。这对于苹果、梨等，在寒冷地区运输时还有防冻的作用。填充物应当干燥，不吸水，无臭味，重量轻，如纸条、铁屑、刨花等均可。

5.1.3 果蔬的保鲜加工

1. 一般冷空气冷却法

一般冷空气冷却法是在高温库的冷却间或者冷库的穿堂内冷却。冷却间的温度视果蔬的品种而定，一般在 0℃~5℃。若温度过低，接近果蔬冻结点时，会发生"冻伤"现象。相对湿度在 85%~90%，空气流速为 0.5 米/秒，经过 24 小时，盛果蔬的容器中心温度达到 5℃左右，完成冷却过程。有些果蔬，如栗子、毛豆需拆包后倒在席子上摊开冷却，待冷却后再包装。在冷却时，一般采用交叉堆码方法，以保证冷空气流通，并加速果蔬的冷却。

对于直接入库冷藏的果蔬，可以采取逐步降温的方法，使果蔬由常温逐渐冷却，然后定温冷藏。如大白菜直接入冷藏高温库后，应当先降温到 6℃，相对湿度为 85%~90%，可储藏 3~4 个月。这样基本上就可以恒定不动了。为了提高大白菜的冷藏质量，冷间的蒸发温度与冷间温度之间的温差越小越好，并且应当有良好保持湿度的设备，同时注意不能与产生乙烯的果蔬储藏在一起，以免污染。

2. 压差通风式冷却法

对于果蔬类易腐食品，应当采用冷却速度更快的冷风冷却方法——压差通风冷却法。压差通风冷却法与强制通风冷却类似，但包装果蔬的纸条两侧必须打孔，用压差板把冷风从箱子的孔引入箱子内部，这样达到提高冷却速度的目的。箱子孔的大小以及多少，要根据果蔬食品的品种以及充填层而定，其标准是冷风在一定时间里，能顺利地在箱子内部流动。包装箱需按特别的码垛方式码放在风道两侧，用风机强制循环冷风在包装箱的两侧产生压力差，冷风从箱内通过，将包装箱内的果蔬热量带走来达到冷却果蔬的目的。

包装箱要求每层箱子的孔必须相通，这样，冷风才能顺利地通过。码放上一层箱子时，要相对下一层箱子调转 90 度，但是也必须把每个箱子的孔对齐。压差通风式冷却法的优点是，冷却速度比强制通风冷却要快 2~6 倍，果蔬从常温冷却到 5℃左右，只需 2~6 小时，果蔬冷却比较均匀，适宜各种蔬菜的预冷；其缺点是压差通风冷却的一次处理能力比强制通风冷却要低，码堆时间比强制通风冷却要长。压差通风冷却库的造价比真空冷却装置要低，但比强制通风冷却库要高。

3. 延长果蔬的休眠期

某些果蔬发育成熟后，体内积累了大量营养物质，原生质发生变化，代谢水平降低，生长停止，水分蒸腾减少，呼吸作用减缓，一切生命活动都进入相对静止的状态，对不良环境的抵抗能力增强了，这种现象称之为休眠。这是果蔬在生长过程中，为了适应不良环境条件所形成的一种特性。果蔬在休眠期内，仍然保持着生命活力，但是生理代谢作用已降到最低限度，有机物的消耗和水分的蒸发也减少到最低限度。所以，果蔬的休眠对其营养成分和品质的变化是有利的。同时进入休眠期的果蔬能产生一种叫休眠素的脱落酸(ABA)，制止生长素对酶的作用，阻碍有机物的水解。

有些果蔬如洋葱、马铃薯、白菜、卷心菜以及个别品种的橘子等，在冷藏前要暂时放在合适的条件下，除去多余的水分或者适当冷却，比立即冷却效果好。如洋葱在收获后进入休眠状态，不需要立即冷却，而是需要一段时间进行干燥，当休眠期结束时再进行 0℃ 的冷藏，可达到 4~6 个月防止发芽。马铃薯在收获后也会进入休眠状态，由于温度较高(10℃~15℃)，应当放在多湿的地方 2~3 周，当休眠结束时，再在 3℃~5℃ 的环境中冷藏。

果蔬在储藏过程中，要采取更多的技术措施，使之延长休眠期，以减少营养成分的消耗，才能提高保鲜储藏果蔬的效果。

5.1.4 畜肉的冷却加工

1. 牲畜死后的变化

牲畜被屠宰以后，肉尸在体内酶和外界微生物的作用下，会发生一系列物理及化学变化。这些变化主要分死后僵直、成熟、自溶和腐败四个阶段。僵直和成熟阶段，肉是新鲜的，自溶现象的出现标志着腐败变质的开始。

1）肉的僵直

畜禽经屠宰后，由于停止呼吸，正常生理代谢机能被破坏，维持肌质网微小器官机能的 ATP 水平降低，导致肌质网机能失常，肌小胞体失去钙泵作用，Ca^{2+} 失控逸出而不被收回。高浓度的 Ca^{2+} 激发了肌球蛋白 ATP 酶的活性，从而加速 ATP 的分解。同时肉内糖原的分解是在无氧条件下进行的，产生乳酸及磷酸，化学方程式为

$$(C_6H_{11}Os)n+nH_2O-2nC_3H_6O_3+热量$$

由于糖原无氧酵解产生乳酸，致使肉的 pH 值下降，经过 24 小时后，肉中的糖原量会减少 0.42%，pH 值可从 7.2 降到 5.6~3.0。但当乳酸生成到一定界限时，分解糖原的酶类将逐渐失去活力，而另一种酶类——无机磷酸化酶的活性则大大增强，开始促使三磷酸苷迅速分解，形成磷酸，从而使 pH 值继续下降至 5.4。牲畜死后 pH 值下降的速率受遗传特性、尸体温度及各种肉类相互混杂放置等的影响。一般肉类在 pH 值为 5.4~6.7 时即僵硬。肌肉僵硬出现的早晚和持续时间的长短与动物种类、年龄、环境温度、牲畜生前的生活状态以及屠宰方法有关，通常开始于宰后 8~12 小时，20 小时后逐渐终止，又开始软化，从尸僵开始到结束的时间越长，肉类保持新鲜的时间也就越长，这期间温度越低，保持的时间越长。处于僵硬期的肉，肌纤维粗糙僵硬，肉汁变得不透明，产生异味，食用价值及滋味都较差。不同种类家畜屠宰后肌酵解和僵直过程见表 5-2。

表 5-2　不同种类家畜屠宰后肌酵解和僵直过程

种类	急速期开始时间（分钟/37℃）	最初 pH 值（宰后 1 小时）	急速期开始时 pH 值	极限 pH 值
马	238	6.95	5.97	5.51
牛	163	6.74	6.07	5.50
猪	50	6.74	6.51	5.57
羊	60	6.95	6.54	5.60

肌肉在进入僵直阶段时，糖原分解产生的乳酸与 ATP 分解释放的磷酸，共同形成肉的酸性介质。该酸性介质不仅能使最初呈中性或者微碱性的肉变为酸性，同时显著地影响肌肉蛋白质的生物化学性质及胶体结构。

牲畜在宰前就已患病等情况，会影响僵直情况。主要有以下三种情况。

（1）酸性僵直。安静状态下屠宰后出现的僵直，僵直从酸性开始，最终 pH 值为 5.7。

（2）碱性僵直。疲劳状态下屠宰后出现的僵直，肌肉大部分为碱性或中性，最终 pH 值为 7.2。

（3）中间型僵直。断食状态下屠宰后出现的僵直。僵直开始为弱碱性或中性，最终 pH 值为 6.3~7.0。

2）肉的成熟

宰杀后放置 2~4 昼夜的肉尸，因为 Ca^{2+} 在酸性介质的影响下，从蛋白质化合物中脱出，并且引起部分肌凝蛋白的凝结与析出，因而使肌浆中的液体部分分离出来，所以这种肉的切面水分比较多，煮出的肉汤也较透明。另外，酸性介质使肌间粗硬的结缔组织中的主要成分胶原吸水明胶化而膨胀软化，不溶性的硬蛋白质开始转化等，从而使适口性有所改善。再加上适宜的 pH 值使肌纤维细胞器溶酶体中的组织蛋白酶开始发挥作用，缓慢地分解肌肉中蛋白质为小分子肽或者氨基酸、核苷酸，这不仅使蛋白质结构松弛，同时赋予肉一种特殊香味和鲜味。

继僵硬之后肌肉开始变为酸性，组织比较柔软嫩化，具有弹性，切面富含水分，有香味，易于煮烂和嚼，这种食用性质改善的肉称为成熟肉，这种变化过程称为肉的成熟。肉在供食用之前，原则上是需要经过成熟过程来改进其品质，特别是对于牛肉和羊肉，成熟对提高风味是完全必要的。成熟肉与未成熟肉的区别见表 5-3。

表 5-3　成熟肉与未成熟肉的区别

成　熟　肉	未成熟肉
煮熟的肉：柔软多汁，有肉的特殊滋味和气味	煮熟的肉：坚硬、干燥，缺乏肉的特殊滋味和气味
肉汤：透明，有肉汤所特有的滋味和气味	肉汤：混浊，缺乏肉汤特有的滋味和气味

3）肉的自溶

肉在成熟过程中，主要是糖酵解酶类及无机磷酸化酶起催化作用，而蛋白质分解酶的作用几乎完全没有表现出来或极其微弱。但随后由于肉的保藏不适当，如未经冷却即行冷藏，或相互堆叠无散热条件，使肉长时间保持较高的温度，此时即使组织深部没有微生物存在，也会因为组织蛋白酶催化的作用自体分解。众所周知，内脏中组织酶比较丰富，其组织结构也适合酶类活动，故内脏在存放时较肌肉类更容易发生自溶。

肉在自溶过程中虽然有种种变化，但主要是蛋白质的分解，除产生多种氨基酸外，还放出硫化氢与硫醇等有不良气味的物质，一般没有氨或者氨含量极少。当放出的硫化氢与血红蛋白结合，形成硫血红蛋白时，会使肌肉和肥膘出现不同程度的暗绿色斑，所以肉的自溶也称变黑。此时，肌肉松弛、缺乏弹性、无光泽，而且带有强烈的酸性，硫化氢反应呈阳性。

自溶不同于腐败，自溶过程只将蛋白质分解至可溶氮与氨基酸为止，即分解至某种程度达到平衡状态时就不再分解了。自溶是承接或者伴随成熟过程进行的，两者之间很难划出界线，同样自溶与腐败之间也没有绝对界限。自溶过程的产物低分子氨基酸是腐败微生物的良好营养物质，在环境适宜时微生物就会大量繁殖而导致更严重的后果，因此保持肉的清洁十分必要。

当肉因自溶作用已发展到具有强烈的难闻气味并严重发黑时，则不宜销售，必须经过高温或者技术加工后方可食用。如轻度变色、变味，可以将肉切成小块，置于通风处，驱散其不良气味，割掉变色的部分后，才可以食用。

4）肉的腐败

肉在成熟和自溶阶段的分解产物，为腐败微生物的生长繁殖提供了良好的营养物质，随着时间的推移，微生物大量地繁殖，必然导致肉发生更加复杂的分解反应。此时，蛋白质不仅被分解成氨基酸，而且氨基酸再经脱氨、脱酸、分解作用使之分解成更低级的产物，如吲哚、甲基吲哚、酚、腐胺、尸胺、酪胺、组胺、色胺等及各种含氮的酸和脂肪酸类，最后生成硫化氢、硫醇、甲烷、氨及二氧化碳等，这就是由微生物作用引起的腐败过程。

腐败被认为是变质中最严重的形式，因为腐败分解的生成物，如腐胺、吲哚、甲基吲哚、硫化氢都有强烈的令人厌恶的臭气，胺类还有很大的生理活性，如酪胺（一种强烈的血管收缩剂）可以使血压升高、组胺可以引起血管扩张。

任何腐败阶段的肉对人体都有危害。不论是参与腐败的某些微生物及其毒素，还是腐败形成的有毒分解产物，都能使人产生某种疾病或引起人的中毒。另外，由于肉的成分的分解，必然使其营养价值显著降低。

2. 畜肉类冷风冷却工艺

1）一次冷却工艺

畜肉的冷却过程宜在最短的时间内完成。因此，冷却时应当采用尽可能低的温度，但不能使肉体内部冻结。畜肉类冷却一般用–15℃冷却系统制冷装置来完成。冷却间的一端安装有干式冷风机。畜肉类冷却时，冷却间的空气借助于干式冷却盘管与盘管内的制冷剂氨液进行热交换，从而使吸入空气温度降低成为低温空气再从干式冷风机的顶部吹到冷却间内。冷风由风道口吹出，从上向下，畜肉类挂在吊钩上，并列地放置，中间留有间隔，冷风从这些间隙中流过，使畜肉类食品快速冷却。

一次冷却工艺的方式有两种。

（1）隧道式冷却间。隧道式冷却间有纵向吹风和横向吹风两种。纵向吹风是由空气冷却器出来冷风进入隧道而形成的，并在吊挂在轨道上的白条肉中间流动使肉冷却。横向吹风是由平行于冷却间的长轴将隧道式冷却间分成两部分，从空气冷却器出来的冷风以垂直于隧道纵轴方向进行流动，同时将白条肉冷却。为了使白条肉冷却均匀，可以用反转风机使冷空气流在隧道中改变方向。当冷却间的温度在–2℃，风速为 2~3 米/秒，冷却时间经过 16~18 小时，可使肉温由 35℃降至 0℃~4℃完成冷却过程。

（2）假天花板的冷却间。假天花板的冷却间是采用落地式空气冷却器或者吊顶式空气冷却器（均称为干式冷风机），使空气变为冷气后由轴流风机送至假天花板上面，冷风由此经缝隙进入冷却间并吹白条肉的臀部。当冷却间的温度为–2℃，风速在 0.6 米/秒时，经 20~22 小时冷却，可以使肉温由 35℃降至 0℃~4℃完成冷却过程。

畜肉类的冷却速度取决于冷却室内的温度、相对湿度、空气的流速以及肉体的厚度、肥度等。

由于热鲜温度高，表面潮湿，为了以最快的速度使肉体温度下降，缩短冷却时间，冷却间在未进鲜肉之前，应当先开启干式冷风机，将冷却间的空气温度降低到–4℃~–3℃，以使大量肉体热量迅速导出。在进货结束时，库内温度也只允许有小幅度的上升，浮动最高不得超过 4℃，最好控制在 0℃左右。经过 10 小时后，整个冷却过程的空气温度应当稳定在–1℃~0℃，不能有较大幅度的波动。

空气相对湿度既要考虑为使肉体表面尽快结成干燥膜，控制微生物的繁殖，相对湿度不宜过高，又需要考虑相对湿度过低会因介质与肉体间的湿差过大而引起肉体过分干缩。因此，空气相对湿度宜分两阶段调整。冷却的初始阶段，相对湿度控制在 95%~98%；6~8 小时以后，相对湿度则维持在 90%~92%。这样，既可以保证肉体表面形成风干的保护膜，抑制微生物的繁殖，又不至于因水分过多蒸发而引起重量损失。

空气流动速度是影响冷却速度和干耗的重要因素。在其他因素不变的情况下，增加空气流速可以达到提高冷却速度的目的。但是过强的空气流速会增加干耗。所以，冷却过程中，空气流速一般为 0.5~1.5 米/秒，不宜超过 2 米/秒。干耗量平均为 1.3%左右。

畜肉的冷却时间受多方面因素影响。在其他条件相同时，如猪白条肉在 0℃中冷却需 36 小时才能达到 0℃，若在–2℃中冷却时需要 24 小时；又如空气流速为 0.1 米/秒时，需要 32 小时才能达到 3℃，而当空气流速增至 0.55 米/秒，则需要 21 小时；再如由于肉体本身厚薄大小不同，一般情况下，猪肉条和 1/4 片牛白条肉最后部中心温度冷却至 0℃~4℃需 20 小时，而羊整腔只需 10~12 小时。各类畜肉的冷却条件见表 5-4。

2）两阶段冷却工艺

（1）工艺介绍。随着人们生活水平的提高、膳食结构的改变，冷却肉将逐渐取代冷冻肉、热鲜肉而成为日常生鲜肉品消费的主流和高档深加工肉制品的原料。冷却肉指按照规范化的工艺屠宰后的畜胴体，迅速进行冷却处理，使胴体温度在 24 小时内降为

表 5-4　各类畜肉的冷却条件

冷却过程	半片猪白条肉		1/4 牛胴体		羊胴体	
	室温/℃	相对湿度/%	室温/℃	相对湿度/%	室温/℃	相对湿度/%
在装入冷却间以前	−4～−3	90~92	−1	90~92	−1	90~92
冷却间装满以后	0~3	95~98	1~3	95~98	0~3	95~98
装入 10 小时以后	−2~0	90~92	−1~0	90~92	0~3	90~92
装入 20 小时以后	−3~0	90~92	−1~0	90~92		

0℃~4℃，并在后续的加工、流通和零售过程中保持在这一温度内的肉。与热鲜肉相比，冷却肉始终处于冷却温度环境下，大多数微生物的生长繁殖被抑制，可以在一定时间内保证肉的安全卫生。而且冷却肉经历了较为充分的解僵成熟过程，质地柔软有弹性、滋味鲜美，与冷冻肉相比，冷却肉具有汁液流失少、营养价值高的优点。

为了提高冷却肉的质量、保证其安全性、降低冷却的时间、减少胴体冷却失重，肉类研究者开发出了很多冷却工艺，如常规冷却、快速冷却、延迟冷却和喷淋冷却等。

常规冷却为一般式冷却，冷却温度一般控制在 0℃~4℃，胴体通常在 24 小时后冷至 44℃以下。冷却加工的参数对胴体的品质以及胴体的失重、冷却耗能和冷却效率有影响。

冷却风速低于 0.5 米/秒，冷却速度过低；大于 0.5 米/秒的风速会大大增加胴体的失重。较低的空气相对湿度增加胴体的失重，过高的相对湿度则不利于产品微生物的稳定性。

为了解决一次冷却给冷却肉造成的不良影响，又出现了一种更加有效的两阶段冷却工艺，此种工艺冷却出的产品肉质好、省时间、干损耗小。

（2）具体实施方式。两阶段冷却工艺，其特征在于，对动物胴体采用两段式冷却，第一段为低温速冷，一般采用−30℃~−15℃的温度，持续时间为 2~10 小时，在该速冷却过程中肉温快速下降，肉表面水膜变成冰膜，它既能保护肉表面，又不为微生物污染，还防止肉内水分蒸发；然后转入第二段温度平衡阶段，历时约 16 小时。

两阶段冷却工艺在宰后初期与常规冷却工艺相比，不仅可有效降低猪背最长肌温度，而且能使猪背最长肌 pH 值下降缓慢；经过两阶段快速冷却工艺的猪胴体背最长肌，PSE 猪肉百分数由常规冷却工艺的 18.6%降至 16.7%，两阶段快速冷却可降低 PSE 猪肉的发生，进而改善猪肉的肉色，胴体总体失重率较低，但不同批次间胴体的失重率相差较大，这与宰前管理和冷却间温度控制有关，应避免宰前应激，保持排酸间温度恒定，以进一步降低失重率，增加企业效益。

生产过程中多次采用热水洗，并且燎毛过程对减少微生物有重要作用。微生物菌落总数和大肠杆菌群控制水平高于行业标准，沙门氏菌未检出，说明生产工艺合理。

从各国的情况看，丹麦所采用的两阶段冷却法比较先进。第一阶段冷却时在计算机控制的冷却隧道进行，隧道的温度控制在−12℃，风速为 2 米/秒，每小时循环的风量是隧道容积的 400 倍；第二阶段冷却是在冷却间进行，室温为–2℃~0℃，风速为 105 米/秒，每小时循环风量是 20~30 倍容积，整个冷却过程可在 14~18 小时内完成。

（3）采用两阶段冷却法的优缺点。采用两阶段冷却法的优点如下。

① 冷却肉的质量优于一般冷却法，肉表面干燥，外观良好，肉味佳。

② 肉品的干耗损失少，比一般冷却法减少干耗量 40%~50%，平均约为 1%，如德国为 0.9%，丹麦为 0.7%。

③ 快速冷却的肉在分割时汁液流失减少 50%。

④ 在相同的生产面积下加工量比一般方法增加 1.5~2 倍。

但两阶段冷却法也存在着问题。如澳大利亚研究者发现，两阶段冷却法可能会引起牛肉和羊肉的寒冷收缩现象，导致肉在进一步后熟时也不能得到充分软化。此外，冷却肉在 0℃左右的冷却物冷藏间内只能储藏 1~2 周。

（4）畜肉在冷却过程中的变化。

① 水分蒸发引起的干耗。在冷却初始阶段，由于热鲜肉本身水分多，而且温度高、热量大，肉与冷却间的温度差较大，所以蒸发的水分较多，干耗也比较大。随着冷却时间的推延，肉体温度降低，肉体表面干燥膜形成，水分的蒸发量逐渐减少，干耗变小。

② 成熟作用。在冷却的低温下，肉类的死后僵直变化缓慢进行，所以僵直持续的时间较常温下延长。经过一段时间后，肉体才开始解僵进入成熟阶段。经过冷藏过程，肉体成熟作用才会逐渐完成。

③ 寒冷收缩现象。两阶段快速冷却法会使肉体产生寒冷收缩现象。寒冷收缩现象，是指肉体肌纤维在死后僵直之前，遇到快速冷却使肉温急剧降低引起的程度不等的肌肉收缩变硬现象。这是一个不可逆转的变化。发生寒冷收缩的肉体，肉质会变硬、韧性增大、嫩性变差，解冻时会出现大量汁液流失。在后期的成熟阶段，这样的肉也不能再充分软化，烹调加工时，肉的保水性和柔软度都会受到较大影响。

当肉的 pH 值降至 6.2 以前，冷却间温度 10℃以下时，寒冷收缩现象较易发生。其原因主要是，当肉体尚未发生尸僵，肉的 pH 值还未降至 6.2 以下时，肌肉含大量的糖原和三磷腺苷。这时若肌肉表面温度降低太快，在一定范围内，由于酶的作用，糖酵解反应以及三磷腺苷的分解会加速进行，使肌浆网内摄取 Ca^{2+} 的能力降低，同时 Ca^{2+} 也会从线粒体游离到肌浆中，使肌浆中的 Ca^{2+} 浓度急剧增加。这样失去对调整性蛋白质——肌球蛋白质以及肌动蛋白质之间的抑制作用，从而增加了肌肉不可逆的强烈收缩。

寒冷收缩主要在牛肉和羊肉上发生，猪胴体由于脂肪较厚，导热性差，pH 值下降较快，寒冷收缩现象较为轻微。为了预防寒冷收缩现象发生，国外对两阶段快速冷却法的冷却温度和冷却时间作出了规定与限制。经实践证明，当死后肌肉的 pH 值迅速降低到 6 以下，即可避免寒冷收缩的危险，因而可以采用电刺激等方法来预防寒冷收缩。

电刺激不仅可以促进肌肉中 ATP 的消耗并使 pH 值降到 6 以下，而且对促进肉质色泽鲜明、肉质软化以及改善肉的嫩度等有明显作用。特别是经过电刺激的热鲜肉，易于施行热剔骨，从而可以节省 30%~50%的冷却能量和 70%~80%的冷库容积，对提高肉类冷藏企业的经济效益有一定意义。

④ 肉色泽的变化。肉色泽的变化对评定商品的价值具有重要的意义。

肉在冷却过程中，经过一定时间，其表面及切开面的颜色会由原来的紫红色变为艳丽的亮红色，继而又会慢慢变成不良的褐色。这主要是因为冷却中的肉体表面水分逐渐蒸发，肉质浓度加大，肌肉中的色素蛋白即肌红蛋白呈现出紫色；肌红蛋白轻微地和氧结合生成氧和肌红蛋白时，肌肉又变成美丽的亮红色；当肌红蛋白或氧和肌红蛋白发生强烈氧化时即生成氧和肌红蛋白，当这种氧和肌红蛋白的数量超过 50%时，肉便会呈现出不良的褐色。

肉色泽的变化是经常发生且难以避免的。为了提高商品的价值，应当尽量采取措施减缓肉体氧化的进行，防止出现不良的褐色。另外，肉在冷却过程中，还有极少数会变绿、变黄、变青或出现荧光灯变化，这是由于细菌、霉菌繁殖，蛋白质分解而产生的特殊现象。

5.2 食品冻结加工技术

5.2.1 食品冻结技术原理

1. 食品冻结的概念

凡是将食品中所含的水分大部分转变成冰的过程，称为食品的冻结。水产品体内组织中的水分开始冻结的温度，即冰晶开始出现的温度称为冻结点。冻结点随水分子浓度不同而发生变化，由于冻结食品中的水分都以溶液形态存在，所以冻结点各不相同，见表 5-5。

表 5-5　几种常见食品的冻结点

品种	冻结点/℃	含水率/%	品种	冻结点/℃	含水率/%
牛肉	−0.6~−1.7	71.6	葡萄	−2.2	81.5
猪肉	−2.8	60	苹果	−2	87.9
鱼肉	−0.6~−2	70~85	青豆	−1.1	73.4
牛奶	−0.5	88.6	橘子	−2.2	88.1
蛋白	−0.45	89	香蕉	−3.4	75.5
蛋黄	−0.65	49.5			

食品冻结的原理就是将食品的温度降低到其冻结点以下，使微生物无法进行生命活动，或者使生物化学反应速度减慢，达到食品能在低温下长期储藏的目的。食品冻

结的实质是其中水分的冻结，水分子形成冰晶。

冰晶是水汽在冰核上凝华增长而形成的固态水成物。冰晶的形成要有冰核，冰核不要求能溶解于水，但要求其分子结构与冰晶类似，便于水分子在核面上按一定的规则排列成为冰晶。水汽能在冰晶表面上直接凝华，使冰晶不断增大，过冷却水滴与冰晶接触一般也会立刻冻结，所以冰晶本身就是冰核。

水产品的温度降至冻结点，体内开始出现冰晶，在冰点以下水分子以液态和固态共存。此时残存的溶液浓度增加，其冻结点继续下降，要使水产品中的水分全部冻结，温度要降至–60℃，这个温度称为共晶点。

2. 食品产生冰晶的条件

水或水溶液的温度降至冻结点时并不是都会结冰，较多的场合是温度要降到冻结点以下，并造成过冷却状态时，水或水溶液才会结冰。当冰晶产生时会放出相变热，使水或水溶液的温度再度上升至冰结点温度，如图 5-1 所示。

水或水溶液结冰时，被称为"冰结晶之芽"的晶核是形成的必要条件。当液体处于过冷却状态时，由于某种刺激作用会形成晶核，比如溶液内局部温度过低，水溶液中的气泡、微粒以及容器壁等都会刺激形成晶核。由温度起伏形成的晶核称为均一晶核，除此之外形成的晶核称为非均一晶核。食品是具有复杂成分的物质，其形成的晶核属于非均一晶核。

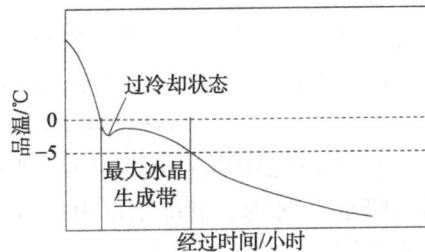

图 5-1　冻结时食品中心温度的变化

晶核形成以后，冰结晶开始生长。冷却的水分子向晶核移动，凝结在晶核或者冰结晶的表面，形成固体的冰。晶核形成的速度与冰晶生长速度的关系如图 5-2 所示。

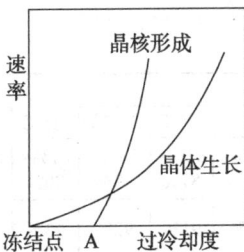

图 5-2　晶核形成的速度与冰晶
生长速度的关系

图 5-2 中 A 点是晶核形成的临界温度。在过冷却度较小的区域（冻结点至 A 点之间），晶核形成数少，但是以这些晶核为中心的冰晶生成速度快；过冷却度超过 A 点，晶核形成的速度急剧增快，但是冰晶生长的速度相对比较缓慢。

食品冻结时，冰晶体的大小与晶核数直接相关。晶核数越多，生成的冰晶体就越细小。在缓慢冻结时，晶核形成时放出的热量不能被及时除去，过冷却度小且接近冻结点，对晶核的形成十分不利，晶核数少且形成的冰晶体大。快速冻结时，晶核形成时放出的热量可以及时被除去，过冷却度大，当超过 A 点后晶核大量形成，且冰晶生成有限，生成大量细小的冰晶体。

为了促进晶核的生成，日本采用微生物作为冻结促进剂——一种已商品化的冰核活性菌，具有可以形成水冻结时的晶核的功能，加快冻结的进行，减少能耗，经试验表明，可降低能量消耗 10%~15%。

3. 食品的冻结率

纯水通常在大气压下温度降至 0℃就开始结冰，0℃称为水的冰点或者冻结点。食品中的水分不是纯水，是含有有机物质和无机物质的溶液，这些物质包括糖类、盐类、酸类及水溶性蛋白质、维生素和微量气体等。根据拉乌尔（Raoul）定律，溶液冰点的降低与溶质的浓度成正比。1 千克水中每增加 1 摩尔（mol）溶质，水的冰点就下降 1.86℃，因此食品的温度要降至 0℃以下才能产生冰晶，此时冰晶开始出现的温度即食品的冻结点。由于食品的种类、动物类死后条件与肌浆浓度不同，各种食品的冻结点也不相同。一般食品冻结点的温度范围为–2.5℃~0.5℃。

食品温度降至冻结点后其内部开始出现冰晶。随着温度继续降低，食品中的水分冻结量会逐渐增多，但是若要食品内含有的水分全部冻结，温度要降至–60℃左右，该温度称为共晶点。要获得这样低的温度，在技术上和经济上都有难度，故目前大多数食品冻结只要求食品中绝大部分水分冻结，品温在–18℃以下便达到冻结储藏要求。食品在冻结点与共晶点之间的任意温度下，水分冻结的比例称冻结率（ω），以质量分数表示，其近似值可用下式（Heirs 式）计算：

$$ω =(1-食品的冻结点/食品的温度)×100\%$$

假设某产品的冻结点为–1℃，当温度降至–5℃时，ω =1– (–1/–5) ×100%=80%。而温度降至–18℃时，其冻结率为 94.4%，即 94.4%的水分已冻结。表 5-6 为各类常见食品在不同温度下的冻结率。

从表 5-6 中可知冻结食品的冻结点大多在–1℃左右，因此影响产品冻结率的主要是食品的温度。在–5℃时，80%的水分子已冻结成冰晶，因此一般冻结食品温度区间为–5℃~–1℃，称为最大冰晶生成带，也就是食品冻结时生成冰结晶最多的温度区间。也有人提出，–15℃~0℃区间为最大冰晶生成带。

表 5-6 常见食品的冻结率

食品	温 度												
	–1℃	–2℃	–3℃	–4℃	–5℃	–6℃	–7℃	–8℃	–9℃	–10℃	–12.5℃	–15℃	–18℃
肉类，禽类	0~25%	52%~60%	67%~73%	72%~77%	75%~80%	77%~82%	79%~84%	80%~85%	81%~86%	82%~87%	85%~89%	87%~90%	89%~91%
鱼类	0~45%	0~68%	32%~77%	45%~82%	84%	85%	87%	89%	90%	91%	92%	93%	95%
蛋类、菜类	60%	78%	84.5%	81%	89%	90.5%	91.5%	92%	93%	94%	94.5%	95%	95.5%
乳	45%	68%	77%	82%	84%	85.5%	87%	88.5%	89.5%	90.5%	92%	93.5%	95%
西红柿	30%	60%	70%	76%	80%	82%	84%	85.5%	87%	88%	89%	90%	91%
苹果、梨、土豆	0	0	32%	45%	53%	58%	62%	65%	68%	70%	74%	78%	80%
大豆、萝卜	0	28	50%	58%	64.5%	68%	71%	73%	75%	77%	80.5%	83%	84%
橙、柠檬、葡萄	0	0	20%	32%	41%	48%	54%	58.5%	62.5%	69%	72%	75%	76%
葱、豌豆	10%	50%	65%	71%	75%	77%	79%	80.5%	82%	83.5%	86%	87.5%	89%
樱桃	0	0	0	20%	32%	40%	47%	52%	55.5%	58%	63%	67%	71%

资料来源：白世贞，曲志华. 冷链物流[M]. 北京：中国物资出版社，2012.

4. 冻结时放出的热量

食品冻结时放出的热量有以下三个组成部分。

（1）冷却时的热量 q_c。

（2）形成冰时放出的热量 q_i。

（3）自冰点至冻结终温时放出的热量 q_e。

在冻结过程中，若食品某一部位的温度高于冰点，而其他部位低于冰点，则上述三部分放出的热量同时存在；若食品任何部位的温度均处于冰点，则冻结时只有后两部分热量放出；若食品任何部位的温度都在冰点以下，则所放出的热量仅是第三部分。

冻结时三部分热量不相等，以水变为冰时放出的热量为最大，第二部分的降热过程是制冷机负荷最高的过程。

冻结时总热量的大小与食品中的含水量密切相关，含水量大的食品其总热量亦大。

5. 食品的冻结速度

人们对食品冻结速度快与慢的划分，目前还没有统一标准。冻结速度通常以时间来划分或者以距离来划分。以时间划分，指食品中心温度从 -1℃降到 -5℃所需的时间，可分为如下三种。

（1）在 3~30 分钟内，称为快速冻结。

（2）在 30~120 分钟内，称为中速冻结。

（3）超过 120 分钟，称为慢速冻结。

按推进距离，指以 -5℃的冻结层在单位时间内从食品表面向内部推进的距离为标准。

（1）缓慢冻结，冻结速度为 0.1~1 厘米/小时。

（2）中速冻结，冻结速度为 1~5 厘米/小时。

（3）快速冻结，冻结速度为 5~15 厘米/小时。

（4）超速冻结，冻结速度大于 15 厘米/小时。

国际冷冻协会（IIK）C2 委员会对食品冻结速度作如下定义：食品表面与中心点间的最短距离（厘米），与食品表面达到 0℃后至食品中心温度降到比食品冻结点低 10℃所需时间（小时）之比。其计算公式为

冻结速度=食品表面与中心点的最短距离/表面 0℃到中心比冻结点低 10℃所需时间

例如，食品中心与表面的最短距离为 10 厘米，食品冻结点为 -2℃，其中心降到比冻结点低 10℃即 -12℃时所需时间为 15 小时，其冻结速度为 10/15=0.67 厘米/小时。

根据这一定义，食品中心温度的计算值随食品冻结点不同而改变。如冻结点为 -1℃时中心温度计算值需达到 -11℃，冻结点为 -3℃时其值为 -13℃。

6. 冻结速度与食品中冰晶分布的关系

动植物组织是由无数细胞所构成的。细胞内的水分与细胞间隙之间的水分由于其

所含盐类等物质的浓度不同，冻结点也不同。当食品温度降低时，冰结晶首先在细胞间隙中产生。若冻结速度快，食品组织内冰层推进速度大于水移动速度，细胞内外几乎同时达到形成冰晶的温度条件，冰晶的分布接近天然食品中液态水的分布情况，冰晶数量极多，呈针状结晶体。解冻时汁液流失少，组织结构无明显损伤，解冻品的复原性好。

若冻结速度慢，细胞外溶液浓度较低，冰晶首先在细胞外产生，而此时细胞内的水分是液相。在蒸汽压差作用下，细胞内的水向细胞外移动，形成较大的冰晶，且分布不均匀。除蒸汽压差外，因蛋白质变性，其持水能力降低，细胞膜的透水性增强而使水分转移作用加强，从而产生更多、更大的冰晶大颗粒，使细胞破裂，组织结构受到损伤，解冻时会有大量汁液流出，致使食品品质明显下降。故快速冻结的食品比缓慢冻结食品的质量好。

5.2.2 食品冻结方法

1. 吹风冻结

1）强烈吹风冻结装置

这是以循环冷空气作为冷却介质的一种冻结装置，制冷能力是每冻结1千克食品其耗冷量为500 kJ~545 kJ。食品挂在冻结间内的载运轨道上（如白条肉），或装在吊笼内（如鱼类），通过冷空气不断循环，带走食品的热量，使食品冻结，制冷设备可以采用落地式冷风机、吊顶式冷风机，亦可采用冷却排管与通风机简单组合的组合式冷风机。冻结间通常为–23℃，食品质量要求较高的可以降至–30℃，蒸发温度为–33℃，空气流速可以达3~8 m/s，食品表面上空气的对流放热系数可达到25~30 W/(m² · ℃)。空气流经冷却管束时的流速比流经食品表面的流速还要大，所以，冷却管束的传热系数相当大。当然，冷风机所需要的压缩机制冷的能力也要大。因为上述原因，空气的温度更低，加之对流放热系数大，所以食品冻结时间可以缩短，与静止空气冻结装置相比，其冻结时间可以缩短60%~70%，食品的温度要求达到–15℃。

2）隧道式冻结装置

这是吹风冻结装置中效率较高的一种类型，在欧美各国广泛使用。这种装置用隔热材料做成一条隔热隧道，隧道内装有缓慢移动的输送带，隧道的入口装有进料和提升设备，隧道的出口装有卸货装置和驱动设备，货物装在缓慢移动的网状输送带上，吹入强烈的冷风而迅速冻结。隧道内的温度一般为–40℃~–30℃，冷风速度一般为3~6 m/s，冷风吹向与货物移动的方向相反，所以冻结速度很快、产量大。自动化隧道可以自动开关隧道门，自动调节产品冷量和自动装卸食品。

此类冻结装置运行效率低，因此为了提高效率较多使用带推车的吹风隧道，带推车冻结装置把冻品装在带搁架的台车上，台车移动的方向与冷空气流动方向相反，使用时可快速进出冷库，减少进出库时间，也可实现自动化控制。

3）直线式冻结装置

直线式冻结装置使用简便，传送带的运行是平直的，冷风机可以吊装在传送带的上方。冷风从上部吹下，下部排出，与食品水平移动方向垂直。直线式冻结器可实现连续冻结，适用于速冻食品加工等过程。

4）螺旋传送带式连续冻结装置

螺旋传送带式连续冻结装置与隧道式连续冻结装置的不同之处在于，传送带的运行不是平直的，而是螺旋式旋转的，它的优点是避免了隧道式冻结装置长度太长的缺点，比较紧凑。冷风机可以吊装在传送带的上方。冷风从上部吹下，下部排出（或者从侧部排出），与食品自下而上的移动方向相反。亦可装在侧面，水平吹动冷风。

这种冻结装置的传送带是特别设计的，具有万向弯曲性能，既可以直线运行，也可以缠绕在转鼓的圆周上，在转鼓的带动下，沿圆周运行。传送带的移动依靠带的内测与转鼓的接触摩擦。传送带脱离转鼓后，依靠链轮带动。所以，即使传送带很长，传送带的张力却很小，动力消耗不大，传送带的长度、速度均可调节。此冻结装置可适用于体积小、数量多的食品，且食品的形状和质量都是均一的，厚度要薄，前后工序衔接紧密，方能充分发挥效率，如饺子、肉饼、肉丸、对虾、贝类等。

2. 金属表面接触冻结

1）平板冻结装置

这是一种使食品与平板式蒸发器直接接触的冻结装置，其制冷能力是每冻结 1 千克食品的耗冷量为 335 kJ~375 kJ。它的工作原理是将食品放在各层平板间内，用油压把平板压紧，空心平板内流通着液氨或者低温氯化钙溶液蒸发吸热，使金属平板成为蒸发器，借助热传导的作用将接触的食品热量迅速带走，从而达到快速冻结的效果。食品与平板的接触压力要求为 6.86 kPa~29.4 kPa，油泵的压力为 2.94 MPa，当两面加压时，放热的系数为 20~150 W/(m² · ℃)。接触平板冻结装置分卧式与立式两种。卧式适用于冻结工艺要求较高的剔骨畜肉类及其副产品以及禽兔类的箱装、盘装、听装食品；立式的可将无包装的食品直接放入两板之间，冻结的效率比卧式的高，操作省力，适用于冻结剔骨的畜类产品、块状肉类及鱼类。

平板冻结器可以多达 10 层以上，板与板之间的间隔距离可以在一定范围内借助液压机构伸展与压缩。多层平板蒸发器的外围设有带绝热层的围挡结构，所以可以将其安装在常温房间内冻结食品，而不必建造冻结间。故平板冻结装置具有以下优点。

（1）可在常温条件下操作，改善了工人的劳动条件。

（2）操作方便，维修简便。

（3）放热系数大，其冻结速度从风冷的 0.1~1 厘米/小时提高到 1~5 厘米/小时，因而冻结时间短，比风冷缩短 3/4 左右。

（4）冻结食品干耗小，保证了产品质量。

（5）耗电量小，由风冷 110 kW·h/t 减少到 71.4 kW·h/t。

（6）占地面积小，可在船上生产使用。

（7）便于机械化生产，可自动装卸。

平板冻结装置的缺点是不适合对形状不规则的、怕挤压的及厚度较大的食品进行冻结。

2）圆筒冻结装置

圆筒冻结装置通常用于冻结液体食品，产品在圆筒的内表面或外表面冻结，并被连续地刮除，因而具有强烈的热交换和很高的冻结速度，常见的有回转圆筒冻结装置。

回转圆筒冻结装置为适用于虾仁等水产品单体快速冻结（IQF）的新型连续回转式冻结装置，虾仁的进料温度为 10℃、出料温度为–18℃时，冻结时间仅为 15~20 分钟。

3. 低温冻结装置

低温冻结常采用液氮或液态二氧化碳作为制冷剂，也有使用盐水、乙二醇、丙二醇及酒精作为载冷剂，常用于小批量生产、新产品开发、季节性生产、临时的超负荷状况。

低温冻结装置按食品冻结方式可分为浸渍式冻结装置和喷淋式冻结装置。

1）低温液体浸渍式冻结装置

（1）盐水浸渍冻结装置。

（2）不冻液浸渍冻结装置。

用于浸渍冻结的不冻液有乙二醇、丙二醇及酒精的水溶液。丙二醇水溶液的温度可以达到–20℃，但放热系数只有氯化钠盐水的一半左右。

乙二醇水溶液的对流放热系数介于氯化钠盐水与丙二醇水溶液之间。

（3）液氮浸渍冻结装置。

液氮浸渍冻结装置，特别适合于冻结草莓之类球形食品。形状不规则的食品，由于受热不均匀会引起食品变形，不宜采用液氮浸渍方法冻结。此外，这种液氮浸渍冻结装置，未能充分利用气化形成的低温氮气的制冷能力，后来逐渐地被液氮喷淋冻结装置取代。

2）低温液体喷淋式冻结装置

（1）盐水喷淋冻结装置。

（2）液氮喷淋冻结装置。

用液氮冻结食品早在 1926 年前后曾试用过，但是由于成本昂贵，实际上未能实现。后来，美国在 1960 年前后创造了第一台实用液氮冻结装置，使液氮作为冷媒被正式用在冻结食品上。国外，各种液氮快速冻结装置、输送食品的液氮冷藏汽车、冷藏火车、冷藏船等均有迅速发展。

氮气是无色、无臭、无味的惰性气体。液氮是无色液体，不与其他物质起化学反应，其沸点为–195.8℃，是一种理想的冷媒。从空气液化分离工厂制造液态氧气时得到的副产品——液氮，则价格更加便宜。

通常液氮冻结器为直线型，–195℃的液氮在产品出口端直接接触产品，产生的低温蒸汽向物料进口端流动，变暖的气体（约–4.5℃）排放到大气中。

利用液氮冻结食品具有下列优点。

（1）冻结速度快。当液氮直接喷淋到食品上时，将与食品产生强烈的热交换，使食品每分钟降温 7℃~15℃，一般用 6~12 分钟就可以把食品冻结好，故冻结时间比用平板冻结快 5~6 倍。

（2）冻结质量好。用液氮冻结食品时，由于温度极低，热交换很强，所以通过最大冻晶生成带的时间仅为 5 分钟，使冻结食品细胞内和细胞间隙中的水分能同时冻结成极细小的冰晶体，但对细胞无破坏作用，食品解冻后仍能最大限度地恢复原有的营养成分和新鲜状态，故液氮冻结使食品的保鲜度很高，质量优良。

（3）冻结食品的干耗小。一般冻结设备冻结食品的干耗率为 3%~6%，而用液氮冻结食品的干耗率仅为 0.6%~1%。

（4）冻结食品的抗氧化。液氮喷淋食品进行冻结时，所产生的气体是惰性气体氮气，因而食品在冻结过程中不会被氧化和变色。

（5）具有节约性。液氮冻结设备同机械型制冷的冻结设备相比，在冻结能力相同的情况下，安装面积可以节约 5/6，一次投资费用可节省 30%，所需动力只为机械冷冻法的 1/10 左右，而且人工少。

（6）液氮冻结设备易于实现机械化、自动化流水作业线，提高生产率，并可改善低温下操作的条件和劳动强度。

（7）可以冻结普通冻结方法目前尚不能冻结的食品，例如：①含有 75%以上水分的食品以及在解冻后容易产生汁液流失且不易复原的食品，如杨梅、柑橘、蟹肉、鲜鱼肉等；②经热处理后容易丧失风味和经热烫后就不能冷冻的食品，如蘑菇、松茸等；③需单个冻结的食品，如虾、鸡、肉饼、饺子、烧卖、毛豆、春卷、冰激凌等；④带有淀粉的食品，如鱼糕、生鱼片、面包、点心等。

但是也应当指出，液氮冻结装置也存在一些问题，如由于液氮沸点很低，容易造成食品的超速冻结，使某些食品表面开裂。所以，需要对喷淋的液氮进行控制，使冻结温度控制在–120℃~–60℃，且食品的厚度以不超过 60 毫米为宜，对冻结厚的食品有困难。同时，该冻结设备成本高，对于冻结价廉的食品，在应用上还受到限制，这些都需要进一步研究解决。

3）液体二氧化碳喷雾冻结装置

液体二氧化碳经喷嘴喷出后，43%的液体二氧化碳变成雪花状的固体干冰，57%

的液体二氧化碳变为气体。此时干冰与气体二氧化碳的温度都是–79℃。干冰升华需要吸收潜热，干冰升华形成的气体二氧化碳升温时也要吸收显热。显热量占显热与潜热量总和的15%左右，显热所占份额不大，故没有必要回收这部分显热。因此，液体二氧化碳喷雾冻结装置做成箱形，内装螺旋式传送带来冻结食品。但是液体二氧化碳的冻结温度不如液氮低，所以冻结时间比液氮较长。且在冻结能力相同时，液体二氧化碳的冻结装置要大一些，设备投资大。另外，汽化后的二氧化碳排到大气中不予收回，其原因是回收费用太高，经济上不合算。它的最大缺点是成本高。但与机械制冷设备相比投资较少、动力消耗少、占地面积少、便于连续生产、冻结速度快、食品的冻结质量好。且液体二氧化碳气体，用制冷机也很容易使其重新液化。

5.3　预冷、烫漂及气调技术

果蔬属于易腐产品，在食品物流中大、难保存，物流过程需要采用预冷、烫漂及气调技术。

5.3.1　果蔬的预冷技术

果蔬的速冻工艺为采收—预冷—运输—挑选—清洗—整理—烫漂—冻结—包装—存储—配送—销售。这些易腐产品在物流中为保证质量需要进行特殊的加工处理。

1. 果蔬的预冷

蔬菜收获后仍然进行着呼吸作用，伴随着呼吸作用蔬菜体内进行着新陈代谢，所以蔬菜会发生物理和化学的变化，从而使鲜度降低。为了能使蔬菜保持较好的鲜度，应当使收获后蔬菜的呼吸作用尽可能低，使蔬菜体内所发生的物理的和化学的变化减慢，因此要在果蔬采摘后使用预冷技术。

预冷是指食品从初始温度（常温，30℃左右）迅速降至需要的冷藏温度（0℃~15℃）的过程。预冷是迅速排除田间热、抑制呼吸作用、保持水果蔬菜的鲜度、延长储藏期的有效措施。用预冷保鲜代替常温或常规的冷藏库为主的保存方式是增加高品位新鲜蔬菜水果供给，提高全民族健康水平和生活质量的重要保证。

预冷的概念由鲍威尔（英国物理学家）于1904年首次提出，预冷是为了新陈代谢和减少变质损失而迅速地除去产品的田间热，快速降低产品温度；预冷是成功储藏蔬菜和其他园艺产品的关键，也是实现冷链系统的第一个环节。

实践证明，预冷后的果蔬品质较高、果温低、呼吸强度小，使冷藏运输工具和冷藏库的冷负荷减少，使果蔬能进行远距离运输。预冷可减少销地可食部分的损失，形成共同销售和质量标准化。

例如，收获后蔬菜的维生素 C 含量会减少，但若蔬菜品温度变低，则维生素 C 含量减少较慢，见表 5-7。

表 5-7　温度对维生素 C 减少率的影响

蔬菜	温度/℃	维生素 C 减少率/%		
		1 天内	2 天内	3 天内
刀豆	1~3	—	17	28
	8~9	—	39	45
	21~24	—	61	67
花菜	4	7	8	9
	20	12	26	32
青豌豆	4.5	4	8	10
	21	15	24	40
	38	32	50	54

为了最大限度地保持蔬菜原料的新鲜程度及原有品质，就必须在蔬菜原料采收以后的最短时间内，在蔬菜原料产地，用人工的方法将其冷却到规定的温度，使蔬菜维持正常的生命活动，在保证抗病能力的前提下把呼吸作用及蒸发作用降到最低限度，但仍能维持正常新陈代谢的最低水平，这一冷却方法称为预冷。现今，为了加工高质量的速冻蔬菜产品，已把预冷作为蔬菜采收后加工的第一道工序。

2. 果蔬的预冷方式

常见的果蔬预冷方式有空气预冷、冷水预冷、真空预冷和蒸发式预冷。

（1）空气预冷是强制通风即在高温冷藏库内采用冷气流强制对流的方法冷却食品的方法。该方法简单易行，适用于所有蔬菜品种，但是冷却速度慢，一次需 12~14 小时。

（2）冷水预冷是通过水冷却装置用水冷却食品的方法。该法设备简单、冷却速度快、操作方便、成本低，适用于根茎类、果菜类蔬菜。其缺点是蔬菜易受冷却水中微生物的污染，且造成可溶性营养成分的流失。

（3）真空预冷是利用水蒸发的汽化热冷却的方法，使蔬菜本身所含的水分在较低的温度下蒸发带走其自身的热量，来达到冷却蔬菜的目的。具体的过程：将水从常压 0.1 MPa 降到 600 Pa 时，水的沸点从 100℃ 降到 0℃。此时水在 0℃ 迅速地沸腾蒸发，每蒸发 1 克水，就能带走约 2514 焦热量；蔬菜每失水 1% 可以降温 6.2℃。由于真空冷却是靠蒸发蔬菜本身的水分而达到较低温度的冷却方法，所以对单位表面积较大的叶菜来说比较有效，而且冷却速度与其他方法相比也较快，被冷却的蔬菜温度也比较均匀。

（4）蒸发式预冷是一种相对简单且低成本的预冷方法。这种方式在空气较干燥的区域最为有效。风机驱动空气通过湿润的填塞物或者薄雾，并使产生的混合物通过通风箱。在箱内水由液态变为气态并吸收周围热量，对农产品起到预冷作用。这种预冷方式降温范围为 5.5℃~8℃，因此只适合那些理想储存和运输温度较高的、不需迅速降温的产品。其中用到的水必须经过严格处理，保证安全，避免导致食品污染。

近年来随着我国市场经济的发展，人民生活水平提高了，不但要求蔬菜的品种多种多样，还要求蔬菜清洁、卫生、无污染，更追求蔬菜的新鲜度。为了达到这些要求，上海和广东等省市对生鲜蔬菜真空冷却加工及全程冷链流通做了较深入的研究。目前在上海已设计并建成了真空冷却蔬菜的示范工程，生产的产品已经上市流通甚至出口。为了保证到达消费者手中的生鲜蔬菜有足够的新鲜度，将重点放在原料采收、加工储存和流通销售三个主要环节，从而形成了真空冷却生鲜蔬菜的冷链系统。

5.3.2　蔬菜的烫漂技术

蔬菜在冻结前都要进行必要的处理。处理的内容和工序由于蔬菜的种类及制品的形状等不同而异。一般蔬菜的冻结前处理包括除去异物（包括沙子）后用水洗涤，去根、皮、种子等不可食部分，根据成熟度、形态、大小进行挑选、成型、烫漂、冷却、包装等。下面重点介绍烫漂技术。

1. 蔬菜烫漂的主要原因

几乎所有的蔬菜若像鱼和肉那样进行冻结与冷藏，效果总是很差，好似被霜打了的蔬菜或冻了的土豆一样，一解冻就要褐变，食用时失去鲜味并带有异味。这些重要的变化，是由于蔬菜中含有的各种酶类尽管处于冻结状态但仍然存有活性，当解冻品温上升时活性变强，就会发生使蔬菜品质恶化的化学变化，促使蔬菜变色变味。

蔬菜中含有各种各样的酶，其中与冻结产品有关的有多酚氧化酶、过氧化氢酶、过氧化物酶、抗坏血酸氧化酶等，会产生许多有色物质或者刺激性物质，如酸、醛、褐色多聚物等，会改变蔬菜原有的色泽、风味、营养价值及质地，使它们出现变色、变味、营养价值下降、质地软化等现象。若将生鲜蔬菜直接送去冻结和冷藏，会有变色和异常风味的发生，这是由酶所引起的。

若把蔬菜加热使酶失去活性而后冻结，则可得到很好的效果。冻结前这样的加热处理称作烫漂。目前，大多数蔬菜都要进行烫漂工序，只有少数蔬菜在冻结前不需要进行加热处理，如洋葱、青柿子椒等。

2. 烫漂过度和不足

烫漂最重要的目的是使酶的活性被限制在最小限度，若加热的温度过高或者不足，冻菜就得不到所希望的品质。

如果烫漂不足，甚至比未经烫漂就冻结和冷藏所发生的变化还要恶劣，尽管是不足以使酶完全失去活性的加热，却会使蔬菜的组织遭受某些破坏。在这种情况下，酶只是一部分失去活性，残留下来的活性加强的酶类的化学反应会变得更易于进行。对于烫漂不足的情况，除了酶的活性残留外，还会产生使组织变硬等缺陷。

烫漂过度时，不仅对品质有不好的影响，而且由于加热时间长使燃料消耗大。蔬菜的叶绿素常常变为橄榄色甚至褐色的脱镁叶绿素，这个变化的速度在烫漂的温度下是相当快的，所以在烫漂时蔬菜的绿色很快会失去，特别是在过度烫漂时，这种倾向更大。过度烫漂的蔬菜的表面往往还会过度软化。

为了防止烫漂不足或是过度，工艺品质管理人员和操作人员应特别注意各类蔬菜的烫漂时间。

3. 烫漂的方法

烫漂处理就是把蔬菜放入热水或者高温蒸汽中进行短时间加热处理。其方法一般可分为热水烫漂和蒸汽烫漂两种。

1）热水烫漂

热水烫漂其水质应当符合生活饮用水水质标准，多采用饮用水，水温为80℃~100℃，但多用 93℃~96℃。由于水的热容量大、传热速度快，所以热水烫漂时间较同温下的蒸汽烫漂短，而且品温的升高比较均匀一致，适用的品种范围较广。但热水烫漂存在着用水量大、蔬菜细胞破损严重、水溶性的营养成分损失较多、失水率较大等方面的不足，从而影响速冻蔬菜的风味、营养价值和外观品质，此外，如采用手工操作，则劳动强度大、劳动条件差。

2）蒸汽烫漂

蒸汽烫漂是把蔬菜放入流动的高温水蒸气中进行短时间的加热处理，而后用低温空气进行快速冷却。蒸汽温度100℃或者100℃以上，压力在100 kPa以上。这种热烫和冷却方法对蔬菜细胞破坏性小，可以减少水溶性营养成分的损失，蔬菜的营养价值和风味保持较好，同时可减少污染和废水量。它主要适用于叶菜类、果菜类和切细根菜类。但是该法发热量损失较大、烫漂不均匀、水蒸气易在蔬菜表面凝结，需要专门的烫漂设备。

除了上述两种基本烫漂方法外，近几年还有微波烫漂、高温湿蒸气烫漂、常温酸烫漂等新的方法。不管采用哪种烫漂方法，蔬菜的外观品质没有显著性差异，但是在维生素 C 保持率、能耗和失水率等方面存在差异。表 5-8 是几种蔬菜在 100℃时的烫漂时间。

表 5-8　几种蔬菜在 100℃时的烫漂时间　　　　单位：分钟

名称	时间	名称	时间
油菜	0.5~1	花椰菜	2~3
菠菜	5~10	冬笋片	2~3
荷兰豆	1~1.5	蘑菇	3~5
青刀豆	1.5~2	青豆	2~3
小白菜	0.5~1	莴苣	3~4
甜玉米	2~3	茎椰菜	2~3

资料来源：白世贞，曲志华. 冷链物流[M]. 北京：中国物资出版社，2012.

4. 烫漂的检验

蔬菜烫漂的温度和时间预期效果密切相关。烫漂效果的检验一般是检查抗热性较强的过氧化氢酶的活性，看其在烫漂后仍残留多少，来判断烫漂是否适当。具体做法是用 1.5% 愈创木汾酒精液和 3%H_2O_2 等量混合后，将烫后蔬菜试样切片浸入其中，若在数分钟不变色，则表示过氧化氢酶已被破坏，否则出现褐色。

最近也有用脂质氧化酶及过氧化物酶的活性作为烫漂检验指标的，因为它们的活性存在与否对蔬菜的风味、色泽影响很大。而脂质氧化酶与过氧化物酶分别含有多种同工酶，每一种脂质氧化同工酶或者氧化物同工酶的抗热性不同，检验方法也有多种，如极谱法、分光法等。

5. 烫漂后的冷却和沥水

1）冷却

烫漂完成后应当立即快速地冷却，使其在短时间内温度降至 5℃ 以下，不然由于残留余热使加热作用延续，会使蔬菜中可溶性的且对热不太稳定的成分变化加大。另外，若烫漂后品温继续处于高温状态，则原料的色泽将会变坏，成为重新附着的微生物繁殖的温床，因此到冻结时污染就变得严重了。装入冻结装置时的原料品温低可以降低冻结时的干耗，冻结时间也可以缩短。

冷却方法有：浸入水中冷却，用冷水喷雾冷却，用冰（或碎冰）冷却，冷风冷却。用冷水或冰水冷却的方法要比用冷风冷却快得多。另外，用冷风冷却有引起产品干燥而减重的缺点，若用冷水或碎冰则避免了这个缺点。但是有的蔬菜由于急剧地与冷水或碎冰接触，其表皮将剧烈收缩，有的甚至会破裂（如蚕豆），这种情况下可采用分段降低水温的冷却方法。蔬菜的可用性成分有溶于冷水中而流失的现象，应当设计在尽可能短时间内使品温降至所需温度。

2）沥水

在用水冷却的情况下，冷却后的沥水程序必须进行，特别是菠菜之类的叶菜。残留于叶间的水分会在包装时悄悄地流出而积聚于包装袋的底部，由于冻结成冰块而影响成品外观。

5.3.3　果蔬的气调储藏

1. 气调储藏的定义及发展历程

气调储藏是指通过调整和控制食品储藏环境的气体成分与比例以及环境的温度和湿度来延长食品的储藏寿命和货架期的一种技术。

2. 气调储藏的生理基础

气调储藏是在一定的封闭体系内，通过各种调节方式得到不同于正常大气组成的调节气体，以此来抑制食品本身引起食品劣变的生理生化过程或抑制作用于食品的微生物活动过程。

气调主要以调节空气中的氧气和二氧化碳为主，因为引起食品品质下降的食品自身生理生化过程和微生物作用过程，多数与氧气和二氧化碳有关。另外，许多食品在变质过程中要释放二氧化碳，二氧化碳对许多引起食品变质的微生物有直接抑制作用。气调储藏技术的核心是使空气组分中的二氧化碳浓度上升，而氧气的浓度下降，配合适当的低温条件，来延长食品的寿命。

总之，通过改变气体成分，对果蔬能起到如下作用。

（1）降低呼吸强度，推迟呼吸高峰。

（2）抑制乙烯的生成，延长储藏期。

（3）控制真菌的生长繁殖。

（4）若氧气过少，会产生厌氧呼吸；二氧化碳过多，会使原料中毒。

3. 气调储藏的方法

1）自然降氧法

自然降氧法（又称普通气调冷藏，即 MA 储藏），指的是果蔬原料储藏于密封的冷藏库中（气调库），最初在气调库中建立起预定的调节气体浓度，在随后的储存期间不再受到人为调整，是靠果蔬自身的呼吸作用来降低氧的含量和增加二氧化碳的浓度。

但是如果果蔬的二氧化碳浓度达到一定高度会引起冻品的病变，因此当二氧化碳降至规定浓度后，要吸入空气来维持一定的氧浓度。

用气体洗涤器来除去过多二氧化碳的方式如下。

（1）碱式，让气体通过 4%~5% 的 NaOH。

（2）水式，让气体通过低温的流动水。

（3）干式，让气体通过消石灰填充柱。

2）快速降氧法

快速降氧法（又叫人工降氧法，即 CA 储藏），即利用人工调节的方式，在短时间内将大气中的氧气和二氧化碳的含量调节到适宜果蔬贮藏的比例的降氧方法。

机械冲洗式气调冷藏是把库外气体通过冲洗式氮气发生器，在气体发生器中燃烧 C_3H_8 使空气中的氧气减少，从而产生一定成分的人工气体（氧气为 2%~3%，二氧化碳为 1%~2%）送入冷藏库内，把库内原有的气体冲出来，直到库内氧气达到所要求的含量为止，过多的二氧化碳气体可用二氧化碳洗涤器除去。该法对库房气密性要求不高，但运转费用较高，故一般不采用。

机械循环式气调冷藏是把库内气体借助助燃剂在氧气发生器燃烧后加以逆循环再送入冷藏库内，以造成低氧和高二氧化碳环境（氧气为 1%~3%，二氧化碳为 3%~5%）。

该法较冲洗式经济，降氧速度快，库房也不需要高气密性，中途还可以打开库门存取食品，又能迅速建立所需的气体组成，所以这种方法应用较广泛。待藏原料入库时，即处于最适储藏气体氛围，特别适用于不耐藏但经济价值高的原料，如草莓。

使用快速降氧法有如下优点。

（1）降氧速度快，储藏效果好，对不耐储藏的果蔬效果更加显著。

（2）可及时排除库内乙烯，推迟果蔬的后熟作用。

（3）库房气密性要求不高，减少了建筑费用。

3）混合降氧法

混合除氧法（又称半自然降氧法）主要包括以下两种。

（1）充氮气自然除氧法，即自然降氧法与快速降氧法相结合的一种方法。

用快速降氧法把氧含量从 21% 降到 10% 较容易，而从 10% 降到 5% 就要耗费较大、成本较高。因此，先采用快速降氧法，使氧迅速降至 10% 左右，然后再依靠果蔬的自身呼吸作用使氧的含量进一步下降，二氧化碳含量逐渐增多，直到规定的空气组成范围后，再根据气体成分的变化进行调节控制。

（2）充二氧化碳自然降氧法。是在果蔬进塑料薄膜帐密封后，充入一定量的二氧化碳，再依靠果蔬本身的呼吸及添加硝石灰，使氧和二氧化碳同步下降。这样，利用充入二氧化碳来抵消储藏初期高氧的不利条件，因而效果明显，优于自然降氧法而接近快速降氧法。

使用混合降氧法的优点：储藏初期氧气下降速度快，控制了果蔬的呼吸作用，所以比自然降氧法优越；而在中后期靠果蔬自身的呼吸作用自然降氧，比快速降氧法成本低。

4）包装储藏法

（1）聚乙烯包装。将原料放进聚乙烯套袋，并密封。利用原料的呼吸作用和气体透过袋壁的活动，维持适宜的气体氛围。

（2）硅气窗包装。用带有硅橡胶的厚质袋包装原料，并密封。因气体的交换只通过硅窗进行，所以改变硅窗的面积，就可以维持不同的气体组成。

硅气窗包装在果蔬的包装中十分常用。这是将聚甲基硅氧烷涂覆于织物上而制成的硅胶膜，对环境中各种气体具有不同的透过性。可以自动排除包装内的二氧化碳和乙烯以及其他对果蔬储存有负面影响的气体，同时透入适量的氧气，抑制和调节果蔬的呼吸强度，防止发生生理病害，保持果蔬的新鲜度。一般可根据不同果蔬的生理特性和包装数量选择适当面积的硅胶膜，在薄膜上开设气窗，用 704 胶水黏合起来，也称为硅气窗包装。

5.4　食品的回热与解冻技术

5.4.1　食品的回热与解冻

1. 食品的回热

食品回热是指冷藏食品的温度回升至常温的过程，是冷却的逆过程。回热要做到防止食品在出库后因为表面水分凝结而遭受污染及变质。

回热处理时要控制与食品表面接触的空气的露点始终低于食品的表面温度，防止回热时食品物料表面出现冷凝水（"冒汗"现象），造成微生物污染与繁殖。回热空气应连续或分阶段进行除湿和加热。回热时空气相对湿度不能低，防止回热时食品物料出现干缩，以尽可能减少回热时食品的干耗，干耗不仅影响食品物料的外观，而且会加剧氧化作用。小批量且立即要处理的物料可不用回热。

2. 食品的解冻

解冻是冻结食品的温度回升至冻结点以上的过程，是冻结的逆过程。

1）解冻与温度曲线

冻制食品的解冻就是使食品内冰晶体状态的水分转化为液态，同时恢复食品原有状态和特性的工艺过程。解冻时必须尽最大努力保存食品加工时必要的品质，使品质的变化或数量上的损耗都在最小限度。

食品的质地、稠度、色泽以及汁液流失为食品解冻中最常出现的质量问题。

解冻曲线与冻结曲线呈大致对称的形状。由于冰的导热系数远大于水的导热系数，随着解冻过程的进行，向深层传热的速度越来越慢，解冻速度也随之减慢。与冻结过程相类似，−5℃～−1℃是冰晶最大溶解带，也应尽快通过，以免食品的品质过度下降。解冻介质的温度不宜太高，一般不超过 10℃~15℃。图 5-3 所示为室温下的解冻曲线与冻结曲线的比较示意图。从图 5-3 中可知解冻曲线与冻结曲线几乎对称，是其逆过程。

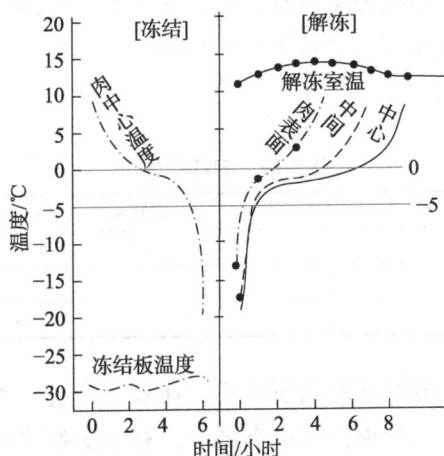

图 5-3　室温下的解冻曲线与冻结曲线的比较

2）解冻的影响因素

冷冻食品解冻后不宜再存放，从市场上买回来的冷冻食品，肉、鱼、鸡、鸭、蛋、速冻蔬菜等，一经解冻要尽快加工食用，不宜存放。如果存放时间太长，肉、鱼、鸡、鸭等中的细菌和酶的活力恢复，不但能很快繁殖分解蛋白质引起变质，而且还能产生有毒的组胺物质，人吃了会引起食物中毒；冷冻蔬菜存放时间太长，不仅产生色变、营养损失、品质下降，而且也很容易腐烂变质，不能食用。肉、鱼、鸡、鸭等冷冻时由于水分结晶的作用，其组织细胞受到破坏，一经解冻，被破坏了的组织细胞中，会渗出大量的蛋白质，是细菌繁殖的养料。有实验表明，将冷冻 1 天的新鲜青花鱼，放在 30℃温度下 6 小时，其腐败速度要比鲜鱼快 1 倍；将解冻的蛋黄放在 18℃温度下 2 小时，细菌数增加约 2 倍，经 8 小时，细菌数增加 50 倍以上；将冷冻的鲜鸡蛋，放在 0℃~15℃温度下 10 天以上，因经冷、热温度的变化时间太长，不但卵膜变松、蛋清稀薄，而且还会黏壳、散黄，甚至霉变、发臭，不能食用；冷冻过的蔬菜，尤其是在热天更不宜存放，否则绿叶蔬菜很快会变黄，维生素 C 也易被破坏。蔬菜放在 20℃温度下，比放在 6℃~8℃的温度下，维生素 C 的分解损失要多 2 倍。下面重点了解解冻过程中影响产品质量的因素。

（1）温度对解冻产品质量的影响。缓慢冻结的食品经过长期冻藏后，在解冻时就会有大量的水分析出。表 5-9 为不同温度空气中冻结的肉在 20℃空气中解冻时的肉汁损失率。从表 5-9 中可知，冻结产品冻结温度越低，解冻后其损失率越低。

表 5-9　肉汁损失率

冻结温度/℃	肉汁损失率/%（原冻品中所占的百分率）
−8	11
−20	6
−43	3

冻藏温度对解冻肉汁的损失率也有影响，表 5-10 是−20℃时冻结的肉块在不同温度中冻藏 3 天后，在空气中缓慢解冻时肉汁的损失率。在冻藏期间也需要更低的冻藏温度，可以减少解冻后的产品损失率。

表 5-10　肉汁损失率

冻藏温度/℃	肉汁损耗率/%（原冻品中所占的百分率）
−1~−5	12~17
−3~−9	8
−19	3

长期在不良条件下冻藏的冻制品解冻后，汁液流失量可达原重的 15%~16%。

解冻温度对解冻产品肉汁损失率也有影响，有关试验结果表明，解冻过程环境温度越低其损失率越低。

（2）解冻速度对肉质也有影响。解冻是冻结的逆过程，其影响原因不完全相同。缓慢解冻，汁液损失少。不过缓慢解冻也存在着浓缩危害、微生物繁殖、品质下降等不利因素。解冻时温度的提高以及低温食品遇高温、高湿空气以致它表面上有冷凝水出现，都会加剧微生物的生长活动，加速生化反应。

国外已有良好的迅速解冻技术，不但有效地缩短了解冻时间，而且消除了微生物生长活动的可能性。

（3）动物组织成熟度对解冻产品质量的影响。动物屠宰后，要经过尸僵、成熟、自溶和腐败四个过程，由于处理方式的不同，其动物组织的成熟度有差异，在解冻时对汁液流失有很大影响。一般肉蛋白的等电点为 5.4，不同成熟度越接近等电点，汁液流失损失越大。

5.4.2　解冻技术方法

根据冻品解冻加热部位不同，可分为外部加热解冻、内部加热解冻与组合式解冻。

（一）外部加热解冻

外部加热解冻是指从冻品的表面开始解冻，逐渐往内部推进的解冻方式。根据加热介质的不同可分为空气解冻、水解冻和接触式解冻。

1. 空气解冻

空气解冻是指用自然对流或强制流通的空气使冻结的食品解冻的方法，由空气将热量传给冻品，使冻品升温、解冻。空气解冻是我国当前解冻肉类产品常见的方法。它通过控制空气的温度、湿度、流速和风向达到不同的工艺要求。一般要求空气温度为 14℃~15℃，相对湿度为 90%~98%，风速约为 1 米/秒。目前常用的空气解冻设备有连续式送风解冻器、加压空气解冻器。

2. 水解冻

由于水比空气的传热性能好，因此水解冻具有解冻速度快的特点，可缩短解冻时间，而且避免重量损失，但存在解冻水中微生物污染冻品和可溶性物质流失等问题，主要适用于带皮或有薄膜包装的食品。

为了保证冻品质量，一般要求水温不超过 20℃，采用较低温度流水解冻。在水温较高情况下，可采用加碎冰的方法低温缓慢解冻。

水解冻形式有以下几种。

静水解冻：水流静止的解冻装置，解冻终温比较低。

流水解冻：水流要定时换向流动，加快解冻速度。

喷淋水解冻：使用喷淋水形式解冻，其卫生质量较好，减少交叉污染。

盐水解冻：盐水为浓度 2%~3%，可防止某些海鱼的鱼皮褪色。

碎冰解冻：用于大型鱼类，防止已解冻部分腐败变质。

水蒸气解冻：用减压的方法控制水在 15℃~20℃沸腾，水蒸气在温度更低的冻品表面冷凝并放出热量。

3. 接触式解冻

接触式解冻装置与平板食品冻结装置相似，板间放置冻品，油压系统控制板间距，板内通入 20℃~40℃的流动水，间歇式操作，费时费工；但能耗低，设备费用低。

（二）内部加热解冻

内部加热解冻是指从冻品的内部开始解冻，逐渐往外推进的解冻方式。内部加热解冻可分为低频电流解冻、微波解冻、高压静电解冻、蒸汽解冻和真空解冻法。

1. 低频电解冻

低频电解冻是利用食品具有的导电性，将冻品视为电阻，利用电流通过电阻时产生的热使冰融化，所以电流是交流电源，频率为 50 Hz 的低频。低频电解冻的速度比空气解冻和水解冻的速度快 2~3 倍，所需设备费用较少、耗电少，运转费低，但是只能解冻表面平滑的冻品，且冻品内部解冻不均匀。

2. 微波解冻

微波解冻是在交变电场作用下，利用物质本身的电性质来发热使冻结晶解冻，使用的电流中心频率为 915 MHz 和 2450 MHz。利用微波照射最大的优点是速度快，效率高；同时能减少冻品损失，改善卫生条件，提高产品质量。但由于微波解冻对水和冰的穿透和吸收有差别（微波在冰中的穿透深度比在水中大，但是水吸收微波的速度比冰快），因此，已融化的区域吸收的能量多，容易在已融化的区域造成过热效应。

3. 高压静电解冻

高压静电解冻是一种很有开发应用前景的解冻新技术。这种技术的原理是当压力上升到 210Mpa 时水的凝固点上升，因此高压下水的未冻结区域是潜在的解冻区域。由于高压静电解冻时间短，对产品质量没有负影响，因此在最低有效温度下解冻大量肉制品时，采用高压静水解冻是最有效的方法。

4. 蒸汽解冻

蒸汽解冻是将冻品悬挂在解冻间，向室内输入蒸气，当蒸气凝结于冻品表面时，则将解冻室的温度由 4.5℃降低到 1℃，并停止输入蒸气。此方法最大的特点是不会过热，解冻时间短，因水蒸气重量会增加，故干耗少，流失也少。

5. 真空解冻

真空解冻是利用水在真空状态下的低沸点所形成的水蒸气的热量使冻品解冻的方法。真空解冻的主要优点是解冻过程均匀、没有干耗。

（三）组合式解冻

组合式解冻是在解冻过程中，为了加快解冻速度，可以使用外部加强解冻和内部加热解冻在冻品内外部同时解冻。

综上所述，不同的解冻方法各有利弊，要针对不同的解冻对象选择合适的解冻方法，同时还要考虑产量、设备等多方面的因素。

【本章小结】

本章首先介绍了食品冷却加工及冷冻加工技术、其次介绍果蔬在采摘后需要的预冷、烫漂及气调贮藏技术，最后介绍了冷藏食品的回热与解冻技术。各种解冻方法各有利弊，在肉制品加工业中，要针对不同的解冻对象选择合适的解冻方法。

【思考与训练】

一、填空题

1. 一般冷却食品的温度为（　　　　　　　　　　）。在这样的温度下，可以抑制食品中（　　　　　　　　　　　　　），抑制食品中（　　　　　　　）作用，既能延长食品的保藏期限，又能最大限度地保持食品的新鲜状态。

2. 苹果在 10 月采集后还没有完全成熟，入库苹果不冷却，（　　　　　　　　　　　），苹果的生命力最高为 10 天；若在 4.4℃下，每天重量损耗为 1%，这样，苹果生命力达（　　　　）。

3. 牲畜被屠宰以后，肉尸在体内酶和外界微生物的作用下，会发生一系列物理和化学变化。这些变化主要分死后（　　　　　　　　　　　　　）四个阶段。

4. 食品冻结的原理就是将食品的温度降低到其（　　　　　　　　　　）以下，使微生物无法进行生命活动，或者使（　　　　　　　　　），达到食品能在低温下长期储藏的目的。

5. 预冷是指食品从（　　　　　　　　）迅速降至需要的（　　　　　　　）的过程。

二、判断题

1. 冷风冷却法多应用于冷却水果、蔬菜，冷风机将冷空气从风道中吹出，冷空气流经库房内的水果、蔬菜表面并吸收热量，然后回到冷风机的蒸发器中，将热量传给蒸发器，空气自身温度降低后又被风机吹出。（　　　）

2. 一般冷空气冷却法是在高温库的冷却间或者冷库的穿堂内冷却。冷却间的温度视果蔬的品种而定，一般在 5℃~10℃。（　　　）

3. 某些果蔬发育成熟后，体内积累了大量营养物质，原生质发生变化，代谢水平降低，生长停止，水分蒸腾减少，呼吸作用减缓，一切生命活动进入相对静止的状态，以便增加对不良环境的抵抗能力，这种现象称为成熟。（　　）

4. 一般肉类在 pH 值为 7.4~8.7 时即僵硬。肌肉僵硬出现的早晚和持续时间的长短与动物种类、年龄、环境温度、牲畜生前的生活状态以及屠宰方法有关，通常开始于宰后 8~12 小时，20 小时后逐渐终止，又开始软化，从尸僵开始到结束的时间越长，肉类保持新鲜的时间也就越长，这期间温度越低，保持的时间越长。（　　）

5. 常规冷却为一般式冷却，冷却温度一般控制在 0℃~4℃，胴体通常在 2 小时后冷至 44℃以下。（　　）

6. 凡是将食品中所含的水分，大部分转变成冰的过程，称为食品的冻结。（　　）

7. 氮气是无色、无臭、无味的惰性气体。液氮是无色液体，不与其他物质起化学反应，其沸点为 −195.8℃，是一种理想的冷媒。（　　）

8. 预冷的概念由鲍威尔（英国物理学家）于 1954 年首次提出，预冷是为了新陈代谢和减少变质损失而迅速地除去产品的田间热，快速降低产品温度；预冷是成功储藏蔬菜和其他园艺产品的关键，也是实现冷链系统的第一个环节。（　　）

9. 预冷最重要的目的是使酶的活性被限制在最小限度，若加热的温度过高或者不足，冻菜就得不到所希望的品质。（　　）

10. 接触式解冻装置与平板食品冻结装置相似，板间放置冻品，油压系统控制板间距，板内通入 20℃~40℃的流动水，间歇式操作，费时费工；但能耗低，设备费用低。（　　）

三、单项选择题

1. （　　）是利用被风机强制流动的冷空气使被冷却食品的温度下降的一种冷却方法。它是一种使用范围较为广泛的冷却方法。

    A. 冷风冷却　　　B. 冷水冷却　　　C. 碎冰冷却　　　D. 真空冷却

2. 果实的成熟过程大体可分为绿熟、（　　）、软熟和过熟四个过程。

    A. 后熟　　　　　B. 坚熟　　　　　C. 硬熟　　　　　D. 烂耗

3. （　　）可以减少水果的水分蒸发，使其不易失水，而且纸张还有隔热功能，能阻止温度骤变。

    A. 包装纸　　　　B. 白板纸　　　　C. 瓦楞原纸　　　D. 标准纸板

4. 包装箱要求每层箱子的孔必须相通，这样，冷风才能顺利地通过。码放上一层箱子时，要相对下一层箱子调转（　　），但是也必须把每个箱子的孔对齐。

    A. 30°　　　　　B. 60°　　　　　C. 90°　　　　　D. 120°

5. 果蔬在（　　）期内，仍然保持着生命活力，但是生理代谢作用已降到最低程度，有机物的消耗和水分的蒸发也到最低限度。

    A. 采摘　　　　　B. 存储　　　　　C. 成熟　　　　　D. 休眠

6. 畜肉的冷却过程宜在最短的时间内完成。因此，冷却时应当采用尽可能低的温度，但不能使肉体内部冻结。畜肉类冷却一般用（　　）冷却系统制冷装置来完成。

A. –5℃　　　　　　　B. –10℃　　　　　　　C. –15℃　　　　　　　D. –20℃

7. 空气（　　）是影响冷却速度和干耗的重要因素。在其他因素不变的情况下，增加空气流速可以达到提高冷却速度的目的。

　　A. 流动速度　　　　B. 温度　　　　　　C. 湿度　　　　　　D. 异味

8. 两阶段冷却工艺，其特征在于，对动物胴体采用两段式冷却，第一段为低温速冷，一般采用（　　）的温度，持续时间为 2~10 小时，在该速冷却过程中肉温快速下降，肉表面水膜变成冰膜，它既能保护肉表面，又不为微生物污染，还能防止肉内水分蒸发；然后转入第二段温度平衡阶段，历时约 16 小时。

　　A. –20℃~15℃　　B. –30℃~15℃　　C. –35℃~5℃　　D. –30℃~5℃

9. 由于冷却肉的温度为（　　），在这样的温度条件下，不能有效地抑制微生物的生长繁殖以及酶的作用，所以只能进行 1~2 周的短期储藏。

　　A. –5℃~0℃　　　　B. –10℃~5℃　　　C. 0℃~4℃　　　D. 0℃~10℃

10. （　　）指冷却器和加温器可以调节温度，用加湿器调节湿度，一般采用风速为 1 m/s、温度为–5℃~0℃的加湿空气，解冻时间为 14~15 小时。

　　A. 空气解冻　　　　B. 间歇式解冻　　　C. 连续式解冻　　　D. 加压解冻

四、简答题

1. 简述果蔬的冷风冷却。

2. 什么是压差通风式冷却法？

3. 什么是隧道式冷却间？

4. 什么是假天花板的冷却间？

5. 简述采用两阶段冷却法的优缺点。

6. 食品冻结方法有哪些？

7. 什么是食品回热？

8. 什么是食品解冻？

9. 影响食品解冻的因素有哪些？

10. 简述解冻的技术。

五、实训

果蔬储藏保鲜品质的感官鉴定

1. 实训目的

果蔬产品储藏后的品质好坏，是判断储藏保鲜效果的重要依据。通过本实验学习果蔬储藏保鲜品质的感官鉴定方法和项目，学会果蔬储藏保鲜品质感官描述，并通过操作正确鉴定果蔬的感官品质。

2. 实训材料与器材

1）实验材料

选择当地有代表性的果蔬产品 2~3 种，如苹果、葡萄、柑橘、香蕉、猕猴桃、桃、李子、杏、马铃薯、胡萝卜、大白菜、花椰菜（菜花）、甘蓝、番茄等。

2）实训器材

天平、硬度计、折光糖度计、台秤、100毫升烧杯、纱布、不锈钢果刀等。

3. 操作步骤

1）苹果

随机取储藏后的苹果（包括腐烂和病果）20~30千克，平均分成6份，每组1份。鉴定内容按照鉴定表进行，并将鉴定结果填入表5-11内。

表5-11　苹果储藏品质鉴定表

品种	储藏期			硬度（千克/平方厘米）		固形物（%）		色泽			好果率（%）	储藏病害种类	风味	等级	备注
	入储期	鉴定期	储藏天数	储藏前	储藏后	储藏前	储藏后	果皮	果肉	果心					

2）柑橘

随机取储藏后的柑橘（包括腐烂和病果）20~30千克，平均分成6份，每组1份。鉴定内容按照鉴定表进行，并将鉴定结果填入表5-12内。

表5-12　柑橘储藏品质鉴定表

品种	采后处理	储藏期			着色指数		汁率（%）	固形物（%）		好果率（%）	风味	储藏病害种类
		入储期	鉴定期	储藏天数	储藏前	储藏后		储藏前	储藏后			

3）花椰菜（菜花）

随机称取储藏后的花椰菜20~30千克，平均分成6份，每组1份。鉴定内容按照鉴定表进行，并将结果填入表5-13内。

表5-13　花椰菜储藏品质鉴定表

样品重/kg	储藏期			各级品量（千克）					保鲜指数	评价
	入储期	鉴定期	储藏天数	4级	3级	2级	1级	0级		

花椰菜的分级标准。

4 级：花球基本洁白或没有锈斑、霉点、叶嫩绿。

3 级：花球不脱水，锈斑、霉点占花球面积的 1/10~3/10。叶色绿。

2 级：花球散花很少，锈斑、霉点占花球面积的 3/10~5/10。

1 级：花球严重脱水、散花，叶霉烂或脱落，锈斑、霉点占花球面积的 5/10 以上。不能食用。

0 级：损耗。

保鲜指数（或后熟指数）：与柑橘的着色指数计算方法相同。

4）番茄

随机称取储藏后的番茄 30 千克，平均分成 6 份，每组 1 份。鉴定内容按照鉴定表进行，并将鉴定结果填入表 5-14 内。

表 5-14　青熟番茄品质鉴定表

样品重（kg）	采后处理	贮藏期			着色指数		各级品量（千克）				好果率（%）	储藏病害种类	风味	评价
		入储期	鉴定期	储藏天数	储藏前	储藏后	4 级	3 级	2 级	1 级				

番茄的分级标准如下。

4 级：果实全红，果实有一定硬度，不变软，不腐烂，无病害，无裂果。

3 级：果实全红，开始变软，果表面有少量烂斑、有裂果。

2 级：果表面着色占果实面积的 3/4 以上，不腐烂。

1 级：果表面着色占果实面积的 1/2 以上，有腐烂。

着色指数计算同上述其他果实。

4. 注意事项

（1）在同样条件下鉴定，保证鉴定结果一致。

（2）果蔬储藏要有一定时间，最好不要在储藏初期进行鉴定。

（3）鉴定果蔬一定要随机取样。

（4）果蔬样品分份注意随机和平均。

（5）要求做到仔细、认真，按顺序进行鉴定。

第 **6** 章

食品流通加工

【学习目标】

通过本章的学习，熟悉食品流通加工的概念、类型，以及食品流通加工与生产加工的区别；熟悉食品流通加工的作用、形式和方法；熟悉农产品、水产品、畜禽产品的流通加工特点和技术；掌握各种食品流通加工的方法与技术；掌握各种食品流通加工过程中的管理。

【关键术语】

食品流通加工，农产品，水产品，畜禽产品

引导案例

苏州点通冷藏物流有限公司

苏州点通冷藏物流有限公司是全国食品冷链物流定点企业，始创于 2002 年，注册资金 4 300 万元，专业员工近 200 人。公司通过近 10 年的拼搏，逐渐发展成为融冷藏保鲜运输、大件运输、公路运输、铁路运输、航空运输及仓储服务为一体的综合物流服务商。辅以装卸、分拣、包装、加工、配送等增值服务及物流个性化方案策划，形成了独具特色的物流运输服务网络体系。自成立以来，公司秉承"让您的信任无处不在"的经营和服务理念，凭借先进的管理理念、专业的员工队伍，为众多知名跨国公司提供及时、安全、快捷、周到的物流服务和解决方案，并不断完善。公司严格按现代物流操作流程进行标准化运作，在向客户提供专业高效的物流服务的同时，还积极引进科学先进的物流信息网络技术，先后应用了物流信息系统（TMS）、车辆全球定位系统（GPS）、车辆管理系统（VMS）、仓储管理系统（WMS）。现行的 TMS 系统将电子商务与内部业务集成在一起，客户可直接下单、查询货物在途的运作情况以及对账。这些信息化技术的普遍应用，有效地满足了现代化物流的查询、监控、跟踪、结算、配送等需求，让客户选择点通物流时更无后顾之忧。

资料来源：http://www.cnstorage.com/storage/huojia.

思考：

苏州点通冷藏物流有限公司成功的优势是什么？是如何做到让顾客无后顾之忧的？

6.1　食品流通加工概述

6.1.1　食品流通加工的概念、类型及与生产加工区别

食品从生产到销售是一个复杂的过程，从原材料到商品需要经过一系列的加工。在食品流通过程中进行了哪些方面的加工，如何完成这些加工，是值得食品工作者研究的。

1. 食品流通加工的概念

食品流通加工是指食品从生产地到销售地的流动过程中，为促进销售、维护食品质量和提高物流效率，对其施加冷却、冻结、包装、切割、剪裁、分拣、计量、刷标志、拴标签、组装等简单作业的总称。流通加工的目的是克服生产加工与客户对食品要求之间的差异，更有效地满足客户需要，提高生产和流通的经济效益。同时，通过流通加工可以促进资源的合理利用，提高原材料利用率；可以提高食品加工质量和加工效率，使客户所需食品质量进一步得到保障；可以提高运输效率，减少流通费用。

2. 食品流通加工的类型

食品流通加工的种类繁多，既有为了保鲜而进行的流通加工，如保鲜包装；也有为了提高物流效率而进行的对蔬菜和水果的加工，如去除多余的根叶、鸡蛋去壳后加工成液体装入容器、鱼类和肉类食品去皮、去骨等。此外，半成品加工、快餐食品加工也是流通加工的组成部分。

3. 食品流通加工与生产加工的区别

食品流通加工和一般的生产加工在加工方法、加工组织、生产管理方面并无显著区别，但在加工对象、加工程度方面差别较大，其差别的要点如下。

（1）食品流通加工的对象是进入流通过程的食品，具有商品的属性，以此来区别多环节生产加工中的一环。生产加工的对象不是最终产品，而是零配件、半成品。

（2）食品流通加工大多需要冷却、冻结和保鲜的特殊技法。而一般的生产加工，如果必须进行复杂加工才能形成人们所需的商品，那么，这种复杂加工应专设生产加工过程，生产过程理应完成大部分加工活动，流通加工对生产加工是一种辅助及补充。特别需要指出的是，流通加工绝不是对生产加工的取消或代替。

（3）从价值观点看，生产加工的目的在于创造价值及使用价值，而流通加工则在于完善其使用价值并在不做大改变的情况下提高价值。

（4）流通加工的组织者是从事流通工作的人，能密切结合流通的需要进行这种加工活动。从加工单位来看，流通加工由商业或物资流通企业完成，而生产加工则由生产企业完成。

6.1.2 流通加工的作用

1. 提高原材料利用率

利用流通加工环节进行集中下料，可将生产厂直接运来的食品原材料，按客户的要求进行加工。集中下料可以优材优用、小材大用、合理套裁，有很好的技术经济效果。

2. 进行初级加工，方便用户

用量小或临时需要的使用单位，缺乏进行高效率初级加工的能力，依靠流通加工可使使用单位省去进行初级加工的投资、设备及人力，从而搞活了供应、方便了用户。

3. 提高加工效率及设备利用率

建立集中加工点，可以采用效率高、技术先进、加工量大的专门机具和设备。这样做的好处：一是提高了加工质量，二是提高了设备利用率，三是提高了加工效率。其结果是降低了加工费用及原材料成本。

4. 充分发挥各种输送手段的最高效率

流通加工环节将实物的流通分成两个阶段。一般来说，由于流通加工环节设置在消费地，因此，从生产厂到流通加工这第一阶段输送距离长，而从流通加工到消费环节这第二阶段距离短。第一阶段是在数量有限的生产厂与流通加工点之间进行定点、直达、大批量的远距离输送，因此，可以采用船舶、火车等大量输送的手段；第二阶段则是利用汽车或其他小型车辆来输送经过流通加工后的多规格、小批量、多用户的产品。这样可以充分发挥各种输送手段的最高效率，加快输送速度，节省运力、运费。

5. 改变功能，提高收益

在流通过程中可以进行一些改变产品某些功能的简单加工，其目的除上述几点外，还在于提高产品的经济效益。

6.1.3 流通加工的形式

按加工目的不同，有三种流通加工形式。

1. 为了实现流通的加工

这种流通加工的目的在于通过各种物理、化学、机械的手段，对流通货物进行加工，使之改变形状、性能，从而更有利于流通。属于这一类型的流通加工有水产品、肉类的冷冻加工等。

2. 为了衔接产需的加工

生产的产品品种、规格、质量与需要不相符时，通过设置中间加工环节，可以按需要对产品进行加工，然后供应给用户。

3. 其他加工形式

除以上两种目的较单一的加工外，许多流通加工着眼点在于综合效益，一些流通加工甚至还对生产方式提出了变革要求，是生产—流通一体化新技术。这一类流通加工主要有水产品去头、尾、鳞加工，蔬菜洗净、去皮、分切加工等。

6.1.4　食品流通加工的要求

食品流通加工是在流通领域进行的对产品的辅助性加工，从某种意义上来讲它不仅是生产过程的延续，也是生产本身或生产工艺在流通领域的延续。这个延续可能有正、反两方面的作用，一方面可能起到有效的补充完善的作用，另一方面也可能对整个过程产生负效应。因为各种不合理的流通加工都会产生抵消效益的负效应，所以实现流通加工合理化主要考虑以下几方面。

1. 加工和配送相结合

加工和配送相结合就是将流通加工设置在配送点，一方面按配送的需要进行加工，另一方面又是配送业务流程中分货、拣货、配货之一环。加工后的产品直接投入配货作业，无须单独设置一个加工的中间环节，使流通加工有别于独立的生产，而是把流通加工与中转流通巧妙地结合在一起。同时，由于配送之前有加工，可使配送服务水平大大提高，这是当前对流通加工作合理选择的重要形式，在生肉、蔬菜等产品的流通中已表现出较大的优势。

2. 加工和配套相结合

在对配套要求较高的流通中，配套的主体来自各个生产单位。但是，要实现完全配套，有时无法全部依靠现有的生产单位。如果进行适当的流通加工，不仅可以有效促进配套，还可以大大提高流通作为桥梁与纽带的能力。

3. 加工和合理运输相结合

流通加工能有效衔接干线运输与支线运输，并促进两种运输形式的合理化。利用流通加工，在支线运输转干线运输或干线运输转支线运输这本来就必须停顿的环节，不进行一般的支转干或干转支，而是按干线或支线运输合理的要求进行适当加工，从而大大提高了运输及运输转载水平。

4. 加工和合理商流相结合

流通加工能有效促进销售，使商流更加合理化，这也是流通加工合理化的考虑方向之一。加工和配送相结合，通过加工，提高配送水平，强化销售，这是加工与合理商流相结合的一个成功例证。

此外，通过简单的包装加工改变包装，形成方便的购买量，也是有效促进商流的例子。

5. 加工和节约相结合

节约能源、节约设备、节约人力、节约耗费是流通加工合理化需要考虑的重要因素之一，也是目前我国设置流通加工点、考虑流通加工合理化比较普遍的形式。

6. 流通加工绿色化

流通加工绿色化的含义是：一方面变消费者分散加工为专业集中加工，以规模作业方式提高资源利用率，以减少环境污染，如餐饮服务业对食品的集中加工、配送中心对生鲜蔬菜的附加加工等；另一方面是集中处理消费品加工中产生的边角废料，以减少消费者分散加工所造成的废弃物污染。

6.1.5 食品流通加工的技术方法

1. 冷冻加工

食品的冷冻加工技术是随着社会经济的发展而兴起的一门食品保藏工艺学。食品的冷冻加工是为解决鲜肉、鲜鱼在流通中保鲜及搬运装卸的问题而采取的低温冻结方式的加工。目前该技术已广泛应用于品种多样、规模较大的食品制造业。冷冻与保藏的食品已成为人们现代饮食生活不可缺少的部分，并日益成为主流食品之一。同时，冷冻与保藏食品产业已经成为一些地区经济发展的主要产业，并对农产品深加工、解决"三农"问题起到了重要的作用。

2. 分选加工

农副产品离散情况较大，为获得一定规格的产品，采取人工或机械分选的方式加工称为分选加工，如果类、瓜类、谷物等。

3. 精制加工

对于农、牧、副、渔等产品，精制加工是在产地或销售地设置加工点，去除无用部分，甚至可以进行切分、洗净、分装等加工。这种加工不但大大方便了购买者，而且，还可对加工的淘汰物进行综合利用。比如，鱼类的精制加工所剔除的内脏可以制成某些药物或饲料，鱼鳞可以制高级黏合剂，头尾可以制鱼粉等。蔬菜的加工剩余物可以制饲料、肥料等。

4. 分装加工

许多生鲜食品零售起点较小，而为保证高效输送，出厂包装则较大，也有一些是采用集装运输方式运达销售地区。为了便于销售，在销售地区按所要求的零售起点进行新的包装，即大包装改小包装、散装改小包装、运输包装改销售包装，这种方式称分装加工。

6.1.6 流通加工管理

组织流通加工的方法和组织运输、分配、交易等方法区别很大，许多方面类似生产组织和管理。因此，流通加工的管理需要特殊的组织和安排。几项主要的管理工作如下。

1. 是否设置流通加工的可行性研究

流通加工只是生产加工制造的一种补充形式，是否需要进行这种补充加工，应当进行认真的可行性研究。

（1）研究是否可以延续生产过程或改造生产方式，使之充分与需求衔接。在技术不断进步的情况下，原来难以实现的多品种灵活生产，近些年也不断实现，因此，就无须设置流通加工来衔接。只有在生产过程确实不能满足要求或经济效益不好的前提下才可考虑设置流通加工问题。

（2）研究是否可以在使用单位进行加工。这一研究不但要考虑技术上的制约，而且要考虑使用单位的整体组织与安排问题。只有在使用单位因技术、管理及经济效益问题无法安排的情况下才可考虑设置流通加工环节。

（3）充分考虑技术进步因素，研究是否可通过集装、专门装运等方式，而不进行为实现流通的加工。有些加工，如增加防护性运输包装的加工，是在运输技术水平较低情况下所需进行的加工。因此，如果开拓少包装的运输技术，则可以不进行此种加工。

总之，流通加工虽有许多优越性，但毕竟造成了产需之间的中间环节，也存在许多降低效益的因素，因此，即使在技术上可行，也还要研究效益问题。即设置与不设置的效益比较，在流通起端与末端设置加工中心的效益比较；加工中心本身投资回收的计算等，并以此做最后的定论。

2. 流通加工的生产管理

流通加工的生产管理是指对流通加工生产全过程的计划、组织、指挥、协调与控制。流通加工生产管理的具体内容包括：生产计划的制订，生产任务的下达，人力、物力的组织与协调，生产进度的控制等。流通加工生产管理内容及项目很多，如劳动力、设备、动力、财务、物资等方面的管理，对于套裁型流通加工其最具特殊性的生产管理是出材率的管理。这种流通加工形式其优势就在于利用率高、出材率高，从而获取效益。为提高出材率，需要加强消耗定额的审定及管理，并应采取科学方法，如数学方法进行套裁的规划及计算。

3. 流通加工的质量管理

流通加工的质量管理，重要的是对加工产品的质量控制。由于加工成品一般是国家质量标准上没有的品种规格，因此，进行这种质量控制的依据，主要是用户要求。各用户要求不一，质量宽严程度也不一，流通加工据点必须能进行灵活的柔性生产才能满足质量要求。

此外，全面质量管理中采取的工序控制、产品质量监测岗位、各种质量控制图表等也是可以采用的。

4. 流通加工的技术经济指标

衡量流通加工的可行性，对流通加工环节进行有效的管理，可考虑采用以下两类指标。

第一类：流通加工建设项目可行性指标。前文已述流通加工仅是一种补充性加工，规模、投资都必然远低于一般生产性企业，其投资特点是：投资额较低、投资时间短、建设周期短、投资回收速度快且投资收益较大。因此，投资可行性可采用静态分析法。

第二类：流通加工环节日常管理指标。由于流通加工的特殊性，不能全部搬用考核一般企业的指标。例如，八项技术经济指标中，对流通加工较为重要的是劳动生产率、成本及利润指标，此外，还有如下反映流通加工特殊性的指标。

（1）增值指标反映经流通加工后，单位产品的增值程度，以百分率计。增值率指标可以帮助管理人员判断投产后流通加工环节的价值变化情况，并以此观察该流通加工的寿命周期位置，为决策人提供是否继续实行流通加工的依据。

（2）品种规格增加额及增加率反映某些流通加工方式在满足用户、衔接产需方面的成就。增加额以加工后品种、规格数量与加工前之差决定。

（3）资源增加量指标反映某些类型的流通加工在增加材料利用率、出材率方面的效果指标。这个指标不但可提供证实流通加工的重要性数据，而且可具体用于计算微观及宏观经济效益。其具体指标分新增出材率和新增利用率两项。

新增出材率=加工后出材率–原出材率

新增利用率=加工后利用率–原利用率

6.2　农产品的流通加工

6.2.1　农产品的流通加工概述

1. 农产品概述

农产品指水果、蔬菜以及粮食等。采收后的农产品，虽然离开了母体，但其生命活动仍在不断地进行，如呼吸、蒸腾等生理活动。在采收后进行的生理活动中，有些可以提高或维持农产品的品质，有些则降低其品质，通过流通加工适当地控制其生理活动有利于保证农产品在流通过程中的品质。

农产品中的果蔬，因其具有呼吸作用，在维持自身的生命活力、抵御微生物入侵等方面有积极作用。但是呼吸作用需要不断消耗呼吸底物，使果蔬的营养成分、质量、外观和风味发生不可逆转的变化，这不仅降低了果蔬的食用品质，而且使其组织逐渐衰老而影响耐藏性和抗病性。因此必须抑制果蔬在储藏中的呼吸作用，在维持其正常生命活动、保证抗病能力的前提下，把呼吸强度降到最低水平，使之最低限度地消耗自身体内的营养，以达到延长保鲜储藏期、提高储藏效果的目的。

实验证明，降低氧气和提高二氧化碳的浓度，能够降低果蔬的呼吸强度并推迟其呼吸高峰的出现。氧气对呼吸强度的抑制必须降到 7%以下浓度时才起作用，但不宜低于 2%，否则易出现中毒现象。二氧化碳对呼吸的抑制作用是浓度越高，抑制作用越强，如在 5%浓度下呼吸强度下降到 70%。对储藏环境同时降氧和提高二氧化碳浓度，对果蔬类鲜活食品的呼吸抑制作用更为显著，如 5%的氧气和 5%的二氧化碳浓度组合中，苹果的呼吸强度会降到 38%。不同氧气和二氧化碳浓度的配比条件对果蔬的呼吸作用的抑制程度是不同的。

具有呼吸高峰的果实在储藏中如降低氧气或提高二氧化碳浓度，均可延迟其呼吸高峰的出现，并能降低呼吸高峰顶点的呼吸强度，甚至不出现呼吸高峰。例如，柠檬在 15.5℃储藏条件下，当氧气含量降至 10%时，其呼吸强度仅为正常空气时的 50%。油梨在提高二氧化碳含量 5%的空气中储藏，其呼吸高峰推迟 8 天后才开始上升，但在高峰顶点时的呼吸强度仅为正常空气时的 40%，而且经 21 天后方达到高峰顶点，一般正常空气中仅 8 天就达到了。当低氧和高二氧化碳同时作用就能取得更明显的效果，如香蕉储藏在氧气为 8%和二氧化碳为 5%浓度的混合空气中，就可以完全抑制其呼吸高峰的出现。但是，氧气浓度过低或二氧化碳浓度过高都会导致鲜活食品的生理病害。

鲜活食品的呼吸作用是随着空气中氧气含量的下降而逐渐减弱，释放出的二氧化碳也随之减少。当二氧化碳释放量降到一个最低点后又会增加起来，这是因为发生了缺氧呼吸。当二氧化碳释放量达到最低点时，空气中氧气的浓度称为氧气的临界浓度。鲜活食品储藏时，如氧气降到临界浓度以下就会发生缺氧呼吸，即氧气的浓度过低，这不仅会比有氧呼吸时消耗更多的营养成分，而且还会产生酒精和乙醛的积累进而造成鲜活食品的生理病害，严重时则招致微生物的侵染使食品腐烂。氧气的临界浓度是随着鲜活食品的种类、品种不同而异，大部分果蔬的氧气临界浓度在 1%~3%，而一些热带、亚热带产的果蔬可高达 5%~10%。有关果蔬氧气的临界浓度见表 6-1。

表 6-1　有关果蔬氧气的临界浓度　　　　　　　　　　　　　　　%

食品种类	氧气临界浓度	食品种类	氧气临界浓度	食品种类	氧气临界浓度
蘑菇	1	花椰菜	2	胡萝卜	3
大蒜	1	甜瓜	2	番茄	3
洋葱	1	苹果	2	黄瓜	3
花椰菜	1	洋梨	2	甜椒	3
萝卜	2	番木瓜	2	朝鲜蓟	3
莴苣	2	油橄榄	2	青豌豆	5
芹菜	2	草莓	2	柑橘	5
菜豆	2	油桃	2	鳄梨	5
苦苣	2	杏	2	甘薯	7
荚豆	2	桃	2	芒果	9.2
甜玉米	2	李子	2	马铃薯	10
甘蓝	2	柿子	3	石刁柏	10
抱子甘蓝	2	樱桃	3	坚果类	0

　　如果二氧化碳浓度过高，会致使在鲜活食品内产生大量琥珀酸积累，导致果实褐变、黑心等生理病害发生，其严重程度与果实的成熟度、储藏温度、储藏期、高二氧化碳浓度施加时间长短以及空气成分组成有关。各类果蔬对高二氧化碳浓度都有一定的适应性，这个极限二氧化碳浓度称为二氧化碳忍耐浓度，见表 6-2。

表 6-2　　有关果蔬对二氧化碳的忍耐浓度　　　　　　　　　　　%

食品	二氧化碳忍耐浓度	食品	二氧化碳忍耐浓度	食品	二氧化碳忍耐浓度
洋梨	1	抱子甘蓝	5	油橄榄	10
莴苣	1	花椰菜	5	石刁柏（5℃）	10
苹果	2	野生苦苣	5	樱桃	10
芹菜	2	茄子	5	草莓	20
朝鲜蓟	2	青豌豆	7	无花果	20

　　一切生物体内有机物质的生化反应所引起的降解都是在特定酶系的催化下发生的，气调采取了低氧和高二氧化碳的条件，有些酶类的活性遭到抑制，从而延缓了某些有机物质的分解过程。例如，低氧可以抑制叶绿素的降解，达到食品保绿的目的；减少抗坏血酸的损失，提高食品的营养价值；降低不溶性果胶物质的减少速度，增大食品的脆硬度。高二氧化碳则能降低蛋白质和色素的合成作用；抑制叶绿素的合成和果实脱绿；减少挥发性物质的产生和果胶物质的分解，从而推迟成熟期的到来和减慢衰老速度。

　　乙烯是植物的一种生长激素，虽然数量甚微，却能促进果实的生长和成熟，并能大大加快产品的后熟和衰老的过程，故有催熟激素之称。通常情况下，植物在某些生长阶段，如种子发芽、果实成熟、叶子黄化时都能产生乙烯。外界因子也能诱发乙烯的产生，如吲哚乙酸（IAA）、机械损伤、冷害、干旱和水淹等，而且乙烯产生的速率与植物的生长阶段、组织不同有关，生长点和处于呼吸高峰阶段的果实产生的乙烯就较多。

果蔬内的乙烯是由 MET（甲硫氨酸）—SAM（S-腺苷酰蛋氨酸）—ACC（1-氨基环丙烷-1-羧酸）乙烯而产生的。如果能抑制果蔬组织细胞中乙烯的生成或减弱乙烯对成熟的促进作用，就可以推迟果蔬呼吸高峰的出现，延缓果蔬的后熟及衰老。

上述 MET-+SAM-ACC-+乙烯的合成过程，从 ACC 到乙烯这一步是需氧过程。在低氧或缺氧情况下就可以抑制 ACC 向乙烯的转化，从而抑制乙烯的生成，而且低氧环境还可减弱乙烯对新陈代谢的刺激作用。低浓度二氧化碳会促进 ACC 向乙烯转化，而高浓度二氧化碳则可抑制乙烯的形成，同时还可延缓乙烯对果蔬成熟的促进作用，而且还干扰了芳香类物质的合成及挥发。所以在低氧、高二氧化碳和合理低温的共同作用下，可以抑制乙烯的生成，并减弱乙烯对果蔬成熟的刺激作用。并且由乙烯所引起的生理作用也受到了抑制，如叶绿素的降解、果实的退绿和成熟、蛋白质的合成、组织器官的脱落和开裂、呼吸跃变和储藏物质的水解等，从而延缓了果蔬后熟和衰老的进程。

2. 农产品的特点

1）呼吸作用

农产品的呼吸作用，是指植物在酶的作用下缓慢氧化的过程，是植物的主要代谢过程。原理是生物体内的有机物（如淀粉、糖、有机酸）分解后转化为简单的化合物（如二氧化碳和水）。

2）蒸腾作用

农产品的组织内都含有一定量的水分，尤其是新鲜的果蔬，其含水量可达65%~96%。果蔬采收后其蒸腾作用依然存在。因蒸腾作用失去过多水分不但会造成果蔬失重，口感、脆度、颜色和风味下降，还会破坏果蔬正常的新陈代谢过程，刺激乙烯合成，加速器官衰老和脱落，降低果蔬的耐储性能和抗病性。影响蒸腾的因素主要有：产品表面组织结构、产品细胞持水力、组织结构、环境温度、环境湿度、空气流速、气压、光线照射等。

3）农产品的休眠

植物在生长发育过程中遇到不适宜的环境条件，如严寒、酷暑、干旱等恶劣的环境时，为了适应环境，有的器官产生暂时停止生长的现象就是休眠。一些块茎、球茎、鳞茎、根茎类蔬菜，木本植物的芽或植物种子都有休眠现象。进入休眠状态的植物，积累在其机体内的营养物质的消耗和水分的蒸腾等各种代谢活动都降到最低水平，对储藏保鲜十分有利。休眠可分以下几种。①生理休眠（自发性休眠）。这是器官内在因素引起的休眠，即使给予适宜的条件，仍要休眠一段时间而不发芽。比较典型的有洋葱、大蒜、马铃薯、生姜等。②被迫休眠（他发性休眠）。由于环境条件中的不适因素所造成的暂停发芽生长，当条件得到改善便可恢复生长。如大白菜、萝卜、莴苣、花椰菜等及其他某些二年生蔬菜，没有生理休眠阶段，在储藏中常用低温等条件抑制发芽而使其处于强制休眠状态。

影响休眠的因素除了低温外，还有湿度、气体成分、化学药剂和辐射等因素。

6.2.2　农产品流通加工技术

前面分析了农产品的特点，在加工时必须考虑其特点有针对性地采用一些技术方法进行加工，以保证农产品质量。

农产品采收之后，产品中常常会混有一些病、虫、伤的个体，这些个体如不挑选剔除，在以后的储藏、运输及销售等流通过程中会成为病害的传染源，造成农产品大量腐烂损失。同时未经处理的农产品，特别是叶类蔬菜，常常带有许多非食用部分，进入流通市场后，经过销售或消费后势必又将作为垃圾运出市区，既污染环境，又造成人力、车辆和能源的极大浪费，并增加了消费者的不便，影响产品的商品价值，而且这些非食用部分也常常成为果蔬病害的传染源。另外，刚刚采收的果蔬带有大量的田间热，温度较高，再加上采收对产品的刺激，呼吸作用很强，释放出大量的呼吸热，需要通过预冷等处理使之迅速降温，否则对储藏或运输等流通过程中的果蔬保鲜不利。果蔬产品只有经过一系列的采后处理过程，才能从农产品转化成为商品，做到清洁、整齐、美观、销售和食用方便，从而提高果蔬的商品价值和生产者的信誉。

果蔬采后处理技术是为保持及改进果蔬产品质量并使其从农产品转化成为商品所采取的一系列措施的总称，包括采收、挑选、修整、清洗、分级、涂被、包装、预冷、催熟、储藏、运输、销售等。根据不同的果蔬产品的特性和商品要求，有的需要采用上述全部方法，有的则只需要其中几种处理方法。

1. 采收

采收是水果和蔬菜种植生产的最后一个环节，也是预冷储藏保鲜开始的第一个环节，这一环节的主要任务是保护生产成品，保持采后农产品的营养品质和数量，减少质量和数量的损失，以完成生产的最终目的。

1）采收时机的确定

采收时机确定得恰当与否，与其产量、品质及耐储运性有着密切关系。该时间主要依据以下几点来确定。

（1）农产品的成熟度。农产品种类繁多，其食用部分是植物的不同器官，采收成熟度要求很难一致，不便统一。但农产品在成熟阶段都有一定特殊的生理特征和理化性质，实践中可以根据产品表面色泽的显现和变化、果梗脱离的难易度、主要营养成分的含量、质地和硬度、果实形态、生长期和成熟特征并结合种类、品种特性、生长情况、气候条件、栽培管理等综合因素加以考虑，以掌握适当的采收期。

（2）储藏条件。

储藏时间长，可适当提前采收；储藏方法和设备条件较好时，可适当晚采。

（3）运输距离的远近、销售期的长短。

2）采收方法

水果和蔬菜的采收方法、采收工具、采收时间等应根据产品种类来决定。水果和蔬菜的采收方法可分为人工采收和机械采收两种。

（1）人工采收。准备鲜销和长期储藏的水果及蔬菜最好是人工采收。人工采收可以任意挑选，准确地掌握成熟度，分批分次采收，确保采收成熟度一致；可以减少机械损伤，保证产品质量。

其他水果和蔬菜的采收应根据种类选用适宜的工具，并事先准备好采收工具如采收袋、篮、筐、篓、箱、梯架等。包装容器要结实并实用，容器内要加上柔软的衬垫物，以免损伤产品。

水果和蔬菜采收时需重点注意尽量在一天中气温最低的清晨采收，这样可减少水果和蔬菜所携带的田间热，降低其呼吸强度。相反，不要在暴晒的阳光下采收，避免在雨后和露水很大时采收，这种条件下采收极易引起水果和蔬菜腐烂，降低品质，不利于储藏和运输。采收时要轻拿轻放，尽量避免机械损伤；要做到有计划性，根据市场销售及出口贸易的需要决定采收期和采收数量。

（2）机械采收。机械采收适用于那些成熟时果梗与果枝间形成离层的果实，一般使用强风压或强力振动机械，迫使果实由离层脱落，在树下布满柔软的帆布篷和传送带，承接果实并将果实送到分级包装机内。机械采收的效率高，节省人工及劳务费。但对很多品种，如樱桃、苹果等而言，机械采收的损伤率比人工采收的要高。

2. 预冷

1）预冷的原理和作用

预冷是将新鲜采收的产品在运输、储藏或加工以前，尽早迅速除去田间热，冷却到预定温度的过程。预冷可以抑制腐败微生物的生长，抑制酶的活性和呼吸作用，控制水分损失和减少产品释放的乙烯。

预冷通常是单独进行的，需要特殊的装置或库房。商业上常用的预冷方法有以下几种：水冷却、真空冷却、空气冷却和加冰（包装中加冰），方式虽各不相同，但都能迅速将产品中的热传递到冷的介质如水、空气或冰中。适当冷却产品所需要的时间一般为 20 分钟到 24 小时或多于 24 小时。

产品的冷却速度与制冷介质与产品的接触、产品和制冷介质的温差、制冷介质的周转率、冷却介质的种类四个因素有关。

2）预冷方法

（1）冷水冷却。冷水冷却是用冷水冲、冷水喷淋或将产品浸泡在冷水中来进行的。目前使用的两种基本水冷系统为：流水系统和传送带系统。商业上经常用冷水冷却法预冷的水果和蔬菜有芦笋、芹菜、网纹甜瓜、菜豆、桃、萝卜、酸樱桃、豌豆和甜玉米等。有时黄瓜、青椒、其他瓜类和早熟马铃薯也用水冷却。

（2）真空冷却。真空冷却是将蔬菜放在气密的容器中，迅速抽出空气和水蒸气，使水分在真空容器的低压下蒸发，产品因表面水分的蒸发而冷却。当容器中的压力减小时，蒸发可以连续进行，如果压力减少到 613 Pa，产品就将连续蒸发冷却到 0℃。

真空冷却非常适用于叶菜类蔬菜，目前广泛应用于商业领域预冷加工蔬菜。

（3）空气冷却。空气冷却包括室内低温冷却或强制通风系统冷却及差压通风冷却。空气冷却时容易造成水果和蔬菜失水，但用高湿空气可以限制失水，目前常使用 95% 或以上的相对湿度。

①室内冷却或强制通风冷却又称普通冷却，它是将包装的产品放在有制冷设备的冷库中进行的冷却。像苹果、柑橘和梨就可以在其做短期或长期储藏的冷库中来进行预冷。当有足够的制冷量，并保证库内各处冷却均匀，且空气以 1~2 米/秒的流速在容器周围和容器间循环时，冷却的效果最好。该种冷却方法的缺点是冷却速度及效率都较低。

②差压通风冷却，是在通风包装箱垛的两个侧面造成空气压差进行的冷却。包装箱必须开孔，冷风能从包装箱内穿过，将被冷却果蔬的热量带走，使其降温。快速冷却时须加大制冷系统的制冷量，并加大每个货堆的风速流量。差压通风冷却所用的时间只占普通冷却所用时间的 1/10~1/4，但比水冷和真空冷却所用的时间至少长 2 倍。差压通风冷却解决了不适于用水冷同时也不适于真空冷却的水果和蔬菜的预冷问题，差压通风冷却适合于任何水果和蔬菜，但在草莓、葡萄、甜瓜和慢熟番茄上的使用效果最好，有时也用于黄瓜、大椒和花椰菜。

（4）加冰冷却。包装中加冰冷却是一种古老传统的方法，就是在运输容器中或包装箱中加入冰屑或细碎的冰块。它适用于那些与冰接触不会产生伤害的水果和蔬菜，如菠菜、羽衣甘蓝、青花菜、花椰菜、抱子甘蓝、胡萝卜、叶用葱和网纹甜瓜。目前顶部加冰只是作为上述几项基本预冷方法（水冷、真空冷却、强制通风冷却）的辅助措施，常用于木板箱包装的甜玉米、芹菜、其他叶菜和事先包装在薄膜袋中的萝卜与胡萝卜及聚苯乙烯泡沫箱包装的青花菜和芦笋。

3. 分级

各类农产品，由于在生产栽培期间受到自然和人为因素的影响与制约，所以产量和品质离散情况较大。分级就是指按一定的品质标准和大小规格将产品分为若干等级的措施，是水果和蔬菜产品商品化与标准化不可缺少的步骤。水果和蔬菜产品分级的意义在于挑选与分级后的产品在品质、色泽、大小、成熟度、清洁度等方面基本一致，便于包装、储运，有利于减少损耗，同时也利于果蔬在流通过程中按质论价，优质优价。

1）分级的标准和方法

水果和蔬菜产品分级一般需按国家或地区的标准进行。世界各国都有自己的分级标准，我国也已发布了部分水果和蔬菜的国家标准。具体的分级标准因水果和蔬菜的种类、品种而有所不同。水果和蔬菜产品的分级包括品质与大小两项内容。品质等级一般根据品质的好坏、形状，色泽、损伤和病害的有无等质量情况分为特等、一等、二等、三等等。大小等级则根据重量、果径、长度等分为特大、大、中、小、特小（用2L、L、M、S、2S 分别表示）等。

分级的方法有手工操作和机械操作两种。叶菜类蔬菜和草莓、蘑菇等形状不规则与易受损伤的种类多用手工分级；苹果、柑橘、番茄、洋葱、马铃薯等形状规则的种类除了手工操作外，还可采用机械分级。分级一般与包装同时进行。

手工分级时应预先掌握分级标准，可辅以分级板、比色卡等简单的工具。手工分级的优点是可避免果蔬产品受到机械伤害，缺点是效率低和误差大。

机械分级常与挑选、洗涤、打蜡、干燥、装箱等连成一体进行。以苹果、柑橘的分装为例，先将果实放在水池中洗刷，然后由传送带送至吹风台上，吹干后放入电子秤或横径分级板上，不同重量的果实分别送至相应的传送带上，在传送过程中，人工拿下色泽不正和残、次、病、虫果，同一级果实由传送带载到涂蜡机下喷涂蜡液，再用热风吹干，送至包装线上定量包装。机械分级需要较大的设备投资但工作效率和分选精度大大提高。

2）自动化分选装置

水果和蔬菜的种类与品种繁多，大小、形状、质地差异很大，难以设计出通用的分选装置，目前也难以实现全部过程的自动化，一般都是以人工与机械结合进行分选。应用较多的是重量、形状（大小）分选机和颜色分选装置。

（1）重量分选装置。根据产品的重量进行分选，按被选产品的重量与预先设定的重量进行比较分级。重量分选装置有机械秤式和电子秤式等不同类型。重量分选装置多用于苹果、梨、桃、番茄、甜瓜、西瓜、马铃薯等。

（2）形状分选装置。按照被选果蔬的形状大小（直径、长度等）分选。分选装置有机械式和光电式等不同类型。

机械式形状分选装置多是以缝隙或筛孔的大小对产品分级。当产品通过由小逐级变大的缝隙或筛孔时，小的先分选出来，最大的最后选出。机械式分选装置适用于柑橘、樱桃、洋葱、马铃薯等。

光电式形状分选装置有多种，有的是利用产品通过光电系统时的遮光，测量其外径或大小，根据测得的参数与设定的标准值比较，进行分级。较先进的装置则是利用摄像机拍摄，经电子计算机进行图像处理，求出果实的面积、直径、高度等。例如，黄瓜和茄子的形状分选装置，将果实一个个整齐地摆放到传送带的托盘上，当其经过检测装置部位时，安装在传送带上方的黑白摄像机摄取果实的图像，通过计算机处理后可迅速得出其长度、粗度、弯曲程度等，实现大小分级与品质（弯曲、畸形）分级同时进行。光电式形状分选装置克服了机械式分选装置易损伤产品的缺点，适用于黄瓜、茄子、番茄、菜豆等。

（3）颜色分选装置。根据果实的颜色进行分选。果实的表皮颜色与成熟度和内在品质有密切关系，颜色的分选主要代表了成熟度的分选。例如，利用彩色摄像机和电子计算机处理的红、绿两色型装置可用于番茄、柑橘和柿子的分选，可同时判别出果实的颜色、大小以及表皮有无损伤等。当果实随传送带通过检测装置时，由设在传送带两侧的两架摄像机拍摄。果实的成熟度根据测定装置所测出的果实表面反射的红色光与绿色光的相对强度进行判断。表面损伤的判断是将图像分割成若干小单位，根据分割单位反射光的强弱算出损伤的面积，最精确的可判别出 0.2~0.3 毫米大小的损伤面。果实的大小以最大直径表示。红、绿、蓝三色型机则可用于色彩更为复杂的苹果的分选。

3）非破坏性内部品质检测

非破坏性内部品质检测技术的目的是在不损伤产品的前提下对其内部品质作出评价并分出等级。目前，国外已实际应用的非破坏性内部品质检测装置多是就某一产品某一重要单项进行检测的。尽管如此，这些技术的应用对保证产品质量、促进销售与生产起到了积极的推动作用。如利用敲诊和透视方法检测西瓜空洞；利用瓜果成熟时散发出的特殊香味，检测瓜果的成熟度；通过糖度测定确定瓜果成熟度，等等。

4. 包装

1）包装应遵循的原则

包装是农产品商品化的重要环节，其目的在于保护产品、方便运输、促进销售和提高产品附加值。适宜的包装可以减少产品的呼吸消耗和水分蒸发，减少因相互摩擦、碰撞、挤压而造成的损伤，减少病害的传染蔓延，保持品质和增加美观，便于储藏、运输、销售。同时规格化的包装还便于搬运和堆码管理，降低储运成本。农产品的包装按不同的用途和形式可分为运输包装、储藏包装、销售包装和外包装、内包装、大包装、小包装等多种类型，采用什么方式包装，要视产品的具体情况而定，一般应遵循以下原则。

（1）对应性原则。根据农产品不同的适用范围和场所，不同档次的农产品选用不同档次的包装材料和技术。

（2）适用性原则。根据农产品的各自特性、储运条件、流通因素等合理选择包装，做到最大限度地保护产品、减少损耗。同时还要考虑不同地区、民族、国家对包装材料的不同要求和限制。

（3）经济性原则。包装材料应取材容易、成本低廉、便于周转回收或使用后易于处理。包装的设计、选材、制作、包装工艺技术选择等应进行综合分析和比较，力求达到最好的经济性。在防止包装不足的同时，也要避免包装过度。

（4）美学性原则。优质的产品需要精美的包装相配。包装的美学性是包装装潢设计、材料、印制工艺等的综合体现，是决定产品能否畅销的关键因素之一。

（5）科学性原则。根据加工要求和设备条件、消费心理和市场需求、经营者和用户要求、环境保护等要求，综合分析和考虑包装材料与工艺技术。

目前，我国已制定出多种农产品的包装技术标准，这些标准涉及包装材料选用、工艺技术选用和包装检测，在实际应用中可以参考。

2）大包装

大包装是指将较多的产品或若干个小包装单位集中在一起进行包装。大包装主要用于运输或储藏。目前我国常用的大包装容器有以下几种。

（1）软包装容器。如麻袋、网袋等，这种包装无支持力，只起到便于搬运的作用，多用于应变力强的产品。

（2）条筐或竹筐。透气性好，不怕潮湿，成本低，但不能很好地防止水分蒸发，易刺伤产品；需在包内衬垫蒲包等物，不易堆码，易变形。

（3）木箱。包括木板箱、条格箱和胶合板箱。支撑力强，坚固耐用，可码高垛，但成本较高。

（4）瓦楞纸箱。用硬纸板和瓦楞纸粘合而成，重量轻、外形整齐，便于堆码，箱上留有孔以利通风，可对水果和蔬菜产品起很好的保护作用。纸箱可折叠，空箱运输方便。

（5）塑料箱。支撑能力较强，便于刷洗和消毒，可反复使用，但返回运输时，体积过大，多用于近距离装运。

（6）集装箱。体积较大，是上述包装的母容器，只用于运输。集装箱种类很多，有通风式集装箱、冷藏集装箱和冷藏气调集装箱等，由于容量大，需要机械化装卸。

3）小包装

小包装，是以单个或少量产品为单位进行包装，运输时放在外包装内（可称为内包装），销售时可作为一个单位（也称为销售包装）。

小包装主要是为了保护产品个体和方便产品集合。常采用单果包纸、个体装塑料小袋、托盘、分层隔板、分格定位衬垫等方式。小包装的材料很多，可采用质地轻及柔软的白纸、泡沫塑料网袋、塑料薄膜袋，也可以是纸浆托盘或瓦楞纸隔板或格子板。

小包装中最重要的方式之一是塑料薄膜包装，它的主要作用是减少产品水分蒸散，防止萎蔫，有的还可起到自发气调的作用。塑料薄膜包装有多种形式，如有孔包装、不封口包装、密封包装、黏着膜包装和收缩包装及真空包装等。薄膜的厚度一般为0.02~0.07毫米。

6.3　水产品的流通加工

渔业生产季节性很强，受自然环境中的风力、海流、赤潮、水温、季节等因素影响更大，生产具有较高的不稳定性，同时渔获物也呈多样性。近年来随着水产养殖业的发展，养殖产量占总渔获量的50%左右。养殖品种也不胜枚举，海水养殖除大黄鱼、小黄鱼、带鱼、乌贼等传统海产品以外，已形成规模的还有河豚、牡蛎、蛤蜊、海参、鲍鱼、海蟹等；淡水养殖的品种更多，有淡水白鲳、罗非鱼、鲤鱼、青鱼、鲫鱼、鲢鱼、鳙鱼、黄鳝、甲鱼、牛蛙等。

水产品具有丰富的营养价值，从氨基酸组成和蛋白质的生物价值来看，鱼、贝类蛋白质的营养价值可与鸡蛋、肉类等优质蛋白媲美。同时一些鱼体中还含有一定的生理活性物质，具有一定的保健功能。

6.3.1　水产品的特点

1. 水产品具有易腐败性

水产品具有易腐败性主要是由于：①鱼、贝类相对于畜肉来说，个体小、组织疏松、表皮保护能力弱、水分含量高、易腐败；②鱼体在消化系统、体表、鳃丝等处都黏附着细菌，鱼体死后这些细菌开始向纵深渗透，造成水产品的腐败和污染，且细菌种类繁多；③鱼体内含有活力很强的酶，如内脏中的蛋白质、脂肪等分解酶，肌肉中的 ATP（三磷酸腺苷）分解酶等；④一般鱼、贝类栖息的环境温度较低，它们被捕获后往往被放置在温度稍高的环境中，酶促反应大大提高，加快了腐败的进程。因此，研究水产品的流通加工技术对缓解渔业收获的季节集中性、减轻在短期内对大量渔获物的保鲜压力、提高水产品质量具有重大的意义。

2. 采集过程发生物理变化

鱼、贝类死后其体内酶类进行无氧降解，糖原和 ATP 减少到一定程度，鱼体变硬，直到达到最大值。僵硬期过后，糖原、ATP 进一步减少而代谢产物乳酸、次黄嘌呤、氨不断积累，硬度也逐渐降低，直至恢复到活鱼时的硬度，这个过程称为解僵，主要是由于体内酶的作用使成分发生一定变化，故也称为自溶作用。这一阶段仍被认为是新鲜的，煮熟后口感肉质紧密、多汁而富有弹性。通常所说的保鲜就是要尽可能延长鱼从死后到解僵这一持续时间，影响这一时间长短的因素主要有鱼的种类、鱼体大小、生理状况、储藏温度等。

　　鱼、贝类在保鲜和加工时其肉质会发生物理方面的变化。一般对鱼肉物性的测定常常采用应力缓冲测定、蠕变测定等所谓的非破坏性试验和剪切力、破断度、深入度等破坏性测定。通过测定这些物理指标可以判定鱼肉是处于哪个阶段，进而研究鱼、贝类肉质的结构和组成，研究储藏和保鲜方法对鱼、贝类肉质的物理影响，等等。虽然鱼种不同，但鱼体死后在冰藏过程中肌肉硬度变化的趋势是相近的，即随着鱼体僵硬，插板深度逐渐减小；鱼体软化后，插板深度逐渐增加，依此可作为鉴定鱼体鲜度的根据所在。

3. 蛋白质的变性

　　蛋白质的变性指蛋白质的某些性质在外界条件影响下发生了变化。原因很多，如 pH、氧化还原反应、尿素、有机溶剂、界面活性剂等化学因素以及冻结、加热、干燥、辐照、高压等物理因素。肌原纤维蛋白是鱼、贝类肌肉中蛋白质的主体，比其他蛋白质更易变性。

　　持续冻藏过程可加剧鱼肉蛋白质的变性，使得肉质硬化，解冻后细胞内汁液流失使肉质硬化更加严重。蛋白质变性后，鱼、贝类的食品属性有所下降，一般认为在鱼肉中添加一些化合物（如木糖醇、山梨糖醇、半乳糖、乳糖、麦芽糖等）可使蛋白质变性程度减轻。

4. 脂肪的劣化

　　鱼、贝类在储藏过程中的脂肪劣化有氧化和水解两种。脂质氧化后，鱼、贝类会发生酸败，产生令人不愉快的刺激性臭味、涩味和酸味等。随着酸败的加剧，制品的脂质和部分肉质往往发生褐变，这种变色称为油烧。在低温储藏时，脂质的氧化可以有所抑制，但某些水解酶在低温下仍然有一定的活性，也可引起脂质的水解和品质劣化，故也称为冻结烧。

　　脂肪的劣化包括脂肪的氧化和脂肪的水解。

　　1）脂肪的氧化

　　脂肪是由甘油和脂肪酸等组成的，脂肪酸中的双键特别易与空气中的氧结合而被氧化，海水产品比淡水产品和陆生动植物的脂肪酸不饱和度更高，所以特别容易被氧化而产生低分子的脂肪酸、醛、醇等。

　　鱼油仅仅因氧化还不会发生变色，但氧化了的鱼油与鱼肉中的胺、氨、血红素化合物、碱式金属氧化物、碱等组分中的任何一种作用时，就会发生严重的褐变，未氧化的鱼油与胺等物质不发生褐变。这种褐变最终引起鱼、贝类腹部、鳃部等含脂较多的部位变成黄色或橙红色，肉质同时也被着色，这种变化称为油烧。

　　2）脂肪的水解

　　鱼、贝类的肌肉和内脏器官中含有脂肪水解酶与磷脂水解酶，在储藏过程中这些酶会对脂质发生作用，引起脂质的水解。只要是酶未被钝化和失活，酶的水解反应就会发生，只不过在冷藏、干藏、盐藏、气调保藏等处理中保鲜条件不同，水解的速度不同罢了。脂质水解后造成鱼、贝类品质的低下，所生成的游离酸能够促进蛋白质的变性，并且它与氧结合的速度大于其与甘油和脂肪酸结合的速度，更多更快地产生了小分子的醛或酮，使水产品的色、香、味及营养劣化。

采用密封遮光包装或真空包装、低温储藏、加热或辐射以钝化酶，以及添加抗氧化剂等方法，可以降低脂质水解的速度。

5. 色、香、味的变化

1）颜色

新鲜的红肉、鱼的颜色是鲜红色，在常温或低温下储藏时会逐渐变成褐色，这是因为肌红蛋白的血红素中的 Fe^{2+} 被氧化成 Fe^{3+}，产生褐色的正铁肌红蛋白的缘故。氧化速度受温度、pH 值、氧分压、盐和不饱和脂肪酸等的影响，其中温度是最显著的因子。有些鱼（旗鱼、青鲨等）的腹部肌肉有时会变绿色，这是因为微生物繁殖产生了硫化氢，与鱼肉中的肌红蛋白和血红蛋白产生了绿色的硫肌红蛋白等。要防止此类绿变的发生，就得控制好鲜度。类胡萝卜素（虾黄素）发生氧化后，鱼的红色肌肉在冷藏过程中颜色会慢慢变浅，如鲑、鳟等。

由于甲壳类体液中含有酚酶，能将酪氨酸氧化成黑色素，即使在低温下，该反应也能缓慢进行，使得虾类在冷藏过程中头、胸部和尾部产生黑色的斑点。防止的方法为用抗坏血酸或酸性亚硫酸盐等还原剂进行处理。

新鲜的鱿鱼、乌贼等软体动物的体表上分布着均匀的色泽，随着储藏期的增加和鲜度的降低，体表逐渐变成了白色。原因是新鲜时的色素细胞松弛，体表面呈均匀分布的黑褐色斑点。保鲜过程中鲜度下降，色素细胞收缩，此时体表变成白色，随着鲜度继续下降，当 pH 值达到 6.5 以上时，色素细胞中的眼色素溶出细胞并扩散，使肉中的褐色斑点消失，造成体表颜色发白。所以，根据其颜色的变化可以判断软体动物的鲜度。

冷冻蟹鱼肉的褐变、冷冻扇贝柱的黄色变化等都是糖与氨基的结合（美拉德反应）所致。美拉德反应不仅影响了鱼、贝类的外观颜色，还随之产生焦糖气味、二氧化碳，引起蛋白质消化率的下降等。要防止美拉德反应很难，因为它受很多因素的影响，如油脂氧化也能促其反应，现多采用低温的办法，因为降低温度可以减缓几乎所有的化学反应速度。另外，添加一些无机盐（亚硫酸氢钠等）据称也可以阻断、减弱美拉德反应。

一些干制品中，表面往往会析出一些白色粉末，这些是具有营养性或一定生理活性的物质。干鱿鱼和干鲍鱼表面上的白斑，其主要成分是牛磺酸，这是一种具有降血压等多种功能的含硫氨基酸，此外，还含有甜菜碱、谷氨酸钠、组氨酸等成分。干海带、裙带菜等表层的白色粉末主要是甘露醇，也是一种重要的生理活性物质。另外，还有很多海产干制品表面都覆盖着一层白色粉末，这些粉末在烹调前往往都被洗掉，实在是很可惜。

2）气味

气味是指人的嗅觉器官接受物质刺激的一种心理现象。水产品特别是鱼类会散发出特殊的腥气味，即使在接近 0℃条件下这一过程也不会停止。水产品气味散失和腐变的过程实际上是质量丧失的过程，而且还会给周围环境带来污染。

胺类化合物是臭味的主要成分。新鲜鱼鲜度下降后会产生腐败的胺臭味。新鲜的鱼与鲜度下降或长期储藏的鱼的气味有着很大的不同。

3）滋味

水产品的呈味物质有氨基酸、核苷酸、次黄嘌呤、甘氨酸、甜菜碱、氧化三甲胺、有机酸、无机盐等。在保鲜储藏过程中，这些呈味成分及其含量都会有所变化。

6. 生物性变质

水产品死亡后在酶和微生物的作用下变质。蛋白酶穿透肠壁而作用于肌肉，造成腐败；同时细菌也大量繁殖，侵袭肌体，加重了水产品风味、气味和组织的变化。因此，为了抑制生物性变质需要及时对水产品进行必要的清理，并采用适宜的低温处理。

7. 水分散失

新鲜的水产品含有大量的水分，在流通过程中由于包装不当、储藏技术不合适，容易造成水产品过分脱水而干燥，导致组织、气味和颜色的改变。

6.3.2　水产品流通加工技术

鉴于鱼、贝类的易腐败变质特性，水产品流通加工主要就是应用物理、化学、生物等手段对原料进行处理，从而保持或尽量保持其原有的新鲜程度，控制和降低由于酶、微生物的作用，以及氧化、水解等化学反应造成的产品鲜度下降。例如使酶钝化、使微生物失活，以及使各种化学反应速度变慢甚至停止，等等。目前，实际应用于水产品中的保鲜技术已有低温保鲜、高压保鲜、辐照保鲜、气调保鲜、化学保鲜、生物保鲜等多项技术。

1. 低温保鲜加工技术

1）冰藏保鲜

冰藏保鲜是目前渔船作业最常用的保鲜技术。它是历史最悠久的传统保鲜方法，也是使渔获物的质量最为接近鲜活品生物特性的方法。冰藏保鲜的对象最好是刚刚捕获的或者鲜度较好的渔获物。将清理干净的渔获物整齐、紧密地铺盖在冰层上，然后在鱼层上均匀地撒上一层冰，如此一层冰一层鱼一直铺到舱顶部，最上面一层要多撒一些冰，铺得厚一些。这样渔获物可被冷却到0℃~1℃，一般在7~10天内鲜度能够保持得很好。

2）冷海水保鲜

冷海水保鲜是把渔获物保藏在 0℃~1℃的冷海水中，从而达到储藏保鲜的目的。这种方法适合于围网作业捕捞所得的中上层鱼类。该方法的优点在于鱼体降温快、操作简单迅速，如再配以吸鱼泵操作，则可大大降低装卸劳动强度，渔获物新鲜度好。其不足之处是需要配备制冷装置，随着储藏时间（5 天以上）的增加，鱼体开始逐渐膨胀、变色。所以在实际应用中还存在着一些有待解决的问题。

3）微冻保鲜

微冻保鲜的基本原理是利用低温来抑制微生物的繁殖和酶的活力，是将渔获物保藏在其细胞汁液冻结温度以下（–3℃左右）的一种轻度冷冻的保鲜方法，也称为过冷却或部分冷冻。在微冻状态下，鱼体内的部分水分发生冻结，微生物体内的部分水分也发生了冻结，这样就改变了微生物细胞的生理生化反应，一些细菌的生长繁殖受到抑制，甚至死亡，从而使鱼体在较长时间内保持鲜度而不发生腐败变质，与冰藏保鲜相比，能延长保鲜期。微冻保鲜不仅能有效抑制细菌繁殖，同时可有效减缓脂肪氧化，减少解冻时的汁液流失，保持鱼体表面色泽，而且降温耗能少等。但操作的技术性要求高，特别是对温度的控制要求严格，稍有不慎就会引起冰晶对细胞的损伤。

微冻保鲜常用的方法有加冰或加盐混合微冻、制冷机冷却微冻、低温盐水微冻。

4）冻结保鲜

把鱼体的温度降到其冰点以下，温度越低可储藏时间就越长，–18℃可储藏 2~3 个月，–30℃~ –25℃可储藏 1 年。当然这还与原料的新鲜度、冻结方式、冻结速度、冻藏条件等有关。水被冻结成冰后，鱼体内的液体成分约有 90%变成了固体。随着水分活度的降低，微生物本身也产生生理干燥，造成不良的渗透条件，使微生物无法利用周围的营养物质，也无法排出代谢产物。没有水，大多数化学反应及生物化学反应不能进行或不易进行，因此冻结是解决产品长期保鲜的一种方法。加工中常用的冻结方法有空气冻结法、鼓风冻结法、隧道式送风冻结法、连续式吹风冻结法、接触式冻结法、钢带连续式冻结法、盐水浸渍冻结法、液化气体冻结法。

5）冻藏保鲜

水产品冻结后要想长期保持其鲜度，还要在较低的温度下储藏，即冻藏。冻结物的品质受冻藏过程中温度、氧气、冰晶、湿度等的影响。

冻藏温度对冻品品质影响极大，温度越低品质越好，储藏期限越长。但考虑到设备的耐受性及经济效益以及冻品所要求的保鲜期限，一般冻藏温度设置在–30℃~ –18℃。我国的冷库一般是–18℃以下，有些国家是–30℃。冻藏温度应稳定，防止出现大的波动，造成大冰晶出现而使水产品的细胞受机械损伤、蛋白质变性，解冻时汁液流失增加，水产品的风味和营养价值下降。

6）冷藏链保鲜

水产冷藏链是指水产品从水中被捞起后,一直到食用之前,始终处于较低的温度环境中,从而保持其鲜度不发生变化,或少发生变化。冷藏链环节具体包括:渔船冰藏—陆上冻结—冷藏库—冷藏运输车船等—调剂冷藏库—冷藏或保温车—商场冷藏展示柜—家用冰箱—解冻—食用。

7）解冻

水产品在食用前,通过水、空气、真空水蒸气、电阻加热、高频电磁波加热等方法,使冻品融化恢复到冻前的新鲜状态的过程称为解冻。解冻是冻品中的冰晶还原融解成水的过程,可看作冻结的逆过程。解冻过程中,由于冰晶的逐渐融化,会使组织遭受机械损伤、细胞脱水和分子空间结构遭破坏,造成汁液的流失、重量减少、冻品不能完全复原,同时随着温度的逐渐升高,微生物的生命活动也逐渐增强。因此解冻时要综合考虑冻品冻结时的温度、速度、冻品特性等,合理选择解冻方法,降低冻品解冻时的品质下降。

2. 超冷保鲜加工技术

超级快速冷却是一种新型保鲜技术,也称超冷保鲜技术。具体的做法是把捕获后的鱼立即用–10℃的盐水做吊水处理,根据鱼体大小的不同,可在 10~30 分钟之内使鱼体表面冻结而急速冷却。这样缓慢致死后的鱼处于鱼仓或集装箱内的冷水中,其体表解冻时要吸收热量,从而使得鱼体内部初步冷却,然后再根据不同保藏目的及用途确定储藏温度。

3. 高压保鲜加工技术

高压在这里一般是指 100 MPa 以上的压力。高压对微生物的细胞形态有影响;对细胞内的新陈代谢产生影响,同时高压下酶的失活抑制了微生物的生化反应;对微生物遗传基因也有影响,使微生物不会正常生长与繁殖;另外,高压可造成微生物细胞壁的机械损伤,对细胞膜的通透性也有影响。

水产品风味独特、含细菌多,常规的保鲜方法很难保持其鲜度,高压则可以有效地保留其原有的风味、色泽、口感,同时还可以杀菌。高压对水产品保鲜的作用主要表现在以下三方面。

1）高压处理对鱼肉制品物理性质的影响

在鱼肉内加 1%~3%的食盐并研磨搅拌 20 分钟,然后制成 2.5 厘米厚的块状,在 100 MPa~600 MPa、0℃下处理 10 分钟,发现在 400 MPa 下处理的鱼肉凝胶强度最大。一般可选用鳕鱼、沙丁鱼、鲤鱼和金枪鱼等。

2）高压解冻

通常冷冻水产品的解冻方法有自然解冻、流水解冻、加热解冻、电磁波解冻等。前三种方法解冻时有温度梯度,而电磁波解冻可能会有过热现象或不易解冻完全。将冷冻品在高压下解冻，冻品中的冰晶瞬间就会液化，减小了冰晶对细胞的损伤，从而使汁液的流失量也下降。高压解冻的速度大大快于自然解冻法。

3）高压不冻冷藏

在常压下进行冻藏会使水产品组织内形成冰晶，引起组织的破坏，造成汁液流失、蛋白质失水过多而变性严重等，在高压条件下这个问题可以得到有效的解决。当选择 $-15℃$、$170\,MPa$ 的条件冷藏水产品时，则微生物活动停止，酶反应速度下降，只有肌苷和次黄嘌呤等物的生成。

4. 气调保鲜加工技术

水产品的气调保鲜机理在于如下方面。

（1）低氧环境可以抑制鲜活水产品的呼吸作用，降低鲜活水产品中营养成分的新陈代谢，抑制酶系的活力。

（2）保持鱼肉色泽。保持肉色的关键在于控制甲基肌红蛋白的生成。气调保鲜采用高浓度的氧气使肌红蛋白形成氧合肌红蛋白，能有效控制甲基肌红蛋白的生成，保持鱼肉良好的色泽。

（3）防止脂质氧化。鱼油中含有大量不饱和脂肪酸，极易氧化产生令人生厌的酸臭味和哈喇味。采用阻绝空气的气调保鲜则可以有效避免氧化劣变的发生。

保持鱼肉肉色鲜艳和防止脂质氧化是一对矛盾，气调保鲜时应根据不同情况进行处理。即使是同样的鱼肉，也要根据其商品形态、要求的保质期限等采用最适合该商品的气体组合。

（4）防止微生物性腐败。好气性微生物在低氧环境下，其生长繁殖就会受到抑制，在氧气浓度为 6%~8% 的环境中，某些霉菌就停止了生长或发育受阻。低温是抑制细菌繁殖的最好办法，但温度波动常造成其抑菌效果降低，如果在 0℃~10℃ 则保鲜效果显著。气调时适用的气体为氮气、二氧化碳或两者的混合物，二氧化碳的浓度越高抑菌效果越好。不论鱼种、温度如何，40%二氧化碳和 60%氮气包装都能得到较理想的抑菌效果。使用时应根据不同鱼类、不同微生物和不同保鲜要求采用不同的气体组合。如低脂性和中脂性鱼类可采用有氧气调，而高脂性鱼类可采用无氧气调保鲜。

5. 化学保鲜加工技术

化学保鲜就是在水产品中加入对人体无害的化学物质，延长保鲜时间、保持品质的一种保鲜方法。

1）防腐剂

从广义上讲，能够抑制或杀灭微生物的化学物质都可以称为防腐剂。其作用机理是控制微生物的生理活动，使微生物发育减缓或停止。常用的有苯甲酸钠、山梨酸钾、二氧化硫、亚硫酸盐、硝酸盐等，使用量都在 1 克/千克以下。

2）杀菌剂

杀菌剂是能够有效地杀灭食品中微生物的化学物质，分为氧化型和还原型两大类。氧化型杀菌剂的杀菌机理是通过氧化剂分解时释放强氧化能力的新生态氧[O]，使微生物被氧化而致死。常用的氧化型杀菌剂有过氧乙酸、漂白粉、漂白精等。

还原型杀菌剂的杀菌机理是利用还原剂消耗环境中的氧，使好气性微生物缺氧致死，同时还能阻碍微生物生理活动中酶的活力，从而控制微生物的繁殖。常用的还原型杀菌剂有亚硫酸及其钠盐、硫黄等。

3）抗氧化剂

抗氧化剂是防止或延缓食品氧化变质的一类物质。抗氧化剂种类很多，其机理也不尽相同，有的是消耗环境中的氧而保护其品质；有的是作为氢或电子供给体，阻断食品自动氧化的连锁反应；还有的是抑制氧化活性而达到抗氧化效果。常用的抗氧化剂分为油溶性和水溶性两种。油溶性的包括二丁基羟基甲苯、维生素 E、没食子酸丙酯等，水溶性的包括异抗坏血酸及其钠盐、植酸等。

4）抗生素保鲜

某些微生物在新陈代谢过程中能产生一种对其他微生物有杀灭或抑制作用的物质，这些物质即称为抗生素。抗生素的抗菌效能是普通化学防腐剂的几百倍甚至上千倍，但其缺点是抗菌谱带窄，只能对一种或几种菌有效。利用抗生素保鲜应充分注意产品的安全性。

5）糟醉保鲜

糟醉保鲜是指用酒糟、酒进行加工，以提高水产品的风味和耐藏性。其基本原理是利用少量的盐脱去小部分水分，再利用酒糟或酒抑制腐败菌生长，同时增加产品的风味。密封对糟醉制品至关重要，因为当隔绝空气时，好气性细菌就不能繁殖，有利于延长保藏期，如糟鲤鱼、醉蟹、醉泥螺、酒渍海胆酱等。

6. 水产品包装

根据水产品特性选用合理的保鲜技术、包装材料和包装工艺进行包装，可以有效抑制各种不利因素对水产品品质的影响，在储藏、运输、销售等物流环节中保持产品品质。水产品包装可分为生鲜水产品包装、加工水产品包装，也可按目的和用途分为销售包装、运输包装。

1）生鲜水产品的包装

（1）生鲜水产品的销售包装。生鲜水产品的销售包装应维持在适宜的温度范围内（如 0℃~3℃），并采用透湿率低的材料，以防止水分散失、保持鲜度。结合低温，可采用 MAP（气调）包装、真空包装等方法。

（2）生鲜水产品的运输包装。运输包装要求具有较高的强度，能承受规定的重量和堆码压力；重量轻且空容器便于套叠，以节省空间和降低运输费用；具有良好的隔热性能，以防包装内温度的快速升高；容器顶盖应开有排水槽，以便及时排出箱中流出的融化水、鱼液和黏液等液体；容器表面卫生、干净平整，不得有大的缝隙和凸边，且便于清洗和除污；容器侧面的表面结构应能防止在冷冻温度下相邻容器互相黏结，难以分开等。

运输包装容器主要有普通包装箱和保温包装箱，其中普通包装箱有铝合金箱、塑料箱和纤维板箱等；保温箱有钙塑泡沫片复合塑料保温箱、EPS 或 PUR 泡沫片复合塑料保温箱和 EPS 复合保温纸箱等。

冻结的鱼货必须用冷藏车运输，在销售点还需要设置冷库。保温箱包装水产品可以用普通车辆在常温下运输，零售点可在常温下保持 2 天左右堆放和销售不会变质。

（3）其他生鲜水产品的包装。

①虾类水产品的包装。虾类产品在包装前去头、去皮和分级，再装入涂蜡的纸盒中进行冷藏或冻藏，有的纸盒有内衬材料。为防止虾的氧化和丧失水分，可对虾进行包冰衣处理，用 PE、PVC、PS 等热成型容器包装，也可用 PA/PE 膜进行真空包装。鲜活虾类产品可放在冷藏桶的冰水中并充氧后密封包装，以防止虾类死亡。

②贝类水产品的包装。通常贝类捕获后去壳并将贝肉洗净冷冻，用涂塑纸盒或塑料热成型盒等容器包装，低温流通。扇贝的活体运输包装常采用假休眠法，将扇贝放入有冰块降温的容器内保持温度在 3℃~5℃，使扇贝进入假眠状态，待运输结束，将扇贝恢复到它本身所栖息的海水温度即可苏醒复活。这种方法运输的扇贝可存活 7 天。

③牡蛎等软体水产品的包装。牡蛎是软体动物，极易变质败坏，一旦脱离壳体就应该马上加工食用。牡蛎肉中含有嗜冷性的"红酵母"等微生物，这种微生物在 –17.7℃甚至更低的温度下仍能生长。生鲜的牡蛎可采用玻璃纸、涂塑纸张、氯化橡胶、PP、PE 等薄膜包装，涂蜡纸盒再用玻璃纸、BOPP 等薄膜加以外层裹包（防泄漏），是较理想的销售小包装。

2）加工水产品的包装

（1）加工水产品的普通包装。

①盐渍类水产品的包装。盐渍类水产品由于食盐溶液的高渗透压，在一定程度上抑制细菌等微生物的活动和酶的作用，包装主要是防止水分的渗漏和外界杂质的污染。因此盐渍水产品通常用木材或塑料制成的桶、箱包装，木制容器可内衬一层塑料袋以提高抗渗透性能。

②干制水产品的包装。干制水产品有乌贼鱼干、鱿鱼干、虾米、海参等，水分含量很低，在包装上要注意防潮。由于干制水产品的蛋白质、脂肪、矿物质含量高，易遭受微生物的侵染而霉变或氧化变质，普通销售包装可用彩色印刷的 BOPP/PE 膜进行密闭包装，高档产品包装要求避光隔氧，可采用铝塑复合薄膜真空或充氮气包装。

③水产制品的罐装。有软罐头、金属罐头和玻璃罐头三种。

水产品在生产软罐头时（如熏鱼产品），应去除原料中的骨、刺等尖锐组织，以免戳穿包装袋。

④其他加工水产品的包装。

• 鱼松。原料经预处理后蒸煮取肉、压榨搓松、调味炒干而成鱼松，其味道鲜美、营养丰富、携带方便、保藏期长。成品鱼松含水量控制在 12%~16%，多用 BOPP/PE、PET/PE 或 BOPP/A1 箔/PE 等复合薄膜袋包装，或再用纸盒做销售包装。

• 鱼香肠。鱼香肠是以鱼肉为主要原料经破碎调味后灌入外包衣（肠衣）而制成。鱼香肠比肉香肠含水量高，故一般应放置在低温下保存，并应及时销售。用于鱼香肠制作的外包衣与肉类香肠制品相同。

• 熏鱼、鱼糕、鱼火腿、鱼香肠等水产熟食品：这类产品极易腐败变质，一般都需要真空包装并在封装后加热杀菌。若采用软塑包装，则应选用具有高阻隔性且耐高温或具有热稳定性的复合薄膜材料，如 BOPP/PE、PET/PE 等；在要求较高的场合，可选用 PP/PVDC/CPP 共挤膜或 PE（PA）/Al/CPE 复合膜包装。滚黏面包屑的鱼通常采用蜡纸裹包并用纸盒包装，纸盒中衬垫羊皮纸，也可采用热成型—充填—封口包装。

（2）加工水产品的气调包装。

①低水分水产食品。干海苔和一些干燥的调味菜等都属低水分食品，细菌在这样低的水分活度下难以生长繁殖。气调包装主要是充氮除氧包装，目的是保持水产品原有的颜色，防止脂质氧化和防虫。

水分稍多的半干制品如晒竹荚鱼片、鱿鱼丝等，使用除氧包装易发生褐变，先用亚硫酸盐处理再用充氮包装可防止变色，使用充二氧化碳包装防止氧化变色效果会更好。用高浓度二氧化碳包装生鱼片会产生发涩的感觉，但对半干制品影响不大。这是由于半干制品水分含量低，二氧化碳很难溶于水生成碳酸，且一般还要再加热，加热后碳酸会自行挥发。

②高水分水产食品。如生鱼片、鱼糜制品、明太鱼子、鲑鳟鱼子等。气调包装可延长其保鲜期，如新鲜烤鱼卷可保鲜 2 天，用二氧化碳包装可保鲜 6 天。鱼糕保鲜期是 4 天，气调包装可保鲜 8~9 天。

水产品气调包装保鲜的目的主要是防止氧化变色等，抑制微生物可采用其他更有效的方法，如降低 pH、提高盐分、添加防腐剂等，但用二氧化碳气调包装对抑制微生物也有效果。气调包装用于水产加工食品时气体抑菌效果只能限定在食品表面，如果适量添加乙醇和盐，其抑菌保鲜效果可明显提高。

【本章小结】

本章主要介绍了食品流通加工的相关知识，并将食品分为农产品、水产品和畜禽产品进行具体加工技术的讲解。

【思考与训练】

一、填空题

1. 流通加工的对象是（　　　　　　　　），具有商品的属性，以此来区别多环节生产加工中的一环。生产加工对象（　　　　　　）、（　　　　　　　　　　）。

2. 从价值观点看，生产加工的目的在于（　　　　　　　　　　），而流通加工则在于（　　　　　　　　　　　　）提高价值。

3. 建立集中加工点，可以采用效率高、技术先进、加工量大的专门机具和设备。这样做的好处：一是（　　　　　　　　　），二是（　　　　　　　　　　），三是（　　　　　　）。其结果是降低了加工费用及原材料成本。

4. 食品的（　　　　　　）为解决鲜肉、鲜鱼在流通中保鲜及搬运装卸的问题，采取（　　　　　　）的加工。

5. 农产品系指（　　　　　　　　）等。采收后的农产品，虽然离开了母体，但其生命活动仍在不断地进行着，如（　　　　　　　　）等生理活动。

二、判断题

1. 流通加工的目的是为了克服生产加工与客户对食品要求之间的差异，更有效地满足客户需要，提高生产和流通的经济效益。（　　　）

2. 农副产品离散情况较大，为获得一定规格的产品，采取人工或机械分选的方式加工，称精制加工，广泛用于果类、瓜类、谷物原料等。（　　　）

3. 流通加工的质量管理是指对流通加工生产全过程的计划、组织、指挥、协调与控制。（　　　）

4. 实验证明，降低氧和提高二氧化碳的浓度，能够降低果蔬的呼吸强度并推迟其呼吸高峰的出现。氧气对呼吸强度的抑制必须降到17%以下浓度时才起作用，但不宜低于2%，否则易出现中毒现象。（　　　）

5. 具有呼吸高峰的果实在储藏中如降低氧或提高二氧化碳浓度，均可延迟其呼吸高峰的出现，并能降低呼吸高峰顶点的呼吸强度，甚至不出现呼吸高峰。（　　　）

6. 二氧化碳是植物的一种生长激素，虽然数量甚微，却能促进果实的生长和成熟，并能大大加快产品后熟和衰老的过程，故有催熟激素之称。（　　　）

7. 鱼、贝类在保鲜和加工时其肉质不会发生物理方面的变化。一般对鱼肉物性的测定常常采用应力缓冲测定、蠕变测定等所谓的非破坏性试验和剪切力、破断度、深入度等破坏性测定。（　　　）

8. 冻藏温度对冻品品质影响极大，温度越低品质越好，储藏期限越长。但考虑到设

备的耐受性及经济效益以及冻品所要求的保鲜期限，一般冻藏温度设置在-30℃~
-10℃。（　　）

9. 高压保鲜技术中的高压一般是指 150 MPa 以上的压力。高压对微生物的细胞形态有
影响；对细胞内的新陈代谢产生影响，同时高压下酶的失活抑制了微生物的生化反
应；对微生物遗传基因也有影响，使微生物不会正常生长与繁殖；另外高压可造成
微生物细胞壁的机械损伤，对细胞膜的通透性也有影响。（　　）

10. 肉类冻结温度通常为-1℃~-10℃。在冻结过程中应适当提高冻结速度及低温冻结，
保证形成最小的冰晶，同时选择最佳的冻结时期，最大限度地保持肉品品质。（　　）

三、单项选择题

1. 许多生鲜食品零售起点较小，而为保证高效输送，出厂包装则较大，也有一些是采
用集装运输方式运达销售地区。这样，为了便于销售，在销售地区按所要求的零售
起点进行新的包装，即大包装改小包装、散装改小包装、运输包装改销售包装，这
种方式称（　　）。
A. 分装加工　　　　B. 精制加工　　　　C. 分选加工　　　　D. 冷冻加工

2. （　　）的呼吸作用是随着空气中氧气含量的下降而逐渐减弱，释放出的二氧化碳
也随之减少。当二氧化碳释放量降到一个最低点后又会增加起来，这是因为发生了
缺氧呼吸。
A. 鲜活食品　　　　B. 农产品　　　　C. 蛋乳食品　　　　D. 畜禽食品

3. 因（　　）失去过多水分不但会造成果蔬失重，口感、脆度、颜色和风味下降，还
会破坏果蔬正常的新陈代谢过程，刺激乙烯合成，加速器官衰老和脱落，降低果蔬
的耐储性能和抗病性。
A. 呼吸作用　　　　B. 休眠作用　　　　C. 蒸腾作用　　　　D. 自熟作用

4. （　　）是水果和蔬菜种植生产上的最后一个环节，也是预冷储藏保鲜开始的第一
个环节，这一环节的主要任务是保护生产成品，保持采后农产品的营养品质和数量，
减少质量和数量的损失，以完成生产的最终目的。
A. 预冷　　　　B. 分级　　　　C. 包装　　　　D. 采收

5. （　　）冷却，是在通风包装箱垛的两个侧面造成空气压差进行的冷却。包装箱必
须开孔，冷风能从包装箱内穿过，将被冷却果蔬的热量带走，使其降温。
A. 差压通风　　　　B. 真空冷却　　　　C. 空气冷却　　　　D. 冷水冷却

6. （　　）分选装置多是以缝隙或筛孔的大小将产品分级。当产品通过由小逐级变大
的缝隙或筛孔时，小的先分选出来，最大的最后选出。此法适用于柑橘、李子、梅、
樱桃、洋葱、马铃薯、胡萝卜、慈姑等。
A. 重量分选　　　　B. 机械式形状　　　　C. 形状分选　　　　D. 光电分选

7. （　　）原则。根据农产品的各自特性、储运条件、流通因素等合理选择包装，做

到最大限度地保护产品、减少损耗。同时还要考虑不同地区、民族、国家对包装材料的不同要求和限制。

    A. 对应性   B. 适用性   C. 科学性   D. 经济学

8. 在鱼肉内加（   ）的食盐并研磨搅拌 20 分钟，然后制成 2.5 cm 厚的块状，在 100～600 MPa、0℃下处理 10 分钟，发现在 400 MPa 下处理的鱼肉凝胶强度最大。一般可选用鳕鱼、沙丁鱼、鲤鱼和金枪鱼等。

    A. −1℃～0℃   B. −2℃～0℃   C. 1%～3%   D. 1%～2%

9. 生鲜水产品的销售包装应维持在（   ）适宜的温度范围内（如 0℃～3℃），并采用透湿率低的材料，以防止水分散失、保持鲜度。结合低温，可采用 MAP 包装、真空包装等方法。

    A. −5℃～0℃   B. −10℃～−5℃   C. 0℃～2℃   D. 0℃～3℃

10. 肉冷却至（   ），可以有效地抑制微生物的生长繁殖及酶的活性，从而使肉能短期储藏，一般可达 2 周左右。

    A. −5℃～0℃   B. −10℃～−5℃   C. 0℃～4℃   D. 0℃～3℃

四、简答题

1. 什么是食品流通加工？

2. 食品流通加工与生产加工的区别在哪里？

3. 简述食品流通加工的技术方法。

4. 农产品的特点有哪些？

5. 常用的预冷方法有哪些？

6. 什么是冰藏保鲜？什么是微冻保鲜？

7. 简述气调保鲜技术的工作机理。

五、实训

肉类新鲜度感官检验

1. 实训目的

（1）通过感官检验，了解肉类新鲜程度检验的方法。

（2）了解感官检验内制品色泽、气味的方法。

2. 教师指导

（1）将抽取的微生物检验试验后的全部样品，置于自然光或相当于自然光的感官下。评定时，用触觉鉴别组织形态，视觉鉴别色泽，嗅觉鉴别气味。

（2）煮沸后肉汤的检查。称取 20 g 绞碎的检样，置于 200 毫升烧杯中，加入 100 毫升水，用表面皿盖上加热至 50℃～60℃，开盖检查气味，继续加热煮沸 20～30 分钟，检查肉汤的气味、滋味和透明度以及脂肪的气味与滋味，并参见卫生标准。

（3）肉眼可见异物。用视觉鉴别，与鉴别组织状态、色泽、气味同时进行。

3. 实训要求

（1）分组活动，按照教师指导内容完成。

（2）做好笔记，积极询问，认真思考，补充资料，完善报告。

（3）对报告的内容、格式、表述、交报告的时间提出要求。

4. 实训报告

鲜冻肉的感官检验表及感官检验指标见表6-3、表6-4。

表6-3　鲜冻肉的感官检验表

项　目	鲜产品	冻产品
组织状态		
色泽		
气味		
加热后肉汤		
瘀血[以瘀血面积(S)计] (平方厘米)		
硬杆毛(长度超过12毫米的羽毛，或直径超过2毫米的羽毛根)		
异物		

注：1. 鲜冻禽肉需做瘀血和硬杆毛的感官检验。2. 瘀血面积指单一整禽或单一分割肉禽的一片瘀血面积。

表6-4　鲜冻肉的感官检验指标

项　目	鲜产品	冻产品
组织状态	肌肉富有弹性，指压后凹陷部位立即恢复原状	肌肉指压后部位恢复较慢，不易完全恢复原状
色泽	表皮和肌肉切面有光泽，具有应有的色泽	
气味	具有应有的气味，无异味	
加热后肉汤	透明澄清，脂肪团聚于液面，具有应有的滋味	
瘀血[以瘀血面积(S)计](平方厘米) $S>1; 0.5<S\leq1; S\leq0.5$	不得检出，片数不得超过抽样量的2%，忽略不计	
硬杆毛(长度超过12毫米的羽毛，或直径超过2毫米的羽毛根)[(根/10千克)≤1]		
异物	不得检出	

注：1. 鲜冻禽肉需做瘀血和硬杆毛的感官检验。2. 瘀血面积指单一整禽或单一分割肉禽的一片瘀血面积。

思考：

本次实训你最大的收获是什么？

第 7 章

食品仓储管理

【学习目标】

　　通过本章的学习，熟悉食品仓储管理、各类不同食品的仓储管理要求；掌握各类不同食品的仓储方法；掌握易腐食品的仓储方法；熟悉粮食仓储管理的主要内容；熟悉粮食储存期间的一些主要特性，并能采取相应保管措施。

【关键术语】

　　食品仓储，易腐产品仓储，粮食仓储

引导案例

海门市粮食局改造仓储设施

　　市粮食局组织专人验收新建的三厂粮库综合楼中的化验室，改造一新的化验室分为办公区和操作区，正在等待专业粮食检测设备"入住"。

　　据介绍，此次新规划了100多平方米的化验室，并购置了5万余元的粮食检测设备，等设备到位后，将能满足粮食主要物理指标检验的需要。2019年以来，粮食局全力围绕"123"工程，即提升1个中心库、打造2个骨干库、完善3个收纳库，不断完善粮食仓储设施建设，积极构建粮食仓储物流体系。粮食仓储建设是实现科学保粮、维护粮食安全的重要基础。仓储设施维修改造工程完成后，将进一步改善库区环境，提升仓储管理水平。

　　据了解，市粮食局共投入120余万元实施仓储设施维修改造工程，其中，投入54万元对货隆储备库所有仓库进行防潮、防火、隔热吊顶，减少外界高温对粮食安全储存的影响，延缓粮食品质变化；投入46万元对三厂粮库进行仓库外墙粉饰，新建综合楼，3栋仓库屋顶维修；投入20余万元对天三油米厂的场地、围墙、车间屋顶进行维修。目前，货隆储备库正在对仓库外墙进行天然真石漆喷砂处理，天三油米厂800平方米的彩钢棚也在快速推进中，工程计划在2019年6月底全部完工。

　　思考：

　　1. 海门市粮食局采取了哪些措施来改造仓储设施？

2. 海门市粮食局改造仓储设施以期达到什么目标?

资料来源: http://roll.sohu.com/20120525/n344045743.shtml.

7.1　食品仓储管理概述

7.1.1　食品仓储概述

1. 食品仓储的概念

所谓食品仓储,就是在特定的场所储存食品的行为。其中,"仓"也称为仓库,是存放食品的建筑物和场地,它可以是房屋建筑、大型容器,也可以是洞穴或者特定的场地等,一般具有存放和保护食品的功能;而"储"则用来表示收存以备使用,具有收存、保管、交付使用的功能。

食品仓储作为物流系统中物资供应的一个重要组成部分,是各种食品周转、储备的关键环节,担负着食品商品管理的多项业务职能。

食品仓储管理的内涵随着其在社会经济领域中的作用不断扩大而变化。食品仓储管理从单纯意义上的对食品存储的管理,已成为食品物流过程中的中心环节,它的功能已不是单纯的食品存储,而是兼有包装、分拣、整理、简单装配等多种辅助性功能。因此广义的食品仓储管理应包括对这些工作的管理。

食品仓储具有静态和动态两种,即当食品不能被及时消耗掉,需要专门场所存放时,就产生了静态的仓储;而将食品存入仓库以及对于存放在仓库里的食品进行保管、控制、提供使用等的管理,则形成了动态的仓储。可以说食品仓储是对有形食品提供存放场所,并在这期间对存放食品进行保管、控制的过程。

食品仓储包括这样几个要点:食品仓储是食品生产加工的延续,食品的仓储也创造产品的价值;食品仓储既有静态的食品储存,也包括动态的存取、保管、控制的过程;食品仓储活动发生在仓库等特定的场所;食品仓储的对象既可以是农产品、水产品、蛋乳品及畜禽类食品,也可以是加工食品,但必须是实物动产。

由此可见,从事食品的仓储活动与从事物质资料的生产活动虽然在内容和形式上不同,但它们都具有生产性质,无论是处在生产领域的企业仓库,还是处在流通领域的储运仓库或物流仓库,其生产的性质是一样的。

尽管食品仓储具有生产性质,但与物质资料的生产活动却有很大的区别,主要表现为以下特点:不创造使用价值,增加价值;具有不均衡和不连续性;具有服务性质。

2. 食品仓储的作用

一般而言,现代食品仓储管理不仅要保管好库存食品,做到数量准确、质量完好、确保安全、收发迅速、面向生产，还要服务周到、降低费用、加速资金周转。所以，在经济社会尤其是物流生活中，食品仓储管理发挥的作用越来越大。

（1）对现代经济建设来说，现代食品仓储管理是保证人们生活的必要条件，是国家满足人们生活需要的物资的保障。如果失去了食品仓储储备，就难以应付突发的人类生活需求及人力不可抗拒的情况，更难以保证国家的安全和社会的稳定。

（2）对流通领域来说，现代食品仓储管理是平衡市场供求关系、稳定物价的重要条件，是物资供销管理工作的重要组成部分，还是保持食品原有价值的重要手段。

（3）对企业经营来说，食品仓储可以调节在采购、生产、销售环节之间由于供求食品品种及数量的不一致而发生的变化，使企业经营各环节相对独立的经济活动连接起来，起到润滑剂的作用。

3. 食品仓储作业过程

食品仓储作业过程是指以食品保管活动为中心，从仓库接受食品入库开始，到按需要把食品全部完好地发送出去的过程。

食品仓储作业过程主要由入库、保管和出库三个阶段组成。按其作业顺序来看，还可以详细分为食品卸车、检验、整理入库、保养保管、捡出与集中、装车、发运七个作业环节。从其作业性质来看，可归纳为食品检验、保管保养、装卸与搬运、加工、包装和发运六个作业环节。食品仓储作业过程由一系列相互联系又相对独立的作业活动构成。整个食品仓储作业过程各个部分的因果关系，以储存的食品这一对象为纽带统一起来，并由此形成一种既定的关系。如果把这个过程看作一个系统，系统的输入是需要储存的食品，输出是经过保存的食品。在食品仓储作业系统中，食品在各个作业环节上运行，并被一系列作业活动所处理。

7.1.2 食品仓储管理概述

1. 食品仓储管理的含义

食品仓储管理是指对食品仓库和仓库储存的食品物料所进行的管理，是食品仓储机构为了充分利用自己具有的食品仓储资源提供高效的食品仓储服务所进行的计划、组织、指挥、控制和协调的过程。

具体来说，食品仓储管理包括食品仓储资源的获得、经营决策、商务管理、作业管理、食品仓储保管、食品安全管理、人事管理、经济管理等一系列管理工作。其目标是实现食品仓储合理化。

2. 食品仓储管理的内容

食品仓储业作为社会经济活动中的一个行业，其管理既具有一般企业管理的共性，也体现出其本身的管理特点。从物流系统功能的整体观念来看，食品仓储管理不仅是对食品仓储业务活动与作业过程的管理，也包括食品仓储的战略规划和以仓库定位为中心的食品物流网络设计与物流结点布局。

食品仓储管理具体涉及以下方面的内容：食品仓储网点的布置和选址，仓储设施的选择，仓库规模的确定，仓储商务管理，食品的仓储管理，食品库存货源组织，食品仓储计划，食品仓库作业，食品的包装和养护，食品仓库治安、消防和生产安全，仓储经济效益分析，食品仓储货物的保税制度和政策，食品库存控制与管理，仓储管理中信息技术的应用以及财产系统优化等。

3. 食品仓储管理的任务

1）食品仓储管理的宏观任务

（1）设置高效率的组织管理机构。组织管理机构是食品仓储开展有效管理的基本条件，是一切活动的保证和依托。食品仓储组织机构的确定需围绕食品仓储经营的目标，以实现食品仓储经营的最终目标为原则，依据管理幅度、因事设岗、责权对等的原则，建立结构简单、分工明确、互相合作和促进的组织管理机构，一般设有行政管理机构、库场管理、机械设备管理、安全卫生管理、保卫管理、财务管理等必要的机构。食品仓储组织结构的种类有很多，可根据仓库的规模、物资的种类、管理水平的高低来进行设置，随着科学技术的发展及计算机网络的应用和普及，组织管理机构趋向于向扁平化发展。

（2）以市场化手段配置食品仓储资源。市场配置资源以实现资源最大效益为原则，这也是企业经营的目的。配置食品仓储资源应依据所配置的资源能获得最大效益为原则。具体任务包括：依据市场供求关系确定仓储的建设、依据竞争优势选择仓储地址、依据食品之间的差别决定食品仓储专业化分工和确定食品仓储功能、依据所确定的功能决定食品仓储布局、依据设备利用率决定设备配置等。

（3）积极开展商务活动。食品仓储商务是经营食品仓储生存和发展的关键工作，是经营收入和食品仓储资源充分利用的保证。从功能上看，商务管理是为了实现收益最大化，食品仓储管理必须遵循不断满足社会人民生活需要的生产原则，最大限度地提供食品仓储产品，满足市场对食品仓储产品数量和质量上的需要。食品仓储管理者还必须根据市场的变化情况，不断开拓创新，提供适合经济社会发展的食品仓储产品。

（4）合理组织食品仓储生产。食品仓储生产包括食品原材料入库、验收、交接、储存、出库等作业。食品仓储生产的组织遵循高效、低耗的原则，充分利用机械设备、先进的保管技术、有效的管理手段，实现食品仓储产品快进、快出，提高食品仓储利用率，降低成本，不发生差、损、错事故，保持连续、稳定生产。生产管理的核心在于充分使用先进的生产技术和手段，建立科学的生产作业制度和操作规程，实行严格的监督管理，采取有效的员工激励机制。

（5）树立良好的企业形象。作为服务产业的仓储业，其企业所面向的对象主要是生产、流通经营者，其企业形象的建立主要通过服务质量、产品质量、诚信和友好合作获得，并通过一定的宣传手段在潜在客户中推广。在现代食品物流管理中，对服务质量的高要求、对合作伙伴的充分信任促使作为食品物流环节的仓储的企业形象的建立极为必要，具有良好形象的仓储经营企业才能在食品物流体系中占有一席之地，适应现代物流业的发展。

（6）努力提高食品仓储管理水平。不可能一开始就设计出一整套完善的管理制度实施于企业，食品仓储管理也是从简单管理到复杂管理、从直观管理到系统管理，在管理实践中不断补充、修正、完善，不断提高，实行动态的仓储管理。

食品仓储管理的动态化和管理变革，既可能促进管理水平的提高，提高食品仓储效益，也可能因为脱离实际、不同于人们的惯性思维或形而上学，使管理的变革失败，甚至趋于倒退，不利于食品仓储的发展。因而食品仓储管理需要有制度性的变革管理，通过科学的论证，广泛吸取先进的管理经验，针对本企业的客观实际进行管理。

（7）着力提升员工素质。食品仓储管理的一项重要工作就是不断提高员工的素质，加强对员工的约束和激励。食品仓储企业要通过不断的、系统的培训，以及严格的考核，保证每位员工熟练掌握其从事劳动岗位应知、应会的操作，熟练掌握食品仓储管理技术和理论知识，并力求精益求精，跟上技术和知识发展的步伐，明确岗位工作制度、操作规程，明确岗位所承担的责任。在食品仓储管理中重视员工的地位，而不能将员工看作生产工具、等价交换的生产要素。在信赖中约束、在激励中规范，使员工有人尽其才、劳有所得、人格被尊重的感受，具有热爱企业、自觉奉献、积极向上的精神面貌。

2）食品仓储管理的微观任务

（1）合理组织收发，保证收发作业准确、迅速、及时，使供货单位及用户满意。

（2）采取科学的保管、保养方法，创造适宜的食品保管环境，提供良好的食品保管条件，确保在库食品数量准确、质量完好。

（3）合理规划并有效利用各种食品仓储设施，做好革新改造，不断扩大储存能力，提高作业效率。

（4）积极采取有效措施，保证仓储设施、库存物资和仓库职工的人身安全。

（5）搞好经济管理，开源节流，提高食品仓储企业的经济效益。

4. 食品仓储管理的原则

1）效率原则

效率是指一定的食品产出量与一定的劳动要素投入量之比。较小的劳动要素投入和较高的食品产出量才能实现高效率。高效率是现代生产的基本要求，食品仓储经营的目标是实现食品仓储经营活动的快进、快出、多存储、保管好、费用省。

快进指货物运抵港口、车站或仓库专用线时，要以最快的速度完成货物的接运、验收和入库作业活动。

快出指货物出库时，要及时、迅速、高效率地完成备料、复核、出库和交货清理作业活动。

多仓储是在库存合理规划的基础上，最大限度地利用有效的仓储面积和空间，提高单位面积的仓储量和面积利用率。

保管好是指按照货物的性质和仓储条件的要求，合理安排仓储场所，采用多种经营方式和科学的保管方法，使其在保管期间质量完好、数量准确。

费用省是指在货物输入和输出，以及保管的整个过程中，都要努力节省人力、物力和财力消耗，以最低的仓储成本获取最好的经济效果。

2）经济效益原则

企业经营的目的是获得最大化利润，这是经济学的基本假设条件，也是社会现实的反映。

利润是经济效益的表现，即利润＝经营收入－经营成本－税金。

实现利润最大化则需要做到经营收入最大化和经营成本最小化。作为参与市场经济活动主体之一的仓储业，也应围绕获得最大经济效益的目的进行组织和经营。但也需要承担部分社会责任，履行保护环境、维护社会安定、满足社会不断增长的物质需要等社会义务，实现生产经营的社会效益。

3）服务原则

食品仓储活动本身就是向社会提供服务产品。服务是贯穿在仓储中的一条主线，食品仓储的定位布点、仓储的具体操作、对储存货物的控制等都是围绕着服务进行的。食品仓储管理就是围绕服务定位开展的关于如何提高服务、改善服务、提高服务质量的管理，包括直接的服务管理和以服务为原则的生产管理。食品仓储的服务水平与仓储的经营成本有着密切的相关性，一般来说服务好，成本高，收费也高。食品仓储服务管理就是要在降低成本和提高（保持）服务水平之间保持平衡。

7.1.3　食品仓储管理模式

食品仓储管理模式是食品保管方法和措施的总和。企业、部门或地区拥有一定数量的库存是客观需求，库存控制和保管是企业生产经营过程与部门管理的重要环节。仓储成本是企业物流总成本的重要组成部分，因此选择适当的食品仓储管理模式，既可以保证企业的资源供应，又可以有效地控制仓储成本。

食品仓储管理模式按食品仓储活动运作方的不同，可以分为自营仓库仓储、租赁仓库仓储和第三方仓储三种。

1. 自营仓库仓储

自营仓库仓储就是企业自己修建仓库进行仓储，并进行仓储管理活动。这种模式有如下优点。

（1）可以最大限度地控制仓储。由于企业对仓库拥有所有权，所以企业作为货主可以对仓储实施最大限度的控制，而且有助于与其他系统进行协调。

（2）管理更灵活。此处的灵活并不是指能迅速增加或减少仓储空间，而是指由于企业是仓库的所有者，可以按照企业的要求和产品的特点来对仓库进行设计与布局。

（3）长期仓储时成本低。如果仓库得到长期的充分利用，可以降低单位食品产品的仓储成本，在某种程度上说这也是一种规模经济。

（4）可以帮助企业树立良好形象。当企业将食品产品储存在自有、自建的仓库中时，会给客户一种企业长期持续经营的良好印象，客户会认为企业经营十分稳定、可靠，是食品产品的持续供应者，有助于提高企业的竞争优势。

自营仓库仓储模式的缺点包括如下方面。

（1）仓库固定的容量和成本使得企业的一部分资金被长期占用，投资较大。不管企业对仓储空间的需求如何，仓库的容量是固定的，不能随着需求的增加或减少而扩大或缩小。当企业对食品仓储空间的需求减少时，仍需承担仓库中未利用部分的成本；而当企业对仓储空间有额外需求时，仓库却又无法满足。

（2）位置和结构的局限性。如果企业只能使用自有仓库，则会由于数量限制而失去战略性优化选址的灵活性。市场的大小、位置和客户的偏好经常变化，企业如果在仓库结构和服务上不能适应这种变化，将失去许多商业机会。

2. 租赁仓库仓储

租赁仓库仓储就是委托营业性仓库进行食品仓储管理。这种模式的优点包括如下方面。

（1）从财务角度上看，租赁仓库仓储最突出的优点是不需要企业投资。任何一种投资都需要进行详细的可行性分析，而租赁仓库仓储可以使企业避免资本投资和财务风险。企业可以不对仓储设备和设施作出任何投资，只需支付相对较少的租金就可得到仓储服务。

（2）可以满足季节性农产品在库存高峰时大量额外的库存需求。大多数企业的存货水平会因为产品的季节性、促销活动或其他原因而变化，利用租赁仓库仓储，则没有仓库容量的限制，从而能够满足企业在不同时期对仓储空间的需求，尤其是库存高峰时大量额外的仓库需求。同时，仓储的持有成本将直接随着储存货物数量的变化而变动，便于管理者掌握。

（3）降低管理难度。工人的培训和管理是任何一类仓库都需要面临的一个重要问题。尤其是对于产品需要特殊搬运或具有季节性的企业来说，很难维持一个有经验的仓库员工队伍，而租赁仓库仓储则可以克服这一困难。

（4）营业型仓库的规模经济可以降低货主的仓储成本。由于营业型仓库为众多企业保管大量库存，因此，与企业自建的仓库相比，前者通常可以大大提高仓库的利用率，从而降低仓库物品的单位储存成本；另外，规模经济还使营业型仓库能够采用更加有效的物料搬运设备，从而提供更好的服务；此外，营业型仓库的规模经济还有利于拼箱作业和大批量运输，降低货主的运输成本。

（5）使用租赁仓库仓储时企业的经营活动可以更加灵活。如果企业自己拥有仓库，那么当市场、运输方式、产品销售或企业财务状况发生变化，或者企业搬迁需要改变仓库位置时，原来的仓库就有可能变成企业的负担。如果企业租赁营业型仓库进行仓储，租赁合同通常都是有期限的，企业能在已知的期限内灵活地改变仓库的位置；另外，企业可以不必因仓库业务量的变化而增减员工，还可以根据仓库对整个分销系统的贡献以及成本和服务质量等因素，临时签订或终止租赁合同。

（6）便于企业掌握保管和搬运成本。由于每月可以得到仓储费用单据，所以租赁仓库仓储可使企业清楚地掌握保管和搬运成本，预测和控制不同仓储水平的成本；如果企业自己拥有仓库，则很难确定其可变成本和固定成本的变化情况。

租赁仓库仓储模式的主要缺点在于以下两个方面。

（1）增加了企业的包装成本。由于营业型仓库中存储了不同企业的各种不同种类的货物，而各种不同性质的货物有可能相互影响，因此，企业租赁仓库进行仓储时必须增强对货物保护性的包装，这会导致额外的包装成本。

（2）增加了企业控制库存的难度和风险。企业与仓库经营者都有履行合同的义务，但盗窃等对货物的损坏给货主造成的损失远大于得到的赔偿，因此租赁仓库仓储在控制库存方面比使用自营仓库承担更大的风险。另外，在租赁仓库中泄露有关商业机密的风险也比自营仓库大。

3. 第三方仓储

在物流发达的国家，越来越多的企业转向利用第三方仓储或称合同仓储来进行仓储管理。

第三方仓储是指企业将食品仓储管理等物流活动转包给外部公司，由外部公司为企业提供综合物流服务。第三方仓储不同于一般的租赁仓库仓储，它能够提供专业化的高效、经济和准确的分销服务。企业若想得到高水平的仓储质量和服务，则可以利用第三方仓储，因为这些仓库的设计水平较高，并且符合特殊商品高标准、专业化的搬运要求；如果企业只需要一般水平的搬运服务，则可以选择租赁仓库仓储。从本质上看，第三方仓储是生产企业和专业仓储企业之间建立的伙伴关系。正是由于这种伙伴关系，第三方仓储公司与传统仓储公司相比，能为货主提供特殊要求的空间、人力、设备和服务。

第三方仓储企业可以为货主提供存储、卸货、拼箱、订货分类、现货库存、在途混合、存货控制、运输安排、信息和货主要求的其他专门物流服务。由此可见，它不仅仅是提供存储服务，还可为货主提供一整套物流服务。

与自营仓库仓储和租赁仓库仓储相比，第三方仓储具有以下优势。

（1）有利于企业有效利用资源。利用第三方仓储比企业自营仓库仓储更能有效处理季节性产业普遍存在的产品淡、旺季存储问题，能够有效地利用设备与空间。另外，由于第三方仓储公司的管理具有专业性，管理专家拥有更具有创新性的分销理念、掌握更多降低成本的方法，因此物流系统的效率更高。

（2）有利于企业扩大市场。第三方仓储企业具有经过战略性选址的设施与服务，货主在不同位置得到的仓储管理和一系列物流服务都是相同的。许多企业将自营仓库数量减少到有限几个，而将各地区的物流转包给合同仓储公司。通过这种自营仓储和合同仓储相结合的网络，企业在保持对集中仓储设施的直接控制的同时，利用合同仓储来降低直接人力成本，扩大市场的地理范围。

（3）有利于企业进行新市场的测试。货主企业在促销现有产品或推出新产品时，可以利用短期第三方仓储来考察产品的市场需求。当企业试图进入一个新的市场时，要花很长时间建立一套分销设施；然而，通过合同仓储网络，企业可以利用这一地区的现有设施为客户服务。

（4）有利于企业降低运输成本。第三方仓储企业同时处理不同货主的大量产品，可以进行拼箱作业，从而通过大规模运输降低运输成本。

虽然第三方仓储具有以上优势，但也存在一些不利因素。其中，对物流活动失去直接控制是企业最担心的问题。企业对合同仓储公司的运作过程和雇佣员工等控制较少，这一因素成为产品价值较高的企业利用合同仓储公司的最大障碍。

4. 按库存所有权分类的仓储管理模式

在企业的仓储管理非自营的情况下，仓储管理模式按库存所有权可以分为寄售和供应商管理库存。

1）寄售

寄售（consignment）是企业实现零库存资金占用的一种有效方式，即供应商将食品产品直接存放在用户的仓库中，并拥有库存的所有权，用户只在领用这些产品后才与供应商进行货款的结算。这种仓储管理模式的实质是：供应商实现的是加工食品库存实物零库存，而加工食品库存资金占用不为零，用户实现的是库存原材料或存货商品资金占用为零，而实物不为零。

2）供应商管理库存

供应商管理库存（vendor managed inventory，VMI）（GB/T 18354—2006 中 6.6）

是按照双方达成的协议，由供应链的上游企业根据下游企业的物料需求计划、销售信息和库存量，主动对下游企业的库存进行管理与控制。供应商管理库存通常可以理解为企业的原材料库存由供应商进行管理，当企业需要时再运送过来。这种模式与及时制（just in time，JIT）系统和有效客户反应（efficient consumer response，ECR）有着共同之处。由于 VMI 把库存物资及其仓储管理工作转移给了供应商，因此选择一个有效率、有效益和可信赖的供应商是非常重要的。这种模式如果实施成功，对于下游企业非常有利。

7.1.4　食品仓储管理模式的决策

食品仓储管理模式决策是非物流企业的一项重要工作，在进行食品仓储管理之前需要很好地完成，然后再根据不同的模式来确定食品仓储管理的目标、方向、任务、原则等。基本的食品仓储管理模式决策，是在自营仓库仓储、租赁仓库仓储和第三方仓储之间进行权衡。决策主要基于两个因素——仓储对企业成功的影响程度和企业对仓储的管理能力。另外，还应从仓储在企业中的战略地位出发，在考察企业仓储能力的基础上，进行成本评价。

1．决策过程

食品仓储管理模式决策的基本过程如图 7-1 所示。

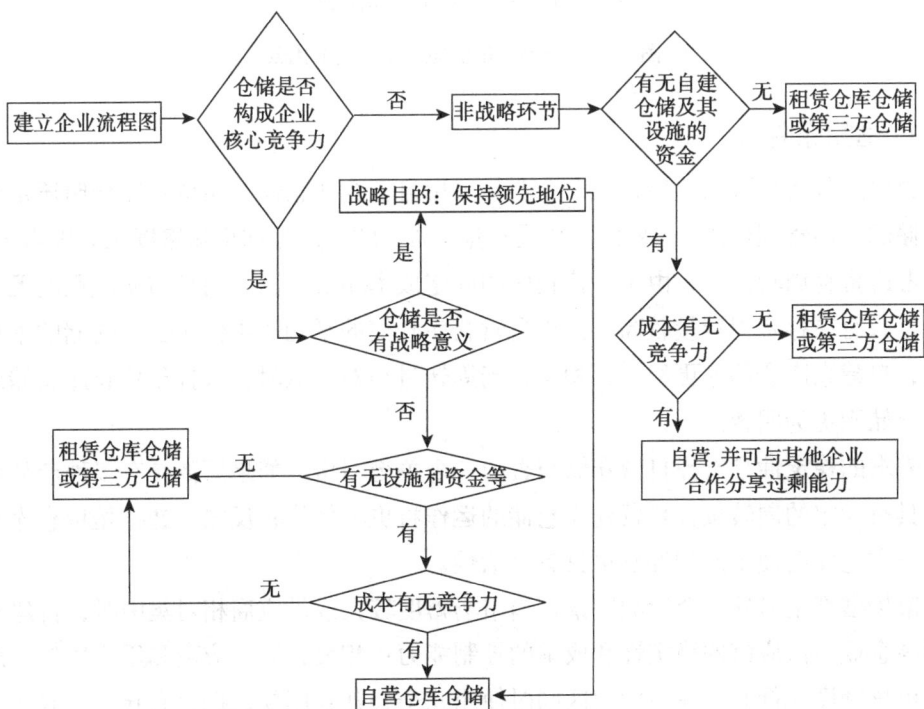

图 7-1　食品仓储管理模式决策的基本过程

2. 成本比较

决策中，最重要也是最困难的，就是仓储成本的分析。三种仓储管理模式的成本比较如图 7-2 所示。租赁仓库仓储和第三方仓储的成本只包含可变成本，随着存储总量的增加，租赁的空间就会增加；由于营业型仓库一般按库存产品所占用的空间来收费，这样成本就和总周转量成正比，其成本函数是线性的。自营仓库仓储的成本结构中存在固定成本，但由于营业型仓库具有盈利性质，因此自营仓库仓储的可变成本增长速率通常低于租赁仓库仓储和第三方仓储的成本增长速率。当总周转量达到一定规模时，两条成本线相交，即成本相等。这表明在总周转量较低时，选择租赁仓库仓储或第三方仓储较好；随着总周转量的增加，由于可以把固定成本均摊到大量存货中，因此自营仓库仓储可能会更经济。

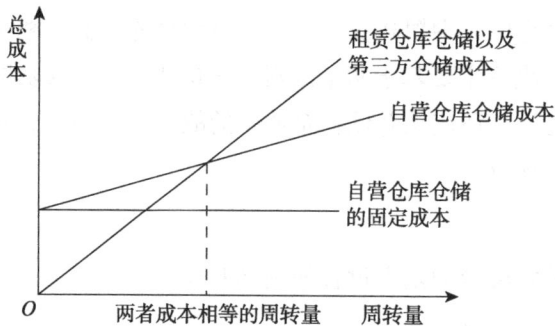

图 7-2　三种仓储管理模式的成本比较

3. 适用条件

由以上分析也可以看出，一个企业是采用自营仓库仓储、租赁仓库仓储还是第三方仓储的仓储管理模式，主要由货物周转量、需求的稳定性和市场密度三大因素决定。

考虑货物周转量时，由于自营仓库的固定成本相对较高，而且与使用程度无关，因此，只有在存货周转量较高、使得自营仓库仓储的平均成本低于公共仓储的平均成本时，自建仓库仓储才更经济；相反，当周转量相对较低时，选择租赁仓库仓储或第三方仓储则更为明智。

需求的稳定性是选择自营仓储与否的一个关键因素。如果厂商具有多种产品线，仓库具有稳定的周转量，自营仓库仓储的运作将更为经济；反之，选择租赁仓库仓储或第三方仓储会使生产和经营更具有灵活性。

市场密度是另外一个影响因素。当市场密度较大或供应商相对集中时，自建仓库将提高企业对供应链的稳定性和成本的控制能力；相反，当供应商和用户比较分散而使得市场密度较低时，在不同地区同时使用几个公共仓库要比拥自有仓库去服务一个很大的地区更经济。

总之，自营仓库仓储的前提非常苛刻，租赁仓库仓储和第三方仓储更具有灵活性，而且符合物流社会化的发展趋势。在许多时候，企业可以根据各个区域市场的具体情况，分别采用不同的仓储管理模式，而且可以进行进一步的分析，对于某一项具体的仓储管理活动采取自营与租赁或第三方仓储相组合的混合模式。

7.2　冷藏仓储管理

随着生活节奏的加快以及生活水平的提高，人们对冷冻产品（冰淇淋）、速冻产品（肉制品、蔬菜、面食）的需求越来越多。这些产品从出库到销售商直到最终消费者的每个储运环节都需要冷冻或冷藏。从而形成了一条特殊的供应链，叫作冷链。在冷链中，仓储是至关重要的一个环节，因为它是影响最终交货商品质量的一个重要因素。

7.2.1　食品冷藏仓储基础设施

食品冷藏仓储中，为保证食品质量，需具备冷库，冷库成为冷藏仓储的基础设施。尤其是易腐产品要求必备冷库。冷库是保证各种农产品、水产品与乳制品等长期供应市场和调节产品随季节变化而产生的不平衡，不断提高人民生活水平不可缺少的设施。做好冷库的经营与运行，进行良好的管理工作，对保证食品物流安全和质量、提高企业的经济效益非常重要。

1. 冷库的概念

冷库是在低温条件下保藏货物的建筑群，是以人工制冷的方法，对易腐物品进行冷加工和冷藏的建筑物，用以最大限度地保持食品原有质量，供调节淡旺季节、保障市场供应、执行出口任务和长期储存之用。

2. 冷库的特点

冷库建筑不同于一般的工业与民用建筑，主要表现在不仅受生产工艺的制约，更受冷库内外温度差和水蒸气分压力差的制约，以及由此引发的温度应力、水蒸气渗透和热量传递的制约。它要为易腐食品在低温条件下"冷却—保鲜—冻结—冷藏"，为保持食品的色泽、味道和营养价值提供必要条件——"冷"。按冷库使用性质的不同，库房温度一般相对稳定在-40℃~0℃的某一温度，使建筑物内部经常处于低温条件下，而建筑物外部则随室外环境温度的变化经常处于周期性波动之中，加之冷库生产作业所需经常开门导致库内外的热湿交换等，促使冷库建筑必须采取相应的技术措施，以适应冷库的特点。这也是冷库建筑有别于普通建筑的特点所在，具体体现在以下几个方面。

1）冷库既是仓库又是工厂

冷库是仓库，要有仓储的功能，且载货量、吞吐量大，库温低。冷库又是工厂，必须满足各种不同食品冷加工生产工艺流程的合理要求，受生产工艺流程的制约。它与库内外运输条件、包装规格、托板尺寸、货物堆装方式、设备布置等有关。

2）冷库在门、窗、洞方面的特殊性

为了减少库内外温度和湿度变化对冷库的影响，冷库库房一般不开窗。孔洞尽量少开，工艺、水、电等设备管道尽量集中使用孔洞。库门是库房货物进出的必要通道，但也是库内外空气热湿交换量最显著的地方，由于热湿交换使门的周围产生凝结水及冰霜，多次冻融交替作用，将使门附近的建筑结构材料受破坏。所以，在满足正常使用的情况下，门的数量也应尽量少。《冷库设计规范 GB50072—2010》规定，面积在1000 平方米以下的冷藏间可只设一个门，在 1000 平方米以上可最多设两个门。同时，在门的周围应采取措施，如加设空气幕、电热丝等。

3）冷库需要减少冷桥现象

冷桥是传递热量的桥梁。在相邻库温不同的库房或库内与库外之间，由于建筑结构的联系构件或隔热层中断等都会形成冷桥。例如，在冷库围护结构的隔热层中，有热导率比隔热材料的热导率大得多的构件（如梁、板、柱、管道、支架等）穿过或嵌入其中，以及管道穿墙处松散隔热材料下沉脱空等，都是比较典型的冷桥。由于冷桥的形成，在冷桥处容易出现结冰、霜、露现象，如不及时处理，该现象逐渐加重，致使冷桥附近隔热层和构件的损坏。所以，可以说冷桥是冷库土建工程损坏的主要原因之一。为此，为防止热量传递影响库房温度和建筑结构的损坏，在设计、施工和使用时应注意尽量减少冷桥的形成，出现冷桥的地方，必须及时处理。

4）冷库需要有隔热、隔气和防潮的结构

隔热冷库库房温度一般较库外环境温度低（北方高温库在冬季除外），而且受外界环境温度波动的影响，导致库内温度产生波动。这时，需用制冷的方法来补充库房所需冷量，维持冷加工和储藏所需的低温功能。为减少冷量的损耗，减少或阻止外界热量通过库房的围护结构进入库内，需在冷库建筑的围护结构上设置具有隔热性能的隔热层，且要有一定的厚度和连续性。

在围护结构上设置隔热层可以减少热量的传递，但水蒸气的渗透和水分的直接浸入将导致隔热材料受潮，使材料的热导率大大增加，隔热性能降低。为此，在冷库围护结构中应增设隔气层以减少蒸汽的渗透，增设防潮层以防止屋面水、地下水、地面水、使用水浸入隔热层。

5）冷库需要有防热辐射结构

为减少太阳辐射热的影响，冷库表面的颜色要浅，表面光滑平整，尽量避免大面积日晒。层顶可采取一定的措施，如架设通风层来减少太阳辐射热直接通过屋面传入库内影响库温。

6）冷库需要有地坪防冻措施

冷库地坪虽然铺设了与库温相适应的隔热层，但它并不能完全隔绝热量的传递，只能降低其传递的速度。当冷库降温后，库温与地坪下土层之间产生较大的温差，土层中的热量就会缓慢地通过隔热层或冷桥传至库内，也可以说冷量由库内传至土层，使土层温度降低。低温库房的温度常年在 0℃以下，若地坪下土层得不到热量的补充，将使 0℃等温线（冰点等温线）逐渐移至土层中，使土层中的水分受冻成冰。由于温差的存在及冰晶的形成，土壤上、下层之间产生了水蒸气分压力差，使下层土壤中的水蒸气不断向上层移动，导致冰冻体逐渐扩大。随着时间的推移，0℃等温线不断向土层深入，土层中的冰冻体也不断加大，水分结冰产生的体移膨胀力最终将引起地坪冻臌或地基冻臌现象，危及建筑结构的安全。因此，低温冷库的地坪除了设置隔热层、隔气层、防潮层之外，还要采取地坪防冻措施，使地坪下的土层温度保持在 0℃以上。

3. 冷库的组成

冷库，特别是大中型冷库是一个建筑群，这个建筑群的主体称为主库，除主库外，还有其他生产设施和附属建筑。

作为冷库的重要组成部分，主库主要由以下几个单元组成。

1）冷却间

冷却间用于对进库冷藏或需先经预冷后冻结的常温食品进行冷却或预冷。水果、蔬菜在进行冷藏前，为除去田间热，防止某些生理病害，应及时逐步降温冷却。鲜蛋在冷藏前也应进行冷却，以免骤然遇冷时，内容物收缩，蛋内压力降低，空气中的微生物随空气从蛋壳气孔进入蛋内而使鲜蛋变坏。此外，肉类屠宰后也可加工为冷却肉（中心温度 0℃~4℃），能作短期储藏，肉味较冻肉鲜美。对于采用二次冻结工艺来说，也需将屠宰处理后的家畜胴体送入冷却间冷却，使食温由 35℃降至 4℃，再进行冻结。冷却间的室温为 -2℃~0℃，当食品达到冷却要求的温度后称为"冷却物"，即可转入冷却物冷藏间。当果蔬、鲜蛋的一次进货量小于冷藏间容量的 5% 时，也可不经冷却直接进入冷藏间。

2）冻结间

需长期储藏的食品由常温或冷却状态迅速降至 -18℃~-15℃的冻结状态，达到冻结终温的食品称为"冻结物"。冻结间是借助冷风机或专用冻结装置用以冻结食品的冷间，它的室温为 -30℃~-28℃（国外也采用 -40℃或更低温度）。冻结间也可移出主库单独建造。

3）再冻间

再冻间设于分配性冷库中，供外地调入冻结食品中品温超过 -8℃的部分在入库前再冻之用。再冻间分配设备的选用与冻结间相同。

4）冷却物冷藏间

冷却物冷藏间又称高温冷藏间，室温为–2℃~4℃，相对湿度为85%~95%，根据储藏食品的不同而异，主要用于储藏经过冷却的鲜蛋、果蔬。由于果蔬在储藏中仍有呼吸作用，库内除保持合适的温、湿度条件外，还要引进适量的新鲜空气。如储藏冷却肉，储藏时间不宜超过20天。

5）冻结物冷藏间

冻结物冷藏间又称低温冷藏间，室温在–25℃～–18℃，相对湿度在95%~98%，用于较长期地储藏冻结食品。在国外，有的冻结物冷藏间温度降至–30℃～–28℃的趋势，日本对冻金枪鱼还采用了–50℃～–45℃的所谓超低温冷藏间。

以上五类冷间的温度和相对湿度，应根据各类食品冷加工或冷藏工艺的要求确定，一般按冷藏库设计规范推荐的值选取。

6）两用间（通用间）

通用间可兼作冷却物或冻结物的冷藏间，机动性较大，这是通过改变冷间内冷却面积来调节室温的。但鉴于使用条件经常变化容易造成建筑物的破坏，故目前国内已很少设置。这种变温冷藏间采用装配式组合冷库较适合。

7）气调保鲜间

气调保鲜主要是针对水果、蔬菜的储藏而言。果蔬采摘后，仍然保持着旺盛的生命活动能力，呼吸作用就是这种生命活动最明显的表现。在一定范围内，温度越高，呼吸作用越强，衰老越快，所以多年来生产上一直采用降温的办法来延长果蔬的储藏期。目前国内外正在发展控制气体成分的储藏，简称CA储藏，即在果蔬储藏环境中适当降低氧的含量和提高二氧化碳的浓度，来抑制果蔬的呼吸强度，延缓成熟，达到延长储藏期的目的。

8）制冰间

制冰间宜靠近设备间，常设于多层冷库的顶层，以便于冰块入库或输出。制冰间宜有较好的采光和通风条件，室内高度要考虑到提冰设备运行的方便，并要求排水畅通，以免室内积水和过分潮湿。

9）冰库

冰库一般设于主库靠制冰间和出冰站台的部位，也有与制冰间一起单独建造的。若制冰间位于主库顶层，冰库可设在它的下层。冰库的库温为–4℃（盐水制冰）或–10℃（快速制冰）。冰库内壁敷设竹料或木料护壁，以保护墙壁不受冰块的撞击。

10）穿堂

穿堂是食品进出的通道，并起到沟通各冷间、便于装卸周转的作用。库内穿堂有低温穿堂和中温穿堂两种，分属高、低温库房使用。目前冷库中较多采用库外常温穿堂，将穿堂布置在常温环境中，通风条件好，改善了工人的操作条件，也能延长穿堂使用年限。常温穿堂的建筑结构一般与库房结构分开。

11）电梯间

电梯间设置于多层冷库，作为库内垂直运输之用，其大小、数量及设置位置视吞吐量及工艺要求而定，一般按每千吨冷藏量配 0.9~1.2 吨电梯容量设置，同时应考虑检修。通常小于 5000 吨的冷藏库配 3 吨货梯 2 台，5 000~9 000 吨的冷藏库配 3 吨货梯 2~4 台，10 000 吨冷藏库配 3 吨货梯 3~4 台。在电梯间上部设有电梯机器间，内装电梯的电动机及滑轮组。

12）冷库站台

冷库站台供装卸货物之用。有铁路专用线的大中型生产性和分配性冷库均应分别设置铁路站台与公路站台。铁路站台最普通的形式是罩棚式，在气温高或多风沙地区宜建封闭式站台。铁路站台应高出轨面 1.1 米，其宽度和长度见表 7-1。

表 7-1 冷库铁路站台的宽度和长度

冷藏库规模/吨	站台宽度/米	站台长度/米
大型（10 000）	9	220
大中型（5000）	7~9	220
中小型（1500~4500）	7	128

公路站台是汽车用的装卸站台，它可布置在冷库与铁路站台相对的另一面，或与铁路站台连接。公路站台应高出路面 0.9~1.1 米，与进出最多的汽车类型高度相一致。它的长度按每 1000 吨冷藏容量 7~10 米设置，其宽度由货物周转量的大小、搬运方法不同而定。一般公称容积小于或等于 4500 立方米的冷库的站台宽度为 4~6 米，公称容积大于 4500 立方米的冷库的站台宽度为 6~8 米，用手推车作业时取 4~6 米，用电动叉车作业时取 6~8 米。

7.2.2 冷货保管

1. 冷货堆垛

库内堆垛严格按照仓库规章进行，合理选择货位。将存期长的货物存放在库里端，存期短的货物存放在库门附近，易升温的货物存放在接近冷风口或排管附近。根据货物或包装形状合理采用垂直叠垛或交叉叠垛，如冻光猪要肉皮向下、头尾交错、腹背相连、长短对弯、码平码紧。货垛要求堆码整齐、货垛稳固、间距合适。货垛不能堵塞或者影响冷风的流动，避免出现冷风短路。堆垛完毕应在垛头上悬挂货垛牌。

堆垛间距要求：低温冷冻库货垛距顶棚 0.2 米，高温冷藏库货垛距顶棚 0.3 米，距顶排水管下侧 0.3 米，距顶排水管横侧 0.3 米，距未装设墙冷排管的墙壁 0.2 米，距冷风机周围 1.5 米。

拆垛作业时应从上往下取货，禁止从垛中抽取。取货时要防止因货物冻结粘连强行取货而扯坏包装。

2. 库房的温、湿度

根据食品的自然属性和所需要的温度、湿度选择库房，力求保持库房温度、湿度的稳定。对冻结物、冻藏间的温度要保持在–18℃以下，库温只允许在进、出货时短时间内波动，正常情况下温度波动不得超过 1℃；在大批冻藏食品进、出库过程中，一昼夜升温不得超过 4℃。冷却物冷藏间在通常情况下，库房温度升降幅度不得超过0.5℃，在进、出库时，库温升高不得超过 3℃。

对运来的温度不合要求的冷却或冻结食品，允许少量进入冷藏间储藏，但应保持库内正常储藏温度。如温度高于–8℃，应当在冻结间进行再冻后方能进入冷库储藏。

为了减少食品的干耗，保持原有食品的色泽，对易于镀冰衣的食品，如水产品、禽、兔等，最好镀冰衣后再储藏。

3. 冷库的通风换气

按照货物所需要的通风要求，进行通风换气，目的是保持库内合适的氧气和湿度。冷库一般采用机械通风，要根据货物保管的需要控制通风次数和通风时间，如冷藏库每天 2~4 次，每次换气量为冷藏间体积的 1~2 倍，或者使库内二氧化碳含量达到适合的范围，见表 7-2。通风将外部的空气带入库内，也将空气中的热量、水汽带入库内，因而要选择合适的时间通风换气。

表 7-2　冷藏货物二氧化碳含量控制表

品　名	梨	青香蕉	柑橘	苹果	柿子	西红柿
二氧化碳容积百分比/%	0.2 ~ 2	1.6	2 ~ 3	8 ~ 10	5 ~ 10	5 ~ 10

资料来源：邓汝春. 冷链物流运营实务[M]. 北京：中国物资出版社，2007.

4. 储藏安全期限

对冷藏食品要认真掌握其储藏安全期限，执行先进先出制度，并经常进行定期或不定期的食品质量检查。如果食品将要超过储藏期，或发现有变质现象时，应及时处理。根据我国商业系统的冷库使用和维修管理试行办法，对各种不同食品的保质期规定见表 7-3。

7.2.3　食品冷藏仓储管理

1. 食品冷藏的原理

冷藏是指在保持低温的条件下储存物资的方法。由于在低温环境中能够延长有机体的保鲜时间，因而对鱼肉食品、水果、蔬菜及其他易腐烂物资都采用冷藏的方式储藏。另外，对于在低温时能凝固的液体流质品，采取冷藏的方式有利于运输、作业和销售，也采用冷藏的方式储藏。此外，在低温环境下，一些混合物的化学反应速度降低，也采用冷藏方式储藏。

表 7-3　冷藏商品保质期

品　名	库　温	保质期
冻猪白条肉	−18℃	12 个月
冻分割肉	−18℃	12 个月
冻牛羊肉	−18℃	11 个月
冻禽、冻兔	−18℃	8 个月
冻鱼	−18℃以下	9 个月
鲜蛋	−1℃	3~9 个月
冰蛋（听装）	18℃	15 个月
冻畜禽副产品	−18℃	10 个月
苹果	0℃	3~8 个月
大白菜	1.5℃	3 个月
蒜苗	0℃	2 个月
冰激凌	−20℃	5~6 个月

注：保质期自商品生产日起计算。

资料来源：邓汝春. 冷链物流运营实务[M]. 北京：中国物资出版社，2007.

1）低温储藏、保鲜应遵守的原则

（1）食品入库前必须经过严格检验，只有适合冷冻、冷藏的食品才能入库。

（2）严格按照食品储存要求的温度条件进行储存。温、湿度要求不相同的食品，不能存放在一起。

（3）有挥发性和有异味的食品应分别储藏，否则会造成串味并影响食品质量。

（4）食品严格按照先进先出的原则进行管理。

2）食品的低温储藏原理

把食品进行冷冻处理和储存，食品的生化反应速度会大大减慢，这样就可以使食品储存较长时间而不变质，这就是低温储藏食品的基本原理。

（1）动物性食品低温储藏原理。动物性食品变质的主要元凶是微生物和酶。对一般的腐败菌和病原菌，10℃以下它们的发育就显著地被抑制了。在冻结时，酶的反应受到严重抑制，生物体内的化学变化就会变慢，食品可以储藏较长时间。

（2）植物性食品低温储藏原理。低温一方面能够减弱果蔬类食品的呼吸作用，有助于延长储藏期限；但另一方面，温度过低会引起植物性食品的生理病害，甚至冻死。例如，香蕉的储藏温度在 12℃~13℃，如果降到 12℃以下，香蕉就会变黑。

2. 冷库的运作与管理

1）冷货的出、入库作业

货物出库时应认真核对。由于冷库内储存的货物大都相同，所以要核对货物的货主、进出库时间、凭证号码、品种、数量、等级、质量、包装和生产日期，要按垛挂牌，定期核对账目，出一批清理一批，做到账、货、卡相符。对于出库时需要做升温处理的货物，应按照作业规程进行加热升温，不得自然升温。

货物入库时，除了仓储通常所进行的查验、点数外，还要对送达货物的温度进行测定，查验货物的内部状态，并详细记录，对于已霉变的货物不接收入库。货物入库前要进行预冷，保证货物均匀地降到需要的温度。未经预冷冻结的货物不得直接进入冷冻库，以免高温货物大量吸冷造成库内温度升高，影响库内其他冻货。

在冷货到达前，应当做好一切准备工作。冷货到达后必须根据发货单和卫生检查证，双方在冷库的月台上交接验收后，立即组织入库。在入库过程中，对有强烈挥发性气味和腥味的食品、要求不同储藏温度的食品、须经高温处理的食品应用专库储藏，不得混放，以免相互感染、串味。为了减少冷耗，货物出、入库作业应选择在气温较低的时间段进行，如早晨、傍晚、夜间。出、入库作业时集中仓库内的作业力量，尽可能缩短作业时间。要使装运车辆离库门距离最近，缩短货物露天搬运距离，防止隔车搬运。若货物出、入库时库温升高，应停止作业，封库降温。出、入库搬运应用推车、铲车、输送带等机械搬运，用托盘等成组作业，提高作业速度。作业中不得将货物散放在地坪，避免货物和货盘冲击地坪、内墙、冷管等，吊机悬挂重量不得超过设计负荷。

2）冷库的管理

冷库是用隔热材料建筑的低温密封性库房，具有怕潮、怕水、怕风、怕热交换等特性。因此，在使用冷库时，应注意以下问题。

（1）库门要保持常闭状态，物资出、入库时，要随时关门。要尽量减少冷热空气的对流，库门要安装空气幕、塑料隔温帘或快速门等装置。要保持库门的灵活，并尽可能安装电动门，使库门随时保持关闭。

（2）冷藏库内各处（包括地面、墙面和顶棚）应无水、霜、冰，库内的排管和冷风机要定期除霜、化霜。

（3）没有经过冻结的温度过高的物资不能入库。这是因为较高温度的物资会造成库内温度急速回升，使库温波动过大。

（4）冷库库房必须按规定用途使用，高、低温库不能混淆使用。即使在没有物资存库时，也应保持一定的温度。

（5）冷库的地板有隔热层，所以有严格的承重要求和保温要求。不能将物资直接铺放在库房地板上冻结；拆垛时，不能用倒垛的方法；不能在地坪上摔击。

（6）要安装自然通风或强制通风装置。要保持地下通风畅通，并定期检查地下通风道内有无结霜、堵塞和积水现象，检查回风温度是否符合要求，地下通风道周围严禁堆放物资。

（7）冷库货品的堆放要与墙、顶、灯、排管有一定距离，以便于检查、盘点等作业。

（8）冷库内要有合理的走道，方便操作、运输，并保证安全。

3）冷库食品的管理

冷库中储存的食品一般是经过加工的食品。冷库的食品管理一般应注意以下几方面。

（1）严格控制库房温度、湿度。一般情况下，冷库的平均温度升降幅度一昼夜不得超过1℃，高温库房的温度一昼夜升降幅度不得超过 0.5℃。为了保证冷库的温度稳定，食品的入库温度一般不高于冷库设定温度 3℃以上，即在–18℃的库房中，物资的入库温度要达到–15℃较为合适。

（2）降低食品干耗。食品在冷加工与储藏过程中，水分会蒸发，即食品的干耗。防止物资干耗的措施有降低储藏温度，改进包装，控制库房湿度，用冰衣覆盖货品，对冻肉、鱼类物资可以采取喷水加冰衣的方法。

（3）合理堆放冷库中的食品。堆放要尽量紧密，以提高库房利用率。不同类别的食品放在不同的地方，没有包装的食品不要和有包装的食品存放在一起，味道差异比较大的食品不要放在一起。食品尽量不要放在风机、蒸发器下面，以免水滴在食品上。

（4）定期检查冷库中的食品。要经常检查食品是否按照出、入库要求先进先出，是否因存放时间过长而发生质量变化，食品表面是否结冰、结霜等。

（5）减少食品搬动次数。可以采用整板出货、整层出货的方法减少人工搬动物资的机会。

3. 冷库的仓储管理要求

冷库可以创造特定温度和相对湿度以延长有机体的保鲜时间，在加工和储存食品、工业原料、生物制品以及医药等领域有着特定用途。冷库的结构复杂、造价高、技术性强，对此类冷库的使用、维修和管理，必须认真执行有关规章制度。

特别提示

冷库分为冷冻库和冷藏库，两者不能混用。库房在改变用途时，必须按照新的用途进行制冷能力、保冷材料、设施及设备改进，以确保满足要求。

1）对冷库的管理要求（表7-4）。

表7-4　冷库的管理要求

要求对象	具体管理要求
对冷库的要求	应具备可供商品随时进出的条件，并要经常打扫、清洁、消毒、晾干。冷库的外室、走廊、汽车月台及附属车间等场所，都要符合卫生要求。还应具有通风设备，以随时去除异味。
对冷库内设备的要求	冷库中的设备等一切用具都要符合卫生要求。所有手拉车都要保持干净，并将运输肉和鱼的手拉车区分开来，要定期对运输工具消毒。
对入库食品的要求	必须新鲜、清洁，经过检查合格后方可入库，如鱼类要冲洗干净按种类和大小装盘，肉类及副产品要求修割干净，无毛、无血、无污染。食品在冷却的过程中，库房温度保持在0℃~1℃。当肉内部温度达到0℃~4℃时冷却即为完成。食品冻结时，库温应保持设计要求的最低温度，当肉内部温度不高于冷藏间温度3℃时，冻结即告完成。食品到达前，应当做好一切准备工作；到达后，双方必须根据发货单及卫生检查证，在冷库月台上进行交接验收，并立即组织入库。已经腐败变质散发臭味、变色的肉类食品及经过雨淋或水浸过的食品不得入库。
对仓库温度的要求	根据食品的自然属性和所需的温度、湿度选择库房，并力求保持库房温度、湿度的稳定。对冻结物环境温度要保持在–18℃。库温只允许在短时间内有小的波动，在正常的情况下温度波动不得超过1℃。在大批冷藏食品进库、出库的过程中，一昼夜升温不得超过4℃。冷却物冷藏间升温幅度不得超过±0.5℃，在进、出库时温度升高不得超过3℃。

2）冷库人员安全

（1）防止冻伤。进入冷库的人员，必须加以保温防护，穿戴手套、工作鞋。身体裸露部位不得接触冷库内的物品，包括货物、排管、货架、工作用具等。

（2）防止人员缺氧窒息。由于冷库特别是冷藏库内的植物和微生物的呼吸作用使二氧化碳浓度增加或者冷媒泄漏进入库内，会使库房内氧气不足，造成人员窒息。因此人员在进入库房前，尤其是长期封闭的库房，允许进行通风，避免可能的氧气不足。

（3）避免人员被封闭库内。库门应设专人开关，限制无关人员入库，应在门外悬挂告示牌。作业班需明确核查人数的责任承担人，在确定人员出库后，才能摘除告示牌。

（4）妥善使用设备。库内作业应使用抗冷设备，且进行必要的保温防护。不使用会发生低温损害的设备和用具。

4. 冷库的卫生管理

冷库的卫生管理是一项重要工作，要严格执行国家颁布的卫生条例，尽可能减少微生物污染食品的机会，以保证食品的质量，延长冷藏期限。

1）冷库的环境卫生

食品进、出库时，都要与外界接触，如果环境卫生不良，就会增加微生物污染食品的可能性，因而冷库周围的环境是十分重要的。冷库四周不应有污水和垃圾，冷库周围的场地和走道应经常清扫，定期消毒。垃圾箱和厕所应与库房有一定的距离。

2）库房和工具设备的卫生与消毒

在库房内，霉菌较细菌繁殖得更快，并极易伤害食品。因此，库房应进行不定期消毒。运输用的手推车以及其他载货设备也能成为微生物污染食品的媒介，应经常清洗和消毒。库内冷藏的食品，不论是否有包装，都要堆放在垫木上。垫木要刨光，并经常保持清洁。垫木、手推车以及其他设备，要定期在库外冲洗、消毒。加工用的一切设备，如秤盘、挂钩、工作台等，在使用前后都应用清水冲洗干净，必要时还应用热碱水消毒。冷库内的走道和楼梯要经常清扫，特别是在出入库时，对地坪上的碎肉等残留物要及时清扫，以免污染环境。

3）冷库室内的卫生与消毒

消毒剂主要包括下述几种。

（1）漂白粉消毒。漂白粉可配置成有效氯 0.3%~0.4%的水溶液，在库内喷洒消毒，或与石灰混合，粉刷墙面。

（2）次氯酸钠消毒。可用 2%~4%的次氯酸钠溶液，加入 2%氯酸钠，在低温库内喷洒，然后将门关闭。

（3）乳酸消毒。每立方米库房空间需要用 3.5 毫升粗制乳酸，每份乳酸再加福尔马林。福尔马林对人体有很大的刺激作用，使用时要注意安全。

抗腐剂主要包括下述几种。

（1）氟化钠法。在白陶土中加入 1.5%的氟化钠或 2.5%的氟化氨，配成水溶液粉刷墙壁。

（2）羟基联苯酚钠法。当发霉严重时，在库房内，可用 2%的羟基联苯酚钠溶液刷墙，或用同等浓度的药剂溶液配成混合剂进行粉刷。消毒后，地坪要细化并干燥通风，而后库房才能降温使用。

（3）硫酸铜法。将硫酸铜 2 份和钾明矾 1 份混合，取其一份混合物加 9 份水在木桶中溶解，粉刷时再加 7 份石灰。

（4）用 2%过氧酚钠盐水与石灰水混合粉刷。

消毒方法有如下几种。

（1）喷洒。将消毒剂配制成符合浓度要求的溶液，用喷洒设备进行喷洒消毒。喷洒时要关闭门窗，等时间到时，再打开门窗通风，通风要彻底。

（2）粉刷。将消毒剂配制成溶液对墙面进行粉刷。粉刷前应将库内食品全部撤出，并清除地坪、墙和顶板上的冰霜。

（3）紫外线消毒。一般用于设备和工作服的消毒。操作简单，节省费用，效果良好。每立方米空间装设功率 1W 的紫外线灯，每天照射 3 小时，即起到对空气消毒的作用。

4）冷库工作人员的个人卫生

冷库工作人员经常接触多种食品，如不注意卫生，本身患有传染病，就会成为微生物和病菌的传播者。因此对冷库工作人员的个人卫生应严格要求。

（1）要勤理发，勤洗澡，勤洗工作服，工作前要勤洗手，经常保持个人卫生。

（2）定期检查身体，如发现患有传染病，应立即进行治疗并调换工作岗位，未痊愈时，不能进入库房与食品接触。

（3）工作人员不应将工作服装穿到食堂、厕所和库房以外的场所。

通过以上方法对冷库进行卫生管理，才能使冷库达到合格的仓储条件，使储存商品符合卫生标准。

7.2.4　冷藏品仓储的质量管理

质量是企业的生命，没有质量，企业的生产和经营不仅没有意义，而且还需要承担违约、赔偿等责任，只有提高和改进冷加工工艺、保证合理的冷藏温度、采用有效的管理方法，才能确保冷库商品的质量。

1. 温度控制

在正常生产情况下，冻结物冷藏库的温度应控制在设计温度的±1℃的范围内，冷却物冷藏库的温度应控制在设计温度±0.5℃的范围内。货物在储库过程中，冻结物冷藏库的温升不超过4℃，冷却物冷藏库的温升不超过3℃。进入冻结物冷藏库的货物的温度不应高于冷藏库3℃。例如，冷藏库温度为–17℃，则货物温度应在–14℃以下。

2. 分组管理

为保证冷库商品的质量，要采用分组管理的方法来管理库内商品。按照商品的品种、等级和用途等分批分垛储存，并按垛位编号，填制卡片悬挂于货位明显地方。要有商品保管账目，正确记载库存货物的品种、数量、等级、质量、包装以及进出的动态变化，还要定期核对账目，出库一批清理一批，做到账货相符。要正确掌握商品储存的安全期限，执行先进先出的制度。定期或不定期进行商品质量检查，如发现商品有霉烂、变质等现象时，应及时处理。

3. 特殊处理

有些商品（如家禽、鱼类、副食品等）在冷藏时，要求表面包冰衣。可在垛位表面喷水，但要防止水滴在地坪、墙和冷却设备上。冻肉在码垛后，可用防水布或席子覆盖，在走廊或靠近冷藏门处的商品尤其应覆盖好，要求喷水结成3毫米厚的冰衣。在热流大的时候，冰衣易融化，要注意保持一定的厚度。表7-5~表7-7给出了易腐商品冷藏的推荐条件。

表 7-5　肉、禽、蛋类冷藏推荐条件

类别、品名	温度/℃	相对湿度/%	预计冷藏期限	备注
冻猪肉	−12	95~100	3~5 个月	肥度较大的期限还应缩短
	−18	95~100	8~10 个月	
	−20	95~100	10~12 个月	
	−18	95~100	10~12 个月	
冻牛肉	−12	95~100	6~10 个月	
	−18	95~100	10~12 个月	
	−20	95~100	12~14 个月	
冻鸡肉、鸭肉等	−12	95~100	3~4 个月	
冻羊肉	−12	95~100	6~10 个月	
	−18	95~100	10~12 个月	
	−20	95~100	12~14 个月	

表 7-6　水产品冷藏推荐条件

类别、品名	温度/℃	相对湿度/%	预计冷藏期限	备注
鳗鱼沙丁鱼	−25~ −18	95~100	6~10 个月	
比目鱼、黄花鱼	−25~ −18	95~100	10~14 个月	
鳖、鳍鱼	−25~ −18	95~100	8~12 个月	
贝类、蛤	−25~ −18	95~100	6~10 个月	
虾类	−25~ −18	95~100	6~10 个月	

表 7-7　副食品冷藏推荐条件

类别、品名	温度/℃	相对湿度/%	预计冷藏期限	备注
灌肠	−25~ −18	95~100	4~8 个月	
熏肉	−18	95~100	5~7 个月	
油煎鸡	−18	95~100	3~4 个月	

7.3　易腐产品仓储管理

7.3.1　肉类仓储

商品学定义中，把肉理解为胴体，即家畜经屠宰后除去血液、头、蹄、内脏后的肉尸，俗称白条肉。它包括肌肉组织、脂肪组织、结缔组织和骨组织。

1. 肉的分类

肉的分类方法有很多，按肉的冷藏保鲜程度可以分为热鲜肉、冷却肉和冻结肉三大类。

1）热鲜肉

畜禽经屠宰后，屠体的肌肉内部在组织酶和外界微生物的作用下，发生一系列生化变化，动物刚经屠宰后，肉温还没有散失，柔软具有较小的弹性，这种处于生鲜状态、尚未失去生前体温的肉称作热鲜肉。热鲜肉通常为凌晨宰杀，清早上市，不经过任何降温处理。虽然在屠宰加工后已经卫生检验合格，但在从加工到零售的过程中，热鲜肉不免要受到空气、昆虫、运输车和包装等多方面污染，而且在这些过程中肉的温度较高，细菌容易大量增殖，无法保证肉的食用安全性。

2）冷却肉

冷却肉，也称冷鲜肉。冷却肉是国外广泛食用的肉类制品，近年也出现在国内市场上，是指在严格执行兽医卫生检疫制度屠宰后，将畜体迅速进行冷却处理使胴体温度在 24 小时内降为 0℃~4℃，并在后续加工、流通和销售过程中始终保持在 0℃~4℃的肉制品。现在大型超市、肉食专卖店销售的肉基本上是冷却肉。

热鲜肉和冷却肉相比具有以下优势。

（1）从营养风味上讲，肉在冷却加工过程中，通过自溶酶的作用，可使部分肌浆蛋白分解成肽和氨基酸，成为肉浸出物的成分。同时 ATP 分解成次黄嘌呤核苷酸，使肉变得柔嫩多汁并具有良好的滋味和气味。

（2）从安全卫生方面讲，胴体经过快速冷却，体表温度迅速降低，有效抑制了微生物的生长，在随后的冷却加工过程中，始终处在 0℃~4℃冷链下，肌肉中的肌糖原酵解生成乳酸，抑制微生物的生长繁殖，不但使其在食用时更安全，同时也可延长保鲜期限。

（3）从口感嫩度方面讲，在 0℃~4℃低温下经过 16~24 小时的冷却，肉完成了成熟过程，肌肉中的肌原纤维的连接结构会变得脆弱并断裂成小片，由于肌原纤维是肌肉的主要组成部分，它的变化会使肉的嫩度增加，肉质得到改善。

3）冻结肉

冻结肉，也称冷冻肉，是将宰后的肉先放入–28℃以下的冷库中冻结，使其中心温度低于–15℃，然后在–18℃环境下保藏，并以冻结状态销售的肉。从细菌学的角度来说，当肉被冷冻至–18℃后，绝大多数微生物的生长繁殖受到抑制，比较安全卫生。但是，肉内水分在冻结过程中，体积会增长 9%左右，大量冰晶的形成，会造成细胞的破裂，组织结构遭到一定程度的破坏，解冻时组织细胞中汁液析出，导致营养成分的流失，并且风味也会明显下降。冷冻肉放在冷冻柜内销售。表 7-8 分别从安全性、营养性、口味及保质期方面对这三种肉进行对比。

表 7-8　肉类品质对比

内容	热鲜肉	冷却肉	冻结肉
安全性	有害微生物得不到抑制，易受污染，运输、销售环境差，极不卫生	经两次冷却排酸，生产运输过程中全程低温，微生物生长被抑制，食用最安全	有害微生物被抑制，食用较安全
营养性	肉尚未成熟，营养不利于人体的吸收	肉已成熟，质地柔软，有弹性，嫩度较高，肉味变佳，营养吸收最充分	冰晶破坏猪肉组织，导致营养成分流失大
口味	一般，肉质干硬，肉汤浑	鲜嫩易熟，肉汤透明，有肉的香味	一般，肉味较淡
保质期	常温下半天甚至更短	0℃~4℃下 7 天	−18℃下 12 个月

2. 肉的化学成分

无论何种动物的肉其化学组成都包括水、蛋白质、脂肪、矿物质和少量的糖类。这些化学物质因动物的种类、品种、性别、年龄、个体、畜体部位以及营养状况而异。根据中国医学科学院卫生研究所的资料，几种主要肉类的化学成分见表 7-9。

表 7-9　几种主要肉类的化学成分

种类	化学成分/%				
	水分	蛋白质	脂肪	碳水化合物	灰分
猪肉（肥瘦）	29.3	9.5	59.8	0.9	0.5
猪肉（肥）	6.0	2.2	90.8	0.9	0.1
猪肉（瘦）	52.6	16.7	28.8	1.0	0.9
牛肉（肥瘦）	68.6	20.1	10.2	0	1.1
牛肉（肥）	43.3	15.1	34.5	6.4	0.7
牛肉（瘦）	70.7	20.3	6.2	1.7	1.1
羊肉（肥瘦）	58.7	11.1	20.8	0.8	0.6
羊肉（肥）	33.7	9.3	55.7	0.8	0.5
羊肉（瘦）	67.7	17.3	13.6	0.5	1.0
马肉	75.8	19.6	0.8		
驴肉	77.4	18.6	0.7		
兔肉	77.2	21.2	0.4	0.2	1.0

3. 肉类的冷藏仓储操作

1）肉类的包装

肉类的包装主要分为内包装和外包装（运输包装）。其中运输包装主要采用纸箱、编织袋和塑料周转箱等。

（1）鲜肉的包装。热鲜肉基本属于当日屠宰，当日销售，不存在运输、货架期的问题，运输、销售条件多为常温。热鲜肉一般不采取任何包装，从而带来了凉肉时间短、肉表面潮湿、产品肉温较高、污染的致病菌容易繁殖等问题。

冷鲜肉的储存、运输、销售均在 0℃~4℃ 的冷链条件下，包装形态多采用多层真空收缩包装，包装材料有隔水作用的聚烯烃，有穿刺作用的尼龙，有阻隔氧气作用的偏聚二氯乙烯（PVDC）、乙烯—乙烯醇共聚物（EVOH）等。

（2）冷冻肉的包装。冷冻肉作为出口或国内肉制品加工企业的原料，运输条件多为 -25℃~ -18℃。整片运输的冻猪肉、整只运输的禽肉基本不采取任何包装。分割后的冻猪肉具有坚硬的质地，内含的骨架可能会刺破包装，因此多采用抗穿刺能力较强的尼龙真空包装。

（3）冻结分割肉的包装。冻结分割肉是需要长期储存或出口、远销的分割肉经整形包装后装箱低温冻结。因此要采用低温储藏，这样能抑制微生物的生命活动，延缓组织酶、氧以及光和热的作用，同时可以较长时间保持肉的品质，货架期能达到 4 个月以上，也可采用可封性复合材料，如 PET（聚酯薄膜）、PE（聚乙烯）、AL（铝箔）等真空包装或充气包装材料，但大多数厂家由于经济原因，往往只采用单层聚乙烯薄膜包装材料。

（4）冷却分割肉的包装。冷却分割肉是将分割加工后的肉经过 20 小时左右，将肉体温度冷却至 4℃ 左右进行严格包装，严格控制了微生物的繁殖。包装一般采用无毒、耐寒、柔韧性好、透明度高的塑料薄膜，以便于消费者看清生肉的本色。冷却肉可以采用充气包装，充气包装所用气体主要为氮气和二氧化碳，保持肉的氧合肌红蛋白颜色为鲜红。

（5）西式低温肉制品的包装。西式低温肉制品一般是在无菌室进行切片后真空包装，使包装袋内的食品与外界隔绝，抽真空后可以造成缺氧环境，降低 pH 值，抑制酶活性和腐败性微生物的生长，减缓肉中脂肪的氧化速度，延长产品的储存期。

真空包装材料要求具有良好的阻气性、水蒸气阻隔性、香味阻隔性和遮光性，大都采用三层以上材料复合而成。

2）肉类的储藏

（1）肉的仓储条件。依据肉类在冻藏期间蛋白质、脂肪和肉汁的损失情况来看，冻藏温度不宜高于 -15℃，应在 -18℃ 左右，并应恒定，相对湿度以 95%~100% 为佳，空气以自然循环为宜。

目前冻藏库内的温度一般为 -20℃~ -18℃，在此温度下微生物的生长几乎完全停止，肉类表面水分的蒸发量也较小，肉体内部的生化变化极大地受到抑制，故肉类的保存性和营养价值较高，制冷设备的运转费也较经济。

为了使冻藏品能长期保持新鲜度，近年来国际上生产型低温冷库的储存温度都趋向于–30℃～–25℃的低温。储存温度越低，品质变化越小，储存期越长。不同温度下冻肉的储存期限见表 7-10。

表 7-10　不同温度下冻肉的储存期限

种类	储存温度/℃	冻藏时间/天	种类	储存温度/℃	冻藏时间/天
牛肉	–12	5~8	羊肉	–12	3~6
	–15	6~9		–18	6~8
	–18	8~12		–23	8~10
小牛肉	–18	6~8	肉酱	–12	2~3
猪肉	–18	4~6		–12	5~8
	–23	8~12		–18	8~12

（2）肉类冷藏库的管理。冷藏库的温度应该保持在–18℃以下，温度波动范围控制在 2℃以内。配备温度显示装置和自动温度记录装置，应定期检查。

库内保持清洁卫生，并定期消毒，有防鼠、防霉、防虫设备。库内不得存放有碍卫生的物品，同一库存内不得存放可能造成相互污染或者串味的食品。

未冻结过的产品不可放入冷藏库降温，防止降低冷藏库的冷藏能力，避免引起库内其他已冻结食品的温度波动。

库内食品与地面距离至少 15 厘米，与墙壁距离至少 30 厘米，堆码高度适宜，并分垛放，标志清楚。

食品进入冷藏库或者从冷藏库内取出、卸载以及卸货自动化，应尽量缩短作业时间。装载及卸货场所的温度要加以控制，维持在 10℃以下的低温。

除霜作业期间，食品会不可避免地产生回温现象。除霜结束后应在 1 小时内使产品温降到–18℃以下；或者进行除霜前将产品的品温降到–18℃，甚至更低，使产品回温时低于–18℃。

7.3.2　水产品仓储

1. 水产品的种类

水产品按生物种类形态可分为鱼类、贝类、藻类和水生哺乳动物；按出产可分为淡水产和海鲜两大类；按保存条件可分为活鲜、冰鲜、冻鲜和干鲜。

2. 水产品的化学组成

鱼肉与畜禽兽肉相比，肉浆较多、肌肉纤维细致。一般来说，鱼肉的含水量为50%~80%。鱼肉含水量少的则脂质含量就高，含水量高的则脂质含量就少。一般红色的肉，水分和脂质之和约为80%，蛋白质含量为20%左右，糖分则非常少，不到1%，灰分最多可达 1%。软体动物、甲壳类、棘皮动物的含水量有所增加,蛋白质和脂质有所减少。牡蛎、大虾的糖分特别是肝糖含量高,而海参的特点是灰分含量高。鱼肉即使是同一种类,由于季节、饵料、产卵等情况和鱼体部位以及年龄的不同,其化学成分也会有明显的不同。把脂质储存在肌肉中的红色鱼类有金枪鱼、松鱼、秋刀鱼、沙丁鱼、青花鱼等,各部位的脂质含量可达 30%,相对来说,水分含量就特别少。鲨鱼、鳕鱼、鲽鱼等和许多无脊椎动物肌肉中的水分也很多,其脂肪含量就有减少的趋势。

3. 水产品低温储藏方式

水产品冻结完成后应立即出冻、脱盘、包装,进入冻藏间冻藏,比如鱼类经过冻结加工后,变化速度大大减缓,这是冷冻鱼得以长期保存的原因。

然而,即使将冻鱼储存在最适宜的条件下,也不可能完全阻止其死后变化的发生和进行,而且这些变化的量,随着时间的积累而增加。冻鱼在冻藏期间的变化,主要有脂肪氧化、色泽变化、质量损失及冰结晶成长等。因此,冷链物流操作的要点就是要采取相应措施,减少这些变化。

1)减少干耗的措施

鱼类在冷藏中的干耗给鱼类的经济价值造成损失,也会导致鱼类的品质和质量下降。

食品的干耗不仅同冻藏间的温度与湿度有关,而且同冷库结构、季节温度也有关,一般采取镀冰衣、包装、降低冷藏温度等措施来减少干耗;有的在冻鱼堆垛上盖一层霜,再盖上帆布,帆布上浇上一层水,相对代替鱼体水分的蒸发。

鱼货进入冻藏之前,要有计划,应保证冻藏间内装满,因为干耗同冻品表面积和冻藏间内留下的容积有关,假设空间所占容积大,干耗自然要大。

2)防止冰晶成长的措施

鱼经过冻结以后,组织内的水结成冰,体积就会膨胀。冰晶的大小与冻结速度有关,冻结速度越快,冰晶就越小,分布也越均匀。但在冻藏过程中由于冻藏间的温度波动大,使冰晶成长。要防止冰晶长大,就要在储藏过程中尽量使温度稳定,出货要迅速,尽量避免外界热量的进入。

3)防止色泽变化的措施

鱼、贝类一经冻结,颜色就有明显的变化,冻藏一段时间后,变化更为严重。变色的原因包括自然色泽的分解和新的变色物质的产生两个方面。自然色泽的破坏表现为红色鱼肉的褪色与产生新的变色物质。颜色的变化不仅使商品外观不佳,而且会产生臭气,失去香味,营养价值下降。

4)防止脂肪氧化的措施

在长期冻藏期间,脂肪酸一般在冰的压力作用下,由内部转移到表层,因此很容易同空气中的氧气作用产生酸败。要防止冻鱼在冻藏过程中的脂肪氧化，一般可以采用以下措施。

（1）避免和减少与氧气的接触。在水产品表面镀冰衣、装箱都是有效的办法，也是减少干耗、变色的有效方法。对于散装鱼，最好每隔 1~2 个月镀一次冰衣。

（2）冻藏温度要低，而且要稳定。储存库温要稳定，避免冰晶长大产生内压把游离脂肪酸由内向表层转移。

（3）防止冻藏间漏氨。在进行水产品冻藏期间，必须防止氨管漏气，因为环境中有氨会加速油烧，同时注意鲨鱼、红鱼类不能与其他鱼类同室储藏。

7.3.3　果蔬仓储

果蔬仓储的储藏方法主要根据各种果蔬的采后生理变化、基本储藏原理和储藏期间对环境条件的不同要求而异。归纳起来主要有三类。第一类是低温储藏，即利用自然冷源或者人工降温的方法，使储藏环境保持低温。第二类是控制气体成分，多数是在降温的条件下调节储藏环境中的气体成分，使之达到果蔬储藏的气体指标，可以获得更好的储藏效果。第三类是近年来发展起来的新技术。

1. 利用自然冷源储藏

利用自然冷源储藏即常温储藏，一般指在构造较为简单的储藏场所，利用自然温度随季节和昼夜变化的特点，通过人为措施，引入自然界的低温资源，使储藏场所的温度达到或接近产品储藏所要求温度的一类储藏方式，包括堆藏、沟藏、窖藏等。

1）堆藏

堆藏是设在果园或者空地上的临时性储藏方法，堆藏时将果实直接堆放在果树行间的地面或浅沟中，并根据气温的变化，逐渐分次加厚覆盖，以便进行遮阴或防寒保温。

2）沟藏

沟藏是果品储藏方法中较为简便的一种。核桃、板栗、山楂等可以沟藏，苹果等也有用此方法进行保存的。果品埋藏以后，埋藏沟内能够保持较高而稳定的相对湿度，可以防止果品的萎蔫，减少失重。埋藏沟内的果品经过反复覆盖后，比较容易积累一定的二氧化碳，形成一个自发气调的环境，起到降低果实呼吸作用和微生物活动的作用，减少腐烂损失并延长保存期。

3）窖藏

窖藏的种类很多，窖藏既能利用稳定的土温，又可以利用简单的通风设备来调节窖内的温度。

2. 机械冷藏

机械冷藏是当今世界上应用最广泛的新鲜果蔬储藏方式，现已成为我国新鲜果蔬储藏的主要方式。目前世界范围内的机械冷藏库向着操作机械化、规范化、控制精细化、自动化的方向发展。机械冷藏库根据对温度的要求不同分为高温库（0℃左右）和低温库（低于–18℃）两类，用于储藏新鲜果品蔬菜的冷库为0℃左右的高温库。

1）温度

冷藏库温度管理的原则是适宜、稳定、均匀及产品进出库时的合理升降温。温度的监控可采用自动化系统实施。

2）相对湿度

对绝大多数新鲜果品、蔬菜来说，相对湿度应控制在90%~95%，较高的湿度条件对于控制果品、蔬菜的水分蒸发、保持新鲜十分重要。

3）通风换气

通风换气即库内外进行气体交换，以降低库内产品新陈代谢产生的 C_2H_4、CO_2 等废气。通风换气应在库内外温差最小时段进行，每次 1 小时左右，每间隔数日进行一次。

4）库房及用具的清洁卫生和防虫防鼠

常用方法：①硫黄熏蒸（10 克/立方米，12~24 小时）；②甲醛熏蒸（36%甲醛 12~15 毫升/立方米，12~24 小时）；③过氧乙酸熏蒸（26%过氧乙酸 5~10 毫升/立方米，12~24 小时）；④ 0.2%过氧乙酸或 0.3%~0.4%有效氯漂白粉溶液喷洒。

5）产品的入储及堆放

堆放的总要求是"三离一隙"。"三离"指的是离墙、离地面、离天花板。"一隙"是指垛与垛之间及垛内要留有一定的空隙。

6）储藏产品的检查

对于不耐储的新鲜果蔬每间隔 3~5 天检查一次，耐储性好的可间隔 15 天甚至更长时间检查一次。

3. 气调保鲜储藏

气调保鲜储藏就是将空气中的氧气浓度由 21%降到 5%或 3%，是在冷库的基础上再加上一套气调系统，利用温度和控制氧气含量两个方面的共同作用抑制果蔬采后的呼吸作用。气调储藏的方法有自然降氧法、快速降氧法、混合降氧法、塑料包装气调储藏法等。

4. 果蔬储藏的辅助措施

1）辐射处理

辐射的效应是多方面的，对果蔬主要有以下影响：干扰基础代谢、延缓成熟与衰老；对产品品质有一定影响；抑制和杀死病菌及害虫。

2）电磁处理

（1）磁场处理。产品在一个电磁线圈内通过，控制磁场强度和产品移动速度，使产品受到一定剂量的磁力线切割作用。磁场处理可增强果蔬的生活力和抗病能力。

（2）高压电场处理。一个电极悬空，一个电极接地，两者间便形成不均匀电场。产品置于电场内，接受间歇的或连续的或一次性的电场处理，具有杀菌和破坏乙烯的作用。

（3）负离子处理。正离子对植物的生理活动起促进作用，负离子起抑制作用。因此，在果蔬储藏中多用负离子空气处理，有延缓成熟和衰老的作用。

7.4　粮食仓储管理

7.4.1　粮食的特点

1. 粮食的呼吸作用

粮食在储存过程中主要的生理活动是呼吸作用。适度的呼吸作用对维持粮食种子的生命力和品质是必要的。但是过于旺盛的呼吸作用，会加速粮食所含物质的分解，引起品质劣变。通过呼吸作用，粮食体内复杂的有机物质分解为简单的物质，并释放出一定的热量。粮食的呼吸作用在有氧和无氧的条件下均能进行。

粮食进行有氧呼吸时，营养物质因分解而损失，产生的水和热量，大部分积存在粮食内，造成水分增高、粮堆发热，进而促进粮食的呼吸作用，引起微生物和害虫的繁殖与发展，损伤粮食的品质。粮食处于缺氧状态时，进行缺氧呼吸，产生的酒精积累过多，能使粮食中毒，降低耐存性，丧失发芽能力。在粮食含水量低的条件下，缺氧呼吸微弱，可长期保持粮食的品质。粮食呼吸作用的强弱受以下因素的影响。

（1）水分。含水量在 12% 以内的干燥粮食呼吸作用很微弱，随着含水量的增加，呼吸作用逐渐增强，当超过一定界限时，呼吸作用快速增强，形成一个明显的转折点。粮食含水量超过转折点，就易变质而不安全。粮食转折点的含水量称为"安全水分"或"临界水分"。粮食的安全水分，因粮种和环境温度不同而异。在常温下，粮食的含水量不超过 15% 是比较安全的。水分是微生物繁殖的重要条件，含水量在 13% 以下，可以抑制大部分微生物的生长和繁殖。

（2）温度。粮食的呼吸作用在一定温度范围内，随粮温的升高而增强。低温能抑制粮食的呼吸作用，且不利微生物和害虫的生存与繁殖。因此保持低温，有利于保护粮食品质。较高的温度对粮食的储运一般是不利的，粮食温度的升高，往往是呼吸作用旺盛的征兆。在粮食的储运中，必须密切注意粮食环境及粮食储存温度的变化，并及时采取降温措施。

（3）空气成分和粮食的品质状况。空气中有充分的氧能促进粮食的呼吸作用。可采用在粮仓中充氮，增加空气中的含氮量，抑制粮食的呼吸作用，并消灭害虫和抑制微生物的繁殖。粮食中的不熟粒、冻伤粒和发芽粒等不完善粒，较之完善粒有较强的呼吸作用，其含量以少为好。杂草种粒等有机杂质亦能促进粮食的呼吸作用，应予以清除。

2. 粮食的自热

粮食温度自行升高的现象，称为粮食的自热。粮食由于呼吸作用而产生的热量是粮食自热的根源，微生物的生长和繁殖也是促进粮食自热的重要因素。粮食由于旺盛的呼吸作用产生的水和热量，如果不能散失而积存在粮堆内，将增加粮食的含水量和提高粮温，进而促进粮食的呼吸作用，使粮温进一步升高。如此反复循环，使粮食温度不断上升而形成自热。

在粮食的含水量和温度由于呼吸作用而上升到一定程度时（一般为粮温 200℃~250℃，相对湿度为 8%以上），附着在粮粒表面的微生物迅速繁殖，特别是霉菌的活动加强，而微生物体内的酶又促进粮食的自热。两者相互促进，使粮食发生自热和霉变，品质迅速恶化。

3. 粮食的吸附性和吸湿性

（1）吸附性。各种粮食都具有吸附各种物质的蒸汽和异味的性能。这种吸附现象可分为吸附、吸收、毛细管凝结和化学吸附。粮谷吸附的某些蒸汽和异味，在一定条件下可完全或部分散发出来，称为解吸现象。粮食吸附的熏蒸剂的蒸汽在一定时间后散发。但对煤油、汽油、樟脑和某些农药，吸附以后散失很慢甚至不能散失，从而影响粮食的质量。

（2）吸湿性。粮粒是多孔毛细管结构体，并含有大量淀粉、蛋白质等亲水胶体物质，具有较强的吸湿性。在空气湿度大、水蒸气压力大于粮粒内部水蒸气压力的情况下，粮食吸附空气中的水蒸气而增加含水量；反之，在干燥环境中释放其含有的水分而降低含水量。在一定的外界条件下，如粮食的吸湿和散湿的速度相等，水分处于平衡状态，含水量稳定在一定数值上。此时粮食的含水量称平衡水分。粮食的平衡水分随环境温度的升高而降低，随环境湿度的增大而提高。不同水分含量的粮食混合堆放，湿粮水分向干燥粮食转移。因此，水分含量相差较大的粮食应分离储存。

4. 粮食的不良导热性

粮食的导热性甚低，是热的不良导体。在正常情况下，粮温的变化比环境温度的变化慢。夏季，粮温一般低于环境温度；冬季，则高于环境温度。

根据粮食的不良导热性，冬季应充分通风冷却，使粮温处于 0℃ 以下，这样，粮食的呼吸作用缓慢，能抑制害虫的繁殖和活动。夏季，粮食经晾晒后，趁热封囤储存，可收到高温杀虫、安全储存的效果。粮食发生自热，应及时采取散热措施，降低粮温。

7.4.2 粮食仓储管理的要求

1. 粮仓要保证干净无污染

（1）粮仓要达到粮食的清洁卫生条件，尽可能采用专用的粮仓。

（2）采用通用仓储存粮食，仓库应是能封闭的，仓内地面、墙面应进行硬化处理，不起灰扬尘，不脱落剥离，必要时使用木板、防火合成板固定铺垫和镶衬，作业通道进行防尘铺垫。

（3）金属筒仓应进行除锈防锈处理，如采用电镀、喷漆、喷塑、内层衬垫等，确保无污染物、无异味物时方可使用。

（4）粮食入库前，应对粮仓进行彻底清洁，清除异物、异味。待仓内干燥、无异味时，粮食才能入库。地面条件不满足要求的，应采用合适的衬垫，如用帆布、胶合板严密铺垫。

2. 保持干燥、控制水分

粮仓内不得安装日用水源，消防水源应妥善关闭，洗仓水源应离仓库有一定距离，并在排水下方。仓库旁的排水沟应保持通畅，无堵塞。

随时监控湿度，将粮仓内的湿度严格控制在合适范围。仓内湿度升高时，要检查粮食的含水量。水量超过要求时，及时采取除湿措施。粮仓通风时，要采取措施避免将空气中的水分带入仓内。

3. 控制温度

粮食具有自热性，在温度、湿度较高时，自热能力就更强。在气温高、湿度大时，要控制粮仓温度，采取降温措施。每日要测试粮食温度，特别是内层温度，及时发现自热升温现象。当发现粮食因自热而升温时，及时降温，采取加大通风、货堆内层通风降温、内层释放干冰等措施，必要时进行翻仓、倒垛散热。

4. 防止火源

粮食具有易燃性，粮仓对防火工作有较高的要求，在粮食出入库、翻仓作业时，应避免一切火源出现，特别要注意对作业设备运转的静电、粮食与仓壁、输送带的摩擦静电的消除，粉尘遇火源也会爆炸起火，应加强吸尘措施，排除扬尘。

5. 防霉变

粮仓防霉变以预防为主，主要采取如下措施。

（1）严把入口关，防止已霉变的粮食入库。

（2）避开潮湿货位，如通风口、仓库排水口、漏水撒雨的窗、门口，远离易雨湿的外墙、面妥善利用衬垫隔离。

（3）加强仓库内湿度的控制和管理，保持低温、干燥。

（4）经常清洁仓库，特别是潮湿的地角；消除随空气入库的霉菌以及清洁仓库外部环境，消除霉菌源。

（5）经常检查粮食和粮仓，发现霉变，立即清除霉变部分的粮食，并在仓库采取防止霉变扩大的措施。

（6）使用现代防霉技术和设备，如使用过滤空气通风法、紫外线灯照射、防霉药等。但是用药物时需避免使用对人体有害的药物。

小看板

粮食霉变除了因为细菌、酵母菌、霉菌等微生物污染分解外，还会因为自身的呼吸作用、自热而霉烂。微生物的生长繁殖需要较适宜的温度、湿度和氧气含量。在25℃~27℃，湿度为75%~90%时，霉菌生长繁殖最快，霉菌和大部分细菌需要足够的氧气，而酵母菌则是可以进行有氧呼吸、无氧呼吸的兼性厌氧微生物。

6. 除虫鼠害

危害粮仓的昆虫种类很多，如多种甲虫、蜘蛛、米虫、白蚁等，这些昆虫往往繁殖能力很强，危害猛烈，能在很短时间内造成大量损害。因此，应该采取有效措施预防虫鼠对粮食的损害。

（1）保持良好的仓库状态，及时用水泥等高强度填料堵塞建筑破损、孔洞、裂痕、防止虫鼠在仓内隐藏。库房各种开口隔栅完好，保持门窗密封。

（2）防止虫鼠随货入仓，对入库粮食进行检查，确定无害时方可入仓。

（3）经常检查，及时发现虫害鼠迹。

（4）使用药物灭杀。使用高效低毒的药物，不直接释放在粮食中进行驱避、诱食灭杀，或者使用无毒药物直接喷洒、熏蒸除杀。

（5）使用诱杀灯、高压电灭杀，合理利用高温、低温、缺氧等手段灭杀。

通过以上方法，可以有效地进行粮仓的管理，确保粮食的安全。

【本章小结】

本章主要介绍了食品仓储管理的概念、模式，食品冷藏仓储管理的相关知识，并重点讲解了易腐产品与粮食仓储管理的内容、方法。

【思考与训练】

一、填空题

1. 食品仓储具有（　　　　　　　）两种，即当食品不能被及时消耗掉，需要专门场所存放时，就产生了（　　　　　　　）；而将食品存入仓库以及对于存放在仓库里的食品进行保管、控制、提供使用等的管理，则形成了（　　　　　）。

2. 尽管食品仓储具有生产性质，但与物质资料的生产活动却有很大的区别，主要表现为以下特点。①（　　　　　　　　　　　　）；②（　　　　　　　　　　）；③（　　　　　　　）。

3. 食品仓储作业过程是指（　　　　　　　　），（　　　　　　　　　），到按需要把食品全部完好地发送出去的全部过程。

4. 食品仓储管理的宏观任务包括（　　　　　　　　　　　　　　　　）、（　　　　　　　　　　　）、积极开展商务活动、合理组织食品仓储生产、树立良好的企业形象、努力提高食品仓储管理水平、着力提升员工素质等方面。

5. 利润是经济效益的表现，即利润 =（　　　　　　　　　　　　　　）。

二、判断题

1. 从事食品的仓储活动与从事物质资料的生产活动虽然在内容和形式上不同，但它们都具有生产性质，无论是处在生产领域的企业仓库，还是处在流通领域的储运仓库或物流仓库，其生产的性质是一样的。（　　　）

2. 食品仓储业作为社会经济活动中的一个行业，其管理不具有一般企业管理的共性，只有其本身的管理特点。（　　　）

3. 食品仓储管理的静态化和管理变革，既可能促进管理水平的提高，提高食品仓储效益，也可能因为脱离实际、不同于人们的惯性思维或形而上学，使管理的变革失败，甚至趋于倒退，不利于食品仓储的发展。（　　　）

4. 服务是贯穿在仓储中的一条主线，食品仓储的定位布点、仓储具体操作、对储存货物的控制等都是围绕着服务进行的。（　　　）

5. 大多数企业的存货水平会因为产品的季节性、促销活动或其他原因而变化，利用自营仓库仓储，则没有仓库容量的限制，从而能够满足企业在不同时期对仓储空间的

需求，尤其是库存高峰时大量额外的仓库需求。（　　）

6. 租赁仓储是指企业将食品仓储管理等物流活动转包给外部公司，由外部公司为企业提供综合物流服务。（　　）

7. 第三方仓储是企业实现"零库存资金占用"的一种有效方式，即供应商将食品产品直接存放在用户的仓库中，并拥有库存的所有权，用户只在领用这些产品后才与供应商进行货款的结算。（　　）

8. 冷货库内堆垛应严格按照仓库规章进行，合理选择货位。将存期长的货物存放在库里端，存期短的货物存放在库门附近，易升温的货物存放在接近冷风口或排管附近。（　　）

9. 冻肉在码垛后，可用防水布或席子覆盖，在走廊或靠近冷藏门处的商品尤其应覆盖好，要求喷水结成1厘米厚的冰衣。（　　）

10. 畜禽经屠宰后，屠体的肌肉内部在组织酶和外界微生物的作用下，发生一系列生化变化，动物刚屠宰后，肉温还没有散失，柔软具有较小的弹性，这种处于生鲜状态、尚未失去生前体温的肉称作冷鲜肉。（　　）

三、单项选择题

1. 食品仓储的对象既可以是农产品、水产品、蛋乳品及畜禽类食品，也可以是加工食品，但必须是（　　）。
   A. 实物动产　　　B. 实物不动产　　C. 固定资产　　　D. 变动资产

2. 整个食品仓储作业过程各个部分的因果关系，以（　　）这一对象为纽带统一起来，并由此形成一种既定的关系。
   A. 仓库　　　　　B. 仓储　　　　　C. 作业　　　　　D. 储存的食品

3. 食品仓储组织结构的种类有很多，可根据仓库的规模、物资的种类、管理水平的高低来进行设置，随着科学技术的发展及计算机网络的应用和普及，组织管理机构趋向于向（　　）发展。
   A. 平行化　　　　B. 垂直化　　　　C. 扁平化　　　　D. 横向化

4. "（　　）"指货物运抵港口、车站或仓库专用线时，要以最快的速度完成货物的接运、验收和入库作业活动。
   A. 快进　　　　　B. 快出　　　　　C. 效率　　　　　D. 多仓储

5. 食品仓储管理模式按食品仓储活动运作方的不同，可以分为自营仓库仓储、租赁仓库仓储和（　　）仓储三种。
   A. 寄售　　　　　B. 第三方　　　　C. 供应商管理　　D. 代理

6. （　　）设于分配性冷库中，供外地调入冻结食品中品温超过−8℃的部分在入库前再冻之用。

A. 再冻间　　　　　B. 冷却间　　　　　C. 冷藏间　　　　　D. 冻结间

7. 冷却物冷藏间在通常情况下，库房温度升降幅度不得超过 0.5℃，在进、出库时，库温升高不得超过（　　）。

A. 1℃　　　　　B. 2℃　　　　　C. 3℃　　　　　D. 4℃

8. 冻结肉，也称冷冻肉，是将宰后的肉先放入–28℃以下的冷库中冻结，使其中心温度低于–15℃，然后在–18℃环境下保藏，并以冻结状态销售的肉。

A. –28℃以下　　　B. –28℃以上　　　C. –18℃以下　　　D. –18℃以上

9. （　　）是设在果园或者空地上的临时性储藏方法，操作时将果实直接堆放在果树行间的地面或浅沟中，并根据气温的变化，逐渐分次加厚覆盖，以便进行遮阴或防寒保温。

A. 冻藏　　　　　B. 地窖　　　　　C. 堆藏　　　　　D. 沟藏

10. 粮食进行（　　）时，营养物质因分解而损失，产生的水和热量，大部分积存在粮食内，造成水分增高、粮堆发热，进而促进粮食的呼吸作用，引起微生物和害虫的繁殖与发展，损伤粮食的品质。

A. 自热性　　　　B. 有氧呼吸　　　C. 吸湿性　　　　D. 吸附性

四、简答题

1. 什么是食品仓储？

2. 食品仓储的作用有哪些？

3. 什么是食品仓储管理？

4. 简述食品仓储管理的内容。

5. 食品仓储管理的原则有哪些？

6. 冷货堆垛间距的要求有哪些？

7. 冷库的管理要注意哪些问题？

8. 果蔬储藏的辅助措施有哪些？

9. 粮食仓储有何特点？

10. 简述粮食仓储管理的方法。

五、实训

参观中小型冷库

1. 实训目的

（1）通过对中小型冷库的参观，了解中小型冷库的基本组成和冷库的运行管理。

（2）了解当地主要果蔬储藏库种类、储量、储藏方法、管理技术与储藏效益。

2. 材料用具

笔记本、笔、尺子、温度计等。

3. 教师指导

调查提纲的拟定。

储藏库的布局与结构。库的排列与库间距离、工作间与走廊的布置及其面积、库房的容积。

建筑材料。隔热材料（库顶、地面、四周墙）的厚度，防潮隔热层的处理（材料、处理方法和部位）。

主要设备。①制冷系统：冷冻机的型号规格、制冷剂、制冷量、制冷方式（风机和排管），制冷次数和每次时间，冲霜方法、次数；②气调系统：库房气密材料、方式，密封门的处理、降氧机型号、性能、工作原理，氧气、二氧化碳和乙烯气体的调整与处理；③温湿度控制系统：仪表的型号和性能及其自动化程度；④其他设备：照明、覆盖、防火用具等。

储藏管理经验。①对原料的要求：种类、产品、产地，质量要求（收获时期、成熟度、等级），产品的包装用具和包装方法；②管理措施：库房的清洁与消毒，入库前的处理（预冷、挑选、分级），入库后的堆码方式（方向、高度、距离、形式、堆的大小、衬垫物等），储藏数量占库容积的百分比，如何控制温度、湿度、气体成分，检查制度，管理制度以及特殊的经验，出库的时间和方法。

经济效益分析。储藏量、进价、储藏时期、销售价、毛利、纯利。

4. 实训要求

（1）遵守参观单位的规章制度和参观要求，按照调查提纲尽量多地完成调查内容。

（2）遵守交通安全和生产安全。

（3）做好笔记，积极询问，认真思考，补充资料，完善报告。

（4）对调查报告的内容、格式、字数、交报告的时间提出要求。

5. 学生实训

按照老师的指导，编写一个调查提纲。调查提纲的形式可以采取问题式提纲或表格式提纲（表7-11），例如：

表7-11   当地主要果蔬储藏设施性能指标调查

储藏方式	储藏种类	库址选择	建筑材料	通风系统	储藏容量	储藏品种	储藏效果
简易储藏							
机械冷藏							
气调储藏							
其他储藏							
辅助措施							

（1）储藏的品种有哪些？

（2）储藏库的容量有多大？

（3）储藏的时期有多长？

（4）储藏的环境条件如何控制？

（5）储藏中存在哪些问题？

（6）已经解决的问题有哪些？

（7）没有解决的问题有哪些？

将调查的内容整理成调查报告。

分析该储藏库存在的问题，提出改进建议。

6. 师生互动

（1）学生请老师修改果蔬储藏库的调查提纲。

（2）老师认真阅读每个学生的调查提纲，并提出修改建议。

（3）根据学生在参观过程中的表现，提示学生抓住重点问题询问。

（4）老师对学生在实训过程中的表现和调查报告质量进行小结，鼓励表现好的学生将调查的内容整理成调查报告。

（5）分析该储藏库存在的问题，提出改进建议。

（6）安排 15~20 分钟的实训交流活动，师生共同总结实训的收获体会。

思考：

本次实训你最大的收获是什么？

第 8 章

食品冷链运输

【学习目标】

通过本章的学习，了解食品冷链运输的特征、构成；了解我国食品冷链运输的发展趋势；掌握食品冷链运输的概念、流程；掌握食品冷链运输的组织管理方法、冷藏运输的典型方式，以及对汽车运输、铁路运输、冷藏船运输和集装箱的使用管理。

【关键术语】

食品冷链运输，食品冷链运输管理，食品冷链运输技术

引导案例

如何正确操作冷藏车以保证货物的正常运输

在气温越来越高的今天，冷藏车是派上用场了，比如说牛奶、雪糕之类食品需要温度达到零下才能保证新鲜，那么就需要我们正确地使用和操作冷藏车，这样才能够保证货物的完好运送和保存。因为冷藏车专门用于对温度敏感的产品，所以温度的保证是冷藏车的关键。如果使用或操作不当，都会导致货物不能在完好的状态下保存或运送。

预防性的保养可以使维修及营运费用减至最低。在我们正常的使用过程中，对车辆及制冷机的保养与维护是必不可少的。只有按时对设备进行正确的维护和保养，才能保证设备的正常使用和延长设备的使用寿命。通常底盘发动机是按照行驶里程进行维护和保养的，而冷冻机组是按照发动机工作小时进行维护和保养的。一般来说制冷机工作到 700 小时的时候就需要更换机油滤芯、燃油滤芯、空气滤芯，并注意检查皮带的松紧度、制冷系统有无泄漏等。目前个别品牌的冷冻机组为了适应环保的需求，尽量减少对环境的破坏，减少有害物质的排放，采用合成机油或半合成机油来替代普通机油，从而延长了发动机的保养时间，可工作到 2000 小时做一次保养，从而减少了废旧机油的排放。另外，科学实验证明，使用这种高端机油，不仅能够减少对发动机的磨损，还可以减少发动机的燃油消耗。因此，科学的维护和保养不仅可以保证设备

的完好，还可以降低营运成本。

思考：

为何要发展冷链运输？如何正确操作冷藏车？

资料来源：李联卫. 物流运输管理实务. 北京：化学工业出版社，2012.

8.1　食品冷链运输概述

8.1.1　食品冷链运输的含义、特征及构成

1. 食品冷链运输的含义

食品冷链是指易腐食品从产地收购或捕捞之后，在加工、储藏、运输、分销和零售直到消费者手中，其各个环节始终处于产品所必需的低温环境下，以保证食品质量安全，减少损耗，防止污染的特殊供应链系统。冷链所适用的食品范围包括蔬菜、肉类、水产品、奶制品和速冻食品等。

食品冷链运输是食品物流的一个重要环节，是物流的一种特殊形式，它的运用可以有效地提高产品的安全性，以及经济效益和生态效益。

食品冷链运输指冷藏冷冻类物品在储存、流通、加工、储藏、运输、销售到消费前的各个环节始终处于规定的低温环境下，以保证物品质量和性能的一项系统工程。它是随着科学技术的进步、制冷技术的发展而建立起来的，是以冷冻工艺学为基础、以制冷技术为手段的低温物流过程。

食品冷链运输应遵循 3T 原则：产品的最终质量取决于冷链的储藏与流通的时间（time）、温度（temperature）和产品耐藏性（tolerance）。

3T 原则指出了冷藏食品品质保持所允许的时间和产品温度之间存在的关系。由于冷藏食品在流通中因时间—温度的经历而引起的品质降低的累积和不可逆性，因此对不同的产品品种和不同的品质要求都有相应的产品控制和储藏时间的技术经济指标。

2. 食品冷链运输的特性

现代食品物流集信息化、自动化、网络化、柔性化和智能化为一体，食品冷链运输更是因产品在时间、品质、温度、湿度和卫生环境方面的特殊性而变得日益重要。

食品冷链是一项复杂的系统工程，为达到以较低成本满足较高服务水平，进而促进销售的目的，需要供应链各环节之间高度的协调、通畅的信息流通、高效的运作、优化的资源管理等。针对不同货物的特性进行合理运输，在冷链中起着重要作用。与常温运输比较而言，冷链运输具有以下特征。

1）冷链运输货物的易腐性

冷链运输的货物通常是生鲜产品，属于易腐性食品。在配送的过程中，由于各种

原因会使货物品质逐渐下降。生鲜食品在配送时，保存环境的温度越低，品质越能保持长久。生鲜产品的储藏时间依储藏环境的温度而定，温度越低，则保持品质不变的时间越长。而冷藏产品从生产到消费的过程中，经过工厂制造加工、冷藏、配送，到销售点的冷藏，各阶段的冷藏温度皆不相同。如果能将产品品质可能维持的时间与冷藏温度的关系进行量化，则实际运作过程中将会相当便利。在实际操作时，可按照简单公式推算冷藏产品的品质下降情形。

（1）了解冻藏产品物料在不同温度下的品质保持时间（储藏期）D_i。

（2）计算在不同温度下产品物料在单位储藏时间（如1天）所造成的品质下降程度 $d_i=1/D_i$。

（3）根据冻藏产品物料在冷链中不同环节停留的时间 t_i，确定冻藏产品物料在冷链各个环节中的品质变化 $t_i \cdot d_i$。

（4）确定冻藏产品物料在整个冷链中的品质变化 $\sum t_i \cdot d_i$，$\sum t_i \cdot d_i=1$，即是允许的储藏期限。

2）冷链运输货物的时效性

易腐性货物在运输过程中由于运送时间造成的品质下降，人们在购买时从表面上无法区别。但从另一个角度来看，生命周期较短的生鲜货物，如果配送时间延长，虽然品质不至于达到不可食用的地步，但人们在购买过程中，此类货物被销售出去的概率会降低，销售量会减少，从而造成损失。这部分虽然是销售商的损失，但是因为配送时间的延误而造成销售上的损失，理应由配送商承担。

生鲜货物销售商为了达到较高的服务水准，在货物到达销售端时，往往会有时间窗（time windows）的限制，限制配送商必须在事先约定的时段内送达货物。因此，事先规划配送路线，考虑时间窗的限制，不仅可降低配送企业的营运成本，还可以提高销售商的服务水平，满足客户的需求。

3）食品冷链运输装备要求的特殊性

一天之中气温会随着时间的变化而变化，在不同气温下为维持货物所需的低温条件，冷藏运输车的油耗会随着温度的上升而增加，这就使得冷链运输商在运输时必须额外考虑气温的变化。

3. 食品冷链的构成

食品冷链由冷冻加工、冷冻储藏、冷藏运输及冷冻销售四个方面构成。

（1）冷冻加工，包括肉禽类、鱼类和蛋类的冷却与冻结，以及在低温状态下的加工作业过程，以及果蔬的预冷，各种速冻食品和奶制品的低温加工等。这个环节主要涉及的冷链装备有冷却、冻结装置和速冻装置。

（2）冷冻储藏，包括食品的冷却储藏和冻结储藏，以及果蔬等食品的气调储藏，它是保证食品在储存和加工过程中的低温保鲜环境。此环节主要涉及的冷链装备有各类冷藏库/加工间、冷藏柜、冻结柜及家用冰箱等。

（3）冷藏运输，包括食品的中、长途运输及短途配送等物流环节的低温状态。此环节主要涉及铁路冷藏车、冷藏汽车、冷藏船、冷藏集装箱等低温运输工具。在冷藏运输过程中，温度波动是引起食品品质下降的主要原因之一，所以运输工具应具有良好性能，在保持规定低温的同时，更要保持稳定的温度，远途运输尤其如此。

（4）冷冻销售，包括各种冷链食品进入批发零售环节的冷冻储藏和销售，它由生产厂家、批发商和零售商共同完成。随着大中城市各类连锁超市的快速发展，各种连锁超市正在成为冷链食品的主要销售渠道，在这些零售终端中，大量使用了冷藏/冻陈列柜和储藏库，由此逐渐成为完整的食品冷链中不可或缺的环节。

8.1.2　我国食品冷链运输的现状及发展趋势

随着改革开发的不断深入，经济快速发展，国民生活水平不断提高，拉动了易腐食品的消费和冷藏运输的发展。

1. 我国食品冷链运输的现状

食品冷链运输是冷链的薄弱环节，我国在冷链运输的发展过程中，存在以下比较突出的问题。

1）冷链运输体系不完善

从整体冷链体系而言，我国的冷链还未形成体系，无论是从我国经济发展的消费内需来看，还是与发达国家相比，差距都十分明显。

2）农产品冷链运输的市场化程度很低，第三方介入很少

我国农产品除了外贸出口的部分，大部分在国内流通的农产品的配送业务都是由生产商和经销商完成的，冷链的第三方物流发展十分滞后，服务网络和信息系统不够健全，大大影响了农产品冷链运输的在途质量、准确性和及时性。同时，农产品冷链配送的成本和产品损耗都很高。

3）农产品冷链运输的硬件设施建设不足

我国目前的冷链设施和冷链装备不足，原有设施陈旧，发展和分布不均衡，无法为易腐产品的流通系统地提供低温保障。

2. 我国食品冷链运输的发展趋势

我国食品冷链运输的发展呈现以下新的特征。

（1）客户对产品的要求越来越个性化、方便化。不同消费者对同一产品的要求有很大差异，因此很难预测消费者需求。这种消费特点要求冷链运输必须向小批量、多品种方向发展。

（2）对冷链配送设备和管理的要求提高，"速度快、质量好"成为冷链运输的新

要求。最近，一些大型企业进军冷链物流市场，这些实力雄厚的企业可以为农产品冷链运输提供先进的设备和技术，从而大大降低我国农产品行业在冷藏和冷链运输方面的损耗。

8.1.3 食品冷藏运输方式

冷藏货物的运输有四种基本的运输方式，分别是公路冷藏运输、铁路冷藏运输、水路运输与冷藏集装箱运输。

1. 公路冷藏运输

公路冷藏运输是目前冷藏运输中最普遍、最常见的重要运输方式。一般有两种设备进行公路的冷藏运输，一种是装有小型制冷设备的冷藏汽车，另一种是仅用隔热材料使车厢保温的保冷车。

对距离较短的运输，若中途不开门，就可以采用无制冷装置的隔热保冷车，还要根据室外温度隔热层的隔热效果与运输距离等因素将货物预冷，使温度在运输途中保持在所需的安全范围内。对于长距离的运输，热量的平衡取决于渗透内壁的热量以及渗透地板由路面反射的热量。

1）公路冷藏运输的特点

公路冷藏运输的主要优点是机动、灵活，可实现门到门运输，特别适合于运输中短途货物，且速度较快、可靠性较高、对产品损伤较小。

2）公路冷藏运输的应用

公路冷藏运输有较大的竞争优势，特别适合于配送短距离、高价值的产品。公路冷藏运输不但可以进行直达运输，而且是其他运输方式的接运工具。

2. 铁路冷藏运输

铁路冷藏运输多采用冷藏列车。目前使用的冷藏列车主要有冰保温车与机械保温车两种。

冰保温车是在车厢的两端或者车顶加冰和盐来保冷的车辆，车厢内的温度冬、春季可以保持在-8℃，夏季可以保持在-7℃～-6℃，沿途可以在加冰站加冰。机械保温车是在车厢上装有小型制冷设备，车厢温度可以保持在-24℃～-8℃。

铁路冷藏运输的主要优势是以相对较低的运价长距离运输大批量货物，因此，铁路冷藏运输在城市之间拥有巨大的运量与收入，在国际运输中也占有相当大的市场份额。

铁路的地区覆盖面广，可以全天候不停运营，适应性强。铁路冷藏运输具有较高的连续性、可靠性与安全性，但是因为受到铁轨、站点等的限制，铁路冷藏运输的灵活性不高，发货的频率要比公路冷藏运输低。

3. 水路冷藏运输

水路冷藏运输的主要工具为冷藏船。冷藏船上装有制冷设备，船舱隔热保温。常用冷藏货仓来装运放在托盘上的或者集装箱中的货物。

1）水路冷藏运输的特点

水路冷藏运输的主要优点是能够运输数量巨大的货物，特别适合于长距离、低价值、高密度、便于机械设备搬运的货物，其最大优势是成本低。水路冷藏运输的主要缺点是运营范围与运输速度受到限制。水路冷藏运输的可靠性与可接近性也较差，其起始地与目的地都要接近水道，否则必须由铁路和公路补充运输。

2）水路冷藏运输的应用

水路运输方式中的远洋运输是目前国际贸易的主要运输方式，特别是国际集装箱运输，以其高效、方便的特点在海运中占有重要的地位。

4. 冷藏集装箱运输

冷藏集装箱一律采用机械制冷，隔热保温要求严格，能在一定的时间内不用制冷而适度地保护预冷货物。

对较长时间暴露在大气温度下的集装箱设有快捷式制冷机组。由内燃机驱动，或采用液氮制冷，在等待装货时可以由固定的制冷装置提供冷风，以便在箱内循环，也可以向空气循环系统不断地注入少量液氮，还可一次注入干冰或者液氮，这种制冷方式可由一台或多台机械制冷机组完成。

8.2　食品冷链运输技术

8.2.1　食品冷链运输的相关设备

1. 冷冻加工设备

食品冷冻加工设备的种类很多，每种装置都有各自的特征，具体装置的特点见表8-1。

我国常用的冷冻加工装置是空气冻结装置，其中包含：强烈冻结装置，搁架式冻结装置，隧道式冻结装置，螺旋传送带式冻结装置，液态冻结装置。

除此之外，还包含接触平板冻结装置，这是一种保证食品和平板式蒸发器直接接触的冻结设备。工作原理是将食品放在各层平板间，用油压把平板压紧，空心平板流通着液氨和低温的氯化钙蒸发吸热，借助热传导作用将接触的食品的热量带走，达到快速冻结的效果。液体冻结装置是用于食品冻结的液体冷却介质载冷剂，也有液体制冷剂。

表 8-1 食品冷冻加工装置的特征

冻结方法	冻结装置类型	形 式	特 点	使用范围
间接冻结法	搁架半接触式冻结装置	1. 空气自然对流式 2. 顺流吹风式 3. 下压混流吹风式 4. 风道直角吹风式	1. 结构简单 2. 操作劳动强度大 3. 空气自然对流式,传热效果差	适用于鱼分割肉、禽、兔、副食品
	强烈吹风型冻结装置	非连续生产式 1. 吊轨运输 2. 小车运输 3. 托盘运输	采用集中装置冷风机进行吹风,装有蒸发器,体积小,应用范围广泛	各种白条肉的冻结
		连续生产式 1. 吊轨运输 2. 小车运输 3. 托盘运输	具有输送式的特点,还能连续性运输生产,保证冻结质量	蔬菜、水果、家禽
	接触型冻结装置	卧式平板器	1. 传热效果好 2. 干耗和设备耗电量少 3. 不适合冻结形状和厚度大的产品	冻结形状整齐的产品
		立式平板器	不能整行冻结	适用于鱼类产品
直接冻结法	浸渍、喷淋型冻结装置	1. 不冻液浸渍式或喷淋式 2. 液化气体喷淋冻结式	冻结温度低、速度快,但是成本高	小杂鱼、家禽、鱼片等

2. 冷冻储藏设备

1）冷藏车

冷藏车是用来运输冷冻或冷藏货物的封闭式厢式运输车,是装有制冷机组的制冷装置和聚氨酯隔热厢的冷藏专用运输汽车,常用于运输冷冻食品、乳制品、蔬菜水果、疫苗药品等。

2）冷藏柜

冷藏柜采用人性化设计,因此产品的展示性有所增加。冷藏柜美观大方,制冷系统的执行元件和电器的控制件均采用国外名牌产品,以确保产品运行稳定、可靠。加大蒸发器的设计,提高了换热效果,使柜内降温更快、温度更低,同时更加节能;配有夜间节能帘,专供夜晚和其他非营业时间使用,进一步节约电能,降低使用成本;采用高温固化粉喷涂,具有良好的耐腐蚀性及抗撞击性。

3. 冷冻运输设备

食品的冷链运输设备包含的种类很多,不同的冷链运输方式主要设备如图 8-1 所示。

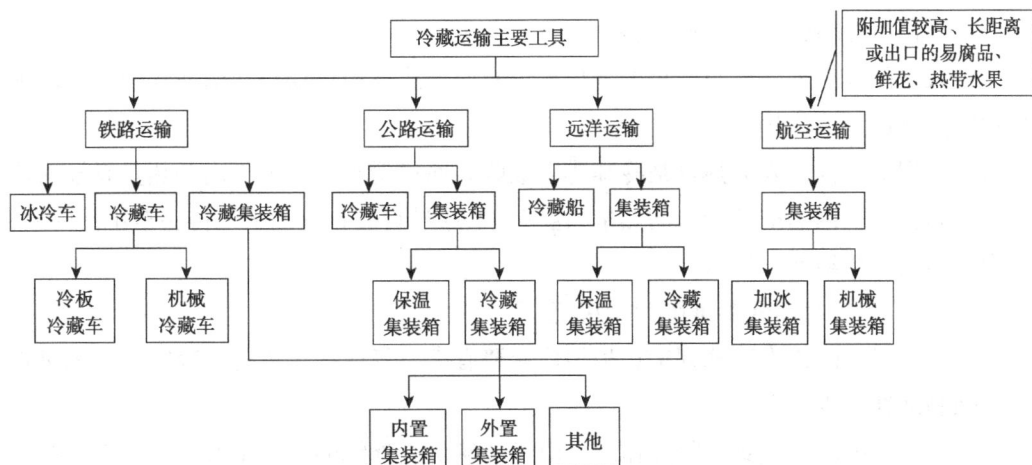

图 8-1 冷藏运输各种方式设备种类

4．冷冻销售设备

1）卧式敞开式冷冻陈列销售柜

卧式敞开式冷冻陈列销售柜上部敞开，开口处有循环降升气形成的空气幕，这样可以防止外界热量入侵柜内。由围护结构传入的热流也被循环冷空气吸收，因而对食品没有直接影响，卧式敞开式冷冻陈列销售柜如图 8-2 所示。

2）立式多层敞开式冷冻陈列销售柜

立式多层敞开式冷冻陈列销售柜的单位占地面积较大，商品放置高度与人体高度相似，便于顾客购物。

立式多层敞开式冷冻陈列销售柜很难使密度较大的冷空气不逸出柜外，而卧式敞开式冷冻陈列销售柜中的冷空气较重，因而不宜逸出柜外。

立式多层敞开式冷冻陈列销售柜如图 8-3 所示。

图 8-2 卧式敞开式冷冻陈列销售柜　　图 8-3 立式多层敞开式冷冻陈列销售柜

3）卧式封闭式冷冻陈列销售柜

卧式封闭式冷冻陈列销售柜的开口处设有两层或三层玻璃构成的滑动盖，玻璃夹层中的空气起隔热作用。

通过围护结构传入的热量被冷却排管吸收。通过滑动盖传入柜内的热量有辐射热和取货时侵入柜内的空气带入的热量，这些热量通过食品自上而下地传递至箱件内壁，再由箱体内壁传给冷却排管。

4）立式多层封闭式冷冻陈列销售柜

立式多层封闭式冷冻陈列销售柜柜体后壁有冷空气循环用风道，冷空气在风机作用下强制地在框内循环。

玻璃夹层中的空气具有隔热作用，由于玻璃对红外线的透过率低，虽然柜门拉开得很大，但传入的辐射热并不多，直接被食品吸收的辐射热就更少，如图 8-4 所示。

5）半敞开式冷冻陈列销售柜

半敞开式冷冻陈列销售柜多为卧式小型销售柜，外形很像卧式封闭式冷冻陈列销售柜。半敞开式冷冻陈列销售柜没有滑动盖，而是在箱体内部的后壁上侧装置有翅片冷却管束，用以吸收开口部传入柜内的热量，如图 8-5 所示。

图 8-4　立式多层封闭式冷冻陈列销售柜　　图 8-5　半敞开式冷冻陈列销售柜

8.2.2　食品冷链运输使用的技术

1. 食品冷链运输所涉及的技术及专用设备

食品冷链运输由于在整个运输过程中货物始终处于维持其品质所必需的可控温度环境下，因此冷链运输必须有相应的技术和专用设备支持。食品冷链运输所使用的技术主要有制冷、蓄冷技术、产品储藏技术、空气幕技术及产品加工技术等；所使用的专用设备主要涉及大中小型冷藏、冷冻、冰温库、冷藏保温车、速冻机、差压预冷设备和解冻设备等。食品冷链运输所涉及的技术及专用设备见表 8-2。

表 8-2　食品冷链运输所涉及的技术及专用设备

内容	关键技术	相关技术	核心技术	相关专用设备
农产品储藏	储藏工艺、制冷技术（设备、系统设计）、隔热层(保温板)技术、空气幕技术	机械设计、制造、自动控制技术、传感器技术、外观设计、制冷剂、发泡剂替代技术	制冷技术、隔热层技术、农产品储藏技术、空气幕技术	大中小型冷藏、冷冻、冰温库、陈列柜、展示柜、零售冷藏柜
流通设备	制冷技术、蓄冷技术、隔热层（保温板）	汽车技术、加工技术、新材料技术	制冷技术、蓄冷技术	冷藏保温车、集装箱、冷藏保温箱、保温盒（袋）
加工设备	农产品加工工艺、制冷技术、冰温技术、蓄冷技术、解冻技术（高湿度空气解冻、喷淋冲击解冻）	机械设计、制造、自动控制、传感器、外观设计、包装材料与机械、电解冻技术（红外解冻、电阻型解冻、高频解冻、微波解冻、高压静电解冻）	农产品加工工艺、制冷技术、机械设计、制造	速冻机、差压预冷设备、解冻设备、干燥设备、发酵设备

目前，我国在食品冷链运输中正努力采用易于清洁、更为灵活的设备，采用更为合理和先进的生产工艺，使生产与外部环境更加协调，以及更好的接口管理、更令人满意的储运温度和更及时的消费者信息反馈，加强农产品的可追溯性和相关的标准化管理。

2. 不同农产品的冷链运输

不同的产品，对储藏温度、运输温度要求不一样，而且不同产品的销售渠道也不尽相同，因而不同产品的冷链运输方式有很大区别。

1）奶制品冷链运输

近几年，国内消费者对牛奶的需求量呈直线上升，采用低温灭菌技术的巴氏奶能保证牛奶的营养成分不流失且能保持新鲜，成为鲜奶的发展趋势。奶制品对冷链的要求比较高，目前国外发达国家奶制品冷链方面发展已经较为成熟，巴氏奶占据了95%的鲜奶市场。与之相比，我国奶制品冷链的发展还有很多不足，需要吸收借鉴国外的先进经验。巴氏奶冷链要求从原奶的取得到奶站集中检测、杀菌、加工直至最终的消费，在生产、运输、配送、销售和储藏的全过程中，都将牛奶的温度控制在0℃~4℃范围内，以此来保持牛奶的新鲜口味和营养价值。奶制品的冷链运输结构如图8-6所示。

2）蔬菜冷链运输

近年来，我国果蔬业发展迅速，果蔬年产量达3亿吨，其中水果产量达6000万吨，位居世界前列。但是我国果蔬损耗率为25%~30%，每年因果蔬腐烂而造成的经济损失高达800亿元左右。形成鲜明对比的是发达国家的农产品因为采用了先进的保鲜储藏技术，甚至已经形成了完整的冷链系统，损失率仅为1.7%~5%。蔬菜冷链的完整流程为：田间采摘冷藏运输—冷藏批发—冷链配送—生鲜超市冷藏销售—最终消费者。在这个过程中，要求加工处理及时到位、冷链运输及时准确，这样才能保证蔬菜的质量，维持其最佳品质，延长储藏期。经真空预冷蔬菜的冷链运输结构如图8-7所示。

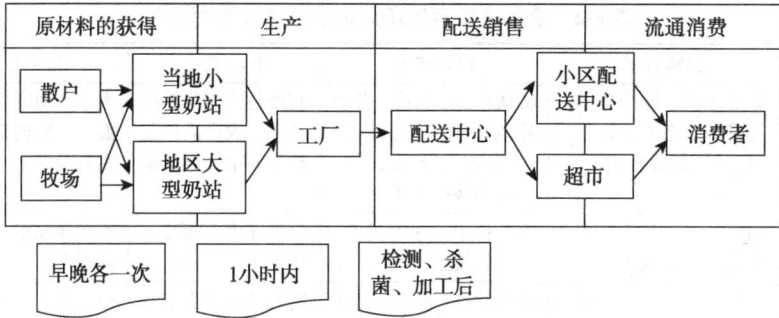

图 8-6　奶制品的冷链运输结构

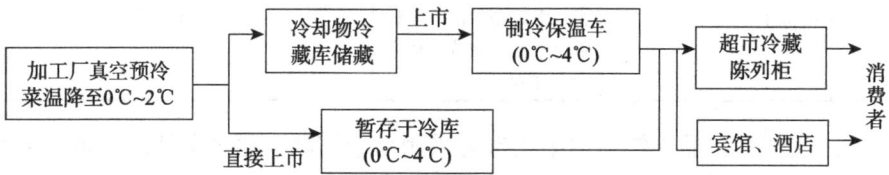

图 8-7　经真空预冷蔬菜的冷链运输结构

3）冷却肉冷链运输

由于热鲜肉未经处理，卫生健康方面很难达标，冷冻肉在卫生方面虽符合要求但味道却发生了改变，而冷却肉具有安全卫生、肉嫩味美、便于切割等特点，正逐渐成为人们对肉类消费的主体。冷却肉是在生产销售的过程中，采取低温冷却、低温加工、低温运输、低温流通和定量包装的手段，特别是在冷藏中温度需要始终保持在 0℃~4℃，冷却肉因此具有新鲜、卫生和方便的特点。屠宰场进行屠宰后在 18~24 小时内对初期的胴体进行充分冷却，之后进行排酸处理、分割剔骨、包装、冷藏、运输至物流中心，通过验收后进行保鲜处理、商品化处理以及分级包装，直至最后冷藏、标价、陈列和销售，每个环节对于温度和时间都有严格的要求，整个过程的时间应控制在两天内。冷却肉的冷链运输结构如图 8-8 所示。

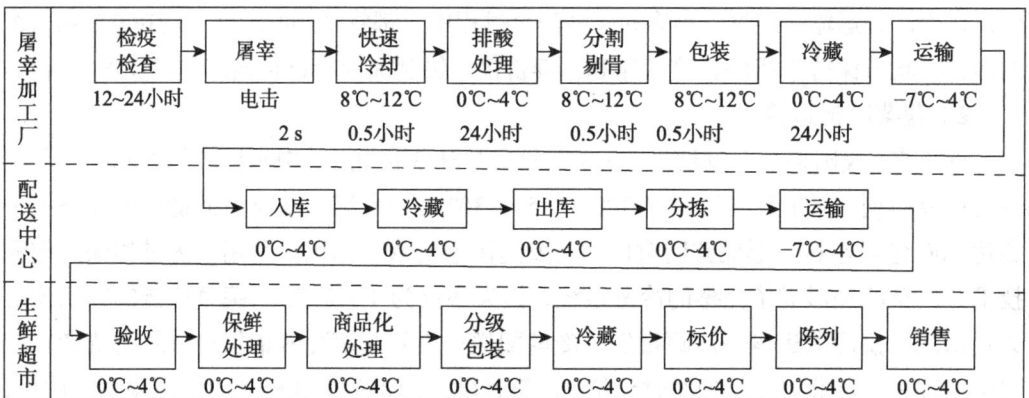

图 8-8　冷却肉的冷链运输结构

8.3　食品冷链运输的组织

8.3.1　鲜活易腐货物运输组织

鲜活易腐货物，指在运输过程中，需要采取一定措施，以防止死亡和腐烂变质的货物，公路运输的鲜活易腐货物主要有：鲜鱼虾、鲜肉、瓜果、蔬菜、牲畜、观赏野生动物、花木秧苗、蜜蜂等。

1. 鲜活易腐货物运输的特点

（1）季节性强、运量变化大。如水果蔬菜大量上市的季节、沿海渔场的渔汛期等，运量会随着季节的变化而变化。

（2）运送时间上要求紧迫。大部分鲜活易腐货物，极易变质，要求以最短的时间、最快的速度及时运到指定地点。

（3）运输途中需要特殊照料的货物。如牲畜、家禽、蜜蜂、花木秧苗等的运输，需配备专用车辆和设备，沿途进行专门照料。

2. 鲜活易腐货物保藏及运输的方法

鲜活易腐货物运输中，除了少数确因途中照料或运输不当造成死亡外，其中大多数都是因为发生腐烂而导致死亡。发生腐烂的原因，对于动物性食品来说，主要是微生物的作用。由于细菌、霉菌和酵母菌在食品内的繁殖，使蛋白质和脂肪分解，变成游离氮、硫化醛、硫化酮、二氧化碳等简单物质，同时产生臭气和有毒物质。此外，还使维生素受到破坏，有机酸分解，使食物腐败变质不能食用。对于植物性食物来说，腐烂原因主要是呼吸作用所致。呼吸作用是一个氧化过程，能抵抗细菌入侵，但同时也不断地消耗体内的养分。随着体内各种养分的消耗，抗病性减弱到一定的程度，细菌就会乘虚而入，加速各种成分的分解，使水果、蔬菜很快腐烂。而水果、蔬菜如被碰伤后，呼吸作用就会加强，也就加快了腐烂过程。

清楚了解鲜活易腐货物腐烂变质的原因，就可以得出保藏这些货物的方法。凡是能用以抑制微生物的滋长、减缓呼吸作用的方法，均可达到延长鲜活易腐货物保藏时间的目的。冷藏方法比较有效并常被采用，它的优点是：能很好地保持食物原有的品质，包括色、味、香、营养价值和维生素；保藏的时间长，能进行大量的保藏及运输。

冷藏货物大致分为冷冻货物和低温货物两种。冷冻货物是指在冻结状态下进行运输的货物，运输温度的范围一般在$-20℃\sim-10℃$之间，低温货物是指货物在还未冻结或货物表面有一层薄薄的冻结层的状态下进行运输的货物，一般允许的温度调整范围为$-16℃\sim-1℃$。货物要求低温运输的目的主要是为了维持货物的呼吸以保持货物的鲜度。

冷藏货物在运输过程中为了防止货物变质需要保持一定的温度，该温度一般称作运输温度。运输温度的大小应根据具体的货物而定，即使是同一货物，由于运输时间、冻结状态和货物成熟度的不同，对运输温度的要求也不一样。一些具有代表性的冷冻货物和低温货物的运输温度介绍见表 8-3 和表 8-4。

表 8-3   具有代表性的冷冻货物的运输温度

货名	运输温度（℃）	货名	运输温度（℃）
鱼	−17.8～−15.0	虾	−17.8～−15.0
肉	−15.0～−13.3	黄油	−12.2～−11.1
蛋	−15.0～−13.3	浓缩果汁	−20

表 8-4   具有代表性的低温货物的运输温度

货名	运输温度（℃）	货名	运输温度 v
肉	−1～−5	葡萄	6.0～8.0
腊肠	−1～−5	菠萝	11.0 以内
黄油	−0.6～0.6	橘子	2.0～10.0
带壳鸡蛋	−1.7～15.0	柚子	8.0～15.0
苹果	−1.1～16.0	红葱	−1.0～15.0
白兰瓜	1.1～2.2	土豆	3.3～15.0
梨	0～5.0		

用冷藏方法来保藏和运输鲜活易腐货物时，温度固然是主要的条件，但湿度的高低、通风条件的好坏和卫生状况对货物的质量也会产生直接的影响。而且温度、湿度、通风、卫生四个条件之间是互相配合和互相矛盾的关系，只有充分了解其内部规律，妥善处理好它们相互之间的关系，才能保证鲜活易腐货物的运输质量。

用冷藏方法来保藏和运输鲜活易腐货物，一个突出的特点就是必须连续冷藏。因为微生物活动和呼吸作用都随着温度的升高而加强，若储运中的某个环节不能保证连续冷藏的条件，那么货物就可能在这个环节开始腐烂变质，这就要求协调组织好物流的各个环节，为冷藏运输提供必要的物质条件。就运输环节来看，应尽可能配备一定数量的冷藏车或保温车，尽量组织门到门的直达运输，提高运输速度，确保鲜活易腐货物的完好。

3. 鲜活易腐货物的运输组织工作

良好的运输组织工作，对保证鲜活易腐货物的质量十分重要。鲜活易腐货物运输的特殊性，要求保证及时运输。应充分发挥公路运输快速、直达的特点，协调好仓储、配载、运送各环节，及时送达。

配载运送时，应对货物的质量、包装和温度进行认真的检查，包装要合乎要求，温度要符合规定。应根据货物的种类、运送季节、运送距离和运送地方确定相应的运输服务方法，及时地组织适宜车辆予以装运。

鲜活易腐货物装车前，必须认真检查车辆及设备的完好状态，应注意清洗和消毒。装车时应根据不同货物的特点，确定其装载方法。如为保持冷冻货物的冷藏温度，可紧密堆码；水果、蔬菜等需要通风散热的货物，必须在货件之间保留一定的空隙；怕压的货物必须在车内加隔板，分层装载。

8.3.2 公路冷链运输组织

1. 机械制冷冷藏汽车

机械制冷冷藏汽车带有蒸汽压端式制冷机组，通常安装在车厢前端，称为车首式制冷机组。冷藏汽车属分装机组式，自汽车发动机通过传动带带动制冷压缩机，通过管路与车顶的冷凝器和车内的蒸发器及有关阀件组成制冷循环系统，向车内供冷。由驾驶员直接通过控制盒控制制冷机的工作和车厢内的温度，使车厢内的温度保持在与规定温度偏离±2℃的范围内。冷藏气车壁面的热流量与外界温度、车速、风力及太阳辐射有关。

这种由发动机直接驱动的汽车制冷装置适用于中、小型冷藏汽车，结构比较简单且使用灵活。

2. 液氮制冷冷藏汽车

1）液氮制冷冷藏汽车的结构原理

液氮制冷冷藏汽车的装置主要由液氮容器、喷嘴及温度控制组成。液氮容器通常装在车厢内，大型车的液氮容器装在车体下边。液氮容器进行了真空多层隔热处理，即使货堆密实，没有通风设施，也能使氮气进入货堆内，使车内温度达到均匀。

2）液氮制冷冷藏汽车的优缺点

液氮制冷冷藏汽车的优点。①液氮低沸点的特性能使冷藏运输过程降温迅速，箱内可保持较低的温度，温度调节性能好，箱内温度分布均匀。②利用液氮的冷量和惰性，兼有制冷和气调的双功能，可达到冷藏保鲜的目的，挥发的气氮可抑制易腐货物新陈代谢，减少果蔬的干耗，可较好地保持货物的新鲜度。③液氮装置简单，初投资少，与机械式制冷装置相比，重量大大减轻。

液氮制冷冷藏汽车的缺点有：液氮成本较高，运输中液氮供给困难，长途运输时必须装备大容量的液氮容器，减少了运输车辆的有效容积。

3. 干冰制冷冷藏汽车

1）干冰制冷冷藏汽车的原理

干冰制冷冷藏汽车车厢中装有隔热的干冰容器，可容纳 100 千克或 200 千克干冰。干冰容器下部有空气冷却器，利用通风使冷却后的空气在车厢内循环。吸热升华的气态二氧化碳由排气管排出车外，车厢中不会积蓄二氧化碳气体。

因为空气到干冰的传热是以空气冷却器的金属壁为间壁进行的，干冰只在干冰容器下部与空气冷却器接触的一侧进行升华。根据车内温度，恒温器调节通风机的转速，靠改变风量调节制冷能力。

2）干冰制冷冷藏汽车的优缺点

干冰制冷冷藏汽车的优点是：设备简单、投资费用低、故障率低、维修费用少、无噪声等。

干冰制冷冷藏汽车的缺点是：车厢内温度不够均匀、降温速度慢、干冰的成本高。

4. 蓄冷板制冷冷藏汽车

1）蓄冷板制冷冷藏汽车的结构原理

蓄冷板制冷冷藏汽车是利用蓄冷板进行降温，蓄冰板中装有预先冻结成固体的低温共品溶液，使蓄冷板内共晶溶液冷结的过程就是蓄冷过程。将蓄冷板安装在车厢内，外界热量进入车厢被共晶溶液吸收，共晶溶液由固态装变为液态。只要蓄冷板的块数选择合理，就能保证运输途中车厢内保持规定的温度。

2）蓄冷板制冷冷藏汽车的特点

蓄冷板制冷冷藏汽车的特点是：费用比机械式制冷设备费用少，可以利用夜间廉价的电力为蓄冷板蓄冷，降低运输费用，无噪声，故障少。

8.3.3　铁路冷藏运输组织

1. 铁路冷藏车的基本要求

铁路冷藏车种类较多，使用的冷源和设备配置均不相同，要保证易腐食品在运输途中良好的品质，减少损失，对铁路冷藏车提出以下基本要求。

1）具有良好的隔热车体

车体隔热气密性能好，可以减少车内与外界的热交换。保证车辆货物空间内所需空气温度的稳定。冷藏车的隔热性能以传热系数 K 表示，单位时间透过车体围护结构传入车内的热量越小，K 值就越小。

车内的隔热材料应采用热导率低、热容量大、防潮性能好、体积质量低而又有一定机械强度的新型材料。

2）具有运行可靠而又简单的制冷和加热设备

铁路冷藏车独立供应电力，可以建立车内外的热平衡，防止温度波动，保持易腐食品处于良好的温度条件下。

3）具有可靠的检温仪表

检温仪表可以正确反映车内的温度状况，便于调节控制，操作自动化。

4）便于货物的装卸和管理

铁路冷藏车便于货物的装卸和管理，提高了效率，降低了成本。

5）带有装货设备和通风循环设备

装货设备和通风循环设备可以保证货物合理装卸，保护车内温度分布均匀，并在必要时进行换气。

2. 铁路冷藏车的降温制冷方式

1）冰制冷法

冰制冷法是利用冰的融化热，使易腐货物的温度保持在 4℃~5℃。

2）冰盐混合降温法

冰盐混合降温法是最通用的一种降温方法，大多数易腐货物都需要在–10℃~2℃的温度下储运。在冰中渗入一定百分比的盐，就能使车厢内保持此温度。

3）冷盐水系统降温法

冷盐水系统降温法可使车厢内温度保持在–12℃~–10℃，以便满足储运要求。

4）机械制冷法

机械制冷法是最有效、最广泛使用的一种方法，此法可使车厢内温度保持在–25℃~6℃范围内的任何温度下。

5）干冰制冷法

干冰制冷法利用干冰的升华热，首先使空气与干冰换热，然后借助通风使冷却后的空气在车厢内循环，达到降温目的。

干冰制冷法设备简单、维修费用小、投资费用低、故障率低、无噪声，被广泛应用于铁路冷藏车中。

此外，还有液氮和冷冻板等作为冷源的降温方式，由于装置简单、初始投资少、降温速度快等特点，目前也逐步应用于铁路冷藏车。

3. 铁路冷藏车的分类

铁路冷藏运输工具按其结构特征和车内设备的不同大致可分为保温车和冷藏车，自 20 世纪 90 年代末期以来，只具有隔热保温功能的保温车越来越少，因此，目前提到铁路保温车一般都指铁路冷藏车。其中冷藏车又可分为加冰冷藏车、冷板冷藏车、机械冷藏车。铁路冷藏集装箱只是按照普通集装箱的运输方法试运过，因此尚无统计。

（1）加冰冷藏车。加冰冷藏车由于使用冰盐混合冷却，只能在车内保持–8℃以上的温度，冷库储藏冻货的温度（–18℃）相比是不适应的，再加上冰盐对轨道的腐蚀和铁路加冰站的逐渐萎缩，加冰冷藏车的发展呈现出递减的趋势，但目前仍是我国铁路冷藏运输的主车型。

（2）冷板冷藏车。冷板冷藏车有两种：无制冷机组的冷板冷藏车和有制冷机组的冷板冷藏车。前者利用地面上的制冷机给车上的冷板充电。后者是冷藏车自身带有制冷机组，可以随时给车上冷板充电。冷板冷藏车的温度控制可靠性较差，运用不如机械冷藏车广泛。

（3）机械冷藏车。机械冷藏车是目前铁路冷藏运输中运用的主力车型，分为成组机械冷藏车和单节机械冷藏车。成组机械冷藏车一般有 B22、B23 等车型，单节机械冷藏车一般指 B10 车型。其中，B22 型在数量上是我国主要的机械冷藏车，由一辆发电乘务组和四辆冷藏货物车组成，发电乘务组连挂车组中部，各货物车可任意换位、掉头连接。

4. 铁路冷藏运输的操作和规定

1）运输期限的规定

易腐货物对运输期限都有一定的要求，与货物质量、品种、性质、环境气候、采收季节、成熟度、加工处理方法等一系列因素有关。对某些新鲜的产品，托运人要掌握托运货物的性质。易腐货物的容许运输期限应由托运人提报，并在货物运单"托运人记载事项"栏内加以注明。

假设易腐货物的容许运输期限小于铁路规定的货物运到期限时，那么可能在货物没有到达目的地的时候食品的质量就无法保证了，因此铁路部门规定易腐货物的容许运输期限至少须大于货物运到期限三日，方可承运。

货物的运到期限有如下两种规定。

（1）一般整车货物的运到期限，按每 250 运价千米或其未满为 1 日计算。

（2）按快运办理的整车货物的运到期限，按每 500 运价千米或其未满为 1 日计算。

因此，发站应当分成两种方式进行办理，按快运计算的运到期限或按一般运输计算的运到期限与该批货物的容许运输期限相比，视其是否符合规定来确定该批货物能否承运。

2）冷藏货物的规定

托运人托运易腐货物时，货物的包装和选用的车辆必须按照"易腐货物运输条件表"和"易腐货物包装表"的规定进行。

易腐货物的初始质量和包装是优质运输易腐货物的重要前提。假设不能满足运输要求或不适于提交运输而予以承运，那么必然造成货物损失。

铁路在运输过程中不仅要对合同规定的义务承担责任，而且也应当负责监督托运人与收货人承担合同规定的义务。装载货物的防护用品是否符合规定，铁路方面也应认真检查或抽查，具体做法可依据实际情况自行决定。

近年来，曾因托运人使用麻袋、草袋装运青蒜，发生多起腐烂事故。因为青蒜之类货物呼吸旺盛、发热量大、质地娇嫩不耐挤压，必须使用有透气孔且耐压的包装。而麻袋、草袋之类包装，既不透气又无支撑力，不适合货物性质。因此，铁路应严格执行有关规章，加强对托运人的宣传、指导，有效地做好鲜活货物运输工作。当然在实际的工作中还要注意某些环节和自然条件对于产品质量的影响。

3）托运要求的办理

利用冷藏车运输易腐货物时托运人应在货物运单"托运人记载事项"栏内具体注明"途中加冰""途中制冷""途中加温""途中不加冰""途中不制冷""途中不加温""不加冰运输"等字样。

（1）途中加冰是指使用加冰冷藏车时，由沿途的加冰站按作业分工进行加冰。

（2）途中制冷是指使用机械冷藏车时，要求在运输途中按规定的运输温度控制车内温度。

（3）途中加温是指在寒冷季节运输怕冷、怕冻的易腐货物时，为使货物不因外界气温过低而造成冷害、冻害所采取的技术措施。

（4）途中不加冰是指加冰冷藏车在装车地进行始发加冰后，沿途各加冰站不再加冰的运输方法。

（5）途中不制冷是指使用机械冷藏车时，沿途不用开启制冷系统制冷降温。这实际上是将机械冷藏车当作无冷源保温车进行保温运输。

（6）途中不加温是指用冷藏车装运易腐货物时，沿途不用开启机械冷藏车的电热器。

（7）不加冰运输是指将加冰冷藏车用于装运易腐货物时，无论在发站还是在途中加冰站都不加冰的运输方法，这也是一种保温运输方法。

4）冷藏货物的装车与卸车

（1）车辆的预冷。

用冷藏车运输易腐货物，首先要对车辆进行预冷，这是保证易腐货物质量的一项重要的技术作业，可以大大减少运输途中的冷消耗，有利于货物降温和保持合适的运输温度，也有利于提高冻结或冷却货物的质量。

铁路运输部门对加冰冷藏车和机械冷藏车的预冷做了不同的规定。

①加冰冷藏车装运冻结货物的预冷温度：车内应预冷到 6℃以下，达不到时可预冷 6 小时装运冷却或未冷却货物，车内应预冷到 12℃以下，达不到时可预冷 3 小时。

②机械冷藏车车内的预冷温度：冻结货物为–3℃~0℃，香蕉为 12℃~15℃，菠萝、柑橘为 9℃~12℃，其他易腐货物为 0℃~3℃。

由于外温、车型，以及易腐货物种类的差异，冷藏车的预冷温度和时间差别大，因而铁路部门对使用冷藏车装运易腐货物的有关技术作业过程，应进行完善的计划和安排，合理确定洗车预冷、加冰、装车等项作业的时间标准，做好上下班的交接工作，避免盲目求快而使操作不合要求。

（2）冷藏货物的装载。

①装车时间。铁路部门和托运人、收货人应加强装载的组织工作，缩短装载的时

间。每辆加冰冷藏车的装车作业时间不得超过 3 小时。

②装车要求。经过预冷的冷藏车装车时，应采取措施，保持车内温度。货物装车完毕，机械冷藏车乘务员应检查车门关闭是否严密，并且及时记录车内温度和调温情况。使用加冰冷藏车运输易腐货物，装车单位必须填写加冰冷藏车作业单；使用机械冷藏车时，填写机械冷藏车作业单。

（3）冷藏货物的卸车。

①卸车和交付。冷藏货物的卸车和交付是运输过程的最终环节。运输质量的好坏在卸车时方可认定，卸车和交付作业本身也会直接影响货物的最终质量。

为了具体掌握车辆的装卸状况，便于划清责任和有针对性地改进工作，车站对本站负责的冷藏车卸车作业要派货运员监卸，对收货人负责卸车的也应派人检查，确认货物质量，并对照运单、货票和冷藏车作业单填好"到站作业记录"的各项内容，重点是确认货物质量和交接温度。

对冻结货物卸车温度的检测，可在卸完车门部位的货物时在车内抽查 2~3 件货物，以所测货物的平均温度作为交接温度记入作业单有关栏目内。对机械冷藏车所装货物质量的检测，以及货物温度的测定，车站应会同机械冷藏车机械长及收货人共同进行。收货人要求组织直接卸车时，应准收货人自卸，并要求组织不中断卸车作业，缩短车辆待卸时间。

②车辆清洁。车辆的清扫、洗刷和消毒，是保持卫生状态良好、保证货物不受污染的重要手段。如果车内残留不少货物碎屑，如碎肉渣、烂鱼虾、烂水果等，就会使车内生霉、长蛆、发恶臭，产生严重的污染源和滋生大量的病原菌。有的加冰冷藏车地板上的防水层被微生物侵蚀分解糜烂，使防水层遭受破坏而失去功能，引起污水渗入车底隔热层内，使车体隔热性能恶化。

8.3.4 冷藏船运输组织

冷藏船主要用于渔业，尤其是远洋渔业。远洋渔业的作业时间很长，必须用冷藏船将捕获物及时冷冻加工和冷藏。

此外，由水路运输易腐食品必须用冷藏船，使鱼、肉、水果、蔬菜等易腐食品处于冻结状态或某种低温条件下。因受货运批量限制，冷藏船吨位不大，通常为数百吨到数千吨。冷藏船运输在所有运输方式中成本是最低的，随着冷藏船技术性能的提高，运输批量加大、船速加快、装卸集装箱化，冷藏船运输量逐年增加。冷藏船成为国际易腐食品贸易中主要的运输工具。

1. 冷藏船的类型

1）专用冷藏运输船

专用冷藏运输船按其对货物的服务方式，可分为肉类冷藏运输船、鱼类冷藏运输船和果蔬类冷藏运输船。

（1）肉类冷藏运输船。肉类冷藏运输船是一种专门用于猪肉、牛肉、羊肉及禽肉等的冷藏运输船舶。这类冷藏运输船的全部货舱均设计成具有良好隔热性能的冷藏舱，舱内的温度为–15℃～–2℃，采用的冷却方式是直接膨胀或盐水间接冷却。船上设有专门的冷冻货舱（包括辅助设备），制冷剂采用氨（NH_3）、氟利昂（R-12、R-22）等冷媒。制冷剂在冷藏货舱内的空气冷却器或冷却排管中进行蒸发吸热，再经压缩机、冷凝器、调节站，反复循环，以达到降低舱温的目的。

（2）鱼类冷藏运输船。鱼类冷藏运输船是一种用于鱼产品的运输，或配合其他船舶在渔场进行收鲜和加工以提高渔船队的生产率，使获得的鱼产品得到及时加工处理，减少损耗，保证鱼产品鲜度的专用船舶，此种鱼类冷藏运输船的冷却方式及制冷系统与肉类冷藏运输船大致相同。此类运输船分成冻结舱和冷藏舱两种，冻结舱内的温度为–30℃～–23℃，冷藏舱内的温度为–20℃～–5℃。刚捕获的鱼产品在冻结舱内快速冻结后，转入冷藏舱内冷藏。

（3）果蔬类冷藏运输船。果蔬类冷藏运输船是专门用于水果、蔬菜及其他农副产品运输的船舶，船舱内的温度设计为0℃~15℃，视所运货物品种的冷藏特性而定，如苹果的冷藏温度为–1.1℃~0℃、香蕉为11.5℃~13℃等。采用的冷却方式有直接膨胀式与间接冷却式两种，冷藏货舱内装有空气冷却器（降风机）及送风道（接在空气冷却器的出风口）。送风道上配以若干个送风口，均匀地冷却舱内温度。为了排出果品、蔬菜的呼吸废气，输进新鲜的空气，设有通风换气口和换气设备。

2）多用途冷藏运输船

多用途冷藏运输船有两种形式：一种是将货舱设计成高温冷藏舱和低温冷藏船，高温冷藏舱用于装运果蔬及农副产品，低温冷藏船则用于装运肉禽类产品；另一种是在设计时除了考虑装运冷冻（或冷却）货物外，还考虑在返航时装运其他非冷藏货物。冷藏运输船总有一个单航程是空船运行，很不经济。采用上述方法，就可以在返航时装运普通货物，因此，这类船舶用途广、利用率高、经济效益好，但给制造带来了一定的复杂性，隔热性能受到一定的影响（如加大、加宽舱门等）。

3）冷藏集装箱运输船

冷藏集装箱运输船是运输冷冻货物及低温货物用的集装箱的船舶。它与普通船的区别在于视所运输的冷藏集装箱的种类而配以相应的设备。冷藏集装箱内的温度要求在通常的温度下能使箱内的温度保持在–25℃~25℃的任一温度。冷藏集装箱的冷却方式有：冷冻机方式、水冰方式、干冰方式、冷冻板方式和液氮方式等，一般以冷冻机方式较为普遍。有的冷藏集装箱本身带有冷冻机及辅助设备，有的将冷冻机和辅助设备安装在船上的专用机舱内，而将供液管道安置在各个冷藏集装箱的接口上，冷藏集装箱内配以冷却排管或冷风机，制冷剂在其中蒸发吸热，从而带走箱中的热量。冷藏集装箱实际上是个移动式的冷库，在水陆联运中，冷藏货物在车船换装时，不必把货物取出，只要直接"门到门"装卸货即可，既减少了中间作业环节，又避免了冷量的损失。此外，冷藏集装箱可以直接装在甲板上，增加了船舶的装载量。因此，利用冷藏集装箱运输易腐货物，既经济又方便。但缺点是本身带有冷冻装置的集装箱除了造价昂贵之外，在管、用、养、修等方面均存在一定的困难。

2. 冷藏船的特点

（1）具有隔热结构良好且气密的冷藏舱船体结构，必须通过隔热性能试验鉴定或满足平均传热系数不超规定值的要求。

（2）具有足够的制冷量且运行可靠的制冷装置与设备，以满足在各种条件下为货物的冷却或冷冻提供制冷量。

（3）船舶冷藏结构上应适应货物装卸及堆码要求，并在保证气密或启、闭灵活的条件下，选择大舱口及舱口盖。

（4）船舶冷藏的制冷系统有良好的自动控制设备，保证制冷装置的正常工作，为冷藏货物提供一定的温度、湿度和通风换气条件。

（5）船舶冷藏的制冷系统及其自动控制器、阀件技术等比陆用要求更高，如性能稳定性、使用可靠性、运行安全性及工作抗震性和抗倾斜性等。

8.3.5 食品冷藏集装箱运输组织

1. 冷藏集装箱的货物堆装与气流组织

食品冷藏集装箱内部的货物堆装方式对冷藏集装箱内部气流组织的影响较大。因此要保证冷藏集装箱内部良好的气流组织分布，必须做到在任何情况下冷藏集装箱内部的货物装载高度不能超过最高货物装载线。为确保冷藏集装箱内部有足够的回风通道，气流能顺利地返回到制冷装置，在任何情况下必须使冷藏集装箱的整个底部处于被货物或其他遮盖物覆盖的状态。

箱内货物的堆装一定要防止气流组织形成"短路"或"断路"，图8-9为五种不正确的冷藏集装箱货物堆装方式。

在图8-9（a）中，因为货物装载太分散，货物之间的空间无任何流动阻力，从底部T形风规送入的冷风将通过货物之间的空间直接回流到制冷装置，从而造成气流的"短路"。

在图8-9（b）中，货物仅装载在冷藏集装箱的后部，在前部留下了无遮盖的空间，从T形风规送入的冷风将直接返回制冷装置，造成严重的气流"短路"，气流组织将不会对货物产生直接的影响。

在图8-9（c）中，货物仅装载在冷藏集装箱的前部，在后部留下了无遮盖的空间。由于空气总是向流动阻力最小处流动,因此从T形风规送入的冷风将绕过货物装载区,从冷藏集装箱后部通过上部回风通道返回制冷装置，造成气流"短路"。

在图 8-9（d）中，由于在货物上部覆盖了不透风的塑料薄膜等覆盖物，使气流"断路"而无法通过上部回风通道回到制冷装置。

在图 8-9（e）中，货物装载高度超过最高货物装载线，没有在货物上部与冷藏集装箱顶部之间留下必要的回风通道，从而造成气流的"断路"，影响制冷效果。

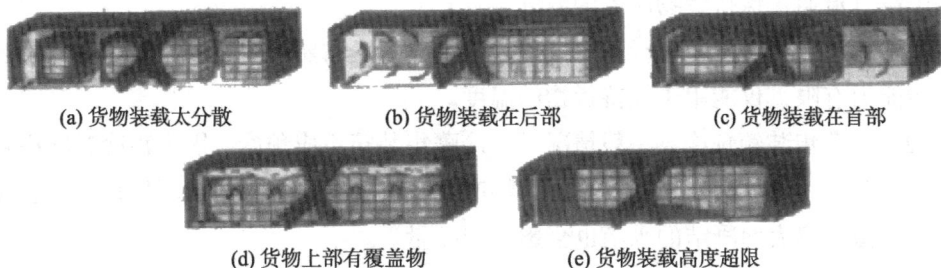

(a) 货物装载太分散　　　　(b) 货物装载在后部　　　　(c) 货物装载在首部

(d) 货物上部有覆盖物　　　　(e) 货物装载高度超限

图 8-9　五种不正确的冷藏集装箱货物堆装方式

在货物装箱前没有必要进行预冷，除非当从有密封门的冷库中装货时才有必要进行预冷，否则不但造成不必要的能量浪费，而且由于在货物装载过程中大量外界热湿空气进入冷藏箱内，产生凝水对货物造成损害。

2. 冷藏集装箱的货物装箱知识

1）装箱方式

（1）货盘堆装。货盘上堆装箱子的四个角要上下对齐，以便重量均匀分布，箱子顶部和底部的透气孔应上下对齐，使冷空气循环畅通。

（2）无间隙积木式堆装。货物应像堆积木那样装成一个整体，货物与箱壁之间不留任何空隙。

2）不同冷藏货物的装箱要求

根据货物特性的不同，在冷藏集装箱内的堆装方式也不同。

（1）冷冻货物、一般冷藏货物及危险品的装箱。冷冻货物、一般冷藏货物及危险品自身不会发出热量，而且在装箱前已预冷到设定的运输温度，所以冷冻货物、一般冷藏货物及危险品的堆装方法非常简单，仅需将货物紧密堆装成一个整体即可。货物外包装之间、货物与箱壁之间不应留有空隙。所装货物应低于红色装载线，只有这样，冷空气才能均匀地流过货物，保证货物达到要求的温度。

（2）保鲜货物的装箱。保鲜货物因有呼吸作用而会产生水汽、二氧化碳、少量乙烯及其他微量气体和热量，因而堆装方式应当使冷空气能在包装材料和整个货物之间循环流动，带走因呼吸产生的气体和热量，补充新鲜空气。

3）装箱流程

（1）货物预处理。货物要经过筛选，果蔬等活体货物中要剔除已经损伤、死亡、变质、腐烂的颗粒（株）；要适当整理，不要拖泥带水，无用的枝叶要清除，最好单个包装；应根据实际情况对货物作适当保鲜处理，如药水浸洗、喷洒、包装等；用液体浸洗的货物要等水分沥干后才能装进箱里，不要混装不同种类的货物和成熟程度不同的货物。对货物包装的要求是有足够的强度确保货物不受重压、不变形和利于空气流通（对保鲜的货物包装箱要有气孔）。包装要既能整齐紧凑堆码，有效利用空间，又利于空气流通，保持货物所需的温度。

此外，还应当对货物进行预冷处理，并预冷到运输要求的温度，因为冷藏集装箱的制冷能力有限，仅能用于保持货物的温度。

（2）冷藏集装箱预冷。一般情况下，冷藏集装箱不应预冷，因为预冷过的冷藏集装箱一打开门，外界热空气进入箱内，将产生水汽凝结，水滴会损坏货物的外包装和标签，在蒸发器表面凝结的水滴也会影响制冷量。

如果冷库的温度与冷藏集装箱内的温度一致，并采用冷风通道装货时，可以预冷冷藏集装箱。当冷藏集装箱装运温度敏感货物时，冷藏集装箱应预冷，预冷时应关紧箱门。

（3）装货前检验。冷藏箱在装货之前要经严格检验，称作 PTI。PTI 是按国际标准和造箱公司所定的要求对冷藏箱全面彻底地检验，以确保货物安全，用户要认真对待。冷藏箱的检验公司不同，其检验质量有可能差别很大，用户应委托比较负责任、信誉好、专业技术力量强的冷藏箱检验公司代为检验，或者租用比较负责任、信誉好、专业技术力量强的冷藏箱检验公司检验过的冷藏箱。

（4）装箱注意事项。

①经检验合格的冷藏箱（PTI OK 箱），在装货时也应按货物的种类正确设定温度。华氏度（F）和摄氏度（℃）的换算公式：华氏度（F）=摄氏度（℃）× 9/5+32。

活体货物（如水产品的活贝类、食用蛙、新鲜蔬果、花卉等）因呼吸作用排出废气，运输时还应打开空气窗，要正确选择窗口的大小（百分比）或单位时间的换气量。立方米/小时（CMH）、立方英尺/分（CFM），CMH 与 CFM 的换算关系：LCMH=60CFM。货主最好确定具体的换气量，因为不同的机组最大的换气量不同，百分比表示不贴切。另外，开空气窗在某种程度上也能改变箱内的空气温度。但装运冷冻货物时不能开风口（空气窗）。因为窗外湿热空气进入冷冻工作状态的箱内，很快就会在蒸发盘管结霜，阻碍空气流通，降低冷冻能力，引发机组故障。另外，高温空气的进入也会降低机组的工作效率。

②防止货物或其包装物、隔离物、铺垫物（如纸张、塑料布等）在运输中移位遮盖气孔。箱后端不留空隙（靠机组后壁），中部和边缘不留空白地段，让货物作为 T 形地板的覆盖物，使空气沿着 T 形地板的通道送到最前端，以免空气"短路"（提前返回），货物的前端不得超出 T 形地板的端头，货物之间尽量紧凑堆码，不过分拥挤，

装货时严禁拖、压、推、抛、掷；禁止超高堆存或超重挤压，机械装卸时不要铲破货物包装、箱壁、箱顶，防止压塌 T 形地板，不满一箱的货物，可采用平均高度堆码，或者缓慢减少（层状）高度，或者适当固定，以免货物在运输途中移位、滚动。一般情况下地板上的地漏口不应堵塞。

（5）脱离制冷时间。各种运输方式之间的交接可能出现短途运输或制冷系统故障，造成停止制冷。冷冻和冷藏保鲜货物短时间的停止制冷状态是允许的，许多产品如特种货物和温度敏感货物应保持制冷系统连续工作，这样才能避免温度波动造成货物质量下降。

由于冷藏货物运输的技术要求高、风险大，对任何冷藏货物的运输均应做好详细的计划，认真做好每一环节的工作，保质保量地将冷藏货物安全运抵目的地，为货主提供优质服务。

3. 冷藏集装箱的换气、散热与供电

1）冷藏集装箱的换气

冷藏集装箱进行通风换气的基本目的是在运输过程中控制箱内一定的二氧化碳和乙烯等气体含量。一般冷藏集装箱的通风口全部打开时，最大换气量可达 280 立方米/小时。

冷藏集装箱的冷风由蒸发器风机将冷风压入箱内，而冷藏集装箱通风换气的通风器的吸入口与蒸发器的风机吸入端相通，风机运转时，借助于负压把箱外空气不断地引入箱内，通风器的排出口与外界相通，排气压力将箱内空气排出箱外，实现了冷藏集装箱的换气通风。

从控制箱内二氧化碳浓度的角度看，通风换气是必要的。但从制冷效果的角度看，通风换气又是不利的。因为通风换气，不但把箱外的热量带入箱内，而且把空气中的水蒸气也带入箱内，进而导致蒸发器的结霜而多次频繁除霜，降低了制冷装置的制冷效果，因此，冷藏集装箱运输无"生命"的冷冻货时，必须关闭通风换气口，甚至连排水口也予以关闭。当然，在运进冷却货时，通风换气口虽然应该打开，但从制冷效果考虑，换气口又不能开得过大。

关于冷藏集装箱的换气量，一般均以美国森基斯特·格罗尔（Sunkist Grower）公司的推荐值作为标准，即通常控制二氧化碳在 0.1%以下（短时间允许达到 5%），若控制二氧化碳在 0.1%以下，以 40 标准箱冷冻集装箱计算，每 1000 个纸盒需要 0.8 立方米/小时的换气量，若二氧化碳达到 5%时，则每 1000 个纸盒要 1.6 立方米/小时的换气量，冷风循环量，一般为 4000~5000 立方米/小时。

通风型冷藏集装箱，在装运冷冻货时，应有较高的制冷量。而在装运冷却货时，又要求有较大的冷风循环量。为此，目前冷藏集装箱的蒸发器风机多为双速风机，即在装运-6℃以上冷却货时，风机高速运转，提高冷风循环量，以满足冷风循环的要求。

等温度保持在–6℃左右时，风机低速运转，以满足制冷量的需求。

在我国食品冷藏运输中，冷藏集装箱作为食品冷链的重要一环受到重视。随着我国食品工业和国际航运业的发展及冷链集装箱自身技术的提高，它将得到更广泛地应用。

2）冷藏集装箱的散热

（1）冷藏集装箱的散热量。每个冷藏集装箱的散热量会受许多因素影响，如工作模式、箱内外温度、货物种类等。通常，冷藏集装箱的最大散热量都可以从生产厂家的技术说明中得出。其计算公式如下。

冷藏集装箱的散热量 = 制冷量 + 压缩机耗功

（2）冷藏集装箱在货舱里的散热。冷藏集装箱装载在船舶甲板上时不会影响散热，随着单船冷藏集装箱装载量的不断增加，必然有一定数量的冷藏集装箱装载在甲板下方的船舶货舱中，那么散热就是十分必要的。

目前，常用的冷藏集装箱货舱散热方式有以下三种。

①直接风冷式。采用直接风冷式散热法就是直接将周围的环境空气用风机通风冷却。

②水降式冷凝器。配有风冷式冷凝器和水冷式冷凝器制净装置的冷藏集装箱，当冷藏集装箱装载在货舱中时，可启用水冷式冷凝器解决冷藏集装箱的散热问题。需要强调的是因为冷藏集装箱的压缩机等散热部件依然在放热，因此在货舱中还需要有一定量的通风散热。

③蒸发冷却式。蒸发冷却式散热方法的工作原理就是将细小的水雾喷入空气气流中，以便水快速蒸发来散热而使环境温度下降。蒸发冷却式散热法的优点是减小通风量，利用较小的风量可获得较好的冷却效果。由于冷藏集装箱能在潮湿环境中工作，因此采用蒸发冷却式散热法对冷藏集装箱一般不会产生危害。但是该法对淡水的消耗较大，船上要有充足的淡水资源。

3）冷藏集装箱的供电

（1）冷藏集装箱的耗功。

冷藏集装箱的能耗取决于工作状态，即冷藏集装箱的外部环境温度和冷藏集装箱内部的货物，通常冷藏温度越高，则能耗越大。

温度是一个变量，因而制冷量和耗功也将变化。通常冷藏集装箱在保温情况下的耗功，比降温情况下要小很多。但在冷冻情况下，压缩机处于开/停运行模式；而在冷藏情况下，压缩机和风机均处于连续工作模式。

因此，冷藏集装箱在冷冻情况下的耗功比冷藏情况下要小，40 ft 冷藏集装箱在冷冻情况下耗功一般在 4 kW 左右，而在冷藏情况下，耗功一般在 7 kW 左右。

（2）冷藏集装箱的供电。

冷藏集装箱必须依赖外部动力驱动制冷装置，以保证冷藏集装箱的正常工作。当冷藏集装箱处于不同运输模式或位置时，其供电方式会有所不同。通常可分为电源直接供电和小型柴油发电机组供电两种方式。

①电源直接供电。当冷藏集装箱在船舶上运输时，冷藏集装箱的供电通常由船舶的供电系统提供。船舶供电系统可以由船舶辅助发电机供电，也可以采用轴带发电机供电，或由专门安置在船舶甲板上的一个 20 ft 集装箱发电机供电。

②小型柴油发电机组供电。当冷藏集装箱在公路上运输时，冷藏集装箱的供电通常由小型柴油发电机组提供。使用传统的端部挂装式柴油发电机组，主要是由于机组车身的重量会引起纵向的受力不平衡；机组的挂卸需要专业叉车。另外，因为机组挂靠在冷藏集装箱的端部，柴油发电机组的工作对冷藏集装箱的工作会带来一定的影响。

4. 冷藏集装箱的运输管理

1）冷藏集装箱运输前的检查

冷藏集装箱在装箱使用前，首先应对机组进行外观检查。外观检查主要包括如下内容。

（1）机组外观有无损伤。

（2）制冷系统是否正常，检查所有连接处有无漏油迹象。

（3）电源线及插头等部件是否损伤。

（4）机组控制箱内的电气连接是否牢固。

（5）冷凝器和蒸发器的盘臂是否需要清洁，同时检查冷凝器的风机网罩是否有损坏，如有损坏应及时修理或更换，否则会影响冷凝器的散热效果。

（6）机组、压缩机和风机电动机的安装螺栓是否需要紧固。

（7）清洁融霜排水系统是否能正常工作。

2）冷藏集装箱运输前的预检测试

冷藏集装箱在使用前要对整个系统的运行情况进行预检测试。先进的冷藏集装箱中的机组控制器带有特殊的预检测试功能，可自动检测冷藏集装箱对热量、冷量、温度的控制，以及风机、传感器的功能等。

测试内容包括测量部件耗功，并将测试结果与正确值比较。预检测试只能在空箱状态下进行，并且在测试过程中箱门需关闭，整个测试过程需要 2~2.5 小时。

8.4　食品冷链运输的运营与管理

8.4.1　食品冷链运输的运营目标

食品冷链运输运营的目标主要体现在四个方面：服务、快速及时、低成本和质量。

1. 服务

食品物流作为第三产业，就是根据客户的需求来提供相应的服务。因此，运输要以客户为中心，树立客户第一的理念。食品物流系统的流通加工、运输、配送业务，就是其服务性的表现。在技术方面，近年来出现的准时供应方式、柔性供应方式等，也是其服务性的表现。

2. 快速及时

及时性是服务性的延伸，既是用户的要求，也是社会发展进步的要求。随着社会大生产的发展，对运输快速、及时性的要求更加强烈，在运输领域采用直达运输、联合一贯运输、时间表系统等管理和技术，就是这一目标的体现。

3. 低成本

在运输中除物流时间的节约外，由于流通过程消耗大而又基本上不增加或不提高商品的使用价值，所以依靠节约来降低投入，是提高相对产出的重要手段。运输靠推行集约化经营方式，提高物流能力，采取各种节约、降耗措施，实现降低运输成本的目标。

4. 质量

冷链运输与其他形式的运输最大的不同之处在于，在商品流通过程中必须将易腐、生鲜食品从产地收购、加工、储藏、运输、销售直到消费的各个环节都置于适当的低温环境下，以保证食品的质量，减少食品的损耗，防止食品的变质和污染。因此，质量是冷链运输一个不可或缺的目标。

8.4.2　食品冷链运输的管理原则

食品冷链运输的管理是一项复杂细致而又责任重大的工作。无论选择何种冷藏运输方式，运输管理都必须坚持及时、准确、经济、安全的基本原则。

1. 及时

及时是运输管理中的基本原则。按时把货物送到指定地点是最重要的，同时也是最难做到的。

而在实际的运输过程中经常出现货物迟到的现象，这对于企业的销售影响很大，甚至因此失去客户。对于冷藏运输来说，不及时送到对于货物的质量有很大的影响。没有机械制冷装置的运输工具对货物质量的影响更加显著。

2. 准确

在运输的整个过程中，要防止各种差错的出现。在冷藏运输开始之前，承运人应该掌握准确的装卸货点，核对联系人的姓名、电话等，防止冷藏货物长时间存放在运输工具上。

3. 经济

经济是运输的成本问题。在运输方式和路线的选择、运量和运价的确定等各个环节都要考虑运输成本。尤其是在高温季节，冷藏运输的运价都比较高，应该采取正确的包装、合理地组织货源、提高装卸效率、选用正确的运输方式等措施做到经济原则。

4. 安全

安全就是要顺利地把货物造到客户手中，保证车辆的运行安全和货物的安全。对于车辆的安全来说，应该保持运输车辆良好的性能，选用驾驶技术好、经验丰富的司机。对于货物的安全来说，要做好防盗防损等措施。

8.4.3　食品冷链运输管理的内容

1. 冷链运输需求预测

运输需求是指一定时期内社会经济活动在生产流通、消费领域对生鲜食品及原料在空间、时间、费用方面的要求。通过预测，准确及时地把握客户的运输需求，使物流公司能够将资源分配到服务于该需求的活动中去，从而提高客户的满意度和公司的核心竞争力。

2. 设施选址

冷库的战略性选址能帮助企业改善客户服务水平。合理的设施位置还能使生鲜食品从生产基地到冷库，或从冷库到客户的移动取得更低的运输费率。

3. 冷链物流中心设施及设备管理

冷链物流中心设施及设备是冷链运输系统运行的物质基础和条件，直接影响冷链运输服务的质量和成本。冷链物流中心设施及设备管理包括冷链运输设施的规模、中心平面图布置、设备类型、单元负载的选择、设备的指派等。

4. 冷链物流中心运输管理

运输费用通常是冷链物流过程中最大的单项成本，因此，它是一个必须得到有效管理的重要因素。运输管理涉及运输工具类型和数量的选择，运输方法（航空、铁路、水路、管道、汽车联运）选择，运输路径选择等。

5. 冷链物流中心组织管理

冷链物流中心组织管理是对冷链运输系统人力资源的管理，是建立合理化的冷链运输系统并使它有效运营的根本。冷链物流中心组织管理决策包括企业的管理架构设计、工作设计、劳动定额制定、定员编制等。

6. 客户服务及订单管理

客户服务及订单管理应体现以客户为中心的管理思想，其目的是提高冷链运输客户的满意度，改善客户关系，从而提高冷链物流企业的竞争力。

7. 冷链物流中心库存管理

库存是生产和消费间的过渡，生产和消费间的间隔越长，所需的库存水平或金额就越大，也就越需要加以规划和管理。库存管理包括：储存设施是自己拥有的还是租赁的、储存设施的布局和设计、产品组合的考虑（如应该储存什么样的产品）、安全和服务流程、人员培训，以及生产率测算等。

8. 冷链物流信息管理

冷链物流信息系统是通过对与企业冷链物流相关的信息进行加工处理来实现对冷链物流的有效管制和管理，并为冷链物流管理人员提供战略及运营决策支持的人机系统。冷链物流信息系统是提高冷链物流运营效率、降低冷链物流总成本和实现冷链物流信息化管理的重要基础设施。

9. 冷链物流成本控制

冷链物流成本控制是冷链物流管理的重要内容和手段，也是冷链物流经济效益的量化指标。冷链物流成本控制涵盖以下几个方面：冷链物流成本的计划与预算、冷链物流成本核算、冷链物流劳动定额、冷链物流考核指标和方法、冷链物流成本控制措施等。

10. 冷链物流质量控制

冷链物流质量是多方面的，包括冷链物流商品质量、冷链物流服务质量、冷链物流工作质量、冷链物流工程质量等。在冷链物流中，我们着重强调冷链物流商品质量，即在冷链商品流通过程中要注意冷链物流作业的速度和质量以及温度控制。

8.4.4　食品冷链运输的模式

1. 自营冷链运输模式

自营冷链运输模式是目前国内生产流通企业普遍采用的一种模式，即企业凭借自身的物质条件，自行经营冷链运输的模式。采用自营冷链物流模式的企业须自建现代化冷链物流中心，实施质量和成本控制，为企业创造经济效益。

1）自营冷链物流模式的优点

（1）质量优势。冷藏食品生产和销售企业分别处于供应链的上游与下游，具有专业性优势，了解冷藏食品的植物、生理等特性，对产品保质、保鲜的环境要求非常熟悉，在流通运输过程中，能随时做到对产品安全质量的监控，预防可能出现的问题。

（2）流程优势。冷链运输与传统物流最大的区别就是冷链运输的流程短，处于冷链运输上、下游的生产企业和销售企业联系紧密。冷藏食品生产企业直接将产品通过低温运输方式送至零售企业，或者大型连锁超市直接从生产企业采购产品，甚至可以做到生产企业直接面对客户，不依靠第三方参与，减少了中间流程环节，有利于保证产品的质量。

2）自营冷链物流模式的缺点

（1）冷链运输建设投资大、成本高。现代冷链运输是一项复杂庞大的系统工程，要求建立现代化的冷链物流中心，购买各种配套的设施和冷藏车辆，采用先进的信息技术，这些都需要企业投入大量的人力和物力。

（2）容易使企业受到限制，不利于企业的发展。由于自营冷链物流投资大、成本高，随着市场的扩大，企业发展速度加快，冷链物流的业务处理能力受到自身规模的限制，将成为企业发展壮大的瓶颈。

（3）如果企业各自发展自己的冷链物流系统，必将造成社会资源的极大浪费。

2. 第三方冷链运输模式

第三方冷链运输模式是相对于第一方发货方和第二方收货方的自营冷链运输而言，由第三方企业为生产及销售企业提供专业的冷链物流服务的模式，是连接冷藏产品供应链上、下游的重要环节。同时，第三方冷链运输模式的出现是运输产业向成熟阶段发展的重要标志。相比自营冷链运输模式，第三方冷链运输模式克服了自营冷链运输模式先天的不足，是更成熟、层次更高的冷链运输经营模式，具有以下特点。

1）成本优势

第三方冷链运输模式能够整合社会资源，整体规划，为企业节约运输成本，提高运输效益。目前，美国、加拿大、日本等国家以第三方冷链运输企业为基础，已经形成了完整的农产品冷链运输体系，有些国家易腐农产品的冷链流通量（以价值论）占销售总量的 50%，并且仍在继续增长。冷链运输的专业化、基础设施的高投入决定了冷链运输经营模式需要第三方物流企业作为冷链运输市场的主体。为冷链运输供应链上、下游企业提供整套供应链解决方案，降低冷链运输成本，充分挖掘规模效益，是第三方冷链运输模式发展的前景。

2）专业优势

冷链产品的生产和销售企业将运输业务外包给第三方冷链物流企业，将有限的资源投入核心业务中，有利于降低企业成本，增强核心竞争力。同时，由于第三方冷链物流企业要满足不同客户的市场需求，就必须具备为不同的客户提供有针对性的个性化服务的能力，因此要不断地创新技术和管理手段，提升冷链运输业务的整体水平。如为不同的客户配送冷藏产品需要选择不同的冷藏车辆，服务于海关可以选择拖挂式冷藏集装箱车，而运输单一温度的冷藏产品时可以选择冷藏箱式车，为超市配送多温度冷藏产品时可以考虑双温控厢式车等，这些不同形式的车辆是第三方冷链物流企业综合业务能力的体现。

8.4.5　食品冷链运输的质量管理

1. 食品冷链运输质量管理的特点

冷链运输除具有一般物流的批量、空间、时间、标准化等特性，还具有质量安全特性，主要表现在以下几个方面。

1）冷链运输量大，质量安全要求高

食品是一种能直接满足人们生活需要的生存资料，食品也是冷链物流的主要对象，因此，冷链物流的需求量和物流量都很大，范围也比较广，要求食品进行空间范围的合理布局和规划。

食品具有的生物特性决定了其在物流上与工业品在本质上有区别。主要体现在水果、蔬菜等由于采后仍有生命活动的延续而造成的易腐易损性；单位产品价值低，体积大；最初产品形状、规格、质量参差不齐。因此，食品对物流整体要求高。

2）冷链运输质量的相对独立性

食品冷链运输的基础设施、仓储条件、运输工具、技术手段等方面具有独特的性质，这些是由食品本身的特性和重要性决定的。一般采用低温、防潮、烘干防虫害等一系列技术措施保证食品的质量安全，需要专门的仓库、运输工具、装卸设备等。

3）冷链运输的快速性

食品的生产地与消费地一般分隔明确，冷链运输的快速性保证了食品从产地销往消费地。与工业品不同的是食品的保质期比较短，如果储存不佳会造成食品品质下降的后果。

4）冷链运输的空间和时间跨度大

冷链运输的形态效用是通过物流过程中的加工活动改变食品形态从而增加对消费者的效用；冷链运输的空间效用是通过运输活动把农产品从无法销售或售价很低的地区运到其他地区，扩大了销路，增加了这些食品的价值。

冷链运输的时间效用是通过缩小季节性的供求不平衡关系，实现时间的有效利用；冷链物流的消费转移效用是通过食品从农民手中向中间商、加工厂等一系列的转移，最后到达消费者手中，满足消费者的需求。

2. 食品冷链运输质量管理的意义

实施食品冷链运输质量管理有重要的意义，既便于食品的流通、减少食品运输浪费，又有助于树立食品行业形象。

1）便于食品的流通

食品冷链运输质量管理可以充分发挥食品流通环节的桥梁作用。一些超级市场、专卖店、餐饮企业、大型企事业单位等通过食品物流获得安全优质的产品和现代化的配送服务。

2）减少食品运输浪费

食品冷链运输一般运用在蔬菜、水果、冷冻食品和乳制品等需要保鲜的食品范围。如果这些食品在抵达目的地的时候被收货人拒收，将会给食品的流通过程带来浪费，因此，需要建立良好的食品物流系统，进行质量安全控制，减少浪费。

3）有助于树立食品行业形象

形象和信誉是企业的无形资产，也是提高企业竞争力不容忽视的一部分。政府提供政策支持和资金支持，建立食品供应链全面质量管理体系，行业提供食品物流的交流平台，可以将中毒、腐烂等食品现象降到最低，从而改变我国食品行业的一贯负面形象，打造中国食品行业健康、绿色的新形象。

8.4.6　食品冷链运输的质量管理体系

1. 构建冷链质量体系

建立一个明确的、结构完善的体系，用来识别、记录、协调以及维持整个食品冷链物流，并确保采取必要的措施监控食品冷链物流的质量。如果没有这样的质量管理体系，企业就可能会在"内部竞争"中遭受损失。所谓"内部竞争"是指企业活动中技术、组织和营销方面的复杂性不断急剧增加，而管理和设计人员对于经济有效地计划和控制复杂产品或服务的能力却跟不上。

构建冷链质量体系既有助于提高顾客对产品质量的满意程度，又有助于降低质量成本。

2. 完善冷链产品安全标准

标准化是系统的支撑要素，食品冷链产品涉及农产品、水产品、乳制品及畜禽类产品，都是有特殊温度要求的产品，制定一套涵盖生产、运输、存储、销售等各个环节的冷链物流安全标准体系，借鉴或采用国际标准，建立和健全具有针对性的安全标准体系，严格市场准入制，制定严格的安全性能要求及检测方法标准，这些都是非常重要的。同时，还需要考虑成本因素，如果实施负担过大，经营者会将成本转嫁给消费者，这样会对市场和贸易产生不利的影响。

3. 采用先进的技术手段加强管理

解决冷链这一复杂系统的问题，可采用信息技术、网络技术、传感技术、控制技术，以及其他先进的科学技术手段。建立起包括库存控制、运输系统控制、客户服务等功能在内的完善的信息系统，以及高效的应急机制，实现系统运行的安全与高效。

4. 加强冷链运输企业文化建设

系统方法中十分强调人的作用。全面质量管理的核心是吸引全体员工共同参与，采用科学的管理方法实现系统的不断完善和服务的持续改进，满足客户的要求。在企业的内部形成"质量至上"的文化氛围，树立企业良好的信誉和形象，实现和提高企业的社会价值。

5. 冷链运输全过程的质量管理

冷链运输全过程的质量管理包含建立冷链物流运作的保证体系，加工过程中要遵守 3C 原则、3P 原则，在储存过程中遵守 3T 原则，质量检查要坚持终端原则。

1）建立冷链运作的保证体系

冷链运作的硬件保证体系包括：冷藏库、速冻装置、冷藏集装箱、冷藏保温车、冷藏柜、解冻装置、与生产冷冻食品相关的辅助设备。

软件保证体系是指冷链运输企业要建立一整套的冷链物流作业指导书、安全管理制度和质量管理制度等规章制度，有专业化的冷链管理与操作人才和相应的培训体系。

2）加工过程应遵循 3C 原则、3P 原则

3C 原则是指冷却（chilling）、清洁（clean）、小心（care）。3C 原则的意思是要保证产品的清洁，不受污染；要使产品尽快冷却下来或快速冻结，较快地进入所要求的低温状态，在操作的全过程中要小心谨慎，避免产品受任何伤害。

3P 原则是指原料（products）、加工工艺（processing）、包装（package）。3P 原则要求被加工原料一定是品质新鲜、不受污染的产品，要求采用合理的加工工艺；要求成品必须具有既符合健康卫生规范又不污染环境的包装。

3）储运过程应遵循 3T 原则

3T 原则是指产品最终质量还取决于在冷链中储藏和流通的时间（time）、温度（temperature）、产品耐藏性（tolerance）。

3T 原则指出了冻结食品的品质保持所容许的时间和品温之间存在的关系。冻结食品的品质变化主要取决于温度。冻结的食品要保持品质优良就要保证食品的温度很低，如果把相同的冻结食品分别放在-20℃和-30℃的冷库中，则放在-20℃环境下的冻结食品其品质下降速度要比-30℃环境下快得多。

3T 原则体现了冻结食品在流通中因时间和温度的变化而引起的品质降低的累积与不可逆性。应该对不同的产品品种和不同的品质要求提出相应的品温和储藏时间的技术经济指标。储运过程要加强冷库和冷藏运输工具的质量管理工作。同时要保证冷库和运输工具等设施与设备的正常运作、严格按照冷库操作流程和规范进行物流作业、保证运输安全和车上冷货安全是保证冷链物流质量非常重要的环节。

4）质量检查要坚持终端原则

质量检查应当坚持终端原则。冷链运输存在多样化，但是最终要在终端检查质量，就是应当以到达消费者手中的产品的质量为衡量标准。比如，水产品的鲜度可以用测定挥发性盐基氨等方法来进行。感官检验是最适合水产品市场经济运行规律的办法，从外观、触摸、气味等方面判定其鲜度、品质及价位。

5）运用 PDCA 循环提高冷链的管理效率

推行全面质量管理，对冷链物流的全过程，即冷链加工、冷冻储藏、冷藏运输及配送、冷冻销售等进行科学的质量管理，需要分析冷链系统的每一个组成要素和每一个环节。全面质量管理不但关注冷链的产品质量，更要对工作质量、服务质量加强管理。PDCA，即策划（plan）、执行（do）、检查（check）、处理（act）循环是全面质量管理的重要内容。

8.4.7　食品冷藏运输承运人的选择

在食品冷链运输中，有部分企业是采用第三方冷藏物流公司进行运输的。在采用第三方运输时，最重要、最核心的工作就是承运人的选择。

承运人的选择可以分为以下四步。

1. 问题识别

问题识别要考虑的因素包括：客户要求现有模式的不足之处以及企业分销模式的改变，通常最重要的是与服务相关的一些因素。

2. 承运人分析

承运人分析主要包含：过去的经验、企业的运输记录和客户的意见等。

3. 选择决策

根据企业的实际要求，选择一家最符合要求的运输企业作为今后的承运人。可采用各种方式向多家运输企业发出合作意向，进行招标。

4. 选择后评价

企业作出选择之后，必须制定评估机制来评价运输方式及承运人的表现，评估技术有成本研究、审计适时运输和服务性能的记录等。

8.4.8　我国食品冷链运输中存在的问题及解决对策

1. 我国食品冷藏运输存在的问题

1）基础设施落后

主要体现在两个方面，第一，食品冷藏运输设备方面。目前我国现代化的冷冻冷藏车严重不足。制冷技术和工艺落后，缺乏规范式的保鲜冷链运输车厢和温度控制设施，无法为易腐食品流通系统地提供低温保障。我国的冷藏运输率（即食品采用冷藏运输所占的比例）仅为10%~20%，而欧、美、日等发达国家和地区均达到80%~90%。第二，冷库建设方面。在食品冷藏运输的冷库设备环节，我国目前冷库总容量700多万立方米，但冷库的结构并不合理，重视肉类冷库建设，轻视果蔬冷库建设；重视城市经营式冷库，轻视产地加工冷库建设；重视大型冷库，轻视批发零售冷库建设。

2）尚未形成完整独立的食品运输冷链体系

目前，我国的食品冷藏运输还未形成体系，无论是从我国经济发展的消费内需来看，还是与发达国家相比，差距都十分明显。目前，我国大约90%的肉类、80%的水产品、大量的牛奶和豆制品都是在没有冷链保证下运销的。冷冻食品的产销冷链虽然稍好，但部分产品在流入集贸市场拆散零卖时，存在冷链中断现象，并非全程冷链。

3）第三方物流发展滞后

食品冷藏运输的第三方物流发展滞后，服务网络和信息系统不够健全，大大影响了食品冷藏运输的在途质量及准确性和及时性，造成食品冷藏运输的成本和商品损耗率很高。

4）食品冷藏运输标准化缺失

建立与物流业食品冷藏运输相关的国家标准，对已进入食品冷藏运输市场和即将进入食品冷藏运输市场的企业进行规范化、标准化管理，是确保食品冷藏运输发展的需要。细化的系统性的技术标准，如食品冷藏运输损耗与效率标准、食品冷藏运输最佳作业操作标准、食品冷藏运输卫生安全标准、冷库环境温度与冷藏运输温度控制标准、食品冷藏运输业管理要求与规范、食品冷藏运输行业技术标准与设备标准等，都尚未出台，这种情况严重制约了我国食品冷藏运输的发展。

2. 发展政策

（1）借鉴国外的经验

国外食品冷藏运输之所以迅速发展，食品冷藏运输装备的发展发挥了极为关键的作用。发达国家已逐步淘汰了冰冷车和机冷车，在20世纪80年代后期以年均递增15%的速度推广使用冷藏集装箱。目前广泛采用的机冷式冷藏集装箱有通风、气调、液氮、保温、冷板等多个种类。

发达国家在大规模使用冷藏箱的同时，采用先进的信息技术，对食品冷藏运输实施全过程控制。如美国、日本的计算机联网管理系统和欧洲利用的电子数据交换系统，都在食品冷藏运输的过程中发挥了很好的作用。

为保证鲜活易腐货物的运输质量，发达国家采取了铁路、公路、水路多式联运的组织方式，建立了包括生产、加工，储藏、运输、销售等在内的鲜活易腐货物冷藏链，运输过程中全都采用冷藏车或冷藏箱，配以 EDI 系统等先进的信息技术，使易腐货物的冷藏运输率达到 100%，冷藏运输质量完好率接近 100%。

（2）食品冷藏运输企业应积极开展智慧多功能冷藏车研发，通过多功能保鲜技术应用（负压控制技术、气体调节技术、乙烯控制技术以及内流场分析技术）降低食品冷藏运输的损耗（避免一些司机为了节油大部分时间关闭冷气，造成货物损腐）。

（2）建立冷藏运输服务体系

我国目前尚未形成完整的冷藏链，应积极发展铁路、公路、水路的联合运输网，形成多式联运体系。为了确保食品冷藏运输质量和减少损耗，在食品冷藏运输整个流通过程中都需要专业冷链设备的全覆盖支持，确保每个流通环节之间的冷链衔接，实现食品冷藏运输全程冷链的专业服务。食品冷藏运输设备中配备自动控温与记录和 GPS 定位功能，推动食品冷藏运输向标准化和法制化发展。

【本章小结】

本章介绍了食品冷链运输的概念、方式及特点，食品冷链运输的组织方式及食品冷链运输管理。现代物流融信息化、自动化、网络化、柔性化和智能化为一体，食品冷链运输更是因产品在时间、品质、温度、湿度和卫生环境方面的特殊性而变得日益重要。因此，发展食品冷链运输可以提高产品的经济效益和生态效益，增强企业的竞争能力。

【思考与训练】

一、填空题

1. 冷链运输应遵循"（　　　　）原则"。

2. "（　　　　）"指出了冷藏食品品质保持所允许的时间和产品温度之间存在的关系。

3. 冷链运输的货物通常是指（　　　　），（　　　　）食品。

4. 食品冷链由（　　　　）、（　　　　）、（　　　　）、（　　　　）四个方面构成。

二、判断题

1. 易腐性货物在运输过程中由于运送时间造成的品质下降，人们在购买时从表面上无法区别。（　　　）

2. 冰保温车是在车厢的两端或者车顶加冰和盐来保冷的车辆，车厢内的温度冬、春季可以保持在-1℃，夏季可以保持在-17℃～ -16℃，沿途可以在加冰站进行加冰。（　　　）

3. 保温车是在车厢上装有小型制冷设备使车厢温度可以保持在-24℃～-8℃。（　　　）

4. 冷藏车一律采用机械制冷，隔热保温要求严格，能在一定的时间内不用制冷而适度地保护预冷货物。（　　　）

5. 根据制冷方式，冷藏汽车可分为机械制冷、液氨制冷、干冰制冷及蓄冷制冷等。（　　　）

6. 干冰制冷冷藏火车，如果食品不能与冰、水直接接触，也可用干冰代替水冰。（　　　）

7. 保温汽车不同于其他类型的冷藏汽车，它没有制冷装置，只在壳体上加设隔热层。（　　　）

8. 冰制冷是利用冰的融化热，使易腐货物的温度保持在 7℃~8℃。（　　　）

9. 冷盐水系统降温可使车厢内的温度保持在-12℃~-10℃，以便满足储运要求。（　　　）

10. 机械冷藏车是目前铁路冷藏运输中的主力车型，分为成组机械冷藏车和单节机械冷藏车。（　　　）

三、单项选择题

1. 冷链运输指冷藏冷冻类物品在储存、流通加工、储藏运输、销售，到消费前的各个环节中始终处于（　　　）低温环境下，以保证物品质量和性能的一项系统工程。
   A. 规定的　　　　B. 常态　　　　C. 5℃　　　　D. 6℃

2. （　　　）包括食品的中、长途运输及短途配送等物流环节的低温状态。
   A. 冷藏储存　　　B. 冷藏销售　　　C. 冷藏运输　　　D. 冷藏配送

3. 冷藏货物的运输有四种基本的运输方式，分别是公路冷藏运输、铁路冷藏运输、水路运输与（　　　）运输。
   A. 冷藏集装箱　　B. 航空冷藏运输　C. 汽车冷藏运输　D. 管道冷藏运输

4. （　　　）冷藏运输的主要工具为冷藏船与冷藏集装箱。
   A. 公路　　　　　B. 铁路　　　　　C. 航空　　　　　D. 水路

5. 冷藏船分为三种：（　　　）、冷冻运输船、冷冻渔船。
   A. 冷冻驳船　　　B. 冷冻母船　　　C. 冷冻拖船　　　D. 冷冻载驳船

6. （　　　）集装箱是专为运输要求保持一定温度的冷冻货物或低温货物而设计的集装箱。
   A. 普通　　　　　B. 一般　　　　　C. 标准　　　　　D. 冷藏

7. （　　　）是指使用加冰冷藏车时，由沿途的加冰站按作业分工进行加冰。
   A. 途中制冰　　　B. 途中加温　　　C. 途中加冰　　　D. 途中制冷

8. （　　　）是指使用机械冷藏车时，要求在运输途中按规定的运输温度控制车内温度。
   A. 途中制冰　　　B. 途中加温　　　C. 途中加冰　　　D. 途中制冷

9. （　　　）是指用冷藏车装运易腐货物时，沿途不用开启机械冷藏车的电热器。
   A. 途中不制冰　　B. 途中不加温　　C. 途中不加冰　　D. 途中不制冷

10. 机械冷藏车车内的预冷温度：冻结货物为–3℃~0℃；香蕉为 12℃~15℃；菠萝、
　　 柑橘为 9℃~12℃；其他易腐货物为（　　　）。

　　 A. 0℃~3℃　　　　　B. 0℃~5℃　　　　C. 0℃~6℃　　　　D. 0℃~7℃

四、简答题

1. 简述食品冷链运输的含义、特征。

2. 简述我国食品冷链运输的现状及发展趋势。

3. 简述食品冷链运输所涉及的技术及专用设备。

4. 食品冷藏运输方式有哪几种？

5. 简述鲜活易腐货物运输的特点。

6. 铁路冷藏车的降温制冷方式有哪些？

7. 食品冷藏运输管理的原则有哪些？

8. 试述食品冷藏运输的主要种类和特点。

9. 简述冷链物流企业运作的模式。

10. 简述食品冷链物流质量管理的方法。

五、实训

食品冷藏集装箱运输组织

1. 实训目的

（1）帮助学生熟悉食品冷藏集装箱运输组织工作的作业范围、作业内容、服务要
求和操作程序。

（2）熟悉食品冷藏集装箱运输管理系统的构成及功能，并进行实操训练。

（3）巩固所学理论知识，增强感性认识，增强实际操作能力。

2. 实训内容

（1）食品冷藏集装箱运输组织。

（2）食品冷藏集装箱车辆管理。

（3）运费计算。

（4）业务处理。

（5）财务管理。

（6）统计分析。

3. 实训要求和注意事项

学生按计划进入实训室进行模拟实训，要求遵守实训室的管理规定。

学生按设备数量和班级人数分组，服从安排。

实训过程中，学生应按指导教师提示的步骤，循序进行各项目的操作。

实训结束后，学生对模拟操作进行总结，写出实训报告，报告包括如下内容。

（1）实训的目的和要求。

（2）实训的步骤。

（3）本次实训所获得的主要收获和体会。

注：完成该实训项目需物流管理软件（集装箱运输管理系统）的支持。

思考：本次实训有哪些收获？

第 9 章

食品配送管理

【学习目标】

通过本章的学习，了解食品配送的概念、特征，熟悉食品配送的方式，熟悉食品配送要素，熟悉不同类型食品的配送模式、组织和管理，掌握食品配送的方法及流程。

【关键术语】

食品配送，食品冷链配送，食品配送方式

引导案例

汉堡王配送管理信息化

全球第二大餐饮公司——汉堡王（Burger King）通过其物流服务商成功实施科箭 Power WMS 仓储管理系统，管理其配送中心及上海、北京、深圳、厦门等全国门店的配送业务。汉堡王规定"10 分钟内未卖出的汉堡将被丢弃"，因此从各种原材料的选择、采购、配送、储存到制作后的保存，每一个环节都有严格的时效管理，而科箭成熟的食品冷链物流行业仓储管理系统解决方案，能够很好地满足其冷链物流控制需求。该系统还开放网上下单模块给各个门店，以提高时效性和准确率。仓储管理系统未来将同汉堡王的 POS 系统进行对接，实时捕捉前端销售信息，实现自动订货。

资料来源：李联卫. 物流运输管理实务[M]. 北京：化学工业出版社，2012.

思考：

案例给我们什么启示？配送管理信息化有何意义？

9.1 食品配送概述

9.1.1 食品配送的含义、特点

1. 食品配送的含义

食品配送是指在经济合理区域范围内，根据客户的要求，对食品进行拣选、加工、

包装、分割、组配等作业，并按时送达指定地点的食品物流活动。

配送是物流中一种特殊的、综合的活动形式，使商流与物流紧密结合，是现代社会的产物。国家质量技术监督局发布的中华人民共和国国家标准对"配送"的解释是这样的：在经济合理区域内，根据用户的要求，对物品进行拣选、加工、包装、分割、组配等作业，并按时送达指定地点的物流活动。关于配送的定义或内涵可从以下两方面来加以理解。

1）经济学资源配置方面

从经济学资源配置的角度来看，配送是以现代送货形式实现资源的最终配置的一种经济活动。这个概念包含四层含义。

（1）配送是资源配置的一部分，根据经济学家的理论认识，配送是经济体制的一种形式。

（2）配送的资源配置作用是"最终配置"，因而是接近顾客的配置。接近顾客是经营战略至关重要的内容。

（3）配送的主要经济活动是送货，这里强调的是现代送货，区别于旧式送货，以"现代"两字概括，即现代生产力、劳动手段支撑的，依靠科技进步的，实现"配"和"送"有机结合的一种方式。

（4）配送在社会再生产过程中的位置，处于接近用户的那一段流通领域，因而有其局限性。配送是一种重要的方式，有其战略价值，但是它并不能解决流通领域中的所有问题。

2）配送的实施形态方面

从实施形态的角度来看，配送可表述为：按用户订货要求，在配送中心或其他物流节点进行货物配备，并以最合理的方式送交用户。这个概念概括了六层含义。

（1）整个概念描述了接近用户资源配置的全过程。

（2）配送的实质是送货，但和一般送货有区别。一般送货可以是一种偶然的行为，而配送却是一种固定的形态，甚至是一种有确定组织、确定渠道，有一套装备和管理力量、技术力量，有一套制度的体制形式。所以，配送是高水平的送货形式。

（3）配送是一种"中转"形式，是从物流节点至用户的一种特殊送货形式。从送货功能看，其特殊性表现为：从事送货的是专职流通企业，而不是生产企业；配送是"中转"型送货，而一般送货尤其从工厂至用户的送货往往是直达型；一般送货是生产什么送什么、有什么送什么，配送则是企业需要什么送什么。所以，要做到需要什么送什么，就必须在一定中转环节聚集这种需要，从而使配送以中转形式出现。当然，广义上，许多人也将非中转型送货纳入配送范围，将配送外延从中转扩大到非中转，仅以"送"为标志来划分配送外延，也是有一定道理的。

（4）配送是"配"和"送"有机结合的形式。配送与一般送货的重要区别在于，配送利用有效的分拣、配货、包装等理货工作，使送货达到一定的规模，以利用规模优势取得较低的送货成本。如果不进行分拣、配货，有一件运一件，需要一点送一点，就会大大增加动力的消耗，使送货并不优于取货。所以，为了追求整体配送的优势，分拣、配货等工作是必不可少的。

（5）配送是从用户利益出发、按用户要求进行的一种活动，因此，在观念上必须树立用户第一、质量第一。配送企业处于服务地位而不是主导地位。

（6）配送是以"最合理方式"进行送货，过分强调"按用户要求"是不妥的。用户要求受用户本身的局限，有时会损失自我或双方的利益。对于配送方，必须以"要求"为依据，但是不能盲目，应该追求合理性，进而指导用户，实现共同受益的商业原则。

2. 食品配送的特点

1）配送的规模化

配送本身就是一个产业，产业规模化是产品安全、优质、低价的保证。只有规模化才能有丰富、稳定的货源；规模化才能有大量、稳定的消费客户；只有规模化才能建立一支精干、有能力、高水平的管理队伍；只有规模化才能有一个快速、准时、高素质的运输车队；只有规模化才能保证每天 24 小时送货，以满足不同人群的需要；只有规模化才有可能形成庞大的销售网络，创立自己的品牌，提高竞争能力；只有规模化才能获得较高的经济效益。

2）配送的内容具有选择性

食品的种类很多，如粮油、果蔬、鲜肉、熟肉、奶品、面包、糕点等。由于各种产品的来源、生产或加工过程、产出时间、客户要求、产品对环境和运输要求等不同，以及大量的监测工作，一个配送系统要经营所有食品的配送是不可能的。因此，食品配送要有选择性，应把重点放在粮油、果蔬产品的配送上。因为粮油和果蔬是人们每天必须消费的大宗食品，它们的安全性、质量和价格与民众的关系最为密切。粮食、果蔬类农产品基本是由分散的农户生产出来的，配送可以解决农民没有能力将大量农产品送往城市销售的问题，迅速地将收购的农产品送到城市的消费者手中。在日本，大型食堂使用的蔬菜 90% 是配送机构提供的。

3）配送的食品应可直接食用

由于人们工作节奏的加快，双职工家庭要求做饭省时、快捷和方便，能在休闲中进食。这就要求烹调用的食品原料须免分选、免清洗；直接食用的生鲜食品要做到免清洗、免削皮、免分离等。当前我国市场出售的食品，特别是农产品距离这个目标还相当远。要使食品达到免分选、免清洗和免杀菌的水平，食品配送就要建立现代的农产品加工线。对直接食用的果蔬，加工线要完成对产品的清洗、分选、去皮、分瓣、分级、杀菌和包装等加工；对烹调用的蔬菜，加工线应完成剔选、清洗、分拣、切分

（切片、切条等）、杀菌和包装等加工；对粮食（如大米）等产品，加工线要完成烘干、除铁、清洗、去石、色选、抛光和包装等加工。

4）使配送形成一种文化

发达国家的食品配送都有自己的网站，在网上不仅宣传自己的产品，还要讲述营养、保健、减肥、质量标准、食品标签和食品质量鉴别、食品卫生和环保等知识；报道国内外食品发展动态和食品方面的重大新闻；发布配送系统的年度报告；征求客户和消费者的意见；组织消费者到生产基地、配送中心参观、座谈；开展网上咨询和签订订单等。这是一种互动性的交流，商家对销售者的透明度很高。

5）确定食品配送客户

客户或销售点的范围很广，各种客户对配送商品的数量、内容、质量、包装、加工程度、配送时间等要求是不同的。配送系统应有重点的配送目标，以达到高质量、高水平的配送效果。就目前我国的国情而言，最好将产品直接送到使用者（如食堂、餐馆）或消费者手中，或者建立本系统的直销零售店。这样，食品到达消费者手中快，也容易得到用户对配送的反馈意见和保持供销平衡。大型超市都应建立自己的配送中心，一方面可以减少中间商的进场费，保证配送价格的优势；另一方面也加快了食品到达消费者手中的速度。

6）配送的规范化

只有规范化才能保证配送的质量。配送的规范化包括如下方面。

（1）建立原料和产品标准的档案。流入食品配送系统的原料可能是农户送来的农产品（如牛奶），也可能是食品加工厂送来的加工半成品或加工成品，这些原料的安全标准要与国际接轨。如果农产品原料来自本系统的生产基地，就要使基地生产管理规范化，以达到原料免检的水平。经过配送系统加工或再包装的食品，要按照国家相关标准建立企业标准。

（2）配送系统要建立管理规范。引入 GMP 或 ISO 9000 和 HACCP 规范配送系统，各所属的连锁店在采购、配送、经营管理、财务、质量标准、服务诸方面要有统一的规范，各种规范条例都要详细说明。

（3）配送系统与客户签订合同。合同中除了有经济内容还要有详细的技术内容，如食品的种类、卫生指标、质量、包装和保鲜形式、送货时间和地点、接收人、食品保质期、降价和退货条件。这样，消费者可有效地监督配送系统，配送系统也可获得较高的信誉，使购销两旺。如在日本，配送机构与消费者签订配送早餐的合同后，配送单位按时将用冰袋保鲜的早餐送到消费者家门口，保证他们起床后适时地用到新鲜、可口的早餐。

（4）制定营养合理的配餐。规范的配送系统还应配备食品营养学专家，由专家宣传并配制营养平衡、具有保健性的拼组式食品。为使消费者不偏食，还应建立配餐食谱，避免每天重复同一种食品内容。

7）食品配送的专业化

专业化是食品工业发展的必然趋势。食品配送是大生产、专业化分工在流通领域的体现。配送不仅仅是送货，而是进货、分拣、配货等活动的有机结合体。配送的时间、数量、品种、规格都必须按用户要求进行，以用户满意为最高目标。

8）食品配送是一种综合性的物流活动

配送过程包含采购、运输、存储、流通加工、物流信息处理等，是一种综合性很强的物流活动。

9.1.2　食品物流的配送方式分类

1. 按配送组织者的不同分类

1）零售网点或门市配送

商店配送的规模比较小，但经营品种较齐全。一般由零售网点或门市组织配送，主要根据用户的需求，将商品配齐，如牛奶、食用油、酱油、食盐、饮料等家庭常用的副食品均可采用商店配送。

2）配送中心配送

配送组织者为配送中心，通常有完善的配送设施、设备，配送专业性强。配送中心与各用户之间存在固定的配送关系，是现代食品配送的主要形式之一。配送中心通过食品采购、存储、分拣、分装、送货等工作，将货物按客户要求送达客户手中，具有配送能力强、配送品种多、数量大的特点。如德国阿尔法集团旗下的 WLS Gm-bH 公司，拥有 23 个配送中心，负责管理麦当劳集团欧洲市场整个物流配送系统，并发展全球网络。麦当劳集团能雄踞欧洲市场 30 多年，阿尔法集团在背后提供的物流服务实在功不可没。

3）生产企业配送

生产企业配送是由生产厂家直接将客户需要的食品，不通过中转站或配送中心而直接送达客户手中。好处在于避免了物流中转，但配送品种单一。因此，生产企业配送难以成为现代食品配送方式的主流。

2. 按配送食品的种类分类

1）少品种、大批量配送

少品种、大批量配送方式适用于生产企业所需要的某个品种的食品量较大且要求供货稳定时采用。由于量大可采用大吨位车辆进行整车运输，这样运输成本也可降低。少品种、大批量配送对配送中心来讲，涉及的内部设施、组织、计划等工作也较为简单，因此，配送成本较低。如水果、蔬菜、食品配料或半产品配送，大多采用此种配送方法。

2）多品种、小批量配送

多品种、小批量配送是根据用户的要求，将所需的各种食品配备齐全，凑整装车后由配送据点送达用户手中。如每天向各种餐馆配送蔬菜、水果或其他食品，向各牛奶销售点配送牛奶，向超市配送各种食品等，都可采用多品种、小批量配送的方式。对现代食品生产企业来讲，采用这种配送方法不会造成用户增大库容量，反而有利于企业合理安排生产。但这种配送作业要求水平高、配送中心设备要求复杂、配货送货计划难度大，因此需要有高水平的组织工作予以保证和配合。

3）成套配送

现在许多食品生产企业都是利用其他食品公司生产的配料来进行终端食品的生产与开发。如茶饮料的生产，可直接利用茶粉和其他配料加工生产，而不需要自己也有茶粉生产线。对于这样一些企业，只要配送中心按时、按量将所需配料送达生产企业，即可生产出产品。这有利于生产企业实现零库存，从而专注于生产。

3. 按配送时间及数量的不同分类

1）定时配送

根据用户（可以是生产企业，也可以是消费者、超市、商店或餐馆）与配送中心达成的协议，在规定的时间间隔内进行食品配送。由于配送时间、方式等都可以事先固定，因此，工作计划易于安排、运输设备易于调配，对客户来说也有利于安排接货等工作。但这种配送方式不灵活，如果需要配送的食品种类较多，而且是变化的，就会使备货、配货的难度加大，导致安排配送运力等工作出现困难。

2）定量配送

定量配送就是指在规定的时间范围内，按客户要求的批量进行配送。定量配送，由于数量的相对固定，备货工作相对简单。对于用户来讲，每次接货都处理同等数量的货物，有利于人力、物力的准备工作。而且客户可以根据自己的实际需求有效利用定量配送，避免不必要的浪费。

3）定时、定量配送

定时、定量配送是指按照所规定的时间和配送的数量进行配送。这种配送兼有定时配送和定量配送的优点，但真正要做到定时与定量难度还是比较大的。因此，合适采用的对象不多，不是一种普遍应用的方式。

4）定时、定量、定点配送

定时、定量、定点配送指按照确定的周期、确定的食品品种和数量、确定的用户进行配送。这种配送形式一般事先由配送中心与用户签订配送协议，双方严格按协议执行。这种配送方式适用于重点企业和重点项目，对于保证物资供应、降低企业库存非常有利。

5）即时配送

即时配送是一种完全按用户要求的配送时间、配送数量即时进行配送的一种方式。这种配送方式以某天的任务为目标，适合一些临时需要或急需物资的配送。

总之，按配送时间及数量的不同来配送食品，有些特殊性必须考虑。例如，乳制品的仓储与配送属于冷链物流，保鲜度要求高，特别是新鲜牛奶，保质期短、温度控制严格、即产即配、配送时间要求高（有限制）、配送线路和配送点多、配送总量大等，因此，对配送的实时性和处理能力有很高的要求。如新鲜牛奶当日生产当日配送，产品的实际产量会有一定的动态变化。因此，配送时应根据实际产量、配送点（客户）的优先级别和线路来合理调整订单的实际配送量、单车成本核算、各种指标的完成率、员工考核等。

4. 按加工程度的不同分类

1）配送加工

配送加工是流通加工的一种，但配送加工有它不同于一般流通加工的特点，即配送加工一般只取决于用户要求，其加工的目的较为单一。流通加工指在流通过程中继续对流通中的商品进行生产性加工，以便其成为更加适合消费者需求的最终产品。相对其他行业来说，食品的流通加工显得更为广泛和重要。可以通过流通加工来保持并提高食品的保存功能，使其在送达消费者手中时保持新鲜。食品的流通加工主要包括：冷冻食品；分选农副产品；分装食品，重新包装；精制食品。

2）集疏配送

集疏配送是指只改变产品数量的组成形态而不改变产品本身的物理、化学形态，与干线运输相配合的一种配送方式。例如，大批量购入新鲜果蔬后小批量、多批次发货，再有就是零星集货后以一定批量送货等。这种方式在食品行业中比较多见，特别是在农村农产品的集疏配送比较多。

5. 按配送组织形式的不同分类

1）集中配送

集中配送是由专门从事配送业务的配送中心对多家用户开展的配送。配送中心规模大、专业性强，与用户可确定固定的配送关系，实行计划配送。集中配送的品种多、数量大，一次可同时对同一线路上的几家用户进行配送，配送效益明显，这是配送的主要形式。如上海联华生鲜食品加工配送中心。

2）集约化共同配送

从配送成本角度考虑，共同配送较厂家直送、一般配送更为经济。所谓共同配送，按照日本工业标准（JIS）所述，是为提高物流效率，对许多企业一起进行配送的方式。共同配送提高了车辆装载率，达到规模效应，是比较理想的选择。对中国目前的食品厂家和食品批发企业而言，自建配送中心在资金上存在困难。因此，多家食品企业共同构建配送中心是可选方案，尤其是多个厂家协同一致的共同配送——集约化共同配送对节约物流成本更为有利。这种配送有两种情况：一是中小生产企业之间分工合作实行共同配送，另一种是几个中小型配送中心合作实行共同配送。前者是同一行业或同一地区的中小型生产企业单独进行配送时运量少、效率低，从而可以联合，实行共同配送。这种配送不仅可减少企业的配送费用，弥补配送能力薄弱的企业和地区，而且有利于缓和城市交通拥挤，提高配送车辆的使用率。后一种配送是针对某一地区的用户，由于所需物资数量少、配送车辆利用率低等原因，几个配送企业将用户所需的物资集中起来，共同制订配送计划，实行共同配送。例如，全球最大的便利连锁店7-Eleven 早期的物流配送模式就属于集约化共同配送。起初，7-Eleven 并没有自己的配送中心，它的货物配送是依靠批发商来完成的，后来，7-Eleven 开始和批发商及合同生产商构建统一的集约化配送和进货系统。由一家在一定区域内的特定批发商统一管理该区域内的同类供应商，然后向 7-Eleven 统一配货。集约化共同配送有效地降低了批发商的数量，减少了配送环节，为 7-Eleven 节省了物流费用。

3）分散配送

对少量、零星货物或临时需要的配送业务一般由商业销售网点完成。商业销售网点具有分布广、数量多、服务面宽等特点，比较适合开展距离近、品种繁多而用量少的货物配送。

6. 按经营形式的不同分类

1）配送中心配送

配送中心配送经营形式的组织者是专职的配送中心，规模较大，有的配送中心需要储存各种商品，储存量比较大。也有的配送中心储存量较小，货源靠附近的仓库补充。

配送中心专业性较强，和用户建立有固定的配送关系，一般实行计划配送，需配送的商品有一定的库存量，很少超越自己的经营范围。配送中心的工艺流程是根据配送需要专门设计的，所以配送能力强、配送距离较远、配送品种多、配送数量大。可以承担工业生产用主要物资的配送及向配送商店实行补充性配送等，配送中心是配送的重要形式。从实施配送较为普遍的国家看，配送中心是配送的主体形式，不但在数量上占主要部分，而且是某些小配送单位的总据点，因而发展较快。

配送中心覆盖面较宽，是大规模配送形式，因此必须有整套的实施大规模配送的设施。如总体建筑、车辆、路线等，一旦建成便很难改变，灵活机动性较差，投资较高，在实施配送时很难一下子建立大量的配送中心。因此，这种配送形式有一定的局限性。

2）仓库配送

仓库配送是以一般仓库为据点进行配送的形式。可以是将仓库改造成配送中心，也可以是在保持仓库原功能的前提下，增加一部分配送职能。由于不是按配送中心的要求设计和建立，所以，仓库配送规模较小，配送的专业性较差，但可以利用原仓库的储存设施及能力、收发货场地、交通运输路线等，所以是开展中等规模配送可选择的配送形式，也是较为容易利用现有条件而不需大量投资，上马较快的配送形式。

3）生产企业配送

生产企业配送经营形式的组织者是生产企业，尤其是进行多品种生产的生产企业，可以直接由本企业进行配送而无须再将产品发运到配送中心进行配送。生产企业配送由于避免了一次物流中转，所以有一定的优势。但是生产企业，尤其是现代生产企业，往往是进行大批量低成本生产，品种较单一，因而不能像配送中心那样依靠产品凑整运输取得优势。因此，在实际中生产企业配送并不是配送的主要形式。

4）店铺直接进货

店铺直接进货是指生产厂家不经过仓库和配送中心直接将所生产的食品运输给零售商。这种方式一般是高频率、小批量的配送，其优势在于：食品零售商避免了经营配送中心的费用，缩短了产品交货期。

对极易腐烂的食品采用这种配送方式比较合适，如货架期只有一到两天的新鲜面包，厂商可将出厂后的面包直接运往零售店进行销售；对品种少而批量大的某些产品直接运输也是经常采用的配送方式，如啤酒的直送战略。

早期产品处于大量产销、大量运输的时代，配送作业并不怎么困难，经过经销商、零售店，自然就能把商品销售出去。随着消费者对食品的要求逐渐个性化，在提倡物流强度三角（质量、快速/灵活性和具有竞争力的价格三要素）的国际化大背景下，采用店铺直接进货已很难满足顾客的复合要求。因此，这种配送方式的应用越来越少。

采用店铺直接进货的配送方式存在以下问题。

（1）高频率、小批量配送使人工费用增加，库内作业的配送费用也增加。

（2）由于食品配送要求的准时性，运输相对集中，使交通紧张。

（3）带来大气污染等问题，与目前全球提倡的绿色食品、绿色消费、绿色物流是不相符的。

5）共同配送

（1）共同配送与食品物流的关系。共同配送是实行物流合理化的一种很有发展前途的模式，目前在发达国家已被广泛使用，此模式能解决长途运输车辆空载、运费上升和接收货物成本提高的问题。

为达到这样的转运方式，需要具备以下条件。

①食品配送中心、零售商和供应商必须用先进的信息系统连接起来，保证在要求的时间范围内完成食品的挑选和运输。

②为了使直接转运系统有效工作，必须有一个快速反应的运输系统。

食品杂货占很大比重的沃尔玛成为世界上最大和利润最高的零售商，直接转运是其成功的关键。沃尔玛利用直接转运技术运送约 85% 的商品。

（2）食品共同配送效益分析。通过集约化共同配送，使具有多品种、小批量特点的多家企业的食品集合，形成规模效应，保证到达直接转运机构的食品能够以整车数量立即运输到零售商店，无论是对食品生产企业还是零售商其好处都是十分明显的。

①对食品制造商来说节约人力、冷冻与运输车辆的投入，降低销售成本。

②食品零售商进货车辆明显减少。

③由于保证开业前交货，食品的鲜活程度明显提高。

④大批量进货、批发，零售业可享受让利，降低售价。

⑤有利于改善城市交通环境，促进绿色食品物流的发展。

同时，采用共同配送可能带来一些问题，如可能使某些不能装在一起的食品混装，导致食品质量下降；难免会泄露企业间的商业秘密；食品运输核算的协调问题等。

6）一体化配送

（1）一体化配送的定义和特点。所谓一体化配送，是 20 世纪 90 年代产生于日本的一种新配送战略，又叫一揽子物流，是将货物和信息实现一元化高水平管理的物流。由配送中心把从批发商处进来的商品全数检验，确定不存在质量和数量问题，店铺仅需完成分类点数这一简单的验收工作，大大提高了配送的服务水平。

随着连锁零售业在中国的发展，占很大比重的食品配送问题变得更为关键。有一个问题就是作为零售业极力反对的"后方作业"需要较多的人工和时间。例如，日本某一生活合作社的店铺对职员的作业进行分析，结果表明食品类商品陈列作业占全部作业时间的 2/5 以上。因此，我们有必要引入高效率运营的一体化配送。日本伊藤洋华堂公司很早前就引入了窗口批发商制度，即将若干个批发商的业务集中于作为窗口的批发商，以简化向店铺配货的体制。其新加工食品物流系统对窗口批发商制度进行了进一步精简，将 6 所在库型批发中心集中为 4 所，全部为在库型的一揽子物流，大大减少了作业量。

（2）一体化配送的效益分析。一体化配送在降低成本的同时提高了服务水平。我们可将店铺直接进货、共同配送、一体化配送的作业类型作一下对比，结果见表 9-1 和表 9-2。

表 9-1　店铺作业情况

作业项目	店铺直接进货	共同配送	一体化配送
接受货物次数	批发商数	1 次	1 次
检验货物	必要	必要	不必要
货架陈列	1 箱多货架	1 箱多货架	1 箱货架

表 9-2 配送作业情况

作业项目	店铺直接进货	共同配送	一体化配送
配货地点数	店铺数	1 次	1 次
发送单位	1 个店铺	1 个店铺	全部店铺

在配送中心进行配货时，是将店铺的所有货物总量一揽子发出，一个店铺一个店铺地进行分拣和验货、汇总后，送达店铺的每个部门，可以减轻发货作业量。一体化配送系统是一体化配送中心将生产商和零售店铺的货架连接起来形成最有效的供应链。从表 9-1、表 9-2 中可以看出，无论是配送还是店铺验收，一体化配送使作业程序明显减少。

但并不是所有连锁经营企业都能采用一体化配送，主要是因为一体化配送要求比较高，需要高度信息化，店铺的货架分类必须标准化等。

9.1.3 食品零售业的配送模式与组织

1. 共同配送模式

根据我国目前食品零售业和物流业发展的状况，在提高配送服务质量的同时，主要应解决现代化零售业物流费用高涨的问题。

对食品物流业来说，在目前我国连锁企业资金紧张的情况下，推行共同配送具有很大的现实意义。应以集约化共同配送为主，实力雄厚的企业可采取一体化配送，一体化配送是食品零售业配送的战略发展方向。同时，食品企业还可根据实际情况，采取直接运输、一般配送等配送方式。

对此，我们有必要做好以下工作。

1）灵活配送

对多种鲜活产品的经营，可根据不同的温度来建立配送体制。如将生鲜食品按温度可分为冷冻型、微冷型、恒温型、温暖型四种形式，对每一种形式采用不同的运输工具进行运输。

2）建立“门对门”的冷链配送

要发展冷冻食品和生鲜食品流通业主要是建立食品冷藏供应链，使易腐食品从产地收购、加工、储藏、运输、销售，直到消费的各个环节都处于适当的低温环境之中，以保证食品的质量、减少食品的损耗、防止食品的变质和污染。例如，以运输生鲜食品为特色的上海新天天配送中心建立了这样的冷链服务，即从商品生产运输仓储到客户的全程保持同样低的温度，同一温度使生鲜食品的品质得到了充分保证，对客户降低物流成本、减少库存量、确保物流准确畅通起到了积极作用。

3）推进食品绿色配送

由于绿色化是全球的主要消费趋势，绿色物流正是绿色食品、绿色消费的重要保障。因此，推进绿色食品配送是食品物流的发展趋势，主要从三方面入手：运输绿色化、流通加工绿色化和包装绿色化。

4）建立健全食品配送质量管理系统

如引入良好作业规范（GMP）和质量管理模式（HACCP），推进食品标准化（品质、规格、包装），建立食品零售商满意度标准等。

2. 食品配送的业务组织

食品配送的业务组织一般是按照功能要素展开的，其基本流程如图 9-1 所示。

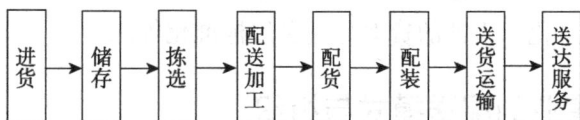

图 9-1　食品配送业务的基本流程

具体到不同类型、不同功能的配送中心或物流结点的配送活动，其流程可能有些不同，而且不同的食品，由于特性不一样，其配送流程也会有所区别。食品类商品由于种类繁多、形状特性不同，保质保鲜要求也不一样，所以通常有不同的配送流程，如图 9-2 所示。

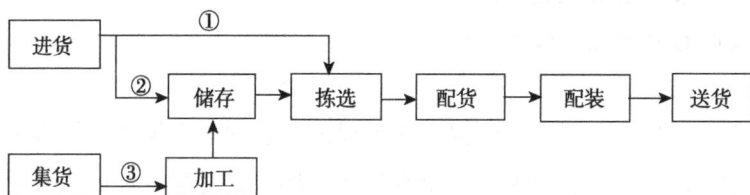

图 9-2　食品类商品的三种配货流程

第①类商品如海鲜产品、鱼、肉类制品等，由于保质期短、保鲜要求高，集货后可不储存，而是立即分拣、配货、配装后送达客户。

第②类商品如矿泉水、方便食品等，由于保质期较长，储存保管后，可按客户订单要求组织配送。

第③类商品如速冻食品、大包装进货食品、成衣等可以在集货后再按商品特性进行配送加工后再组织配送。

9.2　农产品的配送

9.2.1　农产品配送概述

1. 农产品配送的概念

农产品配送是指以粮食、肉类、水果等农产品为配送客体，对它们进行备货、储存、分拣、配货、分放、配装、送货等作业，并按时送达指定地点的农业物流活动。农产品物流配送是在农业生产资料和农副产品的送货基础上产生与发展起来的，是一种特殊的、综合的农业物流活动。

2. 农产品配送的特点

1）农产品配送的主体具有差异性

我国人口众多，他们集多种身份于一体，可以是自然人、法人、劳动者、管理者，他们的文化水平、风俗习惯、个人喜好、心理状态、经济收入等偏差很大，各区域人口有着对食品的差异性。经营农产品配送的企业对市场的了解和信息的掌握很大程度上盲目从众，缺乏理智决策，因此，农产品配送不可能有一套完整的模式可供选择。

2）农产品配送的客体是农副产品，具有多样性

农副产品或其中间产品多种多样，农产品配送的工具更是品种繁多，层次不一，从飞机到农用畜力都在使用，因此，农产品配送所采取的方式、方法比较复杂。

3）农产品配送的环境是农村，具有行业的广泛性

农产品包含农村经济中的农、牧、副、渔等子行业。这些子行业的产品大多具有季节性、不稳定性及易腐性，因此对配送的时间要求比较强，而农村所在的地理位置差别较大，因此对配送的能力和技术含量要求比较高。

4）农产品的特殊性使配送具有局限性

农产品不同于工业产品，有自己的特点，表现在有一定的周期性，在配送时不能提前或落后，使得配送活动受到限制。

5）农产品配送需求的不确定性

我国是一个农业大国，农业的收成、生产资料等每年变化很大，而且随着城市经济的发展，对农产品的需求也发生了很大的变化，这就给配送带来了极大的不确定性。

9.2.2　农产品配送的模式

农产品物流要拓展更好的生存和发展空间，就必须不断创新经营模式，农产品配送方面的经营模式，可以采用以下几种。

（1）专业化模式。通过采用专业化设备、设施和操作程序，实行高效配送，并降低配送的复杂性和难度，进而降低配送成本。

（2）共同配送模式。通过共同配送，以最少的路程、最低的成本、最短的时间完成配送。

（3）加工配送模式。把加工和配送相结合，利用原有的中转，使得配送合理化。

（4）送、取结合配送模式。配送不仅要从配送中心方面的"送"考虑，还要从农户方面的"取"考虑，实现配送中心和农户之间的协作关系。配送中心不仅是农户的产品供应人，还应成为农户所生产的产品储存点。在送的时候送农户生产所需的物资，在取的时候取农户生产所产的物资，达到送取结合。

9.2.3　农产品配送的要素

农产品配送属于销售配送，其路径一般是由农村到城市。农产品配送的要素有：集货、储存、分拣、配货、配装、配送运输、送达服务以及配送加工。

1. 集货

集货，又称备货，定义为：将分散的或小批量的物品集中起来，以便进行运输、配送作业。

集货是配送的准备工作或基础工作和重要环节，它包括筹集货源、订货或购货、集货、进货及有关的质量检查、结算、交接等。配送的优势之一，就是可以集中用户的需求进行一定规模的备货。备货是决定配送成败的初期工作，如果备货成本太高，会大大降低配送的效益。许多农产品由于比较分散，很难在短时间内配齐，这需要一个准备过程，也就是备货。备货时还要考虑食品的类型，冷冻食品或生鲜食品要求低温储藏，备货成本可能上升。

2. 储存

配送中的储存有储备及暂存两种形态。配送储备是按一定时期的配送经营要求，形成的对配送的资源保证。这种类型的储备数量较大，储备结构也较完善，视货源及到货情况，可以有计划地确定周转储备及保险储备的结构及数量。配送的储备保证有时在配送中心附近单独设库解决。另一种储存形态是暂存，是具体执行日配送时，按分拣、配货要求，在理货场地所做的少量储存准备。由于总体储存效益取决于储存总量，所以，这部分暂存数量只会对工作方便与否造成影响，而不会影响储存的总效益，因而在数量上的控制并不严格。还有另一种形式的暂存，即分拣、配货之后，形成的发送货载的暂存，这是调节配货与送货的节奏，暂存时间不长。对于食品配送来讲，储存工作是很复杂的也会涉及经济效益问题，因为不同食品要求的储藏条件是不同的。生鲜食品要求有低温储藏系统，而有的食品要求室温储藏，要求防潮、防水、防虫等。这都会限制部分配送企业的配送规模、数量及品种。

3. 分拣

分拣的定义为：将物品按品种、出入库先后顺序进行分门别类堆放的作业。分拣是配送不同于其他物流形式的功能要素，也是配送成败的一项重要支持性工作。它是完善送货、支持送货的准备性工作，使不同配送企业在送货时进行竞争以提高自身经济效益的必然延伸。所以，也可以说分拣是送货向高级形式发展的必然要求。有了分拣，就会大大提高送货服务的水平。

4. 配货

配货的定义是：使用各种拣选设备和传输装置，将存放的物品，按客户要求分拣出来，配备齐全，送至指定发货地点。

5. 配装

在单个客户的配送数量不能达到车辆的有效载运负荷时，就存在如何集中不同客户的配送货物，进行搭配装载以充分利用运能、运力的问题，这就需要配装。与一般送货的不同之处在于，通过配装送货可以大大提高送货水平及降低送货成本，所以配装也是配送系统中有现代特点的功能要素，也是现代配送不同于传统送货的重要区别之一。但食品配装时，要考虑食品的理化特性，有些食品混在一起装配，会相互吸附对方的气味，引起食品异味。

6. 配送运输

配送运输是运输中的末端运输、支线运输，与一般运输形态的主要区别在于：配送运输是较短距离、较小规模、频度较高的运输形式，一般使用汽车作为运输工具。与干线运输的另一个区别是，配送运输的路线选择问题是一般干线运输所没有的。干线运输的干线是唯一的运输线，而配送运输由于配送客户多，一般城市交通路线又较复杂，如何组合成最佳路线、如何使配装和路线有效搭配等，是配送运输的特点，也是难度较大的工作。

7. 送达服务

将配好的货物运输到客户处还不算配送工作的结束，这是因为送达货物和客户接货往往还会出现不协调，使配送前功尽弃。因此，要圆满实现运到之货的移交，并有效地、方便地处理相关手续完成结算，还应讲究卸货地点、卸货方式等。送达服务也是配送独具的特殊性。

8. 配送加工

配送加工是按照配送客户的要求所进行的流通加工。在配送中，配送加工这一功能要素不具有普遍性，但往往是有重要作用的功能要素。这是因为通过配送加工，可以大大提高客户的满意程度。配送加工是流通加工的一种，但配送加工有它不同于一般流通加工的特点，即配送加工只取决于客户的要求，其加工的目的较为单一。

9.2.4　农产品配送的管理

1. 农产品配送管理概述

1）农产品配送的特点

（1）农产品配送的风险较大。由于农产品生产的地域分散性和季节性同农产品需求的全年性与普遍性发生矛盾，使农产品供给与消费之间产生了矛盾，以致准确掌握供求信息相当困难，无法及时进行调整，造成农产品配送具有较大的风险。

（2）农产品配送的质量要求很高。由于农产品的各种生物属性，使得对农产品配送过程中的储存、保鲜、加工等环节有很高的技术要求，需要特定的设施。如大部分农产品具有易腐性，在配送过程中需要采取各种措施，以达到保鲜的目的；一些鲜活产品进入流通领域后，还必须进行喂养、防疫等。这些都需要专门的知识和设备。

（3）农产品配送存在距离上的瓶颈。这是农产品和其他普通商品的主要区别之一。只要有足够的地区价格差异，一般商品理论上没有配送半径问题。但是农产品的配送始终存在距离瓶颈，因为农产品尤其是生鲜食品在运输过程中会加速贬值，虽然运输水平的提高能够降低贬值速度，但无法完全消除。所以在确定农产品配送体系的过程中，要进行更为认真而复杂的比较，以确定合理的配送半径，建立合适的配送中心，真正实现运输的规模经济和距离经济。

2）我国农产品配送中存在的主要问题

（1）我国农产品配送处在时间长、消耗大、效率低、效益差的低层次水平。我国的农产品配送是在家庭联产承包责任制的基础上，除对粮食、棉花实行合同订购以外，大部分农产品实行市场购销。目前，已基本形成以农产品批发市场为中心，集市交易和其他零售网点为基础的农产品市场网络。虽然我国的农产品流通在改革开放以来发展很快，但从总体上看，由于思想观念、管理体制、设施等种种原因，我国的农产品配送还处在时间长、消耗大、效率低、效益差的低层次上，很难适应社会经济迅速发展的需要。

近年来，国家加大了农产品流通三级市场建设，即农产品产地批发市场、销地批发市场和零售农贸市场的建设。在国家鼓励和市场调节之下，大规模的农产品常温物流或自然物流正在逐步形成，但区域内农产品综合物流体系尚未成型，网络分布不够均衡，农产品大宗配送与连锁超市生鲜区之间未能有效衔接，农产品的冷链配送还不发达。

（2）我国农产品配送的主渠道仍然是传统的农贸市场或肉菜市场，配送质量和效率不高。目前的市场架构与国家相关的流通产业政策有关。现在我国各级政府鼓励、支持的"菜篮子工程"中，承担零售环节配送的主渠道仍然是传统的农贸市场或肉菜市场。例如，平均每 2 万~3 万人规划设置一个 2000~2500 平方米的农贸市场，每个农贸市场的服务半径约 500 米。现有农贸市场虽然购物环境和卫生条件较差，只经营未经加工的生鲜初级产品，但由于商贩享受低成本包税经营，这就在价格上具有竞争优势，从而迎合了部分传统消费观念和购物行为。

从我国农产品市场结构看，大规模农产品批发市场的建立，局部实现了农产品不同地域及不同季节的调剂和互补，但还停留在初始原材料性农产品的集散和销售上。由于常温状态下的初级农产品保鲜困难、损耗量大，又给季节性和区域性调配带来无效配送与诸多不便。

2. 粮食配送管理

粮食是农产品的一种。粮食配送是指以粮食为配送客体，对其进行备货、储存、分拣、配货、分放、配装、送货等作业，并按时送达指定地点的农业物流活动。

1）粮食配送的有效管理依赖于合理的粮食行业结构

从粮食行业的内部结构看，由于资源配置不合理，粮食的购、销、存、运、加工几大业务环节之间缺乏有效的衔接和必要的协调，仓储"瓶颈"的制约和配送设施的不配套经常造成配送环节的局部脱节，严重影响了粮食配送的效率。

（1）不合理的粮食行业结构导致粮食配送体系的内在联系被人为分割，配送体系各组成部分之间缺乏直接的横向联系。目前，在我国不但粮源组织和粮食系统内部各环节缺乏协调，粮食配送所必需的铁路、交通等系统外环节的配合更难控制和掌握。粮食配送纠纷发生后得不到及时、公正的解决，粮食配送的统筹管理无法实现。

（2）不合理的粮食行业结构造成粮食配送管理缺乏必要的规章制度和行之有效的控制办法。粮食配送的宏观管理弱化，尤其是行业组织结构的不合理，导致粮食配送管理的许多职能模糊不清、归属不定，粮食配送原有的一些规章制度未能根据形势的发展变化进行及时的修改和补充，粮食配送在操作中无章可循。例如，在机构改革后，各级粮食管理部门及其所属机构的职能中找不到粮食运输管理，就连最基本的粮食运输统计也无人问津。

（3）不合理的粮食行业结构导致粮食配送设施的建设缺乏必要的科学论证，从而造成了财力、物力的浪费。例如，浅圆仓的建设受气候条件影响较大，闷热、潮湿地区不宜建这种粮仓，但因事先没有进行较详细的专家论证，待粮仓建成后才发现一些地区根本不宜再建粮仓，或根本不宜建这种类型的粮仓，形成资金和物资的浪费。粮食行业结构的不合理除了导致粮食配送管理无章可循和管理措施缺乏力度外，也造成粮食配送运作缺乏必要的政府推动。

2）粮食的运输和仓储等环节的基础设施是影响粮食配送管理的重要因素

从粮食行业的运输看，虽然运输工具的选择余地很大，但粮源过于分散以及散装、散运涉及的车站、港口、码头的装运接卸设施的不配套和计量设备的缺乏，使粮食的散装、散运无法较快地推广，粮食运输效率当然也就无法提高。这几年，粮食销售环节又因粮食品种、质量、价格及外部竞争、信息不灵等因素出现重重困难，严重阻碍了粮食配送的效率。

从粮食行业的仓储看，计划经济和短缺经济条件下形成的粮食仓、厂、站、点布局，造成了粮源和生产能力配置的严重不合理，许多库、厂分布在远离交通沿线的闭塞地区，粮食进出十分困难。过于分散的收纳库、过剩的加工能力除了造成资源的浪费外，也给粮食配送带来了诸多不便，加大了运力的耗费和运杂费用的开支。仓容的不足也对粮食配送形成了制约。我国现有的粮食仓容只能满足粮食储量的 65%~70%，致使每年有数百亿千克的粮食露天存放，优质及高等级粮食品种更是无法做到分仓储存，霉变、虫害概率大，陈化速度加快。尤其是农村储粮，因装备条件简陋，农民又缺乏储粮知识和技术，鼠患、虫害现象严重，储粮损失达 8%~15%，严重阻碍了粮食配送的效率。

基础设施建设的落后，使粮食"散装、散卸、散存、散运"的"四散"化作业的推广十分缓慢。"四散"技术作为配送技术发展的重要体现，在美国、加拿大、澳大利亚等发达国家早已普及，成果非常明显。我国粮食"四散"技术起步于 20 世纪 70 年代，有 40 多年的历史，但由于装运、接卸设施的不配套，粮食"四散"作业无法大范围地开展。加之我国粮库中，苏式仓、土圆仓、普通房式仓仍占有较大的比重，车站、码头的装卸环节机械化、自动化程度比较低，必要的散粮计重设备缺乏，使"四散"配送作业还具有相当的难度。

3. 畜产品配送管理

畜产品配送是指以畜产品为配送客体，对其进行备货、储存、分拣、配货、分放、配装、送货等作业，并按时送达指定地点的农业物流活动。

1）我国畜产品配送的特点

（1）我国畜产品配送的流向主要是由农村流向城市。就我国现状而言，90%以上的畜产品是由以家庭为单位的小农户提供的，而消费的绝大比重都在城镇地区。这些产品或是由商业机构直接收购，或是由合作经济组织代为收购，或是由产业化经营的龙头企业收购，然后再经过屠宰、分割、冷冻、肉禽熟制加工、冷藏储运、批发等环节分配到零售机构。

（2）畜产品生产周期长，具有季节性和地域性特点。畜产品的这一特点加大了畜产品配送的风险。因此，畜产品配送管理必须解决畜产品供给在时间上的不平衡性和空间上的不平衡性。在畜产品配送中，必须组织好收购、储存、运输，开放多种渠道，减少中间环节，促使经营者走最短、最便捷的路径，付出最少的时间和最小的费用，及时把畜产品从生产者那里转移到消费者手中，以达到提高畜产品配送的时效、降低畜产品配送费用的目标。

（3）畜产品是时效性很强的产品。一般的畜产品都具有鲜活、易腐、易损、不耐保存、不便运输等特点，对配送的质量管理要求很高。在畜产品的收购和运输过程中，对外界条件要求严格，如适宜的温度、良好的处理、适宜的包装、专门的保鲜储运设施等。

（4）我国畜牧业的基本生产单位主要为家庭，生产规模小而且分散性大。因此，畜产品的配送渠道必须是多种多样的，应有比较灵活的方法与形式才能与我国畜牧业的生产经营状况相适应。比如，要有方便农牧民出售产品的多种销售渠道和售货方式，要充分利用各方面的储存、运输、加工、销售潜力。

（5）畜牧业生产受自然再生产与经济再生产双重的影响，生产容易发生波动。要搞好畜产品的配送管理，必须密切关注生产与市场情况的变化，加强产品信息和市场信息的收集能力，努力提高仓库的储存能力，以丰补歉，减少季节间的市场波动，以稳定生产和市场供应。

2）我国畜产品配送的渠道

我国的畜产品配送渠道，一般可分为以下几种形式。

（1）生产者（包括企业和个人）—消费者。

（2）生产者—零售企业—消费者。

（3）生产者—批发企业—零售企业—消费者。

4. 水果配送管理

水果配送是指以水果为配送客体，对其进行备货、储存、分拣、配货、分放、配装、送货等作业，并按时送达指定地点的农业物流活动。

1）我国水果配送的发展阶段和主要形式

（1）我国水果配送经历了以下三个发展阶段。

第一阶段是超市的市场拓展阶段。个别水果批发经营企业开始向超市配送水果。当时我国水果批发交易市场的现场成交活跃，大多数批发企业都不愿从事这项业务。

第二阶段是水果批发交易市场的整顿及超市大发展的阶段。其客户渠道（指销售）发生了很大变化，门市的批发生意越来越难做，批发企业开始竞相向超市配送水果。

第三阶段是批发企业向超市配送水果的激烈竞争阶段。在超市的催化下，水果供应商竞相压价、相互倾轧，争抢水果配送市场，在竞争中也出现了对这个市场起主导作用的公司。这同时也说明，众多水果批发经营商都看好这个市场。在水果批发竞争中，配送经营服务已走向多样化。

（2）目前，我国水果配送的形式主要有以下几种。

①向超市、大卖场配送水果业务。

②向宾馆、饭店及企事业单位配送餐间水果业务。

③通过电话订购等形式配送水果到消费者家中的业务。

目前，我国的水果配送仍处于初级形态。从配送的概念看，其本质是送货但绝非一般性的运送，它包含这样两层意义：一方面，在向客户送货过程中客观上有确定的组织和明确的供货渠道，有相关的制度进行约束；另一方面，配送货物是建立在备货和配货基础上的经济活动，是按照客户的要求包括货物的品种、质量、规格、数量和送达时间等进行备货和送货。由此看来，目前我国水果批发企业所从事的水果配送，从严格意义上讲仅是一般性的运送活动。从事这类活动的企业多、规模小、竞争无序，需要有一个质的提升。

2）我国水果配送管理中的主要问题

（1）我国的水果配送的渠道不畅。我国水果市场已放开了很多年，基本形成了由市场决定价格的机制，但是配送体系很不健全、销售渠道不畅，对国内、国际市场的研究开发不足，还停留在果熟才找出路的无序竞争阶段，造成内销不旺，外销不畅的局面。发达国家早已形成了各种形式的中介组织，在农产品贸易方面主要负责研究和预测市场，建立配送网络，从事拍卖交易和行业管理等工作，直接面向农民提供服务，为农产品销售开辟了顺畅的配送渠道。

（2）我国水果配送的流程还很不规范。目前，发达国家已普遍采用水果采摘后包括预冷、储藏、洗果、涂蜡、分级和冷链运输等内容的规范配套的流通方式。产后商品化处理量几乎达到100%，大部分水果从采摘到上市销售的时间不超过30天。我国经过包括简单手工分级在内的商品化处理的水果还不到总产量的1%；世界发达国家果品加工总量已达产量的35%，我国还不足10%。

（3）我国水果配送的冷链技术还很缺乏。目前，在发达国家冷链物流已普遍应用，在我国冷链配送一直是政府官员和一些水果保鲜专家极力提倡与推广的项目。但是，目前我国的消费水平还不允许冷链配送这一高成本的流动环节加入水果配送中来。例如，从广东到北京运输荔枝，运输成本为700~800元/吨，而冷藏车的运输成本为1200~1 400元/吨。这意味着荔枝在北京的批发价由原来的5~6元/千克，上升到5.6~7元/千克，上升幅度达10%~15%，而运输损耗率的减少却只能达到8%~10%，消费者并不会因此接受高价的荔枝。就目前我国的消费水平来说，只有停留在低价位才能达到大量的消费，高质高价的水果只能是少数人的消费品。在我国，对于特定水果的预冷设备和技术、防腐保鲜剂及包装材料的选择技术仍十分匮乏，冷链配送应用的技术基础还远远没有具备。

9.2.5　农产品配送合理化的措施

1. 农产品配送存在以下不合理现象

1）农产品资源筹措的不合理

农产品配送通过扩大农业资源的规模效益来降低农业资源的筹措成本，使配送资源筹措成本低于客户自己筹措的资源成本，从而取得优势。如果不是集中多个客户需要进行批量筹措农产品资源，而仅仅是为一两个客户代购代筹，对客户来讲，不仅不能降低资源筹措费，相反还要多支付一笔代筹代办费，因而是不合理的。

农产品资源筹措不合理还有其他表现形式。例如，农产品配送量计划不准、农产品资源筹措过多或过少、在农产品资源筹措时不考虑建立与资源供应者之间长期稳定的供需关系等。

2）农产品配送价格的不合理

农产品配送的价格应低于不实行配送时客户自己进货的价格加上提货、运输、进货的成本总和，这样才会使客户有利可图。有时，由于配送有较高的服务水平，价格稍高，客户也是可以接受的，但这不能是普遍的原则。如果配送价格普遍高于客户自己的进货价格，则损伤了客户的利益，就是一种不合理的表现；如果价格定得过低，则使配送企业在无利或亏损状态下运行，会损害销售者，因而也是不合理的。

3）农产品配送与直达的决策不合理

一般的配送总是增加了环节，但是这些增加的环节，却可以降低客户的平均库存水平，不但抵消了增加环节的支出，还能取得剩余效益。但是如果客户使用的批量大，则可以直接通过社会物流系统均衡批量进货，较之配送中转送货更能节约费用。所以，在这种情况下，不直接进货而通过配送就属于不合理范畴。

4）送货中的不合理运输

配送与客户自提比较，尤其对于多个小客户来讲，可以集中配装一车送几家，可大大节省运力和运费。如果不能利用这一优势，仍然是一户一送，而车辆达不到满载（即时配送过多、过频时会出现这种情况），就属于不合理。

2. 农产品配送合理化的措施

推行农产品配送合理化，有以下可供借鉴的措施。

（1）推行一定综合程度的专业化农产品配送。通过采用专业设备、设施及操作程序，取得较好的配送效果，并降低配送综合化的复杂程度及难度，从而实现配送合理化。

（2）推行加工配送。把加工和配送相结合，充分利用本来应有的中转，而不增加新的中转，使得配送合理化。同时，加工借助于配送，加工目的更明确，与客户的关系也更紧密，避免了盲目性。这两者有机结合，不增加投入却可追求两个优势、两个效益，是配送合理化的重要经验。

（3）推行共同配送。通过共同配送，可以以最近的路程、最低的配送成本完成配送，从而实现配送合理化。

（4）实行农产品配送的送取结合。配送企业与客户建立稳定、密切的协作关系，配送企业不仅成了客户的供应代理人，而且成为客户储存农产品的据点，甚至成为产品代销人。在配送时，将客户所需的物资送到，再将该客户生产的产品用同一辆车运回，这种产品也成了配送中心的配送产品之一，或者代存代储，免去了客户的库存包袱。这种送取结合的方式，充分利用运力，也更大地发挥了配送企业的功能，从而实现农产品配送合理化。

9.3 食品冷链配送要素与作业管理

9.3.1 食品冷链配送的概念与要素

1. 食品冷链配送

食品冷链配送就是冷冻食品从生产厂家出库后，所有的过程都保持在低温状态下，直到送到最终用户手上的过程。

冷链所适用的食品范围包括以下几类。

初级农产品：蔬菜、水果，肉、禽、蛋；水产品；花卉产品。

加工食品：速冻食品，禽、肉、水产等包装熟食；冰淇淋和奶制品；快餐原料。

特殊商品：药品，等。冷链配送是冷链的一个重要环节。是农业配送的一种特殊形式，它的运用可以有效地提高农产品的安全性，提高农产品生产的经济效益和生态效益。

2. 食品冷链配送要素

（1）集货和备货。集货是配送的准备工作或基础工作和重要环节，它包括筹集货源、订货或购货、集货、进货及有关的质量检查、结算、交接等。配送的优势之一，就是可以集中用户的需求进行一定规模的备货。备货是决定配送成败的初期工作，如果备货成本太高，会降低配送的效益。许多农产品由于比较分散，很难短时间内配齐，这需要一个准备过程，也就是备货。备货时还要考虑食品的类型，冷冻食品或生鲜食品要求低温储藏，备货成本可能上升。

（2）储存。配送中的储存有储备及暂存两种形态。储备是按一定时期的配送经营要求，形成的对配送的资源保证。这种类型的储备数量较大，储备结构也较完善，视货源及到货情况，可以有计划地确定周转储备及保险储备结构及数量。配送的储备保证有时在配送中心附近单独设库解决。暂存是具体执行日配送时，按分拣、配货要求，在理货场地所做的少量储存准备。由于总体储存效益取决于储存总量，所以，这部分暂存数量只会对工作方便与否造成影响，而不会影响储存的总效益，因而在数量上控制得并不严格。还有另一种形式的暂存，即是分拣、配货之后，形成的发送货物的暂存，等待配送，暂存时间不长。对于食品储存来讲，这个工作是很复杂的，也会涉及经济效益问题，因为不同食品要求的储藏条件是不相同的。生鲜食品要求有低温储藏系统，而有的食品要求室温储藏，要求防潮、防水、防虫，等等。这都会限制部分配送企业的配送规模、数量及品种。

（3）分拣。分拣是指将物品按品种、入库先后顺序进行分门别类堆放的作业。分拣是配送不同于其他物流形式的功能要素，也是决定配送成败的一项重要支持性工作。它是完善送货，支持送货准确性的工作，是不同配送企业在送货时进行竞争和提高自身经济效益的必然延伸。所以，也可以说分拣是送货向高级形式发展的必然要求。分拣可大大提高送货服务水平。

（4）配货。配货是指使用各种拣选设备利传输装置，将存放的物品按客户要求分拣出来，配备齐全，送至指定发货地点。

（5）配装。在单个客户配送数量不能达到车辆的有效载运负荷时，就需要配装。通过配装送货可以提高送货水平、降低送货成本，所以配装也是配送系统中有现代特点的功能要素，也是现代配送不同于传统送货的重要区别之一。但食品配装时，要考虑食品的理化特性，有些食品混在一起装配会相互吸附对方的气味，引起食品异味。

（6）配送运输。配送运输是运输中的末端运输、支线运输，与一般运输形态的主要区别在于：配送运输是较短距离、较小规模、额度较高的运输形式，一般使用汽车作为运输工具。配送运输由于配送客户多，城市交通路线较为复杂，如何组合最佳路线，如何使配装和路线有效搭配，是配送运输的工作难点。

（7）送达服务。将配好的货运输到客户还不算配送工作的结束，这是因为送达货和客户接货往往还会出现不协调，使配送前功尽弃。因此，要圆满实现运到之货的移交，有效、方便地处理相关手续并完成结算，还应讲究卸货地点、卸货方式等。送达服务也是配送独具的特殊性。

（8）配送加工。配送加工是按照配送客户的要求所进行的流通加工。配送加工是流通加工的一种，但配送加工有它不同于一般流通加工的特点，即配送加工一般只取决于客户要求，其加工的目的较为单一。

9.3.2　食品配送的作业流程

配送作业是按照用户的要求，将货物分拣出来，按时按量发送到指定地点的过程。配送作业是配送中心运作的核心内容，因此配送作业流程的合理性以及配送作业效率的高低都会直接影响整个物流系统的正常运行。

具体来说，配送作业一般包括以下几项作业：进货、搬运装卸、储存、订单处理、分拣、补货、配货、送货。其主要流程如图 9-3 所示。但食品由于种类多，形状特性各异，又有保质期的限制，所以通常有以下三种配送流程，如图 9-4 至图 9-6所示。

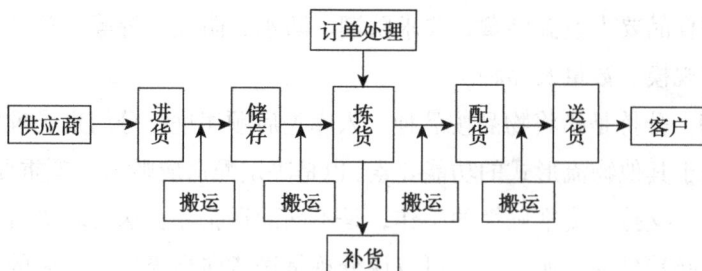

图 9-3　配送作业主要流程

一类配送作业流程适合保质期短、保鲜要求较高的商品，通常在备货之后即进行分拣出货，装配后送达客户，不经过存储这一环节，如面包、新鲜鱼肉等。

图 9-4　一类配送作业流程

二类配送作业流程适合保质期较长的商品，可以在组织大量进货以后，先进行存储、保管，当接到客户订单以后即按单拣货配送，如许多食品配料、干制品等。

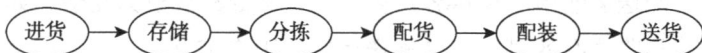

图 9-5　二类配送作业流程

三类配送作业流程是商品集货后必须先按客户的要求经过分装、拣选分级、去杂、配制半产品等初加工，然后再进行配送。许多生鲜食品如鲜鱼、蔬菜、水果等需要进行分选、去杂等流通加工，还有一些食品要进行分装加工、组装加工和精制加工等。

图 9-6　三类配送作业流程

9.3.3　食品配送的应用

1. 销售配送

各种类型的商店配送、电子商务网站配送一般都属于销售配送。用配送的方式进行销售是扩大销售数量、占有市场、获得更多销售收益的重要方式。销售配送的经营管理模式有：电子商务的销售配送、批发分销型销售配送和零售型销售配送。

2. 供应配送

供应配送是针对特定的用户，用配送的方式满足用户的供应需求的配送方式。供应配送一般有两种方式：一是由企业自己组织进行供应配送，多发生在巨型企业和集团企业；二是由第三方物流企业进行供应配送。这种配送方式可以做到门到门、门到库和门到线的供应配送，可以实现企业的零库存，但对配送的准时性、准确性和可靠性要求较高。

3. 供应、销售一体化配送

供应、销售一体化配送是配送经营中的重要形式。这种形式有利于形成稳定的供需关系，有利于采取先进的计划手段和技术手段，有利于保持流通渠道的畅通稳定。在有连锁产品关系的企业之间、子企业和母企业之间经常采用此方式。

9.4 食品配送优化

9.4.1 食品配送线路优化

1. 配送线路优化设计

配送线路优化设计就是整合影响配送运输的各种因素，适时适当地利用现有的运输工具和道路状况，及时、安全、方便、经济地将客户所需的商品准确地送达客户手中。在配送线路设计中，需根据不同客户群的特点和要求，选择不同的线路设计方法，最终达到节省时间、运距和降低运输成本的目的。

配送运输由于配送方法的不同，其运输过程也不尽相同，影响配送运输的因素很多，如车流量的变化、道路状况、客户的分布状况和配送中心的选址、道路交通网、车辆定额载重量以及车辆运行限制等。

2. 直送式配送运输

直送式配送运输，是指由一个供应点对一个客户的专门送货。从物流优化的角度看，直送式客户的基本条件是其需求量接近或大于可用车辆的额定重量，需专门派一辆或多辆车一次或多次送货。因此，直送情况下，货物的配送追求的是多装快跑，选择最短配送线路，以节约时间、费用，提高配送效率。

目前解决最短线路问题的方法有很多，现以位势法为例，介绍如何解决物流网络中的最短线路问题。已知物流网络各节点分别表示为A、B、C、D、E、F、G、H、I、J、K，各节点之间的距离如图 9-7 所示，试确定各节节间的最短线路。

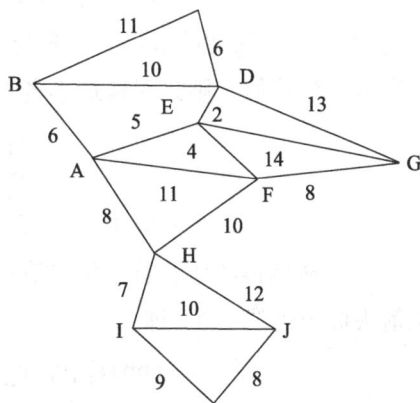

图 9-7 物流网络

寻找最短线路的方法步骤如下。

第一步：选择货物供应点为初始节点，并取其位势值为零，即 $V_I = 0$。

第二步：考虑与 I 点直接相连的所有线路节点。设其初始节点的位势值为 V_I，则其终止节点 J 的位势值可按下式确定：

$$V_J = V_I + L_{IJ} \tag{9.1}$$

式中：L_{IJ}——I 点与 J 点之间的距离。

第三步：从所得到的所有位势值中选出最小者，此值即为从初始节点到该点的最短距离，将其标在该节点旁的方框内，并用箭头标出该连线 I—J，以此表示从 I 点到 J 点的最短线路走法。

第四步：重复以上步骤，直到物流网络中所有节点的位势值均达到最小为止。

最终，各节点的位势值表示从初始节点到该点的最短距离。带箭头的各条连线则组成了从初始节点到其余节点的最短线路。分别以各点为初始节点，重复上述步骤，即可得各节点之间的最短距离。

难点例释1：在物流网络图 9-7 中，试寻找从供应点 A 到客户 K 的最短线路。

解：根据以上步骤，计算如下。

（1）取 $V_A = 0$。

（2）确定与 A 点直接相连的所有节点的位势值：

$$V_B = V_A + L_{AB} = 0 + 6 = 6$$
$$V_E = V_A + L_{AE} = 0 + 5 = 5$$
$$V_F = V_A + L_{AF} = 0 + 11 = 11$$
$$V_H = V_A + L_{AH} = 0 + 8 = 8$$

（3）从所得的所有位势值中选择最小值 $V_E = 5$，并标注在对应节点 E 旁边的方框内，并用箭头标出连线 AE。即

$$\min\{V_B, V_E, V_F, V_H\} = \min\{6, 5, 11, 8\} = V_E = 5$$

（4）以 E 为初始节点，计算与之直接相连的 D、G、F 点的位势值（如果同一节点有多个位势值，则只保留最小者）。

$$V_D = V_E = L_{ED} = 5 + 2 = 7$$
$$V_G = V_E + L_{EG} = 5 + 14 = 19$$
$$V_F = V_E + L_{EF} = 5 + 4 = 9$$

（5）从所得的所有剩余位势值中选出最小者 6，并标注在对应的节点 F 旁，同时用箭头标出连线 AB，即

$$\min\{V_B, V_H, V_D, V_G, V_F\} = \min\{6, 8, 7, 19, 9\} = V_B = 6$$

（6）以 B 点为初始节点，与之直接相连的节点有 D、C，它们的位势值分别为 16

和 17。从所得的所有剩余位势值中取最小，即

$$\min\{8,7,19,9,17\}=V_D=7$$

将最小位势值 7 标注在与之相应的 D 旁边的方框内，并用箭头标出其连线 ED。如此继续计算，可得最优线路如图 9-8 所示，由供应点 A 到客户 K 的最短距离为24。

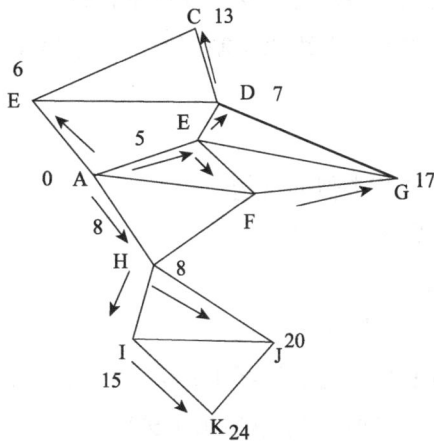

图 9-8　最优线路图

依照上述方法，将物流网络中的每一节点当作初始节点，并使其位势值等于零，然后进行计算，可得所有节点之间的最短距离，见表 9-4。

表 9-4　所有节点之间的最短距离

物流网络节点	A	B	C	D	E	F	G	H	I	J	K
A	0	6	13	7	5	9	17	8	15	20	24
B	6	0	11	10	11	15	23	14	21	26	30
C	13	11	0	6	8	12	19	21	28	33	37
D	7	10	6	0	2	6	13	15	22	27	31
E	5	11	8	2	0	4	12	13	20	25	29
F	9	15	12	6	4	0	8	10	17	22	26
G	17	23	19	13	12	8	0	15	22	27	31
H	8	14	21	15	13	10	15	0	7	12	16
I	15	21	28	22	20	17	22	7	0	10	9
J	20	16	33	27	25	22	27	12	10	0	8
K	24	30	37	31	29	26	31	16	9	8	0

3. 分送式配送运输

分送式配送运输是指由一个供应点对多个客户的共同送货。其基本条件是同一条

线路上所有客户的需求量总和不大于一辆车的额定载重量，送货时，由这一辆车装着所有客户的货物，沿着一条精心挑选的最佳路线依次将货物送到各个客户手中，这样既保证按时按量将用户需要的货物及时送到，又节约了车辆、节省了费用、缓解了交通紧张的压力，并减少了运输对环境造成的污染。方法也称里程节约法或节约法。

1）分送式配送运输的基本规定

利用里程节约法确定配送路线的主要出发点是，根据配送方的运输能力及其到客户之间的距离和各客户之间的相对距离来制定使配送车辆总的周转量达到或接近最小的配送方案。

假设条件如下。

（1）配送的是同一种或相类似的货物。

（2）各用户的位置及需求量已知。

（3）配送方有足够的运输能力。

（4）设状态参数为 t_{ij}，t_{ij} 是这样定义的。

$t_{ij}=1$，表示客户 i、j 在同一送货路线上；0，表示客户 i、j 不在同一送货线路上。

$t_{0j}=2$，表示由送货点 p_0 向客户 j 单独派车送货。

且所有状态参数应满足下式：

$$\sum_{i=1}^{j-1}t_{ij}+\sum_{i=j+1}^{N}t_{ij}=2(j=1,2,\cdots,N)\qquad(9.2)$$

式中，N——客户数。

利用节约法制定出的配送方案除了使总的周转量最小外，还应满足以下条件。

（1）方案能满足所有客户的到货时间要求。

（2）不使车辆超载。

（3）每辆车每天的总运行时间及里程满足规定的要求。

2）节约法的基本思想

如图 9-9 所示，设 P_0 为配送中心，分别向用户 P_i 和 P_j 送货。P_0 到 P_i 和 P_j 的距离分别为 d_{0i} 和 d_{0j}，两个用户 P_i 和 P_j 之间的距离为 d_{ij}，送货方案只有两种即配送中心 P_0 向用户 P_i、P_j 分别送货和配送中心 P_0 向用户 P_i、P_j 同时送货，如图 9-9 所示。比较两种配送方案：

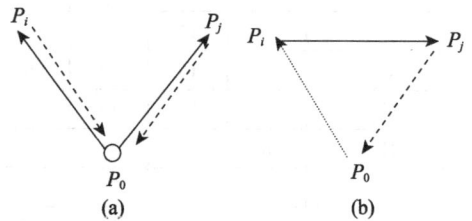

图 9-9　节约法

方案 a 的配送路线为 $P_0 \to P_i \to P_0 \to P_j \to P_0$，配送距离为 $d_a=d_{0i}+d_{0j}$。

方案 b 的配送路线为 $P_0 \to P_i \to P_j \to P_0$，配送距离为 $d_b=d_{0i}+d_{0j}+d_{ij}$。

显然，d_a 不等于 d_b，我们用 s_{ij} 表示里程节约量，即方案 b 比方案 a 节约的配送里程为

$$S_{ij} = d_{0i} + d_{0j} - d_{ij} \qquad (9.3)$$

根据节约法的基本思想，如果一个配送中心 P_0 分别向 N 个客户 $P_j (j = 1,2,\cdots,N)$ 配送货物，在汽车载重能力允许的前提下，每辆汽车的配送线路上经过的客户个数越多，里程节约量越大，配送线路越合理。下面举例说明里程节约法的求解过程。

难点例释 2：某一配送中心 P_0 向 10 个客户 $P_j (j = 1,2,\cdots,10)$ 配送货物，其配送网络如图 9-10 所示。图中括号内的数字表示客户的需求量（T），线路上的数字表示两节点之间的距离。配送中心有 2 吨和 4 吨两种车辆可供使用，试制定最优的配送方案。

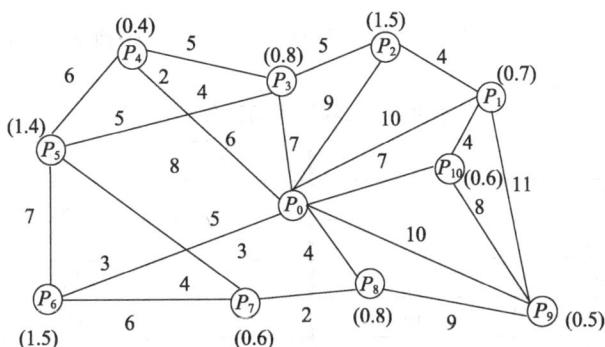

图 9-10 10 个客户的配送网络

解：第一步：计算最短距离。根据配送网络中的已知条件，计算配送中心与客户及客户之间的最短距离，结果见表 9-5。

表 9-5 计算最短距离

P_0										
10	P_1									
9	4	P_2								
7	9	5	P_3							
8	14	10	5	P_4						
8	18	14	9	6	P_5					
8	18	17	15	13	7	P_6				
3	13	12	10	11	10	6	P_7			
4	14	13	11	12	12	8	2	P_8		
10	11	15	17	18	18	17	11	9	P_9	
7	4	8	13	15	15	15	10	11	8	P_{10}

第二步：根据最短距离结果，计算出各客户之间的节约里程，结果见表 9-6。

表9-6　计算节约里程

P_1									
15	P_2								
8	11	P_3							
4	7	10	P_4						
0	3	6	10	P_5					
0	0	0	3	9	P_6				
0	0	0	0	1	5	P_7			
0	0	0	0	0	4	5	P_8		
9	4	0	0	0	1	2	5	P_9	
13	8	1	0	0	0	0	0	9	P_{10}

第三步：将节约的 S_{ij}，进行分类，按从大到小的顺序排列，结果见表9-7。

表9-7　节约里程项目分类表

序号	路线	节约里程	序号	路线	节约里程
1	P_1P_2	15	13	P_6P_7	5
2	P_1P_{10}	13	13	P_7P_8	5
3	P_2P_3	11	13	P_8P_9	5
4	P_3P_4	10	16	P_1P_4	4
4	P_4P_5	10	16	P_2P_9	4
6	P_1P_9	9	16	P_6P_8	4
6	P_5P_6	9	19	P_2P_5	3
6	P_9P_{10}	9	19	P_4P_6	3
9	P_1P_3	8	21	P_7P_9	2
9	P_2P_{10}	8	22	P_3P_{10}	1
11	P_2P_4	7	22	P_5P_7	1
12	P_3P_6	6	22	P_6P_9	1

第四步：确定配送线路。从分类表中，按节约里程大小顺序，组成线路图。

（1）初始方案：对每一客户分别派车送货，结果如图9-11所示。

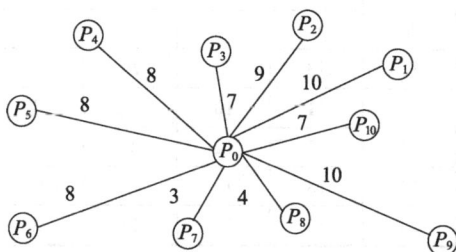

图9-11　初始方案

初始方案：配送线路 10 条

配送距离 S_0：148 千米

配送车辆：2 吨×10

（2）修正方案 1。按节约里程 S_{ij} 由大到小的顺序，连接 P_1 和 P_2，P_1 和 P_{10}，P_2 和 P_3，得修正方案 1 和修正方案 1.1，如图 9-12 和 9-13 所示。

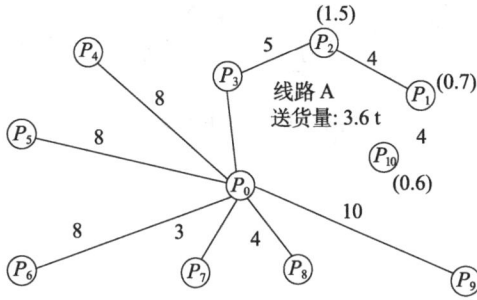

图 9-12　修正方案 1

修正方案 1.1

配送线路：10 条

配送距离 S_1：109 千米

配送车辆：2 吨×6+4 吨×1

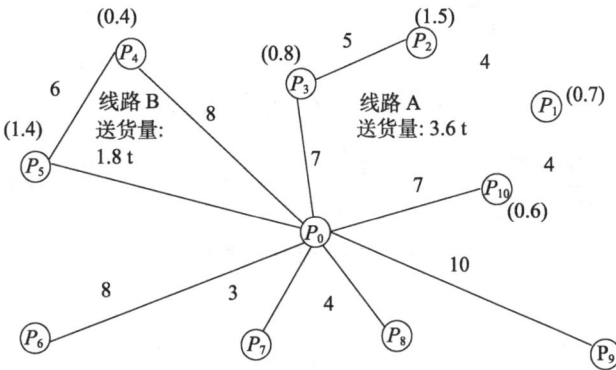

图 9-13　修正方案 1.1

（3）修正方案 2。在剩余的 S_{ij} 中，最大的是 S_{34} 和 S_{45}，此时 P_4 和 P_5 都有可能并入线路 A 中，但考虑到车辆的载重量及线路均衡问题，连接 P_4 和 P_5 形成一个新的线路 B，得修正方案 2，如图 9-14 所示。

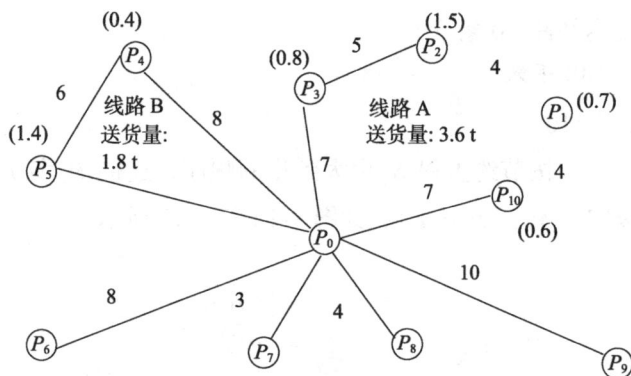

图 9-14 修正方案 2

修正方案 2

配送线路：6 条

配送距离 S_2：99 千米

配送车辆：2 吨×5+4 吨×1

（4）修正方案 3。接下来最大的 S_{ij} 是 S_{19} 和 S_{56}，由于此时 P_1 已属于线路 A，若将 P_9 并入线路 A，车辆会超载，故只将 P_6 点并入线路 B，得修正方案 3，如图 9-15 所示。

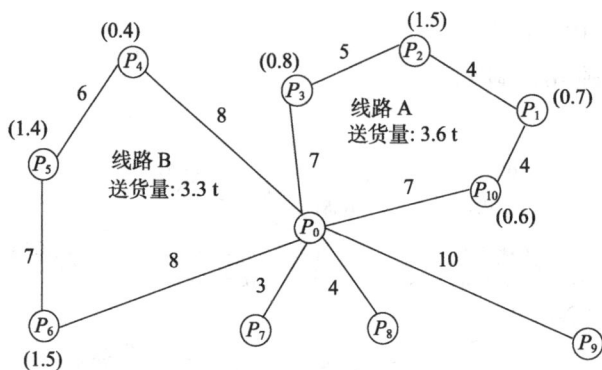

图 9-15 修正方案 3

修正方案 3

配送线路：5 条

配送距离 S_3：90 千米

配送车辆：2 吨×3+4 吨×2

（5）修正方案 4。继续按 S_{ij} 由大到小排出，由于与其相应的用户均已包含在已完成的线路里，故不予考虑。把 S_{67} 对应 P_7 点并入线路 B 中，得修正方案 4，如图 9-16 所示。

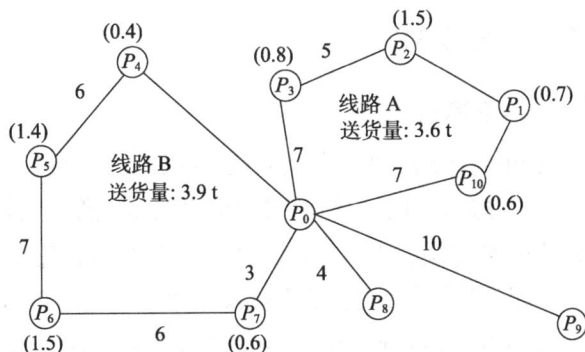

图 9-16 修正方案 4

修正方案 4

配送线路：4 条

配送距离 S_4：85 千米

配送车辆：2 吨×2+4 吨×2

（6）最终方案。剩下的是 S_{78}，考虑到配送距离的平衡和载重量的限制，不将 P_8 点并入线路 B 中，而是连接 P_8 和 P_9，组成新的线路 C，得到最终方案，如图 9-17 所示。这样配送方案已确定：共存在 3 条配送线路，总的配送距离为 80 千米，需要的配送车辆为 2 吨车一辆，4 吨车 3 辆。3 条配送线路分别为

第一条配送线路 A：$P_0 \rightarrow P_3 \rightarrow P_2 \rightarrow P_1 \rightarrow P_{10} \rightarrow P_0$ 使用一辆 4 吨车。

第二条配送线路 B：$P_0 \rightarrow P_4 \rightarrow P_5 \rightarrow P_6 \rightarrow P_7 \rightarrow P_0$，使用一辆 4 吨车。

第三条配送线路 C：$P_0 \rightarrow P_8 \rightarrow P_9 \rightarrow P_0$，使用一辆 2 吨车。

最终方案：

配送线路：3 条

配送距离 S_4：80 千米

配送车辆：2 吨×1+4 吨×2

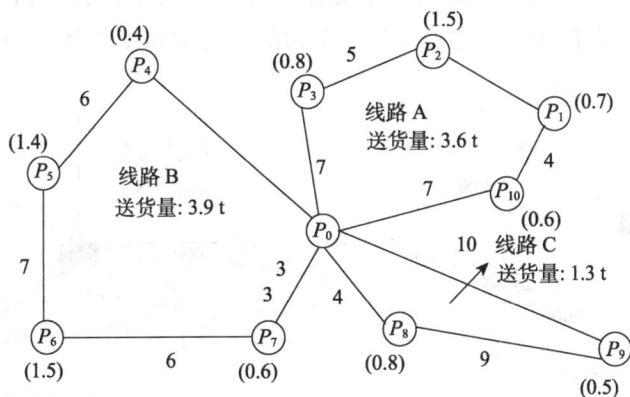

图 9-17 最终方案

9.4.2　扫描法配送优化设计

1. 扫描法配送的基本原理

配送路线设计中的扫描法很简单，即使问题规模很大，也可以通过手工计算得出结果。如果利用计算机程序进行计算，能够很快求出结果，所需的计算机内存也不大。对于各类问题，该方法的平均误差率预计约为 10%。如果我们需要很快得出结果，且只要求结果是合理的（而不是最优的），那么该误差水平还是可以接受的。实际上，调度员常常要在接到有关站点和各站点货运量最新数据后一小时内设计出路线。该方法的缺陷与路线构成方式有关。求解过程分为两步：第一步是分派车辆服务的站点，第二步是决定行车路线。因为整个过程分成两步，所以对诸如在途总运行时间和时间窗口等时间问题处理得不好。

2. 扫描法配送的操作步骤

（1）在地图或方格图中确定所有站点（含仓库）的位置。

（2）自仓库始沿任一方向向外画一条直线。沿顺时针或逆时针方向旋转该直线直到与某站点相交。

考虑：如果在某线路上增加该站点，是否会超过车辆的载货能力？如果没有，继续旋转直线，直到与下一个站点相交。再次计算累计货运量是否超过车辆的运载能力（先使用运载能力最大的车辆）。如果超过，就剔除最后的那个站点，并确定路线。随后，从不包含在上一条路线中的站点开始，继续旋转直线以寻找新路线。继续该过程直到所有的站点都被安排到路线中。

（3）排定各路线上每个站点的顺序使行车距离最短。排序时可以使用"水滴"法或求解"流动推销员"问题的任何算法。

如果：①每个经停点的货量只占车辆运力的很小比重；②所有车辆同样大；③路上没有时间限制，则扫描法可以得出很好的解。

难点例释 3：某公司从其所属仓库用货车到各客户点提货，然后将客户的货物运回仓库，以便集成大批量进行远程运输，全天的提货量如图 9-18（a）所示，我们给出

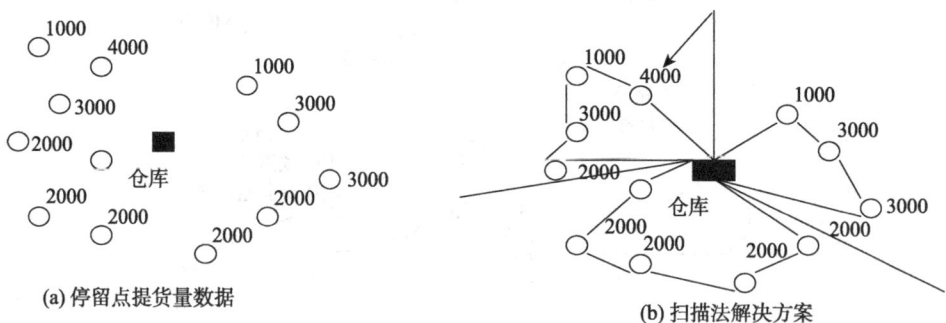

(a) 停留点提货量数据

(b) 扫描法解决方案

图 9-18　扫描法确定路线图

了所有提货点和仓库。送货车每次可以运送 10 000 件货物。完成一次运行路线一般要一天时间。请确定：需要多少条路线？每条路线上有哪几个客户点？送货车辆服务有关客户点的顺序。按上面介绍的扫描法确定的路线图如图 9-18（b）所示。

利用上述行车路线方法指定路线时，我们假设对每条路线都只派出一部车，如果路线较短，那么在剩余的时间里这部车的利用率就很低。在实际生活中如果完成一条路线后开始另一条路线，那么就可以派一辆车负责两条路线。因此，我们可以将所有运输路线首尾相连顺序排列，使车辆的空闲时间最短，就可以决定车辆数，并排出配车计划。

假如某车有表 9-8 中 10 条路线的发车时间和到达时间，如果我们每条线路安排一辆车，则需要 10 辆车；但我们发现，有些路线比较短，根本用不了一天就不用 10 辆车。那么，我们如何制订合理的运输计划使成本最少？

表 9-8　配车计划表

路线	发车时间	返回时间
1	8:00 AM	10:25 AM
2	9:30 AM	11:45 AM
3	2:00 PM	4:53 PM
4	11:31 AM	3:21 PM
5	8:12 AM	9:52 AM
6	3:03 PM	5:13 PM
7	12:24 PM	2:24 PM
8	1:33 PM	4:33 PM
9	8:00 AM	10:34 AM
10	10:56 AM	2:56 PM

我们可以按下面的步骤来进行，这样我们就可以节约大量成本。

（1）将这些路线在一天内按时间进行排序：1、10、6 号线占了一天，9、4 号线占了一天，5、8 号线占了一天，2、7 号线占了一天，只有 3 号线占了半天。

（2）然后我们采用表 9-8 的样子画出来，这样我们就可以分配车了，从表 9-8 中可以看出只要 5 辆车就可以解决问题。最终少用了 5 辆车，节约了一半的成本。

【本章小结】

本章介绍了食品配送的概念、特点。食品配送组织方式；农产品配送；食品配送要素与作业管理及食品配送优化。食品配送主要解决终端运输"最后一公里"问题。本章还介绍了直送式和分送式配送模式，以及如何用节约法来解决实际配送问题。

【思考与训练】

一、填空题

1. 国家质量技术监督局发布的中华人民共和国国家标准对"（　　　）"的解释是这样的：在经济合理区域内，根据用户的要求，对物品进行（　　　　　　）等作业，并按时送达指定地点的物流活动。

2. 一般送货可以是一种偶然的行为，而配送却是一种（　　　　　　），甚至是一种有（　　　　　　），有一套装备和管理力量、技术力量，有一套制度的体制形式。

3. 配送与一般送货的重要区别在于，配送利用（　　　　　　）等理货工作，使送货达到一定的规模，以利用（　　　　　　）。

4. 要使食品达到免分选、免清洗和免杀菌的水平，食品配送就要（　　　　　　）。

5. 所谓共同配送，按照日本工业标准（JIS）所述，是（　　　　　　）。

二、判断题

1. 用户要求受用户本身的局限，有时会损失自我或双方的利益。对于配送方，必须以"要求"为依据，但是不能盲目，应该追求合理性，进而指导用户，实现共同受益的商业原则。（　　）

2. 食品配送不属于专业化的分工方式，是食品工业发展的必然趋势。食品配送是大生产但不是专业化分工在流通领域的体现。（　　）

3. 定时配送就是指在规定的时间范围内，按客户要求的批量进行配送。（　　）

4. 定量配送是一种完全按用户要求的物资配送时间、配送数量，随时进行配送的一种方式。（　　）

5. 分散配送是由专门从事配送业务的配送中心对多家用户开展的配送。（　　）

6. 仓库配送是指生产厂家不经过仓库和配送中心直接将所生产的食品运输给零售商。（　　）

7. 集中配送是实行物流合理化的一种很有发展前途的模式，目前在发达国家已被广泛使用，此模式主要是能解决长途运输车辆空载、运费上升和接收货物成本提高的问题。（　　）

8. 所谓共同配送，是20世纪90年代产生于日本的一种新配送战略，又叫"一揽子物流"，是将货物和信息实现一元化高水平管理的物流。（　　）

9. 农产品配送的价格应低于不实行配送时客户自己进货的价格加上自己提货、运输、进货的成本总和，这样才会使客户有利可图。（　　）

10. 食品冷链是指易腐食品从产地收购或捕捞之后，在产品加工、储藏、运输、分销、零售、直到转入消费者手中，其各个环节始终处于产品所必需的低温环境下，以保证食品安全、减少损耗、防止污染的特殊供应链系统。（　　　）

三、单项选择题

1. 配送是一种（　　　）形式，是从物流节点至用户的一种特殊送货形式。
   A. 中转　　　　　B. 配货　　　　　C. 送货　　　　　D. 订单履行

2. 配送组织者为（　　　），通常有完善的配送设施、设备，配送专业性强。配送中心与各用户之间存在固定的配送关系，是现代食品配送的主要形式之一。
   A. 商店　　　　　B. 生产企业　　　C. 配送中心　　　D. 零售店

3. （　　　）配送是根据用户的要求，将所需的各种食品配备齐全，凑整装车后由配送据点送达用户。
   A. 大批量　　　　B. 小批量　　　　C. 成套　　　　　D. 多批次

4. （　　　）根据用户（可以是生产企业，也可以是消费者、超市、商店或餐馆）与配送中心达成的协议，在规定的时间间隔内进行食品配送。
   A. 时窗　　　　　B. 随机　　　　　C. 定量　　　　　D. 定时

5. （　　　）对少量、零星货物或临时需要的配送业务一般由商业销售网点进行。
   A. 分散配送　　　B. 集中配送　　　C. 集约化配送　　D. 成套配送

6. （　　　）配送是指以粮食、肉类、水果等农产品为配送客体，对它们进行备货、储存、分拣、配货、分放、配装、送货等作业，并按时送达指定地点的农业物流活动。
   A. 农产品　　　　B. 易腐产品　　　C. 食品　　　　　D. 加工食品

7. 农产品不同于工业产品，具有自己的特点，表现在有一定的（　　　），在配送时不能提前或落后，使得配送活动受到限制。
   A. 时间性　　　　B. 时效性　　　　C. 易腐性　　　　D. 周期性

8. （　　　）的定义为：将物品按品种、出入库先后顺序进行分门别类堆放的作业。
   A. 集货　　　　　B. 分拣　　　　　C. 配货　　　　　D. 储存

9. 农产品（　　　）不合理还有其他表现形式。例如，农产品配送量计划不准、农产品资源筹措过多或过少、在农产品资源筹措时不考虑建立与资源供应者之间长期稳定的供需关系等。
   A. 运输　　　　　B. 配送决策　　　C. 资源筹措　　　D. 配送价格

10. （　　　）配送运输，是指由一个供应点对一个客户的专门送货。
    A. 直送式　　　　B. 分送式　　　　C. 配送中心　　　D. 仓库配送

四、简答题

1. 什么是食品配送？

2. 简述食品配送的特点。

3. 什么是生产企业配送？

4. 什么是定时定量配送？

5. 采用店铺直接进货存在什么问题？

6. 食品配送的业务流程有哪些？

7. 农产品配送的特点有哪些？

8. 农产品配送合理化的措施有哪些？

9. 简述食品配送线路设计。

10. 什么是分送式配送？

五、实训

配送中心订单处理流程与出库单设计

1. 实训目的

（1）通过本实训，了解配送中心订单处理流程与出库单设计要求。

（2）了解复合式拣货、分区、订单分割、分户拣货与批量拣货作业方式。

2. 实训内容

P市医药配送中心接到 A、B、C 三个医药经销商的订单。A 经销商需青霉素 V 钾片（2 片装）1200 盒、化痔灵片（4 片装）500 盒、乳康片（10 片装）200 盒；B 经销商需青霉素 V 钾片（2 片装）800 盒、乳康片（10 片装）500 盒、硫糖铝片 600 瓶；C 经销商需青霉素 V 钾片（2 片装）800 盒、前列康普乐安片 1000 瓶。现已知 P 医药配送中心的药品是分区存放的。

3. 实训要求

5 人一小组，绘制订单处理作业流程图。

4. 实训步骤

（1）熟悉配送中心订单处理作业流程及要求。

（2）熟悉配送中心物品出库单格式要求。

（3）熟悉配送中心复合式拣货作业方式及分区与订单分割策略。

5. 检查标准

（1）小组合作参与程度。

（2）分工合作程度。

（3）沟通协调能力。

（4）方案的可行性与合理性。

（5）专业知识的掌握程度、实际动手能力。

思考问题：

（1）配送中心订单处理人员应采取何种拣货作业方式、拣货策略？需制作哪几种拣货单?

（2）绘制订单处理作业流程图。

（3）如该配送中心药品出库单需要设计，应如何设计？以 A 经销商为例设计出库单。

提示：

（1）复合式拣货作业方式及分区与订单分割策略，分户拣货单与批量拣货单。

（2）订单处理作业流程如图 9-19 所示。

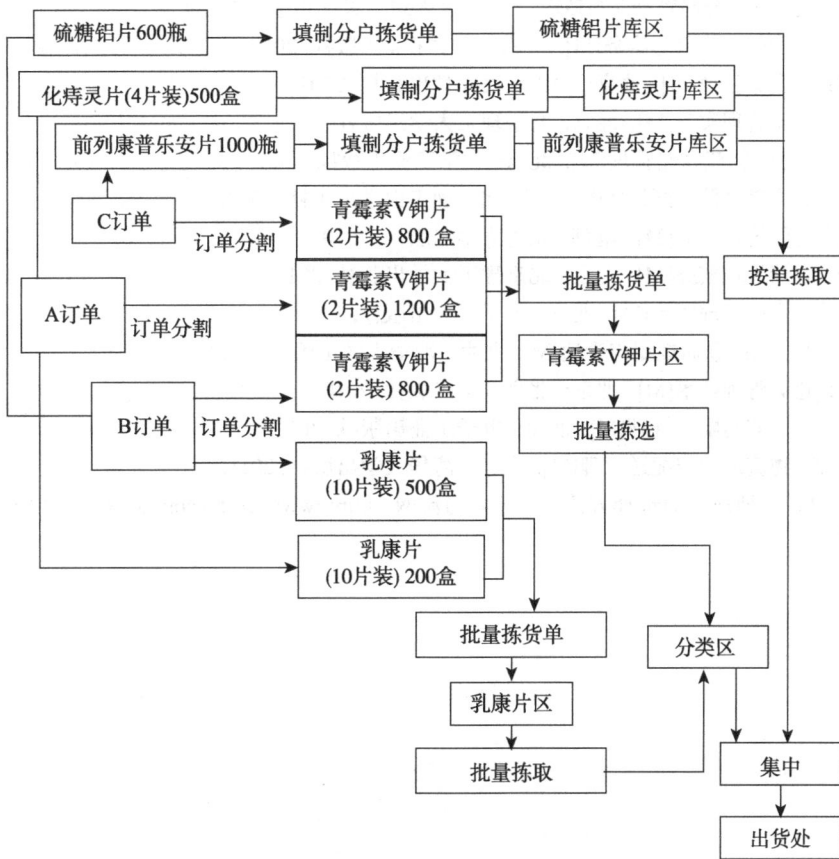

图 9-19　订单处理作业流程

参 考 文 献

[1] 郑克俊. 仓储与配送管理[M]. 北京: 科学出版社, 2014.

[2] 白世贞, 曲志华. 冷链物流[M]. 北京: 中国物资出版社, 2012.

[3] 邓汝春. 冷链物流运营实务[M]. 北京: 中国物资出版社, 2007.

[4] 耿会君. 物流系统规划与设计[M].3 版. 北京: 电子工业出版社, 2017.

[5] 钟苹, 胡卫平. 仓储管理实务[M]. 大连: 大连理工大学出版社, 2009.

[6] 李联卫. 物流运输管理实务[M]. 北京: 化学工业出版社, 2012.

[7] 沈瑞山. 仓储管理[M]. 北京: 中国人民大学出版社, 2009.

[8] 黄浩. 仓储管理实务[M]. 北京: 北京理工大学出版社. 2009.

[9] 霍红, 刘莉. 物流仓储管理[M]. 北京: 化学工业出版社, 2009.

[10] 谢雪梅. 物流仓储与配送[M]. 北京: 北京理工大学出版社, 2010.

[11] 李英. 仓储管理实务[M]. 南京: 东南大学出版社, 2010.

[12] 赵阳. 仓储管理实务[M]. 北京: 北京理工大学出版社, 2010.

[13] 孙秋高. 仓储管理实务[M]. 北京: 电子工业出版社, 2010.

[14] 田源, 张文杰. 仓储规划与管理[M]. 北京: 清华大学出版社, 2009.

[15] 王冬. 仓储管理技术[M]. 北京: 北京大学出版社, 2010.

[16] 刘彦平. 仓储与配送管理[M]. 北京: 电子工业出版社, 2011.

[17] 王效刚. 物流运动与配送管理[M]. 北京: 清华大学出版社, 2011.

[18] 仓储中心三种地坪的选择方法. 中国大物流网. http://www.a1156.com/www/52/2010-06/41146.html.

教学支持说明

▶▶ **课件申请**

尊敬的老师：

您好！感谢您选用清华大学出版社的教材！为更好地服务教学，我们为采用本书作为教材的老师提供教学辅助资源。该部分资源仅提供给授课教师使用，请您直接用手机扫描下方二维码完成认证及申请。

任课教师扫描二维码
可获取教学辅助资源

▶▶ **样书申请**

为方便教师选用教材，我们为您提供免费赠送样书服务。授课教师扫描下方二维码即可获取清华大学出版社教材电子书目。在线填写个人信息，经审核认证后即可获取所选教材。我们会第一时间为您寄送样书。

任课教师扫描二维码
可获取教材电子书目

清华大学出版社

E-mail: tupfuwu@163.com　　　　　　网址: http://www.tup.com.cn/
电话: 010-83470158/83470142　　　　传真: 8610-83470107
地址: 北京市海淀区双清路学研大厦B座509室　　邮编: 100084